臺灣高等經學研討論集叢刊

# 大雅當傳

## ——第二屆海峽兩岸《左傳》學高端論壇論文選集

黃聖松　主編

# 編序

　　《左傳》從篇幅言，當無愧於群經之首。全書不僅記載諸多制度，亦含文學、哲學及語言文字學各領域知識。為繼承與弘揚《左傳》學發展，揚州大學文學院、揚州大學文化傳承與創新研究院於二〇一九年歷一年籌備，於當年十二月二十七日至二十九日假揚州瘦西湖畔舉辦「首屆海峽兩岸《左傳》學高端論壇」。代表海峽此岸之臺灣大學、成功大學學者，與大陸來自中國社會科學院、中國人民大學、復旦大學、南京大學、山東大學、南開大學、廈門大學、同濟大學、南京師範大學、蘭州大學、山西省社會科學院、中央民族大學、四川師範大學等機構五十餘位學者與會，諸家學者研究角度新穎、視野開闊、論文評議精要、討論熱烈。

　　後學有幸參與盛會，且與操持會務之揚州大學郭院林院長晤談，希冀未來由海峽兩岸共同推動與辦理會議。二〇二〇年與二〇二一年因全球疫情影響而未能舉行，二〇二二年由本系主辦「第二屆海峽兩岸《左傳》學高端論壇」。雖未能全面實體交流，唯可透過線上方式賡續前次會議盛況。本次會議特別邀請海峽兩岸《左傳》學與《春秋》學領域之碩士生、博士生、博士後青年學者共襄盛舉，由會議搭建舞臺，不僅使青年學者親炙資深學者研究成果，益為重要者乃具薪火傳承之用意。唯有不斷引入後起之秀，方使《左傳》學研究可長可久且持續發揚。

　　本系創立於一九五六年，迄二〇二三年已歷六十七載寒暑，是南臺灣中國文學領域之重鎮。經學課程係傳統中文系研究與開課主軸，

本系自不例外。「經學與思想」學群歷年開設《周易》、《尚書》、《詩經》、《左傳》、「禮學名著選讀」與《四書》等，尤其《左傳》課程三十餘年不輟，歷葉政欣教授、宋鼎宗教授、張高評教授與後學四位開設，亦是杏壇佳話，於本系舉辦「第二屆海峽兩岸《左傳》學高端論壇」極富歷史與傳承意義。

本書為「第二屆海峽兩岸《左傳》學高端論壇」會後論文集，在徵詢發表學者意願後，將研究成果彙編成冊，訂名曰《大雅當傳——第二屆海峽兩岸《左傳》學高端論壇論文選集》。本書依文章性質，概分為「《春秋》、《左傳》書法」、「《左傳》與春秋史事及制度」、「《左傳》與春秋文化」、「《春秋》與經學思想」、「《春秋》、《左傳》與文獻學」五類，收錄鴻文計十八篇。感謝諸位先進將大作交付本書刊行，感謝萬卷樓圖書公司張晏瑞總經理與編輯小組協助排版、校對與印刷。於本書付梓之際，草撰序言謹為誌記。

成功大學中國文學系教授兼系主任

後學黃聖松敬上

二〇二三年八月一日

# 目次

一　《春秋》、《左傳》書法

# 秦穆公稱霸西戎與《左傳》比事見義之書法

張高評[*]

## 摘　要

孔子作《春秋》，筆削之去取從違，比事之先後措置，屬辭之修飾連綴，皆脈注綺交於「丘竊取之」之義。《左傳》以歷史敘事解經，或先經、後經，或依經、錯經，是所謂言有序。《春秋》、《左傳》，相互表裏，事義更相發明，故學者多考據《左傳》事實，以推求《春秋》「都不說破」之微辭隱義。排比編次而敘事，言之有序以顯義，《春秋》、《左傳》比事以觀義，準此。今以《左傳》敘〈秦穆公遂霸西戎〉之本末為研究材料，論其敘事之義法有四：曰語敘、曰提敘、曰對敘、曰搭敘。然後知《史記・太史公自序》所謂「述故事」、「述往事」，皆凸顯如何書之「述」。可見先後位次之「敘」（序），時措從宜之「法」，即是中國傳統敘事學之亮點與核心。與西方敘事學相較，會當有別。

**關鍵字：**比事見義、敘事義法、《春秋》書法、以史傳經、《左傳》

---

* 成功大學名譽教授。

# 一 前言

秦穆公，為夷狄之君，論其功業，不過「遂霸西戎」而已。何德何能，而名列春秋五霸？僖公二十四年，《左傳》敘秦穆公納公子重耳，《春秋》不書。文公六年，《左傳》載「秦伯任好卒」，《春秋》亦不書。或書或不書，筆削之際，可以見華夷內外之褒貶。

《春秋》僖公二十八年書：「冬，公會晉侯、齊侯、宋公、蔡侯、鄭伯、陳子、莒子、邾人、秦人于溫。」僖公二十九年：「夏六月，會王人晉人宋人齊人陳人蔡人秦人，盟于翟泉。」僖公三十年：「晉人秦人圍鄭。」三十三年，書「秦人入滑」。《春秋》於秦，不稱爵（秦伯），皆書「人」。《公羊傳》以為貶，《穀梁傳》以為微，皆寓褒貶之義。《春秋》一書，標榜尊王攘夷。〔清〕方苞《春秋通論》以為：「秦雖強，而比於小國者，讐晉而遠於東夏也。」[1]稱「人」者，微賤之號，譏貶之名，夷狄之稱，外之也。[2]

就春秋大勢言，晉於殽之戰敗秦，於是扼制秦之東征；猶城濮之戰晉敗楚，制楚北窺。楚敗於城濮，秦敗於殽，於是乎夷狄一時不得主盟華夏。〔清〕劉沅《春秋恆解》稱：「天啟晉禦秦也，秦敗而始不得入中華，周賴以安，故殽之功，於周為大。……自此以後，晉世主夏盟，惟專意卻楚救鄭，周祚賴以綿延者數百年。」[3]秦晉與周，晉

---

1　〔清〕方苞：《春秋通論》（臺北：臺灣商務印書館，1983年，文淵閣《四庫全書》本），冊178，卷一〈戰伐會盟〉，頁17，總頁302。

2　依《春秋》書例，稱「人」者，有其書法：或微賤稱人，或小國稱人，或夷狄書人，因事屬辭，各得其實，各有所當。若列序數國，或書爵或書人，則爵者其君也；而稱人者，乃其大夫，或夷狄之君。〔清〕張應昌：《春秋屬辭辨例編》，《續修四庫全書》本（上海：上海古籍出版社，2002年），卷二十九〈書人總論〉，頁1-4，總頁726-728。

3　〔清〕劉沅：《春秋恆解》，玉成堂藏版，同治壬申重刊。卷三〈附解〉，頁83-84。

楚鄭與周之間，內外遠近，成敗存亡之關係，有如此者。

晉戰于城濮、會于溫、盟于翟泉、圍鄭，秦幾乎無役不與，可謂仁至而義盡。秦晉圍鄭，燭之武說秦伯，私與鄭盟而去，晉文公猶念舊恩，未追擊秦師。殆晉文公卒，晉襄墨絰興師，《公羊傳》、《穀梁傳》敘事，稱：「晉人與姜戎要之殽而擊之，匹馬隻輪無反者。」[4]從此之後，秦晉兵連禍結：文公二年，「晉侯及秦師戰于彭衙，秦師敗績。冬，晉人宋人陳人鄭人伐秦。」文公三年：「秦人伐晉」；文公四年：「晉侯伐秦。」於是秦晉由相善而交惡。《左傳》以史傳經，敘事之義法如何？其中之微言大義如何？已別撰〈《左傳》「秦穆公遂霸西戎」之敘事與解釋〉一文，可以對讀參看。

秦穆公圍鄭之役，貪燭之武東道主之言，受私盟而背晉；惑杞子之說、閉蹇叔之諫，而千里襲鄭，致二陵暴骨，匹馬隻輪無還。於是穆公悔過，而能用賢，彭衙再敗，又復增德，三舉而晉人不能爭。《左氏》大其悔過也，為之張其詞，曰「遂霸西戎」。[5]《春秋》申其義，《左傳》敘其事，各自表述，評價互有出入。

至於秦晉軍事衝突之原委，秦穆公「遂霸西戎」之本末，《左傳》如何排比編次而敘事，言之有序以顯義？吾人如何比事以觀義，屬辭以顯義？相關之敘事義法，本文將一一闡發之。

## 二 排比編次而敘事，言之有序以顯義

〔唐〕孔穎達《春秋左傳正義》稱：「《春秋》記事之書，前人後

---

4 　《公羊傳》僖公三十三年，

5 　〔清〕馬驌著，徐連城校點：《左傳事緯》（濟南：齊魯書社，1992年），卷三〈秦穆霸西戎〉，頁115-116。

人行事相類，書其行事，不得不有比例」；[6]《春秋》漢學之訓詁考據，宋學之義理闡發，多利用《禮記‧經解》「屬辭比事」之《春秋》教，以考索《春秋》經之微旨隱義。[7]藉比事而歸納凡例，因凡例義例而求求聖心，除了因屬辭約文以示義外，自是求義之一法。由此觀之，考據事實，以求書法，自是研治《春秋》之一大要領。〔元〕趙汸《春秋師說》云：「《春秋》是事，須先考事實，而後可以求經旨。」又曰：「說《春秋》當求事情。事情不得，而能說《春秋》者，未之聞也。」[8]《左傳》以歷史敘事解經，最為近之。

孔子參考魯史記而作《春秋》，《孟子‧離婁下》稱：「其事，則齊桓、晉文；其文則史；孔子曰：『其義，則丘竊取之矣！』」[9]《禮記‧經解》謂：「屬辭比事，《春秋》教也。」[10]稱屬辭比事者，就讀者研讀《春秋》之視角言之，近於閱讀論。〔宋〕張洽《春秋集注》，〔清〕方苞《春秋通論》、《春秋直解》，章學誠《文史通義》、《章氏遺書》，張應昌《春秋屬辭辨例編》，稱為比事屬辭，則就作者編修《春秋》言之，近似創作論。要之，或筆或削之際，或編比史事，或連屬辭文，多藉以體現《春秋》之微辭隱義。

孔子作《春秋》之際，自以或筆或削為首務。筆削既成，其次，

6 〔周〕左丘明傳，〔晉〕杜預注，〔唐〕孔穎達疏：《春秋左傳注疏》（臺北：藝文印書館，1955年），卷一〈春秋序〉，頁16。

7 趙友林：〈《春秋》三傳「注疏」中的屬辭比事考〉，《儒家典籍與思想研究》第三輯（北京：北京大學出版社，2011年），頁87-101。

8 〔元〕趙汸：《春秋師說》（臺北：大通書局，1970年，《通志堂經解》本年），卷上〈論《春秋》述作本旨〉，頁21，總頁14928。卷下〈論學《春秋》之要〉，頁3，總頁14944。

9 〔清〕焦循著，沈文倬點校：《孟子正義》，卷十六〈離婁章句下〉（北京：中華書局，1996年），頁574。

10 〔清〕孫希旦集解，沈嘯寰點校：《禮記集解》（臺北：文史哲出版社，1990年），卷四十八〈經解第二十六〉，頁1254。

則排比編次史事。比事既定,加之以約文屬辭,而著作於是乎出。筆削之去取從違,比事之先後措置,屬辭之修飾連綴,皆脈注綺交於「丘竊取之」之義。蘇軾〈文與可畫篔簹竹記〉稱文同畫竹:「畫竹必先得成竹於胸中」;[11]揆之賦詩作文,有所謂「意在筆先」,未下筆先有意,亦理有固然。其事、其文,猶形而下之器,《左氏傳》解經,所謂「如何書」之法。其義,猶形而上之道,《公羊傳》解經,所謂「何以書」者。〔宋〕朱熹稱:「《春秋》以形而下者,說上那形而上者去。」[12]必明乎此,然後可以知《春秋》,讀《春秋》,治《春秋》。

或筆或削,可以昭義,論證另見〈《左傳》「秦穆公遂霸西戎」之敘事與解釋〉一文。除筆削之外,談《春秋》之取義,其事、其文亦居關鍵作用。其事、其文、其義,為編著《春秋》之三大元素,三者綺交脈注,相濟為用。〔清〕章學誠:《文史通義》〈言公上〉稱:「載筆之士,有志《春秋》之業,固將惟義之求。其事與文,所以藉為存義之資也。」[13]換言之,其義,寓存於其事與其文之中,故曰:「其事與文,所以藉為存義之資」。

考索《春秋》之旨義,研討史事之排比編次,自是一大法門。故《春秋》學者之求義,多從「其事」入手。如〔宋〕葉夢得《春秋傳》〈自序〉稱:「不得於事,則考於義;不得於義,則考於事,事義更相發明」。[14]呂大圭《呂氏春秋或問》謂:「因其事以著其義,而事

---

11 〔宋〕蘇軾著,孔凡禮點校:《蘇軾文集》(北京:中華書局,1986年),卷十一〈文與可畫篔簹谷偃竹記〉,頁365-366。

12 〔宋〕黎靖德編,王星賢點校:《朱子語類》(北京:中華書局,1986年),卷六十七〈易三・綱領下〉,頁1673。

13 〔清〕章學誠著,葉瑛校注:《文史通義校注》(北京:中華書局,1985年),卷二〈言公上〉,頁171。

14 〔宋〕葉夢得:《石林先生春秋傳》(臺北:大通書局,1970年,《通志堂經解》本),卷首〈石林先生春秋傳序〉,頁2,頁11917。

實矣；明其義以錄其事，而義著矣。」[15]趙鵬飛《春秋經筌》云：
「《春秋》雖因文以見義，然不稽之以事，則文不顯；苟徒訓其文，
而不考其事，吾未見其得《經》意也。」[16]〔元〕汪克寬《春秋胡傳
附錄纂疏》亦云：「《春秋》因其行事，是非較著，故窮理為要。」[17]
上列宋元《春秋》家，考義、得義、著義、明義、見義、得意之法
門，不約而同，皆指向考於事，因其事、錄其事；稽之以事、考其
事；因其行事。蓋微辭隱義，為研治《春秋》之主軸，「不得於義，
則考之於事」，事與義可以相互發明，相得益彰，由此可見一斑。

　　排比編次而敘事，言之有序以顯義，乃《春秋》敘記之義法。
《左氏》本《春秋》而作傳，其敘事傳人，史觀與史義，亦取法而恢
廓之。然而二書相較，卻見仁見智，頗有出入。為辨章學術，考鏡源
流，本文探討秦穆公「遂霸西戎」之始末，分為三節論述之：（一）
《春秋》經傳之書法：編比史事以示旨義；（二）《左傳》長於敘事，
言之有序以見指趣。（三）〈秦穆公遂霸西戎〉之本末及其敘事義法。

## 三　《春秋》經傳之書法：編比史事以示旨義

　　〔漢〕司馬遷著《史記》，其〈太史公自序〉引孔子曰：「我欲載
之空言，不如見之于行事之深切著明也。」歷史之功能，固在褒貶勸
懲。若未「見之于行事」，則不過空言論斷，不足以令人信服。〔宋〕
胡安國《春秋傳》〈自序〉稱：「空言獨能載其理，行事然後見其

---

15　〔宋〕呂大圭：《呂氏春秋或問》（北京：商務印書館，2005年，文津閣《四庫全
　　書》本），冊158，頁4。
16　〔宋〕趙鵬飛：《春秋經筌》，卷三，桓公二年，〈夏，齊侯衛侯胥命于蒲〉，頁12，
　　《通志堂經解》本，總頁11584。
17　〔元〕汪克寬：《春秋胡傳附錄纂疏》，卷首下，〈述綱領〉引「河南程頤曰」，頁
　　4，冊165，總頁22。

用。」[18]《春秋》一書，有案而無斷。朱熹稱《春秋》：「都不說破」、有「言外之意」，[19]指此。《春秋》敘錄史事，義寓乎史事之中，故云：「不說破」、有言外意。

原始要終，本末悉昭，為古春秋記事之成法。[20]考求史義之方法有四，除了察筆削、觀比事、憑屬辭之外，尚有「究終始」一法。[21]〔元〕趙汸《春秋師說》稱：「一事必與數十事相關，則全經固已在其中矣。如不書即位，當與後面書即位參看；書會盟，當與凡會盟合而求之。」[22]考鏡源流本末，實即古春秋記事成法之紹述與傳承。如《春秋》書「公薨」者三，實即魯君意外死亡之忌諱敘事。何以見得？其微辭隱義如何考求？胡安國之提示其法，即是「原始要終，本末悉昭」之運用。如：

> ⋯⋯是故比事以觀其異同，可見觸類而長，其指意無窮。以一年之事攷之，則二百四十二年之行事皆可見矣。以為經世之典，撥亂反正之書，百王不易之大法，豈不信夫！[23]

《春秋》十二公，二百四十二年，魯君見弒，意外死亡者三：隱公十

---

18 〔宋〕胡安國：《春秋傳》，卷首〈自序〉，總頁1-2，總頁13。

19 〔宋〕黎靖德編，王星賢點校：《朱子語類》，卷八十三〈春秋‧綱領〉，頁2149、2152。

20 劉師培：《劉申叔先生遺書》（臺北：華世出版社，1975年），冊3，《左盦集》，卷二〈古春秋記事成法攷〉，頁1，總頁1445。

21 〔清〕顧棟高：《春秋大事表》（北京：中華書局，1993年），卷首〈讀春秋偶筆〉：「昌黎詩云『《春秋》三傳束高閣，獨抱遺經究終始』。」「究終始」三字最妙。此即比事屬之法。」頁47。

22 〔元〕趙汸《春秋師說》，卷下〈論學《春秋》之要〉，頁35，總頁14960。

23 〔宋〕胡安國：《春秋傳》，卷三，隱公十一年，〈冬十有一月壬辰，公薨〉，頁7，總頁18。

一年，書「公薨」；桓公十八年，書「公薨于齊」；閔公二年，亦書「公薨」。三者，皆不書弒、不書地、不書葬。相較於其他八位魯君（哀公不計），正常死亡者，皆書地、書葬。[24]書法何以有此殊異？胡安國《春秋傳》就全書之君薨，「比事以觀其異同」，於是可以「觸類而長，其指意無窮」；「以一年之事攷之，則二百四十二年之行事皆可見矣！」考察史事之編比，可以推見《春秋》書法之旨義，由此可見。〔清〕方苞《春秋通論‧通例》謂：「比事屬辭，春秋教也。先儒褒貶之例，多不可通。以未嘗按全經之辭，而比其事耳。」[25]持宏觀之視野，用系統之思維，按全經之辭，而比其事，以之考求褒貶之旨義，往往通達無礙。「比事以觀」，可以考求《春秋》褒貶勸懲之旨義；《左傳》敘事傳人之褒貶勸懲、史義史觀，亦多就終始本末「比事以觀」得之。

就《春秋》之創作論言，或筆或削既已確定，於是「由事來定辭，由辭來見事」，[26]而義存乎其事與其辭之中。就本質論而言，《春秋》乃是記事之書。故〔元〕黃澤以為：學者說《春秋》，其事與其文之間，「須以考事為先」。《春秋》既是紀事之書，「且先從史看」。其言曰：

孟子曰：「其事則齊桓晉文，其文則史」，只就史字上看，便見《春秋》是紀事之書。學者須以考事為先，考事不精而欲說《春秋》，則失之疏矣。夫考事已精而經旨未得，尚多有之；

---

24 胡安國《春秋傳》云：「不書弒，示臣子於君父有隱避其惡之禮。不書地，示臣子於君父有不沒其實之忠。不書葬，示臣子於君父有討賊復讎之義。非聖人莫能修，謂此類也。」同上，頁5，總頁17。

25 〔清〕方苞：《春秋通論》（臺北：臺灣商務印書館，1983年，文淵閣《四庫全書》本），卷四〈通例〉七之一，頁17，冊178，總頁345。

26 錢穆：〈春秋〉，《中國史學名著》（臺北：三民書局，2001年），頁21。

未有考事不精，而能得經旨者也。[27]

《春秋》固是經，然本是紀事，且先從史看。所以如此說者，
欲人考索事情，推校書法。事情既得，書法既明，……則《春
秋》始可通。[28]

《春秋》須詳審《經》文，備究其事之始末，並當時行事之首
從主輔，而後可斷以義。否則，鮮有不誤者。[29]

　　《春秋》經旨，微芒杪忽，將如何探求？趙汸《春秋師說》直指：研
治《春秋》，「須以考事為先」。考索事情，推校書法，而後書法可
明，經旨可得。此亦朱熹所謂「《春秋》以形而下者，說上那形而上
者去」之主張。〔清〕毛奇齡《春秋傳》，史義之裁斷，「備究其事之
始末，並當時行事之首從主輔」，二者缺一不可。掌握史事之始末、
首從、主輔，即可以比事以顯義。《春秋》筆削魯史記如此，《左傳》
以歷史敘事解讀《春秋》，亦然。

　　〔宋〕張大亨《春秋通訓》謂《左傳》：「依經以比事，即事以顯
義。」[30]後人讀《春秋》，亦猶《左傳》之解《麟經》。因此，「即事以
顯義」自是捨傳求經之一道。簡言之，《春秋》因事以立文，即事而
顯義，可以顯示褒貶，求得《經》意。[31]《左傳》以歷史敘事解經，
因史而考索事情，推校書法，解經之功獨大。

---

27　〔元〕趙汸：《春秋師說》，卷下〈論學春秋之要〉，頁4，總頁14944。
28　〔元〕趙汸：《春秋師說》，卷下〈論學春秋之要〉，頁5，總頁14945。
29　〔清〕毛奇齡：《春秋毛氏傳》（臺北：復興書局，1961、1972年，《皇清經解》
　　本），卷8，頁24。
30　〔宋〕張大亨：《春秋通訓》（臺北：臺灣商務印書館，1983年，文淵閣《四庫全
　　書》本），卷末〈春秋通訓後敘〉，頁633。
31　參考張高評：《比事顯義與古文義法——方苞「經術兼文章」考論》（臺北：新文豐
　　出版公司，2016年），第四章〈比事顯義與以經明經〉，第二節〈因事屬辭，義存乎
　　事〉，頁152-166。

〔宋〕葉適《習學記言序目》、呂大圭《呂氏春秋或問》、家鉉翁《春秋集傳詳說》三家，於「即事顯義」多所論述。如：

> ……既有《左氏》，始有本末，而簡書具存，實事不沒。雖學或未之從，而大義有歸矣。故讀《春秋》者，不可以無《左氏》。二百五十五年，明若畫一，無訛缺者。捨而他求，焦心苦思，多見其好異也。……故徵于《左氏》，所以言《春秋》也。始卒無舛，先後有據，而義在其中，如影響之不違也。[32]
> ……是故有史官之筆，有夫子之筆。史官之筆，謂其事也；夫子之筆，謂其義也。因其事以著其義，而事實矣；明其義以錄其事，而義著矣。故曰：「其事，則齊桓、晉文；其文，則史；其義，則丘竊取之矣。」[33]
> ……故有《經》著其略，《傳》紀其詳；《經》舉其初，《傳》述其終，……《春秋》二百四十二年之行事恃之以傳，何可廢也。……使《左氏》不為此書，後之人何所考據，以知當時事乎？不知當時事，何以知聖人意乎？[34]

〔宋〕葉適《習學記言序目》盛稱《左傳》釋經之功：一則曰「始卒無舛，先後有據，而義在其中」；再則曰「讀《春秋》者，不可以無《左氏》」；三則曰「徵于《左氏》，所以言《春秋》也。」〔宋〕呂大圭《春秋或問》凸顯其事與其義之密切關係，謂「因其事以著其義，

---

32 〔宋〕葉適：《習學記言序目》（北京：中華書局，2009年），卷九〈春秋〉，頁118。
33 〔宋〕呂大圭：《呂氏春秋或問》（北京：商務印書館，2005年，文津閣《四庫全書》本），冊158，頁4。
34 〔宋〕家鉉翁：《春秋集傳詳說》，卷首〈春秋集傳詳說綱領〉，〈評三傳下‧左傳〉，頁32-33，冊158，總頁21-22。

而事實矣；明其義以錄其事，而義著矣。」提供《春秋》學研究之法門。〔宋〕家鉉翁《春秋集傳詳說》稱：「《經》著其略，《傳》紀其詳；《經》舉其初，《傳》述其終」，《經》、《傳》互為表裏，交相發明。《春秋》行事，恃《左傳》以傳；後人據《左氏》，以考據當時事，則知曉聖人之意不難。

〔明〕湛若水《春秋正傳》、《四庫全書總目》、〔日〕安井衡《左傳輯釋》三家，於其事與其義之相濟為用，辯證關係，亦多所闡揚發揮。其言曰：

> 聖人之心存乎義，聖人之義存乎事，《春秋》之事存乎傳。……譬如今之理獄者，其事其斷一一存乎案矣。聖人之經，特如其案之標題，……而是非之詳自見於案也。[35]
>
> 孫復、劉敞之流，名為棄《傳》從《經》，所棄者特《左氏》事跡，《公羊》、《穀梁》月日例耳。其推闡譏貶，少可多否，實陰本《公羊》、《穀梁》法，猶誅鄧析用竹刑也。夫刪除事跡，何由知其是非？無案而斷，是《春秋》為射覆矣。[36]
>
> 衡案：《傳》釋此《經》曰：「是會也，晉侯召王」；又曰：「故書曰『天王狩于河陽』」。然則，河陽即溫。《傳》不書溫，而書河陽者，貶以臣召君之罪，《傳》義甚明。但《左氏》釋《經》，常寓於記事之中，以故人不喻爾。[37]

〔明〕湛若水《春秋正傳》認為：「聖人之義存乎事，《春秋》之事存

---

35 〔明〕湛若水：《春秋正傳》，卷首〈自序〉，頁1-2，冊167，總頁39-40。

36 〔清〕紀昀等主纂：《四庫全書總目》（臺北：藝文印書館，1974年），卷二十四〈春秋類一〉，頁1，總頁536。

37 〔日〕安井衡：《左傳輯釋》（臺北：廣文書局，1967年），卷六，僖公二十八年〈天王狩于河陽〉，頁48-49，總頁742。

乎《傳》。」故欲明察聖人之心，考求《春秋》之義，捨《左傳》之外無他。《四庫全書總目》提示：「刪除事跡，何由知其是非？無案而斷，是《春秋》為射覆矣！」《春秋》之裁斷是非，施行褒貶，不能離事而空言。否則，說經無異捕風捉影。〔日〕安井衡《左傳輯釋》，發現「《左氏》釋《經》，常寓於記事之中」。〔清〕顧炎武《日知錄》稱：「古人作史，有不待論斷，而於序事之中即見其指者，惟太史公能之。」[38]「於序事中寓論斷」之法，何止太史公《史記》？《左傳》之歷史敘事亦不乏其例，與此可以相發明。此一課題，值得探究。

秦晉殽之戰，可與晉楚城濮之戰相抗衡。論者以為此二戰役，可視為中原文化保衛戰。成敗勝負，皆攸關華夷內外勢力之消長。蓋楚與秦，皆為夷狄。《春秋》內諸夏，而外夷狄。[39]學者評價戰役之成敗功過，若空持夷夏觀，則見仁見智，與《左傳》之以比事顯義或有出入。傳與經對讀比較，所謂「比觀其異同」，自是一大研究課題。

## 四　《左傳》長於敘事，言之有序以見指趣

自晉獻公嫁伯姬於秦穆公，從此秦晉相好，所謂「戮力同心，申之以盟誓，重之以婚姻」。驪姬之亂，夷吾、重耳先後奔秦，穆公納之，亦先後資助返晉，即位為晉惠公、晉文公。韓之戰晉敗，釋憾於晉惠公。城濮之戰、盟于溫、盟于翟泉，秦皆戮力同心，無役不與。至晉秦圍鄭之役，「秦大夫不詢于我寡君，擅及鄭盟」。由燭之武說秦師，因「舍鄭以為東道主」一語，秦私與鄭人盟，而輔晉之心變矣。「文公既卒，而殽戰起釁。厥後彭衙之戰、令狐之戰、河曲之戰，秦

---

38　〔清〕顧炎武著，黃汝成集釋，欒保群等校點：《日知錄集釋》（上海：上海古籍出版社，2006年），卷二十六〈史記於序事中寓論斷〉，頁1429。

39　楊樹達：《春秋大義述》（上海：上海古籍出版社，2007年），卷一〈攘夷第二〉，頁8-27。

之伐晉者六，晉之伐秦亦六，興數十年報復之師，更四君而未已。」[40]
其中，〔鄭〕燭之武退秦師，蹇叔諫君哭師原委，秦晉殽之戰始末，
孟明「三年拜賜之師」，秦穆不替孟明、猶用孟明諸情節，比事而屬辭
之，譜成《左傳》〈秦穆公遂霸西戎〉一篇妙文。

　　《左傳》長於敘事藝術，歷代學者多推崇之。〔唐〕劉知幾《史
通・雜說上》謂《左氏》敘事之才，「殆將工造化，思涉鬼神，著述
罕聞，古今卓絕。」[41]〔中唐〕陸淳《春秋集傳纂例・三傳得失議》
稱《左傳》：「博采諸家，敘事尤備，能令百代之下，頗見本末。因以
求義，經文可知。」[42]敘事見本末，有助於考求經文之旨義。〔清〕方
苞《左傳義法舉要》謂：「《左傳》敘事之法，在古無兩。」[43]章學誠
〈課蒙學文法〉亦云：「學敘事之文，未有不宗《左》《史》。……敘
事之文，其變無窮。……離合變化，奇正相生，如孫吳用兵，扁倉用
藥，神妙不測，幾於化工，其法莫備於《左氏》。」[44]《左傳》長於敘
事，諸家交相讚賞，有如此者。

　　〔晉〕杜預《春秋經傳集解・序》謂：「左丘明受經於仲尼，以
為經者不刊之書也。故傳或先經以始事，或後經以終義，或依經以辯
理，或錯經以合異，隨義而發。」[45]無論先經、後經、依經、錯經，

---

40 〔元〕李廉：《春秋諸傳會通》，〈晉人秦人圍鄭〉案語，臺北：大通書局，1970年，
　《通志堂經解》本），卷十一，頁12，總頁15126。

41 〔唐〕劉知幾著，〔清〕浦起龍釋：《史通通釋》（上海古籍出版社，1987年），卷十
　六〈雜說上・左氏傳〉，頁451。

42 〔唐〕陸淳：《春秋集傳纂例》（臺北：大通書局，1970年，《經苑》本），卷一〈三
　傳得失議〉，頁4，總頁2358。

43 〔清〕方苞口授，王兆符傳述：《左傳義法舉要》（臺北：廣文書局，1977年），頁
　10，總頁19。

44 〔清〕章學誠：〈論課蒙學文法〉，《章氏遺書・補遺》（臺北：漢聲出版社，1973
　年），頁7-8，總頁1358。

45 〔晉〕杜預注，〔唐〕孔穎達疏：《春秋經傳集解》，《十三經注疏》，卷一〈春秋
　序〉，頁11。

皆「隨義而發」。換言之，要皆脈注綺交於義。〔清〕劉熙載《藝概·文概》將上述之書法史法，轉化為敘事之文法，曰：「敘事有主意，如《傳》之有經也。主意定，則先此者為先經，後此者為後經，依此者為依經，錯此者為錯經。」《藝概·經義概》又云：「杜元凱〈左傳序〉云云，余謂經義用此法操之，便得其要。經者，題也；先之、後之、依之、錯之者，文也。」[46]先、後、依、錯，不過為敘事之措注位次。「言之有序」，隱然已成書法、史法、文法共遵之敘事模式。

〔南朝梁〕劉勰《文心雕龍·鎔裁》云：「草創鴻筆，先標三準：履端於始，則設情以位體；舉正於中，則酌事以取類；歸餘於終，則撮辭以舉要。」[47]《文心雕龍》所謂設情、酌事、撮辭，衡以屬辭比事《春秋》教之三元素，即是其義、其事、其文之安排與設計。而位體、取類、舉要三者，不妨借用為謀篇安章之排比史事，前後措注，自是比事屬辭之書法衍化。《文心雕龍·鎔裁》之論述，上通司馬遷《史記·十二諸侯年表序》，下達方苞所倡古文義法之言有序。先看《史記·十二諸侯年表序》所言：

> （孔子）西觀周室，論史記舊聞，興於魯而次《春秋》，上記隱，下至哀之獲麟。約其辭文，去其煩重，以制義法。王道備，人事浹。[48]

司馬遷揭示：「約其辭文，去其煩重，以制義法」，為孔子論次《春秋》之要領。持與《孟子·離婁下》、《禮記·經解》相較，「約其辭

---

46 〔清〕劉熙載著，徐中玉、蕭華榮校點：《劉熙載論藝六種》（成都：巴蜀書社，1990年），《藝概》，卷一〈文概〉，頁43。又，卷六〈經義概〉，頁164。
47 〔南朝梁〕劉勰著，范文瀾注：《文心雕龍注》，卷七〈鎔裁〉，頁543。
48 〔日〕瀧川資言：〈十二諸侯年表序〉，《史記會注考證》，頁235。

文」，即其文，近似屬辭；「去其煩重」，攸關其事，為筆削與比事之功。要之，皆是「如何書」之「法」。藉由比事與屬辭形而下之「法」，可以體現形而上之「義」。故《史記・十二諸侯年表序》曰：「以制義法」。後世桐城派所謂之「義法」，語典蓋胎源於此。

〔清〕方苞著有《春秋通論》、《春秋直解》、《左傳義法舉要》諸書。標榜比事屬辭之書法，以解讀詮釋《春秋》經之微辭隱義。[49]其桐城義法，實轉化《春秋》、《左傳》之敘事方法，而成古文義法。方氏〈又書〈貨殖傳〉後〉標榜「義法」，體現最為典型，如云：

> 《春秋》之制義法，自太史公發之，而後之深於文者亦具焉。義，即《易》所謂「言有物」也。法，即《易》之所謂「言有序」也。「義」以為經，而「法」緯之，然後為成體之文。[50]

義，《易》所謂「言有物」，即思想、旨趣、識見、史觀，《公羊傳》每稱「何以書」，朱熹所謂「形而上」者。法，《易》所謂「言有序」，亦即形而下之比事與屬辭，《左傳》以史傳經，往往揭示「如何書」之法。「義以為經，而法緯之」者，義在筆先，法居義後，法以義起、法隨義變。杜預〈春秋序〉稱先經、後經、依經、錯經，皆「隨義而發」者是。方苞《左傳義法舉要》謂：「《左傳》敘事之法，在古無兩。」〈又書〈貨殖傳〉後〉稱：「紀事之文成體者，莫如《左氏》。」〈古文約選序例〉亦云：「義法最精者，莫如《左傳》《史

---

49 張高評：《比事屬辭與古文義法——方苞「經術兼文章」考論》（臺北：新文豐出版公司，2016年），第四章〈比事顯義與以經明經——方苞《春秋》學研究之二〉，頁129-183。

50 〔清〕方苞：《望溪先生文集》（臺北：臺灣商務印書館，1979年，《四部叢刊》初編本），卷二〈讀史・又書〈貨殖傳〉後〉，頁20，總頁40。

記》。」[51]「《左傳》敘事，堪稱得其體要。

　　方苞〈又書〈貨殖傳〉後〉又言：「是篇大義與〈平準〉相表裏。而前後措注，又各有所當如此，是之謂『言有序』。」前後措注，各有所當，堪稱敘事要法之一，方苞已作提示。由此觀之，《文心雕龍・鎔裁》所言設情以位體、酌事以取類，不妨與《左傳》之敘事法作類比研究。《左傳》前後措注、斷續離合之敘事，即設情以位體之安排。對敘、提敘、預敘、語敘、搭敘諸敘事法，近酌事以取類之設計（詳下文）。而設情、酌事之際，撮辭以舉要，則處於不即不離之間。敘事之妙，一言以蔽之，曰設情以位體而已！《左傳》言之有序如是，法隨義變如是，可以印證章學誠所謂「神妙不測，幾於化工，其法莫備於《左氏》」。

　　《春秋》之書事，或因尊卑，或緣褒譏，先後位次，往往時措從宜。如敘戰，首惡先書；雉門兩觀，以先後顯旨，此人所共知。又如宣公十一年，《春秋》書「冬十月，楚人殺陳夏舒。丁亥，楚子入陳。」依常理，宜先書「入」，而後能「殺」，《春秋》卻先書楚莊王「殺陳夏舒」，後書「入陳」。夏徵舒弒君，楚莊王殺之以正其罪，《春秋》與其討賊之功，故先書殺，後書入，所謂實與而文不與。[52]秦穆公稱霸始末，牽涉到秦晉之衝突、霸權之競爭、夷夏之分際，從《春秋》書法，對讀《左傳》敘事，可見一斑。如文公四年，《春秋》書：「秋，楚人滅江。晉侯伐秦」。楚「滅江」，書於前；晉「伐秦」，書於後。《左傳》以史傳經，時間序則先後倒置，移「滅江」於「伐秦」之後。《春秋》與《左傳》敘事之位序相反如是，其中自有微言大義在，〔清〕姜炳璋《讀左補義》，曾闡發之：

---

51 同上，《望溪先生集外文》，卷四〈古文約選序例〉，頁13，總頁310。
52 張高評：《左傳英華》（臺北：萬卷樓圖書公司，2020年），叁，〈議論文・楚申叔時諫縣陳〉，「《春秋》先書殺，後書入，及其微辭隱義」，頁343-350。

晉伐秦楚，滅江，一時事也。《經》書「滅江」于「伐秦」之前，見晉襄坐視江滅，不為救患之師，而為報怨之師也。《傳》移「滅江」于「伐秦」之後，而備記秦伯降服出次，是秦不邀擊晉師，且有哀矜同盟之心。一若晉不伐秦，秦或救之也者；一若晉不能救，而復致秦不能救也者，皆發《經》深罪晉侯之義。[53]

江，為華夏同盟之國。《經》書「楚人滅江」於「晉侯伐秦」之前，見晉襄坐視江國之滅，不為救患之師，而為報怨之師也，已失霸主濟弱扶傾之器度。《春秋》之書法，以先後顯旨，所以「發《經》深罪晉侯之義」。《左傳》敘次此事，乃移「滅江」於「伐秦」之後。敘事傳人，亦以先後顯旨，如：

楚人滅江，秦伯為之降服，出次，不舉，過數。大夫諫，公曰：「同盟滅，雖不能救，敢不矜乎？吾自懼也。」君子曰：「《詩》云：『惟彼二國，其政不獲。惟此四國，爰究爰度。』其秦穆之謂矣。」[54]

姜炳璋《讀左補義》以為：備記秦伯「降服、出次、不舉，過數」，是「秦不要擊晉師，且有哀矜同盟之心。一若晉不伐秦，秦或救之也者。」秦穆已略具霸王之器度矣！可惜力有不逮。敘事傳人，關注先後位次，時措從宜，是所謂「言有序」。《史記・太史公自序》所謂

---

53 〔清〕姜炳璋：《讀左補義》（臺北：文海出版社，1968年），卷十四，文公四年，頁17-18，總頁708-709。

54 〔周〕左丘明傳，〔晉〕杜預注，〔唐〕孔穎達疏：《春秋左傳注疏》，卷十八，文公四年，頁306。

「述故事，整齊其世傳」、「述往事，思來者」，皆凸顯如何書之「述」與「敘」（序）。先後位次之「敘」，時措從宜之「法」，即是中國傳統敘事學之亮點與核心。

## 五 〈秦穆公遂霸西戎〉之本末及其敘事義法

排比史事，編次文獻，可以正其是非，定其褒貶，觀其異同，較其得失。《春秋》書法，或因尊卑，或緣褒譏，敘事之先後位次，往往時措從宜。

《左傳》以史傳經，敘事傳人，亦往往藉比事以見義。考其位次，或在前，或居中，或殿後，大多如劉知幾《史通・載言》所云：「言之與事，同在傳中。然而言事相兼，煩省得體，故使讀者尋繹不倦，覽諷忘疲。」[55]

美國學者浦安迪（Andrew H. Plaks）《中國敘事學》稱：「敘事，就是『講故事。』」[56]與《史記・太史公自序》稱：「述故事」、「述往事」，指涉頗相近似。《左傳》敘事，與《史記》整齊其世傳之法相通，其法多方，皆隨義而發。今討論《左傳》〈秦穆公遂霸西戎〉之本末，論其敘事之義法，舉其較具代表性者言之，大抵有四：一曰語敘，二曰提敘，三曰對敘，四曰搭敘。文獻如何排比編次？史事如何言之有序？要皆《左傳》體現比事觀義之書法。詳加論證如下：

---

55 〔唐〕劉知幾著，〔清〕浦起龍釋：《史通通釋》，上海古籍出版社，1978年），卷二〈載言〉，頁34。

56 浦安迪（Andrew H. Plaks）講演：《中國敘事學》（北京：北京大學出版社，1998年），第一章〈導言〉，二、敘事與敘事文，頁4。

## （一）語敘

〔唐〕劉知幾《史通・載言》稱：「《左氏》為書，不遵古法，言之與事，同在傳中。然而言事相兼，煩省合理。」[57]《左傳》以史傳經，除長於敘事之外，又工於記言。敘事與記言，相濟為用，可以去單調，而添趣味。較之《春秋》、《國語》，《左傳》之「言事相兼」，信能「使讀者尋繹不倦，覽諷忘疲」。

《左傳》以敘事為主，記言為輔。記言，為敘事之一體，劉知幾《史通・敘事》所謂：「敘事之體，其別有四：有直紀其才行者，有唯書其事跡者，有因言語而可知者，有假贊論而自見者。」[58]因言語而可知者，即世所謂對話；就敘事而言，謂之語敘法。敘事之中，別出言語對話，藉以敘事傳人。其法以記言為敘事，事即寓乎言中，所謂藉言記事者也。

《左傳》成公十六年鄢陵之戰，敘〈巢車之望〉一節，晉軍之動靜虛實，經由楚共王眼中「望」出，再透過伯州犁舌端「解讀」出。舉凡晉軍之召集、合謀、虔卜、發命、將行、聽誓、戰禱，皆「藉乙口敘甲事」，不直書甲之運為，而假乙眼中舌端出之，純乎小說筆法矣！」藉由兩人之對話，敵我交戰前之蓄勢待發，場景呈現，歷歷如繪。[59]鄢陵之戰，敘〈巢車之望〉。純以對話替代敘事，虛敘法兼語敘法，精彩絕倫，最可作為代表。

對話之作用，大抵有四：一曰刻劃性格，表現情懷，為《左傳》對話所專擅。二曰推進情節，逆料未來，亦《左傳》藉對話以逆提、激射史事者。三曰展示場景，替代解說，此則《左傳》借言記事之慣

---

57 〔唐〕劉知幾著，〔清〕浦起龍釋：《史通通釋》，卷二〈載言〉，頁34。
58 〔唐〕劉知幾著，〔清〕浦起龍釋：《史通通釋》，卷六〈敘事〉，頁168。
59 參考錢鍾書：《管錐編》，《左傳正義》，卷三十一，成公十六年，〈藉乙口敘甲事〉，頁210。

伎。四曰交代枝節，統攝瑣微，是亦《左傳》布局之巧法。[60]對話之四大功能如是，自可移作《左傳》語敘之詮釋。

錢鍾書《管錐編》稱：「《左傳》記言，而實乃擬言、代言。謂是後世小說、院本中對話、賓白之椎輪草創，未遽過也。」[61]由此言之，《左傳》之記言，除配合語境，模擬歷史人物之聲容笑貌外，出自作者左丘明之史義文心，或者替代聖人孔子表述立言，自是一大傾向。[62]探討《左傳》之語敘，有關擬言、代言之內在理路，理應同時關注。

〔清〕金聖歎《才子古文讀本》，評〈晉敗秦師于殽〉章，而推崇《左傳》之語敘，以為有助於人物形象之塑造。如：

> 讀原軫語，讀欒枝語，讀破欒枝語，讀文嬴語，讀先軫怒語，讀孟明謝陽處父語，讀秦伯哭師語，逐段細細讀，逐段如畫。[63]

《左傳》所敘原軫語、欒枝語、破欒枝語、文嬴語、先軫怒語、孟明謝陽處父語、秦伯哭師語，一系列之語敘，金聖歎勾勒之，以為「逐段如畫」。語敘，有助於人物性格之凸顯，或人物形象之刻劃，於此可證。〔清〕章學誠《文史通義》〈書教下〉稱：「古人事見于言，言以為事，未嘗分事言為二物也。」[64]對話記言，自是敘事之一體，亦由此可見。

---

60 張高評：修訂重版《左傳之文學價值》（臺北：五南圖書公司，2019年），第十章〈說話藝術之指南〉，頁265。

61 錢鍾書《管錐編》（臺北：書林出版公司，1990年），《左傳正義》，一，〈《左傳》之記言〉。頁166。

62 參考張高評：〈《管錐編》論《左傳》之敘事與記言——錢鍾書之《左傳》學〉，《國學研究》第十五卷（2005年6月，北京大學出版社年），頁351-384。

63 〔清〕金聖歎著，陸林輯校整理：《金聖歎全集》，冊5，《天下才子必讀書》卷一，〈左傳‧〔晉〕敗秦師于殽〉，頁98-99。

64 〔清〕章學誠著，葉瑛校注：《文史通義校注》，卷一內篇一〈書教上〉，頁31。

　　《左傳》敘〈秦穆公遂霸西戎〉始末，自僖公三十年至文公六年，記事而轉變為記言者，前後各有一大長篇語敘，令相關人物現身說法，讓歷史自己講話：其一，僖公三十年〈秦晉圍鄭〉，「燭之武說秦伯」語。其二，文公六年，〈秦伯任好卒〉，「君子曰」評論秦穆公語，何以未主夏盟？其間，語敘往往穿插點綴於記事之中，如卜偃語、蹇叔語、王孫滿語、原軫（先軫）語、文嬴語、秦伯語、狼瞫語、趙成子語、秦穆公語、君子以為、君子曰，參差錯落於敘事之中。誠如金聖歎《天下才子必讀書・左傳》所云「逐段如畫」。〔唐〕劉知幾《史通・載言》稱《左氏》：「言事相兼，煩省合理。」此之謂也。

　　清初俞桐川（長城，1668-?）稱《左傳》〈遂霸西戎〉篇：「敘兩國事，頭緒繁多，看他順逆隱見，變化錯綜，使人了然當日情勢。尚能作諧語、斷制語、引證語，極忙極暇，敘事聖手。」[65]林紓《左傳擷華》亦稱：「弦高語，句句藏鋒。皇武子語，咄咄逼人，而又出以溫婉。文嬴語，委過於下。孟明語，隱寓復仇。皆言中有物，神妙無匹。」[66]語敘，猶歷史人物之現身說法，乃擬言代言之對話。[67]章學誠所謂：「古人事見於言，言以為事，未嘗分事言為二物也。」因為，對話，並非旁枝閒言語，不止牡丹綠葉襯托相成之效而已。

　　城濮之戰，晉勝楚敗，晉文公三觀三見周天子，於是稱霸中原，主盟華夏。秦穆定晉之亂，成文之功，參戰城濮，與會于溫，盟于翟泉。晉文定霸，秦穆幾乎無役不與。聲威所及，於是見賢思齊，興起秦穆求霸之志。僖公三十年，秦晉初則同心聯軍圍鄭，中則〔鄭〕燭之武說秦伯，終則秦私與鄭盟而去，兩國嫌隙發端於此。《左傳》以

---

65 高嵣：《左傳鈔》、武億：《敦禮堂簡明評點左傳鈔》，微引自李衛軍：《左傳集評》。
66 林紓：《左傳擷華》，卷上，〈原軫敗秦師于殽〉，頁47。
67 張高評：《春秋書法與左傳史筆》（臺北：里仁書局，2011年），第十一章第二節〈《左傳》記言與擬言代言〉，頁490-505。

語敘法，載記燭之武說秦伯之辭令，活繪出當時之語境：秦、晉、鄭地理之形勢，外交之虛實，可謂歷歷在目。

　　燭之武外交辭令之殊勝，在往剖析利害得失，《左傳》載記其事。記事之外，以「燭之武說秦君」之語敘為重心。初始，秦晉聯軍圍鄭；中幅〈燭之武說秦伯〉，出之以語敘法，作為卒章之斷案。導致最終「秦伯與鄭人盟」而去。[68]燭之武之說服術，將歷史敘事與歷史解釋冶為一爐，堪稱最高之敘事藝術。[69]《史通・敘事》所謂「因言語而可知」，顧炎武《日知錄》所云：「于序事中寓論斷」」，即其顯例。

　　綜觀說服之術，大抵有五大端：或折之以理，或動之以情，或懼之以勢，或服之以巧，或挫之以術。[70]〈燭之武說秦伯〉外交詞令之說服術，主要在曉之以利害，強調其勢有所不可。初，鄭伯提「鄭亡不利」勸燭之武，燭之武因以利害說秦穆公。蓋以利誘秦，不如以害脅秦。燭之武之說服術，可二言蔽之，曰亡鄭無益于秦，有害于秦。燭之武說秦穆，篇中呼告八個「君」字，似處處為秦謀，不為己謀。同時，凸出「越國以鄙遠」、「亡鄭以倍鄰」、「舍鄭無所害」、「闕秦以利晉」四義，作為辭令之警策，據此而點染鋪陳成文。秦穆所以私與鄭人盟，歷史解釋若此，遂昭然若揭。方苞說義法，所謂「義以為經，而法緯之」。

　　林紓《左傳擷華》解讀〈燭之武說秦君〉，凸顯「曉之以利害」，作為說服術之核心，而且設身處地，借箸代籌，所謂「代他體貼，代

---

68　〔周〕左丘明傳，〔晉〕杜預注，〔唐〕孔穎達疏：《春秋左傳注疏》卷十七，僖公三十年，頁284-285。

69　杜維運：《史學方法論》（臺北：三民書局，1997年），第十三章〈歷史敘事與歷史解釋〉：「所謂歷史解釋，大致是闡明歷史發展的軌跡及其意義所在。」頁212。「一個最高的敘事與解釋的藝術，是冶兩者於一爐。」頁217。

70　張高評：《左傳之文學價值》修訂重版（臺北：五南圖書公司，2019年7月），第十章〈說服藝術之指南〉，頁266-281。

他估量，代他不平，代他計較，代他抱屈，一一若貢忠誠，實一一皆關利害。」[71] 蓋「利害」二字，乃一篇辭令之眼。〔清〕劉繼莊《左傳快評》稱：「『有益』、『無害』，是一篇之眼，見亡鄭之有害無益也，妙在反點而不正點。」[72] 燭之武辭令敏給，雄辯滔滔，似處處為人謀，不為己謀。《左傳》文字亦曲曲傳寫，情境活現。錢鍾書《管錐編》稱：「史家追敘真人實事，每須遙體人情，設身局中，潛心腔內，忖之度之。以揣以摩，庶幾入情合理。」[73] 燭之武說秦穆公，揣摩設想有之。〔清〕林雲銘《古文析義》稱此篇：「說秦之辭，句句悚動。計較利害處，實開戰國門戶。」《左傳》語敘話術，信有此妙。

〔清〕姜炳璋《讀左補義》，解讀〈燭之武退秦師〉一番辭令，別有會心，從「秦伯有志東略，主盟中夏」處著眼，持以詮釋結局，何以導致「秦伯說，與鄭人盟」，亦言之成理。其言曰：

> 燭之武覷破秦伯之意，言亡鄭于秦無益有害。其最得力處，在「行李往來」數語。蓋秦伯有志東略，主盟中夏，「東道主」三字，正中肺腑。又以前日之晉一證，既啟其雄心，又動其夙怨。秦伯聞之，覺從前無役不從，大非為己之策。因與之盟，結鄭好也；且為之戍，圖中原也。自此秦晉交兵七十餘年，晉失秦援，反增一敵。秦師暴骨，毒遍生靈，非均失策哉？[74]

71 林紓：《左傳擷華》卷上，〈燭之武見秦君〉，頁38-39。

72 李衛軍：《左傳集評》，微引〔清〕劉繼莊《左傳快筆》；吳楚材、吳調侯《古文觀止》；汪基《古文嘈鳳新編》等，論點大抵相近，可以相互發明。

73 錢鍾書：《管錐編》，《左傳正義》，一、〈《左傳》之記言〉，頁166。

74 〔清〕姜炳璋：《讀左補義》（臺北：文海出版社，1968年影印同文堂藏版），卷十三，頁4-5，總頁641。〔日〕竹添光鴻：《左氏會箋》，卷七，僖公三十年，《箋曰》全錄《讀左補義》文字。頁26，總頁632。

晉文既已創霸，秦穆見賢思齊，亦有志於東略，主盟中夏，故與晉聯軍圍鄭。燭之武似已忖度其意，故其外交辭令，凸顯「行李往來」數語呼應之。其最得力處，在「東道主」三字，正中其肺腑。《左傳》卒章敘：「秦伯說，與鄭人盟。使杞子、逢孫、楊孫戍之，乃還。」〔清〕姜炳璋《讀左補義》點題，稱「圖中原也」，秦穆之心機妙算，觀此，可謂昭然若揭。《左傳》之語敘，往往將歷史敘事與歷史解釋共為一爐而冶之，〈燭文武退秦師〉，以及下文〈君子曰論秦穆公卒〉，信有此妙。

《左傳》文公六年載：〈秦伯任好卒〉，《春秋》不書，內諸夏而外夷狄也。其「君子曰」，評價秦穆公不具聖王器度，導致「不為盟主」，「秦不復東征」。[75]「君子曰」夾敘夾議，將歷史敘事與歷史解釋交融為一，以評價其是非功過。就敘事法而言，謂之語敘法，即《史通》所謂「假論贊而自見」者，乃敘事四體之一。敘事傳人透過「君子曰」，左氏之史義、史觀、史評、歷史哲學，已呼之欲出。故「君子曰」，藉由君子以發論，亦屬代作者立言之例。

「君子曰」論秦三良（子車氏之三子）為殉，其中敘事之義法，〔清〕馮李驊《左繡》評述「君子曰」章法，揭示明白可參，其言曰：

> 中間排寫十餘句，看去似平板，實卻不知正是避實擊虛處。蓋本論三良，正當痛發奪善收良之失，今卻不論人而論法。又不論無法，而論詒法，總用高一層跌落之法，便令正意直從對面透出。豈非異樣空靈？[76]

---

75 〔周〕左丘明傳，〔晉〕杜預注，〔唐〕孔穎達疏：《春秋左傳注疏》卷十九，文公六年，〈秦伯任好卒〉，頁313-315。

76 〔清〕馮李驊輯評：《左繡》卷八，文公六年〈秦伯任好卒・君子曰〉，頁592-593。

《左傳》「君子曰」之品評，並未直捷貶斥秦穆公「奪善收良」之病失。〔清〕馮李驊《左繡》發現《左傳》：「不論人，而論法；又不論無法，而論詒法，總用高一層跌落之法，便令正意直從對面透出。」〔清〕陳震《左傳日知錄》，援引「馮天閑曰」，亦盛推其說。所謂「高一層跌落之法」，即〔清〕包世臣《藝舟雙楫》所謂「墊拽」之法：「墊拽者，為其立說之不足聳聽也，故墊之使高；為其抒議之未能折服也，故拽之使滿。高，則其落也峻；滿，則其發也疾。」[77]要之，「墊拽」之法，即是避實擊虛法，亦即「高一層跌落法」。運筆不犯正位如此，「便令正意直從對面透出」，空靈之至，委婉之至。

　　《左傳》「君子曰」斷言：「秦穆之不為盟主也，宜哉！死而棄民。」〔清〕姜炳璋《讀左補義》針對「先王違世，猶詒之法，而況奪之善人乎？」進行詮釋，謂「人對三良，法對殉葬。殉葬已不可為法，況於用善入？」

　　試對照前述《左繡》所謂「不論人，而論法；又不論無法，而論詒法」，而義蘊之解讀益明。〔清〕姜炳璋《讀左補義》亦云：

> 此篇說者多未分明。按人對三良，法對殉葬。殉葬已不可為法，況於用善人？善人，民所依賴，而殄之；殄民，是殄國也。首段，大意已盡。三良非懼死，懼死不得其所也。秦穆有賢名，而臨歿乃為此桀紂不為之事。故《傳》從王者詒法身後，高一層說，而秦穆之罪莫可恕。[78]

---

77　〔清〕包世臣《藝舟雙楫》，卷一〈論文‧文譜〉（臺北：臺灣商務印書館，1965年），《四部叢刊》初編。

78　〔清〕姜炳璋：《讀左補義》，卷十四，文公六年〈秦伯任好卒‧君子曰〉總批，頁717。

〔清〕姜炳璋《讀左補義》論「君子曰」：「《傳》從王者詒法身後，高一層說，而秦穆之罪莫可恕。」所謂「詒法身後」，即內文所云：「古之王者，知命之不長，是以並建聖哲，樹之風聲，分之采物，著之話言，為之律度，陳之藝極，引之表儀，予之法制，告之訓典，教之防利，委之常秩，道之以禮，使毋失其土宜，眾隸賴之，而後即命，聖王同之。」系列排比聖哲、風聲、采物、話言、律度、藝極、表儀、法制、訓典、防利、常秩、禮則十二事，比事以觀，足見古之王者詒法之大凡。詳寫重敘，只在凸顯聖王深謀遠慮、「詒法身後」之種種。筆削去取可以昭義，詳略重輕亦足以顯義，由語敘之排比編次，可見一斑。

秦穆臨終亂命，以三良為殉，死而棄民，實難以在上。先王聖王知命之不長，皆知遺法後嗣，無奪善人。今秦穆反其道而行，宜其不主夏盟。本篇卒章，更據此預敘將來，謂：「知秦之不復東征也。」[79]《左傳》敘事傳人，往往以行為之因果，裁斷歷史之發展，人物之吉凶。[80]秦穆既以三良殉葬，故君子有此推測。

浦安迪論敘事文學，曾稱：「『敘述人』的問題，是一個核心問題。而『敘述人』的口吻問題，則是核心中的核心。」[81]至於如何以敘事口吻，構成一張複雜的修辭之網，則牽涉到修辭形態的問題。[82]

---

79 〔清〕顧炎武：《日知錄》〈左氏不必盡信〉稱：「三良殉死，君子是以知秦之不復東征。至於孝公，而天子致伯，諸侯畢賀，其後始皇遂并天下。」或據《左氏》預言之不驗，持以定《左傳》成書之時代，最遲在秦孝公商鞅變法之前，以此。

80 張高評：〈《左傳》因果式敘事與以史傳經——以戰爭之敘事為例〉，《東海中文學報》第25期（2013年6月），頁79-112。

81 浦安迪講演：《中國敘事學》，第一章〈導言〉，頁16。

82 韋恩‧布斯（Wayne C. Booth）著，顧寶桐譯：《當代西方修辭學：批評模式與方法》〈修辭形態〉：「修辭形態有三：即題材的論點，讀者的興趣，以及說話者的語氣（從語氣顯示個性），」（北京：中國社會科學出版社，1998年12月）頁248-255。

《左傳》「君子曰」之語敘，即是講述者的聲音，敘述人的口吻，自是敘事法核心中之核心，亦由此可見。

## （二）提敘

〔晉〕杜預撰〈春秋序〉，論《左傳》解經，有先經以始事之法。衍為歷史敘事，則成提敘法。《左傳》長篇，多於篇首總挈綱領，將浩瀚繁雜之事，提綱挈領而敘之。如此敘事，既可避免散漫之失，亦可收提醒之功。《左傳》敘〈秦穆公遂霸西戎〉始末，於情節瑣碎，枝節繁多者，多出於提敘法。

僖公三十年，《春秋》書「晉人秦人圍鄭。」《左傳》以歷史敘事解經，起手即出以提敘之法，大書曰：「晉侯，秦伯，圍鄭，以其無禮於晉，且貳於楚也。」有此提敘，晉文公「欲報舊怨，而數加兵，所謂不見德而惟虐是聞」之心跡，昭然若揭。秦穆公不知，冒然與晉聯軍圍宋。後聽燭之武之言，乃私與鄭盟而去。「隙釁一開，遂兆數十年戰爭之禍。」（〔清〕周大璋《左傳翼》）秦晉數十年戰禍，兆端於此，故《左氏》提敘以明。〔清〕盛謨《于埜左氏錄》，於此頗有領會。其言曰：

> 左氏一眼注定秦伯，卻偏要說「以其無禮于晉」，此《左》筆故意迷人處。然筆在此，而神已側注秦伯矣。故於狐口直接「使燭之武見秦伯」，于後突出「秦伯說」，可見一篇全神，已預藏于首二句（以其無禮于晉，且貳于楚也）。人只解此屬敘筆，卻不知左氏經營慘澹之苦，只在此二句。其章法之精神，不必聯絡而自暗相呼吸也。[83]

---

83 〔清〕盛謨：《于埜左氏錄》，徵引自李衛軍《左傳集評》，北京大學出版社，2016年。

「一篇全神，已預藏於首二句（以其無禮於晉，且貳於楚也）之中。
換言之，提敘此二句，乃一篇之精神所在。盛謨《于埜左氏錄》稱美
《左氏》筆妙：「筆在此，而神已側注秦伯矣。」〔清〕金聖歎〈讀第
六才子書西廂記法〉稱：「文章最妙，是目注彼處，手寫此處。若有
時必欲目注此處，則必手寫彼處。一部《左傳》，便十六都用此法。
若不解其意，而目注此處，手亦寫此處，便一覽已盡。《西廂記》最
是解此意。」[84]金聖歎之說，有助於理解《左傳》之提敘。

　　鄭燭之武說秦伯，辭令之巧妙，開篇但言：「秦晉圍鄭，鄭既知
亡矣。若亡鄭而有益於君，敢以煩執事。越國以鄙遠，君知其難
也。」三段論述，皆用提敘法醒題。〔清〕馮李驊《左繡》剖析其敘
事章法，值得參考。其言曰：

> 大旨只極言「亡鄭之無益」，開口提明一句，以下分作兩半
> 讀：先申言亡鄭之無益，又翻轉來，極言舍鄭之無害。再揆進
> 一層，先言晉善背秦，再言並當闕秦，都是一層緊一層。前半
> 亡鄭以陪鄰，後半闕秦以利晉，兩兩相對，一反一復，寫得不
> 唯無益，竟大有損。……唐錫周曰：「驟讀之，似無數曲折。
> 細按之，只是四段：若亡鄭、若舍鄭、且君、夫晉，何等明
> 畫！」[85]

開頭敘事提明之後，無論「分作兩半讀：先申言亡鄭之無益，又翻轉
來，極言舍鄭之無害」；或者「前半亡鄭以陪鄰，後半闕秦以利晉」；

---

84　〔清〕金聖歎著，陸林輯校整理：《金聖歎全集》（南京：鳳凰出版社，2008年），第
　　貳冊，《貫華堂第六才子書西廂記》，卷二〈讀第六才子書西廂記法〉，十五，頁857。
85　〔清〕馮李驊、陸浩評輯：《左繡》（臺北：文海出版社，1967年），卷七，僖公三
　　十年〈燭之武退秦師〉，頁20，總頁535。

或者全文「只是四段：若亡鄭、若舍鄭、且君、夫晉」，大抵多從開門見山之三句開枝散葉，而且脈注綺交，遙相呼應。

　　僖公三十二年，《左傳》〈晉文公卒〉章，取卜偃之言，作為情勢發展之指引與提綱。〔唐〕劉知幾《史通》論敘事，所謂「因言語而可知者」。所謂「將有西師過軼我」，「擊之，必大捷焉。」此二語，既為伏脈，更是提敘。〔清〕馮李驊《左繡》以提筆呼應賞析之，以為「章法絕佳」。如：

> 此篇為戰殽起本，起手卻寫一先見之卜偃作引。蓋照定諫師、哭師兩段文字，以伏筆為提筆也。「其誰不知」，暗應「將有西師」；「禦之於殽」，明應擊之大捷。……首段卜偃語，卻預為「知」字作注腳。……「將有西師」作提，以下潛師、勞師、出師、禦師，直至秦師遂東，一線穿落，章法絕佳。[86]

首段卜偃告大夫之語，卻預為蹇叔料敵，所謂「鄭必知之」、「其誰不知」作注腳。於事為神斷，於文則為提敘。依此，而派生以下之「潛師、勞師、出師、禦師，直至秦師遂東」，遂覺順理成章。

　　就《左傳》之歷史敘事言之，僖公三十三年，《左傳》敘秦晉殽之戰始末，蹇叔諫君，已提撕「勞師襲遠」、「勤無無所」、「無乃不可」。哭師之詞，尤其特提「晉人禦師必於殽，殽有二陵焉」云云。蹇叔諄諄告誡，提撕點醒再三，無奈「秦師遂東」，致匹馬隻輪無返者。論者稱：

> 違蹇叔所以致敗，原軫罪秦及此，穆公悔過亦以此。首尾屢提

---

86　〔清〕馮李驊、陸浩評輯：《左繡》，卷七，僖公三十二年〈晉文公卒〉，頁24，總頁543。

（孤違蹇叔）此句，正宜著眼。[87]

此言秦穆違蹇叔而以貪勤民，且逆攝下文素服郊次哭祭，而追悔靡及也。[88]

〔清〕周大璋《左傳翼》云：「首尾屢提（孤違蹇叔）此句，正宜著眼」。「違蹇叔」云云，一篇之前、中、後，三致其意，所謂提敘之法。提敘法，提綱挈領，凸顯焦點，大有醍醐灌頂、警策惕厲之效用。韓席籌《左傳分國集註》評〈秦穆霸西戎〉章，亦以為：「秦穆違蹇叔而以貪勤民，且逆攝下文素服郊次哭祭。」所謂「逆攝」，吳闓生〈與李右周進士論左傳書〉稱：「吉凶未至，輒先見敗徵。」[89]逆攝，即是預敘之法。提敘，亦為將來占地步，唯側重篇章布局呼應，多提綱挈領之言。如僖公二十七年，楚子圍宋，先軫曰：「報施、救患、取威、定霸」，作為晉軍戰於城濮之戰略綱領，是之謂提敘。

清初王源，號稱桐城義法之開山。著有《左傳評》一書，為評點學之名著。其中〈晉侯及秦師戰于彭衙秦師敗績〉章，定義「提敘」之法，頗稱周賅盡致，值得參考。其言曰：

敘事之法，往往先總敘大綱，即追敘前事一兩段，然後復接正傳詳敘之。而總敘中卻埋伏追敘之線，詳敘中又頂針追敘之脈。使其前後似斷實連，似連實斷，然後方有峰巒，有章法。[90]

---

87 〔清〕周大璋《左傳翼》，微引自李衛軍《左傳集評》，北京大學出版社，2016年。

88 韓席籌《左傳分國集註》，卷十二，〈秦穆霸西戎〉，頁704。

89 吳闓生《左傳微》（臺北：臺灣中華書局，1970年），卷首，〈與李右周進士論左傳書〉，頁2。

90 〔清〕王源：《左傳評》（臺北：新文豐出版公司，1979年），卷三，文公二年，〈晉侯及秦師戰于彭衙秦師敗績〉，頁16。

編年之為體，相關事跡不連貫。為因應此種特質，故《左傳》敘事傳人，出於提敘、預敘者不少。讀者考索事情，推校書法，前後比觀之，而史義自顯。王源《左傳評》所謂「敘事之法，往往先總敘大綱」，「使其前後似斷實連，似連實斷」，即用提敘之法。提敘、預敘，因富於先發先導作用，故頗受《左氏》青睞。

除前引「報施、救患、取威、定霸」之提敘外，宣公十二年晉楚邲之戰，《左傳》敘晉隨武子料敵，語重心長，亦用提敘法勾勒：「會聞用師，觀釁而動。德、刑、政、事、典、禮，不易，不可敵也。」又曰：「德立、刑行、政成、事時、典從、禮順，若之何敵之？」[91]晉楚邲戰成敗之因緣提敘於前，以下敘戰，總如銅山西崩，洛鐘東應。水道渠成，順理成章。誠如筆者《左傳之文學價值》所云：提敘之法，「先將大意或一時大局提明，則理之是非，人之賢否，勢之成敗，事之禍福，國之興亡，總如破竹。不待詞費，不須周折，自使觀者井然。」[92]史事一經提敘，再前後比觀，而終始本末，洞若觀火。

## （三）對敘

《禮記・經解》稱：「屬辭比事，《春秋》教也。」就比事之文獻言，或相近相關，或相反相對。排比相近相關之史事，為類比敘事，簡稱類敘；編次相反相對之史事，為對比敘事，簡稱對敘。類比敘事，因比物連類，體現旨義；對比敘事，藉反差映襯，凸顯真相。就敘事之成效言，對敘殊勝類敘。

〔清〕方苞《左傳義法舉要》曰：「《左氏》於通篇大義貫穿外，

---

91 〔周〕左丘明傳，〔晉〕杜預注，〔唐〕孔穎達疏：《春秋左傳注疏》，卷二十三，宣公十二年〈邲之戰〉，頁4、頁7，總頁389、391。

92 張高評：修訂重版《左傳之文學價值》（臺北：五南圖書公司，2019年），第九章〈敘事文學之典範〉，「二十四日提敘法」，頁243。

微事亦兩兩相對。」[93]林紓《左傳擷華》品賞鄢陵之戰，亦云：「此章文字之美，美不勝收。然以大勢論之，實得一『偶』字法。何云『偶』？每舉一事，必有對也。」[94]所謂兩兩相對，「偶」字法，每舉一事必有對，要之，皆指對比敘事之法而言。

對比敘事，實屬辭比事書法之發用。以兩文或兩文以上敘述兩人兩事，或同時或不同時。事或相關，或相反，彼此回互激射，可以明是非功過之所在，謂之對敘法。敘寫爭戰，觸手紛綸，《左傳》往往於兵謀、將帥、士氣、兵力作對比敘事，成為常法與慣伎。

僖公三十二年，晉文公卒。《左傳》敘事，兩兩相對：於晉，敘卜偃畫謀定策；於秦，敘蹇叔諫君、哭師。〔清〕周大璋《左傳翼》指出：「晉人皆從」，與「蹇叔苦諫」作對比敘事。雖未戰，而晉秦之成敗可知。如云：

> 秦師未東，而朕兆已露于晉，禍福倚福，消息絕大，惟明者乃能見微知著也。晉有卜偃，秦有蹇叔，兩人識見旗鼓相當。乃卜偃指揮，而晉人皆從；蹇叔苦諫，而秦君不悟。利令智昏，豈其然乎？（〔清〕周大璋《左傳翼》）

〔清〕馮李驊《左繡》評文，於每舉一事必有對之「偶」字法，亦多所關注。稱〈殽之戰·蹇叔哭師〉：「此篇閑中，以東、南、西、北作點綴」，堪稱新奇。其言曰：

> 文莫妙於對，後段以南陵、北陵對寫，極淒慘文字，卻寫得極

---

93　〔清〕方苞：《左傳義法舉要》，僖公二十八年〈城濮之戰〉總評，頁23。
94　林紓：《左傳擷華》（高雄：復文圖書出版社，1981年），成公十六年〈鄢陵之戰〉，頁106。

濃至。前段只一語，而以見出、不見入作對，真乃妙不容言。
而此則無題不可著色耳。末句不惟結出師東門，直與首段西師
相應。「遂」字乃明譏晉知秦謀，而秦不知晉謀也。首尾照應
精細至此，後人孟浪讀去，惜哉！此篇閑中以東南西北作點
綴，亦奇。[95]

以見出、不見入作對；出師東門，與首段西師相應；晉知秦謀，而秦
不知晉謀相對；哭師，以南陵與北陵對寫。兩兩相對，「每舉一事必
有對」，此《左傳》敘事傳人之對敘法。

　　林紓《左傳擷華》，曾以「每舉一事，必有對」之「偶」字法，
鑑賞《左傳》辭章設計之美妙。評論〈秦師襲鄭〉章，亦以對比敘事
之視角觀之。其言曰：

　　　　王孫滿一開口，即曰：「能無敗乎？」孟明一悔悟，亦曰：「不
　　　　可冀也。」此二語，是天然之照應，亦天然之對仗。尤妙敘王
　　　　孫滿，而加以「尚幼」二字，又與上篇「爾何知？」「中壽」
　　　　作一照應。穆公怒中壽人之老悖無知，而不知適落中壽人逆料
　　　　之中。且不止中壽之人知之。而幼沖之人亦知之。所不知者，
　　　　穆公耳。《左氏》在百忙中，尚能隱隱出以冷雋之趣語，真神
　　　　閒氣定之文。[96]

「能無敗乎」與「不可冀也」，是天然之照應與對仗。「尚幼」，與
「中壽」，亦作對應；尚幼與中壽者，皆逆料可知，唯獨穆公不曉。
反差襯映，趣味全出，對比敘事往往有此等效應。

---

95 〔清〕馮李驊輯評：《左繡》，卷七，僖公三十二年〈蹇叔哭師〉眉批，頁545。
96 林紓：《左傳擷華》卷上，僖公三十三年〈秦師襲鄭〉，頁43。

　　文公四年經書：「楚人滅江，晉侯伐秦。」《春秋》對比敘事，微
辭隱義，多在言外。〔清〕張自超《春秋宗朱辨義》，為之申說闡發
之。如云：

> 處父一救江，無濟，而即聽江之滅。于楚，晉實不恤江也。而
> 晉猶用兵於秦，則知非力之不足矣。夫救江，則處父帥師；伐
> 秦，則晉襄親往。比而觀之，晉固不急于扶大義，而急于報私
> 怨也。[97]

晉聽憑荊楚之滅江國，猶用兵於秦而不恤，「知非力之不足矣」！已
失霸主存亡繼絕之天職。從「救江，則處父帥師；伐秦，則晉襄親
往。比而觀之，晉固不急于扶大義，而急于報私怨」，明矣！「比而
觀之」，對比敘事，褒貶毀譽自見。
　　僖公三十三年，箕之役，先軫免冑入狄師，死焉。文公二年，秦
晉彭衙之戰，狼瞫死秦，晉於是大敗秦師。死，一也；而所以死，不
同。就《左傳》之敘事比觀之，高下毀譽立判。凌稚隆《春秋左傳註
評測義》論之曰：

> 愚按：先軫、狼瞫死敵，同；而其所以死，異。何者？先軫直
> 諫乎襄公，本無罪也，何以自討？其死謬矣。狼瞫見黜于先
> 軫，誠有激也，欲以自効其死，宜矣。況先軫死狄，反辱晉
> 師，不惟傷勇，且無以謝襄公。狼瞫死秦，遂敗秦師，豈特忠
> 晉，亦可以愧先軫。[98]

---

97　〔清〕張自超《春秋宗朱辨義》（臺北：臺灣商務印書館，1983年），文淵閣《四庫
　　全書》本），卷六，文公四年，〈楚人滅江，晉侯伐秦〉，頁15，冊178，總頁130。
98　〔明〕凌稚隆《春秋左傳註評測義》，卷十七，文公二年〈彭衙之戰〉，頁6，經
　　127，頁4。奧田元繼或作李笠語。

先軫之死狄、狼瞫之死秦，動機不同，結果亦殊異。〔清〕姜炳璋
《讀左補義》謂：「狼瞫死而戰勝，正與孟明敗而偷生反照」，[99]亦持
對比敘事評價人物。

　　姜炳璋《讀左補義》〈綱領下〉，訓釋「屬辭比事」曰：「屬辭者，
聚合其上文下文之辭。比事者，連比其相類相反之事。」又云：「一
傳之中，彼此相形而得失見；一人之事，前後相絜而是非昭。」[100]由
此觀之，對比敘事之法，自是屬辭比事《春秋》教之發用。

## （四）搭敘

　　《史記・管晏列傳》，管仲晏嬰合傳。列傳先敘管仲事蹟畢，接
敘晏嬰傳記之前，其間敘記「後百餘年而有晏子焉」一句，作為前幅
後幅之轉環銜接，此之謂搭敘，乃牽上搭下之敘事法。《史記・屈原
賈生列傳》，屈原賈誼合傳，敘屈原事既已，接敘「自屈原沈汨羅後
百有餘年，漢有賈生，為長沙王太傅。過湘水，投書以弔屈原。」亦
運用承上啟下，橋接轉圜之搭敘法。

　　前幅後幅之史事，系統上雖相關相涉，卻又各自獨立。為求貫通
串聯，於是有搭敘之法。搭敘，又稱「關軸」、「過脈」、「過接」、「橋
接」、「過峽」，用一句或數句文字，作承接、轉折、連貫，使脈絡連
貫，首尾連合、前後渾然一片，乃編次史事，前後排比之方法，所謂
「言有序」，見比事屬辭之功。林紓《左傳擷華》稱〈秦師襲鄭〉一
文，為前篇〈蹇叔哭師〉與〈王孫滿觀師〉，後篇〈秦晉殽之戰〉之
過脈文字，前後連綴成章，即是搭敘之法。如：

　　　　通篇為前後兩篇作過脈文字，明乎蹇叔之意全注在霸餘之晉

---

99　〔清〕姜炳璋《讀左補義》，卷十四，文公二年，〈彭衙之戰〉，眉批，頁685-686。
100　〔清〕姜炳璋：《讀左補義》，卷首，〈綱領下〉，「屬辭比事」，頁106-107。

國，而此篇偏不提起「晉」字。如雷聲將起，先密布下無數陰雲，而雲中隱隱已洩電光。如王孫滿之觀師而料敵，弦高之愛國而行權：一則決秦師之必不勝，一則示鄭國之不易取，全在蹇叔「勞師襲遠」一語為之關軸。然文字雖屬過脈，而起訖仍然自成篇法。[101]

林紓《左傳擷華》說搭敘，先訴諸形象譬況，稱「如雷聲將起，先密布下無數陰雲，而雲中隱隱已洩電光。」承上啟下，過脈關鎖，排比史事銜接兩頭，已點明其作用。林氏指出過脈文字有二：其一，王孫滿之觀師而料敵；其二，弦高之愛國而行權；而關軸有一，即蹇叔「勞師襲遠」一語。搭敘之特出嚴謹者，則是關軸。林氏所云：「文字雖屬過脈，而起訖仍然自成篇法」，自是搭敘法之特色。

　　《左傳》敘〈秦晉殽之戰〉，〔清〕馮李驊《左繡》評稱：「是一篇過峽文字」。或出現於篇中，或安排於段落，或呼應起承與轉合，〈秦人入滑〉章、〈敗秦師于殽〉章，運用十分普遍。如：

此傳秦人入滑事，……是一篇結上生下文字。……此（敗秦師于殽）是一篇過峽文字。一面正敘殽師，收應上哭師、滅滑兩篇文字。一面勤敘三帥，弔動下「遂霸西戎」數篇文字。篇中上半，以敗秦於殽為前文結穴；下半以請帥、追帥為後文提頭。末段秦伯哭師，「孤之罪也」顧上，「孤之過也」起下；「大夫何罪」又是顧上，「不以一眚」又是起下。……蓋收應前文，是明修棧道；弔動下文，是暗渡陳倉。稍一鹵莽，即墮作者五里霧中矣。又末段前數句都算結上，只以末句遞下亦

---

101 林紓：《左傳擷華》卷上，〈秦師襲鄭〉，頁42-43。

得，但不如逐句分貼之勻。<sup>102</sup>

評點所謂結上生下、過峽；結穴、提頭，皆搭敘法之同實異名。顧上、起下；收應前文、弔動下文；結上、遞下云云，要皆關注史事於前後、上下位次之排比編纂，所謂言有序。搭敘之法，排比其事、編次其史，初即關乎筆削去取，終則涉及屬辭約文。

　文公二年，《春秋》書：「春王二月甲子，晉侯及秦師戰于彭衙，秦師敗績。」《左傳》以歷史敘事解經，敘之曰：「秦伯猶用孟明，增脩國政，重施於民。」於是趙成子逆料：若秦師又至，將「不可當」。文公三年，《左傳》敘王官之役，秦穆遂霸西戎。<sup>103</sup>〔清〕周大璋《左傳翼》評點，採宏觀視野，用系統思維，以解讀《左傳·秦伯猶用孟明》章，其言曰：

　　（秦伯）增其德，原屬治國常理，豈為復恥報怨而設？……然見兔顧犬，尚為未晚。所以趙成子聞之而懼，其不可當也。不戰而能屈人，舍德其何恃乎？此（〈秦伯猶用孟明〉）上下篇過峽也。戰殽彭衙之役於此結案，濟河焚舟之舉於此起本，合前後諸篇讀之，才見起伏斷續之妙。開首一「猶」字，遙接前「復始」二字，筋轉脈旋，筆筆跳躍。（〔清〕周大璋《左傳翼》）

〔清〕周大璋《左傳翼》稱：「〈秦伯猶用孟明〉章，上下篇過峽也。

---

102 〔清〕馮李驊、陸浩評輯：《左繡》，卷七，僖公三十三年〈秦晉殽之戰〉，頁548、550。
103 〔周〕左丘明傳，〔晉〕杜預注，〔唐〕孔穎達疏：《春秋左傳注疏》，卷十九，文公二年〈晉侯及秦伯師戰于彭衙〉，頁302。文公三年〈秦伯伐晉〉，頁305。

殽之戰、彭衙之役於此結案。濟河焚舟之舉，於此起本。」就篇章上
下，史事前後觀之，有所謂「上下篇過峽」、「結案」、「起本」者，實
即歷史之編纂措注，比事之排比位次，所謂言有序。與〔清〕方苞
《春秋通論》，以比事屬辭研治《春秋》，其〈通例七章〉倡導「按全
經之辭，而比其事」以詮釋《春秋》，其方法不謀而合。案：《左傳》
敘〈殽之戰〉，在僖公三十三年；〈彭衙之役〉，在文公二年，皆於
〈秦伯猶用孟明〉章結案。文公三年，〈秦伯伐晉〉章，就〈秦伯猶
用孟明〉章而言，則為起本。謂「合前後諸篇讀之，才見起伏斷續之
妙」者，探究終始，可見比事屬辭之美妙。

　　由此觀之，史事之倥傯、猥雜、起伏，暴起暴落，變化多端，情
節繁複者，持比事屬辭而敘事之，往往可用「收應前文、弔動下文」
之搭敘。既可迴龍顧主，又可照應下文。此收應前文、弔動下文，結
上遞下、束上啟下、承轉橋接之說。搭敘之法，宋文蔚《評註文法津
梁》謂之「束上起下」，其說云：

> 古人為文，往往安排中間一段總束上文，以固其氣；隨即引起
> 下文，以振其勢。能操能縱，作文乃有氣有勢。有一篇之束
> 筆，有一段之束筆。凡作文束得住，方振得起，此一定之法
> 也。束法有用之於中段者，一面束上，即一面起下，乃全篇之
> 過脈。有用之後段者，前半筆法紆徐，至後段提起，總束上
> 文，即引起正意作結，為一篇之結穴，用法各有當也。[104]

搭敘之法，即用一句或數句總束上文，同時引起下文。若用之於中
段，則為全篇之過脈；若用之後段，則為一篇之結穴。無論措注於中

---

104 〔清〕宋文蔚編：《評註文法津梁》（高雄：復文圖書出版社，1993年），〈分段·
　　束上起下〉，頁139。

或於後，用以束上起下，或過脈結穴，就《春秋》書法、歷史編纂學而言，皆是比事屬辭法之衍化。此方苞說義法，所謂「言有序」也。

　　總之，《左傳》敘事，或藉言記事，是為語敘。或揭示重點，是為提敘。或敘事偶對映襯，是為對敘；或以一句承上啟下，是為搭敘。或暗示結局，是為預敘，已穿插論述於諸法之中。要之，《左傳》敘事之先後位次，所謂「言有序」之法，亦如《春秋》之比事與屬辭，往往時措從宜，位次從權。

# 春秋《經》、《傳》莊公元年
# 「文姜孫齊」筆法分析

何松雨[*]

## 摘　要

　　春秋筆法評價事件或秉筆直書或委婉曲折，言簡意賅地表達微言大義。《春秋經》和「三傳」耗費大量篇幅記載魯桓公之妻文姜出奔齊國的一系列行徑，其中蘊含著豐富的春秋筆法。直筆揭露文姜屢次出奔齊國的違禮行徑，曲筆婉而多諷地揭露文姜違禮後受到的懲罰，以及「絕不為親」傳達的儒家「大義滅親」的理念。

**關鍵字：**文姜孫齊、春秋三傳、春秋筆法

---

* 　聊城大學文學院碩士研究生。

# 一　前言

　　春秋時期是眾所周知的亂世，亂世中除諸侯卿士外，許多女性也因其獨特言行而留名青史。齊僖公之女文姜就是《春秋》所記載為數不多的女性人物。文姜作為魯桓公之妻，因其私會兄長、間接弒君，《春秋經》與三傳都或明或暗地對其行徑做了歷史記錄，並隱晦地進行了貶斥。惜墨如金的《春秋經》能夠不吝惜筆墨以「春秋筆法」去記錄「文姜孫齊」的違禮之事，足以見此事在當時的影響。「文姜孫齊」的提法，來源於經、傳的莊公元年「夫人孫于齊」。本文中所稱「文姜孫齊」並非單只莊公元年這一件事，而是具有更廣泛的意義。在這裡以「文姜孫齊」指代從魯莊公元年至七年間，文姜屢次出奔齊國的一系列事件。

# 二　直筆揭示的文姜違禮行徑

　　《左傳》記載，文姜在與夫君桓公一同出使齊國時與兄長齊襄公私通，事情敗露後，間接害死了桓公。此後，在桓公十八年至莊公七年的時間裡，文姜並不收斂，屢次出奔與兄長通姦間。

　　眾所周知，魯國是周公後人，是春秋時期相對恪守禮法的大國，身為魯夫人的文姜卻屢次私奔齊國，在這種情況下，魯史官採取秉筆直書以昭示文姜違禮之甚。據統計，桓公死後七年間，齊襄公與文姜私會，見於史冊的就有七次：

## 表一　文姜、齊襄公私會統計表

| 時間 | 《春秋經》、《左傳》史料 |
|---|---|
| 莊公元年 | 三月，夫人孫于齊。（經、傳皆有） |
| 莊公二年 | 冬，夫人姜氏會齊侯于禚。（經、傳皆有）書，奸也。（傳） |
| 莊公四年 | 四年春王二月，夫人姜氏享齊侯于祝丘（經） |
| 莊公五年 | 夏，夫人姜氏如齊師（經） |
| 莊公七年 | 七年春，夫人姜氏會齊侯于防。（經） |
| 莊公七年 | 七年春，文姜會齊侯于防，齊志也。（傳） |
| 莊公七年 | 冬，夫人姜氏會齊侯于穀。（經） |

　　春秋微言大義，「筆則筆，削則削」。其中的態度觀點皆在「書」與「不書」中顯露。元代趙汸稱「《春秋》以禮法修辭」[1]，因此我們從禮制視角來分析「文姜孫齊」直筆的筆法。以下是根據《禮記》，對春秋筆法下「文姜孫齊」違禮行為的分析。

　　簡單概括講，「文姜孫齊」有違貞潔之禮、既嫁不逾竟之禮、女不言外之禮。

　　首先是「直書」揭示的違禮之事。

　　其一，有違貞潔之禮的醜行。

　　莊公二年與七年所描述的「書，奸也」與「齊志也」，《春秋》書法直書其事。

　　《禮記・郊特牲》：「信，婦德也，一與之齊，終身不改。」[2]文姜既嫁與魯桓公，按照《禮記》的規範，便不能再同其他男子交往過密。而已嫁作人婦的文姜將周代禮法置若罔聞，肆意同兄長私會。

　　莊公二年，「冬，夫人姜氏會齊侯于禚」。姜氏與齊襄公在禚地

---

1　張高評：《左傳英華》，臺北：萬卷樓圖書公司，2020年。
2　〔漢〕鄭玄：《禮記注》，北京：中華書局，2021年6月。

（春秋時齊國邑名，故地在今濟南市長清區）私會，此處隸屬齊國，並且，《春秋公羊傳注疏》解云：「凡言于某者，從此往彼之辭」。[3]可見是文姜由魯國出奔至齊國，這場私會發自文姜，因此，《左傳》記錄「書，奸也。」直接點明文姜出奔的醜行。

莊公七年，「夫人姜氏會齊侯于防」。姜氏與齊襄公在防地私會。防，魯國國內地名，魯有二防，根據文獻記載「魯有二防邑近齊者為東防」[4]，私會地點在魯國，顯然這場私會的發起方是齊襄公，因此《左傳》書「齊志也」，同樣不留情面，直接點明。

私通兄長齊襄公是「文姜孫齊」系列事件中，所違背的最嚴重的禮節——貞潔之禮。

其二，有違女不言外之禮。

莊公四年，需要注意的是，「惜墨如金」的《春秋經》卻不惜筆墨記載了「夫人姜氏享齊侯于祝丘」之事。《左傳》記載享禮眾多，而享禮的參與者也均為男性，楊伯峻在注釋中提到「春秋經書享者僅此一見」[5]，足以見此事在當時的惡劣程度。文姜作為魯夫人行魯公之禮，不論是《禮記・內則》「女不言外」[6]，還是《尚書・牧誓》[7]「牝雞無晨」，文姜享齊侯之事，都是違禮的。漢代何休在解詁《春秋公羊傳》時，也提及「書者，婦人無外事，外則浸淫」[8]。可見，從先秦至漢，即便這一區間內也不乏女性政治家主政，但至少站在儒家視角下，「女不言外」一直是當時社會的共識，有違「女不言外」之禮的影響甚大，故而《春秋經》給予了著重突出。

---

3 〔漢〕何休：《春秋公羊傳注疏》，上海：上海古籍出版社，2019年。

4 〔清〕鍾文烝：《穀梁補注》，南菁書院解本，卷2。

5 楊伯峻：《春秋左傳注》，北京：中華書局，2016年。

6 〔漢〕鄭玄：《禮記注》，北京：中華書局，2021年6月。

7 王世舜：《尚書譯注》，聊城：山東師範學院聊城分院古典文學教研室。

8 〔漢〕何休：《春秋公羊傳注疏》，上海：上海古籍出版社，2019年。

其三，既嫁不逾竟之禮。

《禮記・雜記》：「婦人非三年之喪，不踰封而吊」[9]。何休在解詁《公羊傳》時也有對此禮的詳細闡釋：「不致者，本無出道，有出道乃致，奔喪致是也」[10]，簡言之，婦人除非奔喪而出，一般是不逾竟的。而姜氏卻屢次逾竟回其母國，七年間便有七次，文姜屢次前往齊國絕非為歸寧行為，學者馬銀琴在文章中指出：在魯莊公二十七年的「杞伯姬來」，《公羊傳》何休注也說：「諸侯夫人尊重，既嫁，非有大故，不得反。唯自大夫妻，雖無事，歲一歸寧。」自大夫妻以下才有歸寧之禮，王后以及諸侯夫人，只有在遭遇「大故」的情況下才能返回母家，而這裡所說的「大故」，或為滅國，或為被出，或指父母之喪。[11]可見，諸侯夫人的身分是限制文姜肆意返回母國的。在非大故情況下如此，違禮之甚可見。

「不書」所揭示的違禮行為。

常言道：春秋之義，昭乎筆削。以「不書」來彰顯文姜違禮的部分，體現的主要是有違「既嫁不逾竟」之禮。

## （一）不書「春夏秋」三季之事

《左傳》莊公二年，四季僅僅記載了「冬，夫人姜氏會齊侯于禚」一事，春夏秋三季均不書。左氏這一年的記載與《春秋經》和《公羊》、《穀梁》四季均記載事件不同。聯繫經傳與上下文，我們不難體會出左氏在莊公二年不書他事，單單記錄「夫人私會」，其用意之深，意欲借此來凸顯文姜逾竟私會齊襄公的行徑。

---

9　〔漢〕鄭玄：《禮記注》，北京：中華書局，2021年6月。

10　〔漢〕何休：《春秋公羊傳注疏》，上海：上海古籍出版社，2019年。

11　馬銀琴：〈《周南》《召南》的禮樂功能及其關聯與差異〉，《文學遺產》，2021年。

## （二）不書「夫人」

莊公七年，雖然都記載姜氏與齊侯逾竟私會，但在稱呼上大有不同。《春秋經》、《公羊傳》、《穀梁傳》統一稱「夫人姜氏會齊侯于防」，《左傳》卻在此處記錄為「文姜會齊侯于防」，不稱「夫人」而稱之「文姜」。左氏將「夫人姜氏」、「文姜」之稱交替使用，並非行文無狀，而是另有深意。我們可以結合《穀梁傳》莊公七年「七年春，夫人姜氏會齊侯于防。婦人不會，會非正也」一句，同《左傳》結合閱讀，其中不稱「夫人」的微言大義便可一目了然。顯然，齊襄公徑直前往魯國與魯夫人私會，於禮不合，故稱「文姜」以貶之；於情有恥，故羞於稱「夫人」而以「文姜」呼之。

上述是經、傳微言背後所揭示的文姜違禮之事。同時也解釋了惜墨如金的經傳為何耗費大量篇幅記載「文姜孫齊」的一系列事件。究其原因，還是在於文姜嚴重觸犯了當時禮制，影響惡劣。

## 三　曲筆揭示「文姜孫齊」違禮被逐之懲罰

「春秋筆法」在表現微言大義之時往往曲直並用，記載「文姜孫齊」之事也不例外。其中，用曲筆體現文姜間接弒君的行為並進行貶斥的是《春秋經》和三傳在莊公元年記載的「三月，夫人孫于齊」。

### 表二　三傳「夫人孫于齊」比式

| 書名 | 觀點 |
|------|------|
| 《左傳》 | 三月，夫人孫于齊。不稱姜氏，絕不為親，禮也。 |
| 《公羊傳》 | 三月，夫人孫于齊。孫者何？孫猶孫也。內諱奔謂之孫。夫人固在齊矣，其言孫于齊何？念母也……念母者所善也，則曷為于其念母焉貶？不與念母也。 |

| 書名 | 觀點 |
|------|------|
| 《穀梁傳》 | 三月，夫人孫于齊。孫之為言，猶孫也。諱奔也。接練時，錄母之變，始人之也。不言氏姓，貶之也。人之于天也，以道受命；于人也，以言受命。不若于道者，天絕之也。不若于言者，人絕之也。臣子大受命。 |

　　三傳在解經時，都抓住了「孫」字作解。「孫者，遜也」，三傳的共識是為尊者諱，提出的共同疑問則是「夫人何以不稱姜氏」。解決這一問題，只需分析「孫」字的筆法即可。三傳對「孫」字作出的解釋，「貶也」。隨後左氏記述「絕不為親」，《公羊》、《穀梁》解釋為「不與念母」、「人絕之也」，單獨看各家觀點，看似風馬牛不相及，實則不然。將三家論述對比研讀，我們不難發現它們在闡述的是同一觀點——莊公應顧念殺父之仇而斷絕與文姜的母子之親。通過春秋筆法展現的是文姜違背禮法後得到的懲罰。

　　顯然，「孫」字所體現的筆法，遠遠沒有「貶也」這樣簡單。何休在解詁《春秋公羊傳》時提到「欲以孫為內見義」。「孫」字的筆法極為中和，既做到了為尊者諱，避諱文姜出奔齊國之事，同時也以一字彰顯對文姜的貶斥態度。

　　首先，從字面意義講為尊者諱是諱文姜出奔齊國之事。然而對於文姜出奔三傳都認為文姜早已在齊國，此處為虛指，學界對此存在質疑。孔穎達反對文姜早已在齊之觀點，並指出「夫人若遂不還，則孫久矣，何故至是三月始言孫于齊乎？」但將春秋三傳例證放於一處，便可解決爭議。《左傳》「不書即位，文姜出故也」，《公羊傳》、《穀梁傳》的例證更具說服力「念母以首事」、「接練時，錄母之變，始人之也」，即以文姜缺席需要其親祭亡夫的練祭為例證，佐證此時文姜不在魯國。

　　第二，「孫」的貶義實則為以春秋筆法揭露文姜被放逐之事。《說

文》「遜，遁也」。文姜間接殺死了魯桓公，因為存在「親親」觀念，莊公不能殺母復仇，亦不可忘父仇，只能退而求其次，將其母文姜放逐作為懲戒。並且，先秦時期諸侯夫人非有「大故」不得返回母國，上文已經分析，文姜的情況屬於「大故」中的「懲戒」一點，因此，孫的字面含義雖是遁逃，但在此處用了「筆法」，孫字委婉地揭示了文姜並非主動逃亡，而是被迫出逃即放逐。作「被放逐」意講的筆法，並非只有「夫人孫齊」這一孤證，類似的例證還有《左傳·昭公二十五年》「己亥，公孫于齊，次於陽州」，魯昭公也是在季氏打壓下被迫出逃。

總之，孫字包含了文姜被放逐的春秋筆法，揭示了文姜枉顧禮法間接殺夫的下場，《左傳》與《公羊傳》後文的「絕不為親」、「不與念母」也可佐證這一觀點。

## 四 「不稱姜氏，絕不為親」的筆法蘊含儒家「大義滅親」理念

《左傳·莊公元年》對《春秋經》「三月，夫人孫于齊」的解釋是「不稱姜氏，絕不為親，禮也」。其中「不稱姜氏，絕不為親」八字，精妙的運用了春秋筆法，字面意思講，「不稱姜氏，絕不為親」即不稱呼母親姜氏是斷絕母子之親。楊伯峻在他的《春秋左傳注》中提到「文姜弒其父，莊公宜傷其父而絕母子之親」[12]。但我們需要注意的是，「絕不為親」並不是指莊公真的與文姜斷絕了母子之親，相反在禮崩樂壞的春秋亂世，文姜依然被尊為魯夫人，其死後諡號「文」亦是美諡，在文姜弒君、莊公「念母忘君父」這種情況下，

---

12 楊伯峻：《春秋左傳注》，北京：中華書局，2016年。

「不稱姜氏，絕不為親」是史官對於文姜處置辦法構想，要求復歸「親親尊尊」秩序的呼籲，體現的是儒家「大義滅親」的復仇理念。因此，《左傳》「不稱姜氏」、「絕不為親」二句不是因果關係，而應理解為一種並列關係，「不稱姜氏」是維護「尊尊」，「絕不為親」則是「親親尊尊」集合的筆法表達。

因為魯桓公為齊襄公、文姜所暗害，齊魯兩國便存在弒君之仇，魯莊公與齊國存在殺父之仇。辭不比不明，將《春秋經·莊公》部分和齊國有關的傳文對比參看，便可理解「不稱姜氏，絕不為親」的筆法深意。此處的「不稱姜氏」與莊公四年《春秋經》「公與齊人狩于禚」類似，同樣面對殺父弒君仇人，春秋筆法在此亦不稱「齊侯」而稱「齊人」以貶之。「姜」是齊國國姓，所以「不稱姜氏」，可以看作是與仇國「齊國」關係的淡化。因此，「不稱姜氏，絕不為親」，不是對「親親」的破壞，而是對「親親尊尊」觀念的執行。姜為齊國國姓，「不稱姜氏」，是不忘齊國弒君之仇，「絕不為親」是呼籲不忘殺君父之仇。《左傳》「大義滅親」的復仇理念，始於隱公四年「君子曰：石碏，純臣也，惡州吁而厚與焉。『大義滅親』，其是之謂乎」[13]，學者蔣慶在《公羊學引論》中提到「左氏主張『大義滅親』，君臣關係是大義，父子關係只是小義，小義要服從大義，故為了君臣大義，父子之親可滅（杜預注）」[14]。莊公與文姜的母子關係也是小義，莊公與君父桓公之間則還有一層君臣大義。小義與大義發生衝突，則必須服從君臣大義。但結合《春秋經》及三傳相關記載來看，莊公仍「念母也」[15]並未與文姜實際斷絕母子之親，甚至仍舊與殺父仇人齊襄公田獵，故而史官也只能利用微言大義的春秋筆法呼籲「大義滅

---

13 楊伯峻：《春秋左傳注》，北京：中華書局，2016年。
14 蔣慶：《公羊學引論》，瀋陽：遼寧教育出版社，1997年。
15 〔唐〕孔穎達：《春秋公羊傳注疏》，上海：上海古籍出版社，2014年11月。

親」，不忘君父之仇。如此便可解釋《左傳》「不稱姜氏，絕不為親，禮也」的含義了。

## 五　結論

「春秋之義，昭乎筆削」，我們通過分析春秋筆法，能夠體會到蘊含在字面意思之後的「歷史真實」。「文姜孫齊」這一系列事件，通過史家的春秋筆法，我們不難看出文姜違禮之事的嚴峻性、以及世人對其抱有的貶斥態度。直筆直書其事，彰顯文姜違禮之甚，曲筆體現文姜間接弒君的行為並進行貶斥，最終本著秉持「親親尊尊」理念，對文姜違禮行為進行懲處。僅從字面意思看，我們無法得知其深意，必須通過筆法分析，才能更深入理解文字之下隱藏的奧秘。

# 論王源《左傳評》中的
# 「奇正」與「賓主」

王亭林[*]

## 摘　要

　　王源，清初古文學者，受業於明末清初散文三大家之魏禧，又與桐城派諸儒交遊。其《左傳評》中引入兵法的「奇正」，並以「賓主」評點《左傳》。本文主要試圖分析書中的「奇正」與「賓主」的內涵，整理王源如何使用此二手法評點《左傳》，並釐清「奇正」與「賓主」間的關聯性及其得失，由以分析《左傳評》之閱讀策略。

**關鍵字：**王源、左傳評、奇正、賓主

---

[*]　臺灣師範大學國文學系博士研究生。

# 一　前言

　　王源（1648-1710），字崑繩，[1]一字或庵，直隸大興人。王源少時師從寧都魏叔子（即魏禧，1624-1681）習古文。年不惑，始遊北京，有時人病其不治八股，源乃試科舉，於康熙三十二年癸酉科中順天府鄉試《春秋》經魁。源所交遊者，方苞（1668-1749）、戴名世（1653-1713）等桐城諸儒，後經李塨（1659-1733）推介，一同師事顏元（1635-1704）習理學，李塨亦受王源影響，從之作古文。[2]王源著有《易傳》十卷、《平書》二卷、《兵書》二卷、《文章練要》三十卷，[3]有《居業堂文集》二十卷傳世。[4]

　　今傳《左傳評》實出自《文章練要》，王源以文章分六宗百家，六宗者，《左傳》、《孟子》、《莊子》、《楚辭》、《戰國策》、《史記》六書。百家者三類，《公羊傳》、《穀梁傳》、《管子》、《韓非子》等先秦子書一類；《漢書》以下諸史一類；漢魏世之名家著作一類，六朝以下之文盡皆不錄。然王源未能評盡六宗百家便已病故，《文章練要》

---

1　或作「昆繩」。

2　〔清〕紀昀主編：《欽定四庫全書總目提要》（臺北：臺灣商務印書館影印文淵閣四庫全書本，1986年），卷184，頁6a。

3　《文章練要》今存《左傳評》十卷、《孟子評》十卷、《莊子評》十卷，《公羊傳評》與《穀梁傳評》雖有，但不成卷。

4　《左傳評》一書據筆者搜索，今流傳版本有五：北京師範大學圖書館藏清康熙居業堂刻本、國家圖書館藏清刊本、國家圖書館藏清雍正年間刻本、美國普林斯頓大學東亞圖書館藏清乾隆九年刻本、臺灣新文豐出版社影印清宣統年間刊本。五版之中以清康熙居業堂刻本時代最早，保存較為完整，國家圖書館藏清刊本雖同為居業堂刻本，然因受南山案影響，參與校閱的戴名世遭糊名。清雍正年間刻本保存不善，有多頁缺漏。普林斯頓大學東亞圖書館藏清乾隆九年刻本因受新冠疫情影響，未能得見。清宣統年間刊本有漏字、字句顛倒的情況。故本文以北京師範大學圖書館藏清康熙居業堂刻本為主，開展論述，此後引用《左傳評》之版本不另標註。

亦散不成書，四庫館臣遂以《左傳評》、《公羊傳評》、《穀梁傳評》輯成一書，稱《或菴評春秋三傳》，又有後人單以《左傳評》付梓，稱《文章練要·左傳評》，書名雖異，內文大體皆同。

　　依《左傳評》所錄，王源以「賓主」與「奇正」二種寫作技巧將《左傳》的文章風格劃分為兩個時期。在〈晉荀礫如周〉尾評：「顛倒主賓，變亂奇正，此宣、成以前手法也。」[5]說明宣、成之前，《左傳》風貌多以「顛倒主賓」和「變亂奇正」為作文手法。「變亂奇正」於書中未有明言《左傳》如何操作此一變化，但相同的論述在昭公十三年之〈楚公子比自晉歸于楚弒其君虔于乾谿〉尾評：「此傳章法綿密，筆致生動，亦是有數大文字，但奇變處少，不可與宣、成以前文字同觀。」[6]亦見得成公以後的文章較少奇變，即可知，王源認為在成公之前「變亂奇正」相較於成公之後較常被使用。「顛倒主賓」一說，於〈會于黃父〉尾評：「于是遂用倒賓作主之法，以論禮為中，……襄、昭以後如此文字甚少。」[7]綜以上述，成、襄之間是作為《左傳》文章風格變換的過渡期，成公以前多「顛倒主賓」、「變亂奇正」；襄公以後少「顛倒主賓」、「變亂奇正」，由此便可推論〈會于黃父〉尾評之「倒賓作主之法」即是前文所稱之「顛倒主賓」。

　　綜觀是書，「奇正」與「賓主」之變化不僅王源劃分《左傳》文章風格的重要依據，亦是研究王源《左傳評》評點學之重要議題。此二雖非王源始論，王源將兵法與文章結合，跳脫往昔文章評點的窠臼，發明新意。

　　然而「奇正」和「賓主」並非是兩個相悖或不相關聯的理論，〈楚屈瑕伐羅〉尾評：「奇正辨而賓主明，賓主明而章法出矣。」[8]以

---

5　〔清〕王源：《左傳評》，卷9，頁18b。
6　〔清〕王源：《左傳評》，卷9，頁8b。
7　〔清〕王源：《左傳評》，卷10，頁8a。
8　〔清〕王源：《左傳評》，卷1，頁27a。

「奇正」和「賓主」為層遞關係，讀者先能辨別《左傳》文章之奇正，而辨明奇正後，自可明瞭文章之賓主關聯，以此理解文章章法。

## 二　王源的奇正觀

　　奇正之變既出於兵家之說，《孫子・兵勢》曰：「凡戰者，以正合，以奇勝。」[9]但卻並非為兵家獨有之論。自劉勰（約465-522年）《文心雕龍》以後，文學亦談奇正，〈定勢〉言：「舊練之才則執正以馭奇，新學之銳則逐奇而失正。」[10]二家之論奇態度迥異，不可一概而論。

　　侯金山先生曾合兵家與文學家的奇正觀念異同探討：

> 在「奇正相生」這一層面上，我們可以說，《文心雕龍》與《孫子》確有相通之處，但並非以「奇正轉化」為紐帶。而且同中有異，不能忽視兩種「奇正」論一個以「正」為核心，一個以「奇」為關鍵的前提。[11]

簡而言之，兵家的奇正觀較為明白，梅堯臣（1002-1060）注曰：「用正合戰，用奇勝敵。」[12]解釋兩軍相接，雙方以正兵對壘，但得勝之機應在奇兵之用。

---

9　〔周〕孫武撰，〔漢〕曹操、〔唐〕杜牧等注：《十一家注孫子》（北京大學圖書館藏本），中卷，頁2b。

10　〔南朝梁〕劉勰撰，〔清〕黃叔琳校注：〈定勢〉，《文心雕龍》（龍溪精舍叢書本），卷3，頁12b、13a。

11　侯金山：〈《文心雕龍》與《孫子》——辨析兩種「奇正」論〉，《武陵學刊》46卷1期（2021年1月），頁82。

12　〔周〕孫武撰，〔漢〕曹操、〔唐〕杜牧等注：《十一家注孫子》，中卷，頁2b。

而文章的奇正觀可分為兩點，以《文心雕龍》的觀點來看，一是以「正」為寫作的正統，不同類別的文章，如章、表、奏議等，皆有固定的創作風格與形式。文章寫作目的以儒家經典為正統，「宗經」是文章的第一要務，強調通經致用、闡發經義之屬。「奇」的寫作方式跳脫固定格式與經義，破格寫作，或文章立意已背離經典本意。一味追求奇文，便會脫離正道，如此文章是因小失大，顧此失彼，非為劉勰所推崇。二是奇文雖有異乎經典，但文字之奇妙已是一家之宗，如〈辨騷〉言：「自《風》、《雅》寢聲，莫或抽緒，奇文鬱起，其〈離騷〉哉！」[13]以〈離騷〉在《詩經》之後，別開騷體之格，成就辭賦之宗，雖是奇文，但別開一格，足以稱道。說明《文心雕龍》對奇正之思考是以「正」為核心，「奇」之變化乃基於「正」之固定格式、宗經為目的下，破格的寫作手法，此並不否定奇文，「執正以馭奇」便是《文心雕龍》所贊同，但切忌過猶不及，淪為「逐奇失正」之文。

可以發現兵家之奇正與《文心雕龍》之奇正同樣基於「正」為主的體系下，《文心雕龍》對「奇」態度較為審慎，不推崇奇文寫作，而兵家之「奇」卻是以為對壘致勝的關鍵。但這並不代表兵家只求奇而不求正，在《孫子・兵勢》中仍強調「奇正相生」的重要性，意即單是出奇而不言正，亦可視為「逐奇而失正」的一種狀態。

綜合兵家與文章的觀點，二者的「奇正」並非不可交融，方以智（1611-1671）載吳萊（1297-1340）言：「作文如用兵，有正有奇。正者，文之法；奇者，不為法縛，千變萬化，坐作、擊刺、一時俱起者也，及止部還伍，則肅然未常亂。」[14]即將文章形容作行軍佈陣，正

---

13 〔南朝梁〕劉勰撰，〔清〕黃叔琳校注：〈辨騷〉，《文心雕龍》，卷1，頁13a。

14 〔明〕方以智：《通雅》（臺北：臺灣商務印書館影印文淵閣四庫全書本，1986年），卷首3，頁24a。

兵為一般為文之法，奇兵便是突出不測之兵，雖變化莫測，但吳萊亦認為奇兵亦應行止分明，不得散亂無序。由此見，就算在兵法家之角度，「奇」是文章生色的重要因素，但仍需遵守一定的規則，切不可散漫。陳懿典（1554-1638）曰：「文有正有奇，奇正之用，有主，有輔，有順，有逆，有起，有伏，有合之而離，離之而合，有近之而遠，遠之而近，盡奇正之妙。譬如兵家，有正兵，有奇兵，以正合，以奇勝。」[15]同樣認為文章的奇正變化可與兵家的奇正變化相譬，更進一步類舉文章的奇正用法，然並未深論其如何操作，僅是略筆而過。

## （一）結合兵法與文章的奇正觀

王源既以「奇正」論文章，在〈與友人論侯朝宗文書〉言：「吾誠能取法先秦、西漢，何患不與八家並驅爭先。……兵家有奇正之術，正有定，奇無定，而以正為奇，以奇為正，則正亦無定，……宋文靡弱，能正不能奇，能整不能亂，能肥不能瘦。」[16]提及作文不應效法古文八家，而需上源至先秦、西漢之文以求文法，又將兵家的奇正帶入到文章評點之中，藉以審視宋代之文章，便見得宋代之文章過於講求工整正當，而不能出奇不意，王源是以稱宋文靡弱。由此以見得，在王源的奇正觀下，文章與兵法並不分家，可概一而論。

王源的觀點下，在〈蔡人衛人陳人從王伐鄭〉尾評：「千古文章兼兵法者，唯《左傳》；以兵法兼文章者，唯《孫子》。」[17]認為文章蘊有兵法之權謀者，中華五千年僅得《左傳》一書。寫兵法而有文章章

---

15 〔明〕陳懿典：〈陳居一近稿序〉，《陳學士先生初集》（上海圖書館藏明萬曆四十八年曹憲來刻本），卷1，頁23b-24a。

16 〔清〕王源：〈與友人論侯朝宗文書〉，《居業堂文集》（北京大學圖書館藏本），卷6，頁5。

17 〔清〕王源：《左傳評》，卷1，頁15b。

法者，只《孫子兵法》一書。王源又言：「文章之妙，不外奇正，奇正者，兵家之說也。」[18]直書王源評《左傳》文章之「奇正」是脫胎自兵法之道，王源對於《左傳》文章評價之高可見一斑。

王源曷以將兵法與《左傳》結合？究其生涯，王源出身軍事世家，父親王世德（生卒年不詳）世襲錦衣衛指揮僉事，甲申之變時戍戌北京北城。明亡，世德出家為僧，舉家遷往江南，隱居在江蘇寶應。及至清朝，康熙年間重開明史館，召集前明遺儒編修《明史》，王源偕父親遺著──《崇禎遺錄》進京入館，參與編修《明史・兵志》，足可見其於兵法一道的研究深刻。

《左傳》紀軍戰之陣勢、兵法之謀略，在明清之際已有學者著眼，如陳禹謨（1548-1621）《左氏兵略》、王世德（1577-1639）《左氏兵法》、黎遂球（1602-1646）《春秋兵法》、宋徵璧（生卒年不詳）《左氏兵法測要》等盡屬此類。王源早年習文的師傅魏禧亦長於兵法，著有《兵法》、《兵謀》、《兵略》等諸多兵法書，亦是以《左傳》所載之兵法、戰陣為本。

除了自身家學淵源外，王源深受魏禧的影響，後人李剛己（1872-1914）觀察：「（王源）平生師友如魏叔子輩，亦皆以（左傳）撰著知名，其於文事蓋確有淵源。」[19]見王源之學術思想受到家學、師長較大的影響。

## （二）《左傳評》中奇正觀下的奇兵

《左傳評》中對於文章的「奇兵」與「正兵」有明確的敘述：

---

18　〔清〕王源：《左傳評》，卷2，頁27a。

19　〔清〕李剛己：〈左傳評序〉，〔清〕王源：《左傳評》（臺北：新文豐出版社影印清宣統年間刊本，1979年），頁2a。

> 如敘一事，敘其起如何，結如何，成與敗如何，忠與佞如何，
> 始終次第，有條不紊，是非得失判然以分者，正兵也。借賓相
> 形也，反筆相射也，忽然中斷突然發難也，所謂奇兵也。[20]

以如何書寫一件事為例，若依事件先後順序寫其始終、因果，故事人物是勝便寫其如何勝，是敗便寫其如何敗，忠直書以忠，奸直書以奸，條理分明，不橫插枝枒，讀者一眼即能明瞭是非曲直，無有翻轉，此即「正兵」。反之，如以相互映襯、反襯等筆法，忠不直書以忠，奸不直書以奸，使文章不再一眼即明，便是「奇兵」。

王源之「奇兵」並非以文章整體言，是就字句上言，文章並非單純劃分「正兵之文」或「奇兵之文」，而是文章中之字句、段落運用奇兵之法。是以，「正兵」與「奇兵」乃是文章的寫作手法，「正兵」即是文章寫作的正格，如「主詳而賓略」是正，[21]「文得其主」是正等等，[22] 書中多有提及咠為「正」。與此反之，「奇兵」是跳脫「正兵」之法，藉以達到靈活文章的效果。

以上文得王源共分借賓相形、反筆相射、忽然中斷突然發難此三種奇兵外，筆者發現王源之評點亦有「正中有奇、奇中有正」之法，由此，筆者按此四類分作介紹：

## 1　借賓相形

借賓相形者，是透過賓以映襯主，按賓主之法而言，以賓映主本是理所應當，但此處之奇並不在主，而是透過眾賓所襯主之趣味，在洪去蕪（生卒年不詳）點評王源〈鄷都尉傳〉便有提及此法：「於多

---

20　〔清〕王源：《左傳評》，卷2，頁28。

21　〔清〕王源：《左傳評》，卷3，頁23b。

22　〔清〕王源：《左傳評》，卷4，頁2a。

人中映出一人，是借賓形主人之法，於法之有奇正，而意即離合出沒於其中，在古人唯左、馬有之。」[23]可以知此法是透過許多人物的塑照來凸顯主人的行為舉止，如〈晉公子重耳出亡〉「況天之所啟乎」夾評：「叔詹歸重于天，與前天賜相應，後楚王亦歸重于天，似是主意在此，不知此奇兵耳，主意只在得人，若處處歸重得人便板□，必如此方離奇不測。」[24]即是以將主意藏在眾賓的話語之中，藉由叔詹、楚王等將重耳終必能歸晉歸結於天意，而襯托實是重耳得諸能臣協助方能返國之意，又會令讀者誤解文章主意，達到出奇不意的效果。本文主意在公子重耳得狐偃、趙衰等賢者追隨，方得以返晉得位，但《左傳》透過叔詹之口：「臣聞天之所啟，人弗及也。晉公子有三焉，天其或者將建諸，君其禮焉！男女同姓，其生不蕃。晉公子，姬出也，而至于今，一也。離外之患，而天不靖晉國，殆將啟之，二也。有三士，足以上人，而從之，三也。晉、鄭同儕，其過子弟固將禮焉，況天之所啟乎？」及楚王之口：「晉公子廣而儉，文而有禮。其從者肅而寬，忠而能力。晉侯無親，外內惡之。吾聞姬姓唐叔之後，其後衰者也，其將由晉公子乎！天將興之，誰能廢之。違天，必有大咎。」二賓皆點出公子重耳得返的主因是晉侯無道，喪失民心，因此重耳之歸國乃天註定。主意「得賢臣輔佐」則隱藏其間，雖是文章主意，叔詹稱重耳有三士，楚王稱重耳的從者肅而寬，僅作提及，不深論之，反而大談天意，稱重耳為天啟之人，若違天意則有禍難降諸斯國，《左傳》將公子重耳的形象層層拔高，直至「公子懼，降服而囚。」重耳在秦懷嬴之怒下陡然氣勢全失，方知其人得國實非天授，而得於眾賢臣之佐，如此便是奇兵之一用。

---

23 〔清〕王源：《居業堂文集》，卷2，頁5a。
24 〔清〕王源：《左傳評》，卷2，頁34b。

　　於此可以見「賓主」之法屬於「奇正」之法中的一個部分，是以王源稱「奇正辨而賓主明」是先辨文章之「奇正」。「賓主」與「奇正」之關聯，暫且按下，容後文再論。

## 2　反筆相射

　　反筆相射者，於文章中安排對比，透過二人、二事或二物的對比，以帶出文章奇趣，如〈鄭伯克段于鄢〉尾評：

> 精嚴當變為疏宕，險峭當變為中庸，寫兒女當變為英雄，寫亂賊當變為忠孝，正忽變為奇，奇忽變為正，……莊公是正，考叔是奇；莊公之母是正，考叔之母是奇；莊公之不孝是正，考叔之孝是奇；請京是正，請制是奇；不友是正，友愛是奇；莊公之陷弟是正，群臣之慮公是奇，奇正相生，如循環之無端，孰測其奇之所在，孰知其正之所在。[25]

以鄭莊公此人，克弟于鄢、寘母城穎，乃不友不孝之徒，《左傳》透過兩個部分來描寫莊公陰險歹毒，第一是請制邑一事，莊公言：「制，巖邑也，虢叔死焉，他邑唯命。」以為莊公對段的兄弟友愛之情，唯恐陷弟於不義而拒絕，方才使段居於京，實際上卻是莊公恐制邑險峻，而段若倚險而逆，不便攻克，因而推託，以莊公實是殘忍卻又似以友愛。第二是莊公與大臣的對話，京城城牆違制，而祭仲勸諫：「今京不度，非制也，君將不堪。」莊公先推託到武姜之愛段，祭仲進一步勸道：「姜氏何厭之有？不如早為之所，無使滋蔓！蔓，難圖也。蔓草猶不可除，況君之寵弟乎？」要莊公勿要寵弟，以免滋

---

25　〔清〕王源：《左傳評》，卷1，頁3b、4a。

生不必要的禍端，此時莊公才露出陰狠的爪牙言：「多行不義，必自斃，子姑待之。」才明白莊公原來使段居京城，便是要陷段於不義。公子呂、子封亦勸莊公不要養虎為患，皆被莊公以段叔將自取滅亡帶過，直至段將襲鄭，莊公認為時機成熟，一句「可矣。」內蘊多少機心，而群臣憂慮莊公卻不想此已在莊公的處心謀劃之下。以莊公如此處心積慮對比群臣眾所憂心。

《左傳》在莊公之殘忍後，卻又帶出潁考叔之純孝，從潁考叔請遺食於母，王源評：「極寫考叔仁愛篤孝，與前文反射。」再從鄭莊公感嘆無母，王源評：「寫莊公念母，亦與前文反射。」終於母子如初，王源評：「寫得子孝母慈，歡欣浹洽，與前文故相反射。」[26]透過三層反筆：考叔純孝——莊公不孝、莊公實母——莊公念母、母子相殘——母子融洽。除了透過潁考叔與鄭莊公對比，凸顯莊公的殘忍之外，卻又從第二、三層反筆，莊公陰險機心之外，實非單純不孝之徒，其心仍存母子舐犢之情，而《左傳》透過莊公與潁考叔的對話，再次豐滿莊公的人物形象。

## 3 忽然中斷，突然發難

忽然中斷，突然發難，似是敘事手法之插敘，即是正文敘述一段後插入其他敘事以照應前文或埋下伏筆，於敘事之後接回正文，以使文章更為豐滿。如〈鄭伯蘭卒〉之尾評：

> 開手「鄭穆公卒」一句提綱，下面三段文字俱是追敘，結尾一段方式正傳。局陣極闊，呼應極靈，所謂首尾相擊應者也。……中間追敘群公子不立一段極妙，既見天意有屬，蘭夢

---

26 俱引自〔清〕王源：《左傳評》，卷1，頁3a。

非誣，又將上下文隔斷，有橫峰側嶺之奇。[27]

題目為「鄭伯蘭卒」，文章起頭即書明「冬，鄭穆公之卒」為文章主意，但《左傳》於此並不直接敘述鄭伯之死，而旁敘鄭文公其餘諸子的出身與處遇，最後結在穆公之立，歸因於天意上。前段「夢天使與己蘭。」以伯儵與蘭入鄭文公之夢，既而賤妾燕姞戴蘭花侍寢，文宮徵於夢之預兆幸而生子，遂命名為蘭。末段「穆公有疾，曰：『蘭死，吾其死乎！吾所以生也。』刈蘭而卒。」以穆公將己之生歸於蘭花，而蘭花之將死也象徵己之將死，此段方敘穆公之死，是以開篇與結尾即為正兵之文，而中段旁敘之文隔斷前後文，便是忽然中斷正文之奇兵。

## 4 正中有奇，奇中有正

文章中是有「正兵」和「奇兵」，王源以為「奇兵」與「正兵」不應涇渭分明、井然排列，應該兩者混融，正兵中有奇兵，奇兵中有正兵，使得讀者陷入辨認奇正的泥沼中結腸搜索，不可自拔，此等文章方是好文。如〈晉侯及秦伯戰于韓獲晉侯〉尾評：

> 正中有奇，雖正也，時忽宜于奇，則一變而為奇。奇之中有正，雖奇也，時忽宜于正，則一變而為正。奇正互變，則不知吾之正果為正，而乖其所之矣。又不知吾之奇果為奇，而乖其所之矣。……知正不知奇兵，之所以屢戰無功也；知奇不知正兵，知所以一敗不可救也。[28]

---

27 〔清〕王源：《左傳評》，卷4，頁13a。

28 〔清〕王源：《左傳評》，卷2，頁28a。

王源以為讀者閱讀《左傳》文章時，須得體會文章中曷為「正兵」，曷為「奇兵」，唯有辨別奇正之分，方能明白章法。以〈晉侯及秦伯戰于韓獲晉侯〉之秦穆姬為例，起首「晉侯之入也，秦穆姬屬賈君焉，且曰『盡納群公子』。晉侯烝于賈君，又不納群公子，是以穆姬怨之。晉侯許賂中大夫，既而皆背之。賂秦伯以河外列城五，東盡虢略，南及華山，內及解梁城，既而不與。晉饑，秦輸之粟，秦饑，晉閉之糴，故秦伯伐晉。」以秦穆姬怨晉惠公、賂中大夫而背信、賂秦五城而不與、秦國饑荒於晉以怨報德四事為秦國伐晉之由，敘得原委明白，即是正兵。但卻伏晉惠公見俘而不殺，是因秦穆姬搭救，前書穆姬之怨，後書穆姬之助，穆姬之助，非由於其怨，而由於親親之情，既是怨晉惠公，又不忍見弟遭難，是以秦穆姬是文章之伏筆，也是「奇兵」，埋伏奇兵於正兵之中，便是正中有奇。後段「晉獻公筮嫁伯姬于秦」寫晉獻公嫁女至秦，占筮不吉，後穆姬救弟，襄公怪之，再由韓簡之口，道出國家有難非由於天意占卜，乃由於君不修德召至禍端。今戰敗見伏，是惠公不修德行，屢次背信棄義，災禍自招，非穆姬嫁秦所致。此明白敘事，寫穆姬事雖是「奇兵」，然由穆姬嫁秦不吉引出惠公之罪，即是「正兵」，便是奇中有正。

## （三）奇文

　　總結上文所述，王源對於並非以「奇正」作為文章之評價，而在文章中發掘「奇兵」與「正兵」，此回應王源稱宣、成前「奇變處多」之論，是即文章以「奇兵」、「正兵」手法之大量運用，令文章生色。

　　然則，王源亦常用「奇文」評論文章，此之「奇」卻不同於奇正之「奇」，見〈驪姬亂晉〉尾評：

　　　　文不過說理與敘事。吁！文有何奇？說得理出，便是奇文；序

得事出，便是奇文，所謂辭達而已也。雖然，達易言哉，理則
天人事物隱顯高深，無一不之達，……此篇亦直序之文，无他
奇巧妙處，只是能達驪姬之情狀而已。[29]

王源認為文章分為二類，一是論理之文，二是敘事之文，論理之文只
需說得道理明白，便能是奇文；敘事之文只需寫得事情清晰，也能是
奇文。觀〈驪姬亂晉〉一文，平淡敘事，只敘得出驪姬狡惡之情態，
便是奇文。顯然，此處之奇並非是「奇兵」之奇，王源於此處以文章
為一整體評價之。

　　同見於〈齊崔杼弒其君光〉尾評：

但平平寫去，而因其常以為常，因其變以為變，因其正以為
正，因其奇以為奇，因其純以為純，因其襍以為襍，只在剪裁
得宜，安頓洽妙，運用不測，則天工非人巧矣。[30]

文章從崔杼娶堂姜，齊莊公私通、莊公之死、大史書弒以來，平平寫
去，如此來看，似是無甚奇特，但因文章之布局剪裁恰到好處，故王
源亦以為奇文。

　　在〈秦晉伐鄀〉：「而兵之奇見，文之奇亦見。」[31]見秦國以瞞天
過海之計敗楚，敘寫兵法之奇，是以文章亦是奇文，〈越子伐吳〉篇
中，更可見兵法上奇正變化：

蓋兵法無他，奇正而已，奇正無他，變化而已，變化無他，不

---

29　〔清〕王源：《左傳評》，卷1，頁40a。
30　〔清〕王源：《左傳評》，卷7，頁4b。
31　〔清〕王源：《左傳評》，卷3，頁8b。

測而已。出奇不意，攻其無備，不測之術也，多方以誤之，出不意，攻無備之術也，千章萬句，能外此乎？[32]

在兵法之中，中軍士兵是為正兵，而左右小股部隊為奇兵，「越子為左右句卒，使夜或左或右，鼓噪而進。」越王將左右部隊偽作正兵，似要以此與吳軍作戰，即是以奇兵為正兵，吳軍果然上當，但「越子以三軍潛涉，當吳中軍而鼓之，吳師大亂，遂敗之。」實際上越國真正的軍隊潛師渡河，不與吳軍主力相觸，而直擊吳國中軍，即是將正兵用作奇兵。如此奇正變化之法不在文章上，而在兵法言，此於王源之論亦屬奇文。所以知王源對於奇文的定義並不局限於文章之上，甚至文章的戰事、辭命等內容，凡有動人處也是奇文，奇文各有不同的奇法，便不可偏狹就「奇正」之法論奇文。

由此，筆者將王源之「奇」分為二個範疇，一是寫作技巧的「奇兵」，二是以評價文章言的「奇文」。吾人可以說文章如有「奇兵」，則文是「奇文」，但「奇文」不一定皆使用「奇兵」之法。

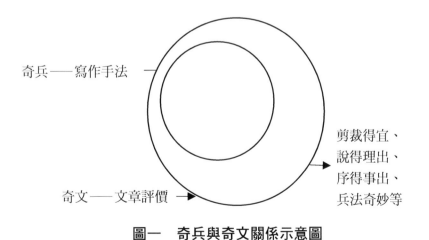

**圖一　奇兵與奇文關係示意圖**

---

32 〔清〕王源：《左傳評》，卷10，頁42。

## 三 《左傳評》的賓主之法

如前文所述，王源的賓主之法應是建立在奇正之法下的一種文章寫作特色，與文章章法中的賓主法是否相同實有待商榷，但文章以賓主論分析之法並非自王源始有，王構（1245-1309）曰：「凡為文須有主客，先識主客，然後成文字。」[33]以作文章，腹內先有主客之分，再行下筆。此是以作文論其手法，非以評點文章論之。

在《左傳評》中，多是用賓主之法評點文章，學者亦多有關注。吾人之研究須先瞭解曷為「賓主之主」。學者各說大同小異，李衛軍：「主者，乃作者精神之所貫注，是以善于文者，多用一人或事為貫串，使穿插提頓皆有憑依。」以主為文章精神所在，文作者多使用一人或一事用以貫串文章之精神，即是將作文的精神以一人或一事敘述，為故事的主人公或故事的主線。[34]顧明佳：「『主』是代表篇章『主意』的一方。」以文章大意直指為「賓主法之主」。[35]

筆者以為，此二說論《左傳評》賓主之法恐非盡善之辭，王源之「主」可分為二層次，第一層次是「文章之主意」即是文章所要傳達的精神。第二層次是「文章之主人」，即是「推動故事發展最重要的人物或事件」。

〈鄭子皮授子產政〉尾評：「賓主有極難分處，如此傳子產論鄭曰國小而偪、族大寵多二者原無輕重，曷分賓主？」[36]見文章的賓主應當是按事之輕重而言，事所重者即是主，輕者為賓。

---

33 〔元〕王構：〈為文先識主客〉，《修辭鑑衡》（國家圖書館藏元至順四年集慶路儒學刊本），卷2，頁12a。

34 李衛軍：〈王源《左傳評》文論價值初探〉，《文學‧語言》（2008年），頁46。

35 顧明佳：〈王源《左傳評》之「賓主」說〉，《蘭州教育學院學報》28卷7期（2012年10月），頁13。

36 〔清〕王源：《左傳評》，卷7，頁27。

　　但並不表示「文章之主人」即是「文章之主意」，於〈衛侯出奔齊〉一文，以衛獻公因不禮待孫文子與甯惠子而被兩人追殺出奔，據傳所述，獻公出奔是咎由自取，「文章之主意」即在衛獻公之無禮。但使獻公出奔之始作俑者，孫、甯二人也，若無二人，則此事必不發生，是以衛獻公出奔雖然是文章的主意，但孫、甯二人才是推動事件發生的主要人物，是「文章之主人」，此見王源之賓主法其內涵並不局限於文章主意一側。同時，王源在文中定姜下斷言處又橫生新的賓主，以「先君有冢卿以為師保而蔑之」為主，其餘二罪「舍大臣而與小臣謀」與「余以巾櫛事先君，而暴妾使余」為賓，[37]此即前文所提「借賓相形」之法，可見「主」並不限定在人物，於〈盜殺衛侯之兄縶〉尾評：「人則有主有賓，事亦有賓有主。」[38]說明文章有分人主、事主二類，在〈衛侯出奔齊〉中除可見事主在定姜話語中為主外，於「無告無罪」夾評：「獻公出亡案已畢，下文皆歸國張本，于此傳為賓。」將此文劃成二部分，第一部分是獻公出奔一事即是文章的主意，第二部分因前事已結案，後皆為獻公得歸國作鋪墊，因此整段是賓，以襯後續獻公歸國一事。可以見王源「賓主」之法即二面向：一是以「文章之主意」為主，其餘旁述之事為客，借客以形主意。[39]二是以「文章之主人」為主，其餘諸人、事為賓，亦以賓主之用作文章之奇正變化。

　　「文章之主意」唯一，但「文章之主人」卻可依文章內文增減，見〈衛侯出奔齊〉，整篇「文章之主人」是孫、甯二人，但定姜之話

---

37 事見〔清〕王源：《左傳評》，卷6，頁12-14。

38 〔清〕王源：《左傳評》，卷9，頁39a。

39 王源於文章主意之賓主亦以「主客」稱之，此見〈狄伐鄭〉：「（文章）有正有側，有主有客，主見於正，客見於側，固也。……親親主也，而周召側面也，庸勳、暱近、尊賢與四姦者，皆賓也。」（《左傳評》，卷3，頁3）即是將「主客」與「主賓」混用。

語便另以一事再起賓主，即本篇文章之下又拆分為各節，各節之中依內容可能再有其他「主人」，亦可能共同使用相同的「主人」。

事見〈晉殺其大夫郤錡郤犨郤至〉尾評：

> 然著意只在胥童、長魚矯二人，無論外此案者不之及，即案中如夷羊五等在所略，就其中亦分賓主也。……三郤獨詳郤至，亦就其中分賓主。……欒書、中行偃同一執君，士匄、韓厥同一見召，俱一畧一詳，亦就其中分賓主也。[40]

文章共分三節，第一節「主人」是在晉厲公一眾怨恨郤氏的寵臣中，詳寫胥童、長魚矯二人，著重以二人之狡猾狠辣，三郤之死皆是長魚矯所殺，欒書、中行偃遭劫皆是胥童所擒，故以二人為主，其餘寵臣皆為賓。第二節「主人」在三郤之中，惟有郤至詳載其詞：「人所以立，信、知、勇也。信不叛君，知不害民，勇不作亂。失茲三者，其誰與我？死而多怨，將安用之？君實有臣而殺之，其謂君何？我之有罪，吾死後矣。若殺不辜，將失其民，欲安，得乎？待命而已。受君之祿，是以聚黨，有黨而爭命，罪孰大焉？」以其君臣之言，故郤至為主，郤錡、郤犨為賓。第三節「主人」是在欒、中行二人執君召臣中，韓厥獨有結語：「昔吾畜於趙氏，孟姬之讒，吾能違兵。古人有言曰『殺老牛莫之敢尸』而況君乎？二三子不能事君，焉用厥也。」故韓厥為主，士匄為賓。此三主人之中，在文章最重要的「主人」是殺三郤，推動故事進行的胥童、長魚矯二人，郤至與韓厥摻入文章之中，作為一節之主人。

可見王源評點中，文章中有整篇文章的「主意」、「主人」，在文

---

40 〔清〕王源：《左傳評》，卷5，頁36、37。

章中的人物、事件也會再分「主人」，此外，亦有將文章拆作二、三段落各作分析，如其凡例言：

> 《左傳》，編年之書，每年按時月雜記列國之事，無分題分篇之體，但有段落耳。其以經為題，無經即以事為題者，後人所為也。然段即可為篇，欲論文必分篇，而章法乃易見，且擇而取之，故不得不從時，以便讀者要，亦無悖于古耳。[41]

《左傳》敘事本就不分篇，不題名，而今之有題，為後人或依經為題或以事為題，並非是丘明本義。王源認為《左傳》以一個段落便可成一篇文章，今雖依篇目分段，是為讀者便於掌握讀《左》要領，分辨章法而已。[42]

王源以賓主分析《左傳》文章，具體可以其書寫賓主的詳略、賓主與文章主意的關聯深淺等方面大致區分為：（一）詳主略賓；（二）詳賓略主；（三）賓不映主；（四）倒賓作主；（五）藏主不露；（六）四賓主；（七）無賓無主；（八）二主並列。

## （一）詳主略賓

〈晉人敗狄于箕〉尾評針對賓主如何使用有明確的敘述：

> 賓主詳略之變，古人安有窮哉？主詳而賓略，正也；略主而詳賓，變也。然略主而讀者終覺其詳于主，詳賓而讀者終覺其略

---

41 〔清〕王源：《左傳評》，凡例，頁1a。

42 為免將文章之「主人」與「主意」混用，下文稱「主」、「賓」皆指文章之主人、賓客，文章之主意則直書「主意」。

于賓，何也？曰：正筆略主而詳賓，傍筆又略賓而詳主也。[43]

詳主略賓是文章正格，是詳於故事主線，旁敘其他角色則簡單幾筆帶
過。如此看來，敘事平淡，但並非無有奇處，是不以賓主之法分析。
前文有言，賓主之法是奇兵中「借賓相形」之法，此若有主有賓則不
然，何也？文章雖有賓主，但奇兵卻不在賓主之間，而在他處，是以
王源將《左傳》文章以賓主分析，卻非指有賓有主即是奇兵奇文，如
〈宋子罕卻玉〉只敘宋人與子罕二人，未有橫生支線，但王源稱此文
之奇在兩人之對話上：

> 小人懷璧三語，文之變態也。子罕不受，得其所寶矣，宋人弗
> 獻，又將失其所寶，不惟失所寶，且將得其禍，則所謂以玉為
> 寶者，豈盡然乎，雖宋人之言，而作者自成結構，豈無意哉？[44]

宋人獻玉，子罕卻之以保其不貪之德，而宋人獻玉似是因玉為寶而
獻，實非以玉為寶，一折反轉「小人懷璧，不可以越鄉，納此以請死
也」知宋人獻玉是為保其身生，玉似是寶，而二人皆不以之為寶，文
章雖有賓主之分，但不以賓主分析文章，奇是故事對話之轉折出奇，
王源稱其為文之變態。

〈辛伯殺周公黑肩〉尾評：「筆筆藏鋒，每一句中即包有無限文
字，豈漢以下手筆所及？」[45]見得王源對於簡鍊文字的推崇，讀者應
該設身處地想出當日的情形，並引魏禧評價此文中周公黑肩欲弒莊
王，立王子克，卻被辛伯告發，「告王」二字暗藏了多少間諜於其

---

43 〔清〕王源：《左傳評》，卷3，頁23b、24a。

44 〔清〕王源：《左傳評》，卷6，頁15b。

45 〔清〕王源：《左傳評》，卷1，頁28a。

中，辛伯「遂與王殺」周公黑肩又暗藏了多少機關於其中。本篇雖然字少，敘事淺白，但透過字法、句法，將讀者帶入情境之中，人物行為使讀者玩味無窮。

曷為文字簡鍊？可以見於〈晉偽封烏餘〉之尾評：「筆筆簡鍊而妙用無一不傳，故不知簡而詳之法，烏可與言史。」[46]應是史法中的簡而詳之法，在〈吳伍員謀楚〉之尾評中可見：「詞簡而意曲，不過十數語而兵法謀晷無一不該，……韓信登臺之對、諸葛草廬之語皆有此意，但文之簡鍊莫及耳。」[47]亦是如此手法，然此非本文所探討，故按下不表。

此外，王源認為平淡敘事亦可用「並舉以為奇，單抽以為正」之法以達到文章跌宕的效果，於〈楚屈瑕伐羅〉之尾評：

> 自賓自主而判然分，則章法平；襍賓襍主而淆然亂，則章法混。平則無奇，混則無正，無奇無正，而文之道亡矣。尚何論賓主乎？雖然，平故無奇，奇則易于混；混固無正，正則易于平，既欲不平復欲不混，將何法以處此？曰：無他也，唯並舉以為奇，單抽以為正而已。並舉以為奇則不平，單抽以為正則不混，如衡岳七十二峰，峯峯競秀而獨以祝融為尊，所以磅礴而鬱積也。[48]

文章如果賓主判然可分，則章法布局堂堂正正而無奇處，如果賓主雜然而處，則章法布局僅是奇趣繁雜而惑於閱讀，皆不是好的文章架構。以〈楚屈瑕伐羅〉一文，平淡敘事，從莫敖伐羅，鬬伯比評莫敖

---

46 〔清〕王源：《左傳評》，卷7，頁11a。
47 〔清〕王源：《左傳評》，卷10，頁16b。
48 〔清〕王源：《左傳評》，卷1，頁26b、27a。

「莫敖必敗，舉趾高，心不固矣」，鄧曼評莫敖「莫敖狃于蒲騷之役，將自用也，必小羅。」最後莫敖兵敗身死，敘事之主自然是莫敖，而以鬥伯比、鄧曼、楚子插敘，並無波瀾。王源于此則從鄧曼之語見得奇處，鄧曼舉「其謂君撫小民以信，訓諸司以德，而威莫敖以刑也」將撫小民、訓諸司、威莫敖三者說起，莫敖是主，而撫小民、訓諸司是賓，將主賓合說，是稱為並舉以為奇。後單舉莫敖自驕於蒲騷之役後，以呼應國君需威莫敖，從撫小民、訓諸司、威莫敖三者單抽威莫敖一事起論。詳於主本是文章之正格，是稱為單抽以為正，最後再接三事「夫固謂君訓眾而好鎮撫之，召諸司而勸之以令德，見莫敖而告諸天之不假易也」並說國君行三事之目的，又將主與賓並說，鄧曼之語用賓主排序：「賓（撫小民）——賓（訓諸司）——主（威莫敖）——主（莫敖）——賓（撫小民）——賓（訓諸司）——主（威莫敖）」，由此形成像山脈起伏一般的閱讀體驗。

## （二）詳賓略主

如前所述，詳主略賓為文章正格，而詳賓略主則為文章之變格。就讀者而言，詳賓略主於辨認孰主孰賓易產生混淆，因其敘事之主敘述不多，造成讀者誤判其為賓。以〈晉人敗狄于箕〉尾評：

> 此文本傳晉人敗狄于箕，而敗狄，郤缺功也，則郤缺自然主矣，缺為主，則先軫自然賓矣。乃敘郤缺不過曰「獲白狄子」四字已畢，不已略乎？敘先軫既敘其言又敘其事，既敘其死又敘其歸，不已詳乎？所謂正筆略主而詳賓也。[49]

故事主線是晉國於箕地擊敗狄人，並擄獲白狄子，此為郤缺之功，

---

49 〔清〕王源：《左傳評》，卷3，頁24a。

但只以四字簡單帶過,著重於敘述先軫言「匹夫逞志于君而無討,敢不自討乎?」帶罪戰死之事。讀者會誤認先軫事詳而以先軫為主,然而破狄之主功為郤缺,故郤缺應是主,先軫之事雖詳,卻用於陪賓襯主。

同時,文章分三節敘事,以郤缺為主貫串,第一節是破狄擒白狄子及先軫戰死事,第二節由臼季見郤缺與妻相敬如賓,是郤缺見用之由,第三節「公以三命命先且居將中軍,以再命命先茅之縣賞胥臣曰:『舉郤缺,子之功也。』以一命命郤缺為卿,復與之冀,亦未有軍行。」是敘先軫之子且居、胥臣、郤缺之戰功,第一節為詳賓略主,第二節追敘往事,詳郤缺得用之故,是詳主略賓,第三節接敘敗狄之後,郤缺功雖大,但敘在最後,命最卑,是詳賓略主。

詳賓略主的另一種用法為「賓主離合」,此法同樣主僅一二句帶過,然而主明確不可易,賓圍繞主意,或正襯或反襯之。

〈夏四月取郜大鼎于宋戊申納于太廟〉尾評:

> 賓主離合,步伐止齊,森然不亂,卻極奇變縱橫之致,如八陣六花,藏奇于正者也。……此文以德違二字作眼,立違為主,昭德為賓。清廟種種,賓也,賂鼎,主也,賓不厭其繁,主則止乎一句,非借景生情之法乎?……「明示百官,百官象之」數語,固哀伯進言之要,而作者精神不在此也,不在此,將何在?曰:賓主離合之際耳,賓主離合,章法也,章法所在,可為百官數語所眩乎?[50]

桓公將郜賂魯之大鼎置於太廟,臧哀伯勸諫,將他國賂己之物放在祭

---

50 〔清〕王源:《左傳評》,卷1,頁13、14a。

祀重地，非禮所應為，事已在傳中定下褒貶，「納郜鼎于太廟」此事非是禮制所允，但桓公納鼎之事已然發生，是為本篇之主人，事只在起首「夏四月，取郜大鼎于宋。戊申，納于大廟。非禮也。」及臧哀伯諫語中露出一句「寘其賂器于大廟」，而從臧哀伯的諫言中看到國君需「昭德塞違」，由「清廟種種」之後七段文字皆是「昭德」，而最後一段再述桓公「立違」之事即納郜鼎於太廟。桓公是否昭德，於文中未有所見，亦非臧哀伯之欲諫，而桓公立違，既是一文之主人又是全文之主意。此之章法，應屬於詳賓略主之範疇，然而此文卻不會使讀者誤會孰主孰賓，乃是因為文章主意在起語便點明納郜鼎於太廟此事非禮，而陪賓之敘述整然有序，主亦於文末明確收結，是以稱為賓主離合，如同作畫借景生情法，畫人物，而景物輔以山石花鳥，雖有人有景，但二者判然可分，畫作之主意是人物，而周遭景物俱是用以襯托人物，不喧賓奪主，用於文章上亦可相通。

## （三）賓不映主

　　顧明佳：「『賓』圍繞著『主』而展開，是為了襯托出『主』而存在的，也可以說是為了輔助『主』的表達。」[51]賓多用於映襯主，或正襯，或反襯，俱需與主有關聯，方能成賓。然王源揭示《左傳》有賓與主毫無干係而成文之章法，見〈八月大事于大廟躋僖公〉尾評：

> 用賓之法，非與主相類，即與主相反。相類者以正映；相反者以反映，反正雖不同，未有不與主相映者。然亦有非反非正，不倫不類，與主全不相涉、不相映，但于其中與主牽帶一二筆

---

51 顧明佳：〈王源《左傳評》之「賓主」說〉，《蘭州教育學院學報》28卷7期（2012年10月），頁13。

以為聯絡，而遂有連山斷嶺之妙者，此奇中之奇，法外之法，用賓之又一道也。[52]

文章以「逆祀」為題，以夏父弗忌將僖公的靈位先於閔公的靈位起語，接敘君子引經據典以為不可，最後以孔子語作結。躋僖公之人為夏父弗忌，夏父弗忌即為主，然而孔子所批評之人卻是臧文仲，臧文仲為賓，二人不相涉。而批評臧文仲之三不仁「未任用柳下惠、廢除陽關等六關、販售家人之織布」，三不知「私畜大蔡之龜、縱容夏父弗忌逆祀、使國人祭祀海鳥」僅有一不知與主題關聯，其餘不仁不知皆與主意毫不相映。孔子之意是責備賢者之罪，而賢者之罪又以一二筆帶出夏父弗忌之罪，雖賓與主不相涉映，卻可見聖人責備之深刻，便是賓不映主之奇妙章法。

　　同〈晉殺邢侯〉尾評：「三數叔魚之惡，並前事而序之，于本傳毫無軒輊，與躋僖公之傳臧文仲同一奇妙。」[53]本篇主人是邢侯，「晉邢侯與雍子爭鄐田」因刑侯與雍子爭地而引起日後爭端。叔魚為斷獄者受雍子之賂，遭刑侯所殺，因此雍子、叔魚皆為陪賓。然後段卻以孔子評叔向三數叔魚之惡作結「平丘之會，數其賄也，以寬衛國，晉不為暴。歸魯季孫，稱其詐也，以寬魯國，晉不為虐。邢侯之獄，言其貪也，以正刑書，晉不為頗。」叔向是斷邢侯殺雍子、叔魚之獄，受審者為邢侯，叔魚已死，故叔向在文中並未與叔魚有直接聯繫，孔子評語卻將刑侯之獄歸於叔向之惡，而平丘之會與歸魯季孫雖是叔魚之惡，但皆與文無關係，叔向之能撫叔魚之惡，又與邢侯更無關係，同樣是賓不映主。

---

52　〔清〕王源：《左傳評》，卷3，頁1a。
53　〔清〕王源：《左傳評》，卷9，頁15a。

## （四）倒賓作主

王源稱「《左氏》往往用倒賓作主之法」[54]說明《左傳》使用此法之文多矣。然而此法較為複雜，見〈會于黃父〉尾評：

> 此傳章法甚奇。謀王室，正傳也，主也；論禮，傍筆也，賓也。但以大叔論禮甚詳而一言不可畧，謀王室不過數語而無事之可詳，于是遂用倒賓作主之法，以論理為中，權謀王室，禮之大者也，借為前茅；不恤王室，無禮之大者也，借為後勁。倒之顛之，而乾坤由我轉，造化自我移矣，襄、昭以後如此文字甚少。[55]

本傳「夏，會于黃父，謀王室也」以諸國相會於黃父，共謀輔翼周王室，故謀王室一事是主人，是以事為主，中段「子大叔見趙簡子，簡子問揖讓、周旋之禮焉」以韓簡子問禮於子大叔，與謀王室無直接相關，故為陪賓。而文章大段敘述問禮之事，而僅以一二句敘述謀王室一事，此看似詳賓略主之法，但問禮之事實則為末段「宋樂大心曰：『我不輸粟。我於周為客，若之何使客？』」宋國不輸王粟一事作鋪墊。謀王室是禮之大者，宋國今不輸粟是無禮之大者，但文不書宋國之無禮，而以簡子問禮，詳述禮之重要，故爾後看宋國之舉，便可以知其無禮之罪甚重。由以見問禮雖是賓，但實則為一文之主意，可以見得，文章之主人並非一定要符應於文章之主意。由以知，倒賓作主之主並非是文章之主人，而是文章之主意。

同可見〈鄭伯克段于鄢〉：「孝子不匱，永錫爾類，其是之謂乎？」

---

54 〔清〕王源：《左傳評》，卷8，頁14b。
55 〔清〕王源：《左傳評》，卷10，頁8a。

之夾評：「本敘莊公，卻結考叔，倒賓為主，章法奇變。」[56]本文之主人是鄭莊公，穎考叔是賓無疑，但卻以穎考叔收結。從「謂之鄭志」之夾評：「二字定案，一篇之主。」[57]可見王源以「鄭伯之志」為一篇之主，鄭莊雖是文章之主人，在克段一事亦是直敘鄭莊用心，但在克段之後，卻以穎考叔之故事帶出鄭伯思母之情，是故，穎考叔雖是賓，而其所言之意正是鄭伯之所欲，實為文章主意。

## （五）藏主不露

此法不序主之事，將主藏在事件之中，僅作提及，如〈叔孫豹如晉〉之尾評：

> 藏鋒不露，明者見之，暗者忽焉，少陵所謂「裁縫滅盡針線跡」即此法也。此傳序晉人失禮，穆叔知禮，禮固通篇主矣，乃藏而不露。晉人謂「先君之禮」，泛而言之，非辨禮也。曰「敢問何禮」雖屬辨禮，顧以禮為非禮，禮之反也。至穆叔口中，絕不及禮，特于釋詩中逗出「咨禮」二字，有意無意，色相俱空，又豈廬山面目之真乎？三禮字，一字不著，而晉之失禮顯然，豹之知禮昭然，藏鋒之妙如此。[58]

文以禮為主，同時也是文章之主意，但禮只在三處提及，第一、二次是「子以君命辱于敝邑，先君之禮，藉之以樂，以辱吾子。吾子舍其大而，重拜其細。敢問何禮也？」韓獻子借行人子員責問叔孫豹，晉國以先君之禮款待「金奏肆夏之三、工歌文王之三、歌鹿鳴之三」分

---

56 〔清〕王源：《左傳評》，卷1，頁3a。
57 〔清〕王源：《左傳評》，卷1，頁2b。
58 〔清〕王源：《左傳評》，卷6，頁2。

別演奏《肆夏》中三首、《文王之什》中三首及《鹿鳴之什》中三首，但叔孫豹卻僅答拜《鹿鳴之什》三首。子員問叔孫豹僅答拜最後的樂曲是何種禮節，子員之實非真心實意的問禮於叔孫豹，而是興師問罪，因此二處的禮字只在對話中提及，並非是對話的重點。第三次是「咨禮為度」在叔孫豹的回應中，五善的咨禮，但咨禮只附在〈皇皇者華〉「君教使臣曰：『必諮于周。』臣聞之：『訪問于善為咨，咨親為詢，咨禮為度，咨事為諏，咨難為謀。』」的解釋之下，也非叔孫豹回應的重點。禮雖然是本篇的主，但卻如綿裡針，幾乎不見痕跡，是透過晉國的問責與叔孫豹的回復側面帶出。

或是主不在文章之中，如〈陳人殺其公子御寇〉尾評：

> 蓋主伏于數十層之下，而賓見于數十層之中，乃此數十層者，綿綿翼翼，不測不克覺我之神畢露于此，而立意所在卻揜于數十層光焰之下，而不見孰賓孰主，豈夫人能辨之乎？[59]

以陳國內亂，敬仲出奔齊，受齊侯重用，並插敘往昔占人「是謂鳳皇于飛，和鳴鏘鏘。有嬀之後，將育于姜。五世其昌，並于正卿。八世之後，莫之與京」、周史之預言「是謂『觀國之光，利用賓于王』。此其代陳有國乎？不在此，其在異國；非此其身，在其子孫。……若在異國，必姜姓也」以其後世子孫必定光大，為日後敬仲之子孫篡齊一事張本。本文敘述敬仲甚詳，一般讀者便會以為敬仲為主，但文章之主意是田氏篡齊一案，占人、周史亦皆詳其後世，而非詳其人，實是以敬仲的子孫才是文章之主人，敬仲是賓，篇中未有直敘敬仲子孫，而以敬仲、齊侯、占人、周史四賓暗射之，是故主埋伏於極深處，而賓雜然其中以混淆讀者。

---

59 〔清〕王源：《左傳評》，卷1，頁37b。

## （六）四賓主

四賓主是在賓主論的基礎下加以衍生，分為主、主中賓、賓、賓中賓，按閻若璩（1636-1704）《潛邱劄記》：

> 四賓主者：一主中主（主），如一家唯有一主翁也；二主中賓，如主翁之妻妾、兒孫、奴婢，即主翁之分身以主內事者也；三賓中主（賓），如主翁之朋友、親戚，任主翁之外事者也；四賓中賓，如朋友之朋友，與主翁無涉者也。[60]

主是文章之主人無疑，而主中賓和主關聯較深者，或是與主有親屬關係，或是與主線之主密切相關，而賓中主與主中賓相較之下則較為疏遠，賓中賓則更與主人、主線僅有些微關聯。套用到影視劇作的人物關係來看會更加清晰，主中主就是男女主角，主中賓是男二、女二，賓中主是戲劇的常駐角色，賓中賓是龍套角色。

然則，主中賓雖與敘事之主關係較深，但其屬性仍然是賓，可以說四賓主其於賓主之下將賓更細分為主中賓、賓、賓中賓三種屬性。

可見，四賓主多用於分析人物出場過多、彼此關係較為複雜的文章，透過與主中主的親疏關聯，可以有效了解故事的脈絡。如〈齊無知弒其君諸兒〉一文之尾評：「文才數行，而除襄公外共敘十有五人，以數行文字敘一十六人事，若入他人手，忙矣亂矣。」[61]是篇登場人物有十六人之多，王源透過四賓主分析：

> 弒襄公者，連稱、管至父也，故二人為主。無知雖被弒君之

---

60 〔清〕閻若璩：《潛邱劄記》（中國國家圖書館藏清乾隆九年閻學林春西堂刻本），卷2，頁41。

61 〔清〕王源：《左傳評》，卷1，頁30a。

名，二人特借以作亂，故為主中賓。僖公、夷仲年只引出無
知，故為賓中賓。連稱從妹二人使以間公者也，故為賓。公子
彭生與二人迥不相謀，卻亦欲弒襄公者，故為賓，徒人費、石
之紛如、孟陽三人為公死者，故總為賓。二人立無知，鮑叔牙
奉小白，管夷吾、召忽奉公子糾又借來映帶作結，鮑叔、管、
召二陪二人者也，小白、子糾陪無知者也，故為賓中賓，賓主
井然，卻以神行，全不著跡，但覺繽紛錯落，如疑城八面千態
萬狀，不可捉摸，何必千手千眼而後謂之顯神通也。[62]

弒殺襄公為連稱、管至父二人，故二人為主。公孫無知是連、管二人
借以弒君的名頭，是以公孫無知雖未參與弒君，但其為二人所立，則
為主中賓。連稱之妹、公子彭生皆有怨於襄公是賓；徒人費、石之紛
如、孟陽三人皆因襄公而死是賓中主；鮑叔牙、管仲、召忽三人因襄
公死致齊亂，挾主公出奔，因同與連稱、管至父為臣，故是賓。僖
公、夷仲年只為帶出公孫無知是賓中賓；公子糾、公子小白以映帶無
知，是賓中賓。

　　如此來看，四賓主法可套用在所有敘事文章之中以釐清人物關
係，此一條件建立在主賓清晰下方能明白，若按王源之賓主分析《左
傳》，文章多將主賓倒置、橫生變化，讀者如不辨主賓即以四賓主法
分析，便易惑於字句間。

## （七）無賓無主

　　無賓無主，即是故事無有主人，俱皆是賓，既然無主，則亦無所
謂賓。此與藏主不露章法不同，藏主不露是伏主人於暗處，由陪賓引

---

62 〔清〕王源：《左傳評》，卷1，頁30。

起。無賓無主是文章並非沒有主意，而是沒有主人，是透過眾賓之語帶出文章主意，如〈梁山崩〉之尾評：

> 所謂以主為賓者，必有以賓為主之賓在耳，此則無所謂賓，而主又不以為主，散散淡淡，第以閒文出之，若竟無所謂主而精神只在可若、何若、若之何數語者，其筆法又在一切賓主、奇正之外。[63]

文章主意是國君應山崩行禳災，禳災，國君之事，晉侯是主，但文中卻不敘晉侯，僅以伯宗與重人對話中「國主山川，故山崩川竭，君為之不舉、降服、乘縵、徹樂，出次、祝幣、史辭以禮焉。其如此而已」點出禳災之法主在國君之所能為，非二人能為，是以二人皆賓，但又因本文既然無主，又無所謂是否陪賓。無主並非藏主，雖同樣文中不寫敘事之主，但無賓無主之文與敘事之主更為脫節，即是晉侯召伯宗是文章主幹，伯宗問重人禳災是卻是橫生枝節，文章又重枝節而獨漏主幹，枝節勝似主幹，既如此則無需區分主幹與枝節也。

## （八）二主並列

一般而言，文章只會有一個文章之主人，而〈晉侯作二軍〉則以兩主互為彼此之賓，於〈晉侯作二軍〉之尾評：

> 賓可多，主無二，文之道也。獨此二主並列而互為賓，別開境界，大奇！大奇！……然前後聯絡以天，二主總攝于一主，彼此射映，二主又可為二賓，奇變至此，所謂聖而不可知之神邪！[64]

---

63 〔清〕王源：《左傳評》，卷5，頁4b。

64 〔清〕王源：《左傳評》，卷2，頁2b、3a。

晉侯以「作二軍，公將上軍，大子申生將下軍，趙夙御戎，畢萬為右，以滅耿，滅霍，滅魏」屢建戰功，是以分別賜太子申生曲沃、賜畢萬魏，帶出兩個主線故事，一是為殺申生張本，一是為畢萬魏氏將興張本。此處雖是一篇文章，實則講述兩個故事，前段以殺申生張本，後段以畢萬魏氏之興張本。前段申生為主，畢萬隨公與申生滅耿、霍、魏為賓。後段畢萬為主，申生因驪姬之亂而死為賓。分述申生與畢萬二人，二人各為主，又互為映襯彼此，兩個故事皆以天意貫通，申生遭殺與魏氏之興皆歸因於天意。因此，天是文章主意，故尾評中的「二主總攝于一主」的「主」即是「二個文章主人歸攝于一個文章主意」。此為二主並列之法。

## 四　奇正與賓主的得失與評點策略

### （一）「奇正」與「賓主」之得失

#### 1　「賓主」分析過於複雜

　　筆者認為，王源之「賓主」是基於人物關係、敘事脈絡兩個層面分析《左傳》，人物、事件關係即以文章之主人為主，陪賓為賓。敘事脈絡則是以文章之主意為主，旁敘之意為賓。

　　如對比文學家之論「賓主」，多直以「主」為故事主意，宋文蔚（1854-1936）《評註文法津梁》：「以題目為主，從題外引來作陪者為賓。」[65]並不在「文章主意」之外再以「文章主人」橫生賓主。王源雖未明以「推動故事發展最重要的人物或事件」為主，但評點中，凡以賓主評點之文章，皆以人物、事件為主，卻又無法迴避文章主意一

---

65　〔清〕宋文蔚：《評註文法津梁》（上海：商務印書館，1919年），上冊，頁16。

案，故王源之賓主便割裂成兩個層次。如前文論及「二主並列」手法時，以申生、畢萬為主，而天意是文章主意，王以二者皆稱為「主」，但又未論其中分別，致使讀者閱讀產生困難。

## 2 「奇正」界定流於主觀

奇正的討論面向相較賓主廣袤，透過用賓之法，可營造借賓相形的奇兵之法，如詳主略賓的文章正格外，亦可通於不同奇兵。

但與王源同時期之《左傳》評點亦有言「奇」，如方苞《左傳義法舉要》：「敘事之文義法精深至此，所謂出奇無窮，雖太史公、韓退之不過能彷彿其二三，其餘作者皆無階而升。」[66]同樣稱《左傳》之出奇，後人難以望其項背，諸家稱「奇」者，大多作為對文章段落的評斷，即是王源所指之「奇文」，但王源卻欲將「奇兵」與「正兵」系統化，深入文本之中進行分析，然而《左傳評》中之評點並非皆以「奇正」分析，王源亦以敘事法、虛實法等手法分析文章，即使不以「奇正」分析，亦又稱「奇文」，如此來看，「奇正」之法並非是判別「奇文」的唯一標準。由此，讀者對待文章是否必須使用「奇正」來辨認「奇文」便只流於讀者主觀之判斷，是以若諸家以此說分解《左傳》，諒必諸家說解之「奇正」皆不相同。

## （二）《左傳評》之評點策略

如何以「賓主」與「奇正」品評文章，王源已有策略：「奇正辨而賓主明，賓主明而章法出矣。」[67]是在品評文章時之首步為辨別文章之奇正變化，其次再透過奇正的變化去分別賓主關係。由此產生一

---

66 〔清〕王兆符、程崟編：《左傳義法舉要》（天津圖書館藏清光緒十九年金匱廉氏校刻本），卷1，頁9b。

67 見註8。

個問題，在未辨別文章主意的情況下，要如何區分奇正？以〈夏四月取郜大鼎于宋戊申納于太廟〉一文，昭德之事有七段，立違之事僅一段，文章之奇變是在於賓主離合之法，如不先以賓主之法辨明孰賓孰主，則奇正不可能明。按王源所分，以賓主相襯即是奇正之「借賓相形」，如不先分明賓主關係，又如何能知文章奇變處？

在《左傳評》之評點理論中，奇正變化既包含賓主，其範疇自是比賓主多，此外亦有忽然中斷突然發難、反筆相攝、正中有奇奇中有正等手法，諸多手法亦須先辨賓主關係，方能知其變化。如〈齊侯衛侯次于五氏〉尾評：「齊臣勇而能讓，所以成功，傳為齊而作，衛不過帶序，齊為主，衛為賓，衛橫斷于中為奇，齊前後遙接為正也。」[68]要先看得文章以齊為主人，但中間插敘衛事，尾再接敘齊事，段落安排上見「齊──衛──齊」，賓主分析中，敘齊事重，是詳主略賓也是文章正格，但文以齊是正兵，而中間被衛隔斷，是為忽然中斷突然發難的奇兵。從此，王源同樣先是釐清賓主關係後再辨段落間的奇正。

從「奇正」到「賓主」，筆者猜測，王源所述由「奇正」辨「賓主」，再由「賓主」辨「章法」的評點策略是由大見小之法，讀者透過拆解文章的奇正變化，就可以見文章的賓主關係，但王源卻忽略奇正變化需要先透過賓主關係界定，而實際上王源評點文章亦是從「賓主」起，即是由小見大。

筆者整理，王源的評點策略實則是以「賓主」為重，賓主既辨，則「章法」與「奇正」即明，但並非直接分辨文章所使用的賓主章法為何，而需先明文章是否需透過「賓主」分析，如是，則先明孰為賓孰為主，如否，則再辨文章之出奇處為何。再由主與賓的關係看文章的奇兵與正兵與賓主相襯的章法為何。

---

68 〔清〕王源：《左傳評》，卷10，頁23a。

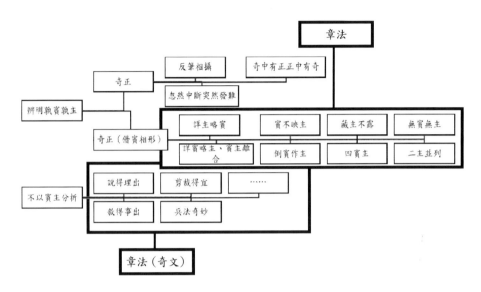

**圖二 《左傳評》評點之策略示意圖**

## 五 結語

本文主要透過前文對《左傳評》中王源使用「奇正」與「賓主」品評文章的整理，釐清其評點之理念與得失：

第一，王源的奇分成了奇兵和奇文，我們大略可以區分，奇兵是文章寫作的技巧，奇文則是對文章的評價。

第二，我們可以看到王源對於賓主的主和文章主意的主二者的看法並不相同，那從二者之間的交涉關係會發現有許多種變化，按筆者整理有八：（一）詳主略賓；（二）詳賓略主；（三）賓不映主；（四）倒賓作主；（五）藏主不露；（六）四賓主；（七）無賓無主；（八）二主並列。

第三，透過對王源《左傳評》評點策略的檢討，筆者以為不可行，乃提出先辨明文章賓主關係，再論奇正與章法的方式。

　　目前學界針對王源評點理論的研究主要分為二個面向，一是將其「奇正」評點觀與其兵家背景連結，探討其形成獨特文章評點觀的背景因素，二是透過其評點著作分析其理論與評點策略之分析。二面向雖異而實可合而論之，此亦是本文所未論及之處，惟礙於筆力，未能盡善，姑存以俟後研究之。

# 《左傳》諫言說理的模式化特徵

王怡然[*]

## 摘　要

　　諫言是《左傳》中重要的記言類型。《左傳》中較為突出的諫言約一百七十則。部分諫言篇幅較長、主題明確、結構完整，可以獨立成章，展現出《左傳》極其成熟的說理藝術。這些諫言論據充分、邏輯性強，在說理結構上呈現出明顯的模式化的特徵，即開門見山擺明觀點，隨即利用偶對法從正與反、古與今等方面展開論證，最後再重申觀點、收束全篇。這一模式化特徵對於深入認識《左傳》諫言文本的生成及說理藝術有著重要意義。

關鍵詞：《左傳》、諫言、模式化

---

\* 聊城大學文學院碩士研究生。

# 一　前言

　　春秋時期，王權式微，諸侯爭霸，國君違禮失德之事不斷發生，臣子諫諍意識高揚，諫諍活動成為政治文化生活的重要內容。《左傳》記載了大量的諫諍活動和進諫之辭，這些諫言雖非有意為文而作，但在說理結構上已經呈現出明顯的模式化特徵，理據充分、首尾貫通、構思精巧，展現出極其成熟的說理藝術。

　　從說理結構、論證方式的角度看，《左傳》諫言存在著較為普遍的諫言範式，即開門見山擺明觀點，隨即利用偶對法從正與反、古與今等方面展開論證，最後再重申觀點、收束全篇，在總體上形成總─分─總的結構模式。

# 二　《左傳》諫言說理的模式化特徵

## （一）開宗明義

　　陳騤在《文則》中論述《左傳》的八種文體時說：「五曰諫，和而直」[1]。「正言直諫」是《左傳》諫者最主要的進諫方式，即理氣充足、直言不諱、開門見山。

　　在《左傳》諫言中，諫者在正式論說之前，往往會明確且鮮明地表明自己反對的立場和態度，基本表達式為「不可」。如《左傳・莊公二十三年》「曹劌諫觀社」：

---

1　〔宋〕陳騤著，劉彥成注譯：《文則注譯》（北京：書目文獻出版社，1988年），頁185。

曹劌諫曰：「不可！夫禮，所以整民也。故會以訓上下之則，
制財用之節；朝以正班爵之義，帥長幼之序；征伐以討其不
然。諸侯有王，王有巡守，以大習之。非是，君不舉矣。君舉
必書。書而不法，後嗣何觀？」[2]

有時「不可」並不出現在諫者言語中，而以「××不可，曰」的形式
出現，如《左傳・僖公三十一年》「寧武子諫祀相」：

寧武子不可，曰：「鬼神非其族類，不歆其祀。杞、鄫何事？
相之不享于此久矣，非衛之罪也。不可以間成王周公之命祀，
請改祀命。」[3]

諫諍活動必然發生在諫者與被諫者意見相左之時，因此，「不可」這一
表達的出現，意味著君臣交鋒的開始，是諫言生成的標誌之一。

除「不可」外，《左傳》諫言開篇大多以一個毋庸置疑的「肯定
判斷」立論，形成「不可＋肯定判斷」或「肯定判斷」兩種表達模
式。韓認為，《左傳》諫言具有「明確的駁論性質」，進諫者「要駁斥
受諫者的某種錯誤的觀點，就是要面對面地辯論，並通過分析事理，
辨明是非，駁倒對方，最終起到制止受諫者錯誤行為的目的。」[4] 既
為辯駁說理，首先便要樹立一種與被諫者錯誤言行相反的正向觀點，
這一觀點「是經過先人長期反覆實踐而積累下來的知識經驗，它不需

---

2 〔晉〕杜預注，〔唐〕孔穎達正義，李學勤主編：《十三經注疏　春秋左傳正義》
（北京：北京大學出版社，1999年），頁276。
3 〔晉〕杜預注，〔唐〕孔穎達正義，李學勤主編：《十三經注疏　春秋左傳正義》，
頁468-469。
4 韓高年：〈春秋「禮治」與「經國之文」的生成——以政論、諫辭、問對三體為核
心〉，《文史哲》（2018年1月），頁85。

要被證明，毋庸置疑，是肯定判斷」[5]，如：

> 祭仲曰：「都城過百雉，國之害也。先王之制，大都不過參國之一，中五之一，小九之一。今京不度，非制也。君將不堪。」[6]（《左傳·隱公元年》）
>
> （宮之奇）對曰：「臣聞之，鬼神非人實親，惟德是依。故《周書》曰：『皇天無親，惟德是輔。』又曰：『黍稷非馨，明德惟馨。』又曰：『民不易物，惟德繄物。』如是，則非德民不和，神不享矣。神所馮依，將在德矣。若晉取虞，而明德以薦馨香，神其吐之乎？」[7]（《左傳·僖公五年》）
>
> 樂豫曰：「不可。公族，公室之枝葉也，若去之，則本根無所庇陰矣。葛藟猶能庇其本根，故君子以為比，況國君乎？此諺所謂『庇焉而縱尋斧焉』者也。必不可！君其圖之。親之以德，皆股肱也，誰敢攜貳？若之何去之？」[8]（《左傳·文公七年》）

針對鄭莊公「縱容」共叔段擴建城牆的行為，祭仲根據古制作出「都城過百雉，國之害也」的判斷；針對虞公「吾享祀豐潔，神必據我」的錯誤觀念，宮之奇反駁說「臣聞之，鬼神非人實親，惟德是依」；針對宋昭公想要棄公族而自立的行為，樂豫提出「公族，公室之枝葉

---

5 　寧（甯）登國：《〈國語〉〈左傳〉記言研究》（北京：社會科學文獻出版社，2020年），頁245。

6 　〔晉〕杜預注，〔唐〕孔穎達正義，李學勤主編：《十三經注疏·春秋左傳正義》，頁51-53。

7 　〔晉〕杜預注，〔唐〕孔穎達正義，李學勤主編：《十三經注疏·春秋左傳正義》，頁344。

8 　〔晉〕杜預注，〔唐〕孔穎達正義，李學勤主編：《十三經注疏·春秋左傳正義》，頁517-518。

也，若去之，則本根無所庇蔭矣」的觀點。可見，這三個判斷既是諫者的主要觀點，也是整則諫言之要領，起到總括的作用，而以下所有論說皆圍繞此句展開。

諫者觀點如此毋庸置疑，與其判斷來源有著密切關係。主要來源有三：一是長期形成的傳統習慣或人們普遍認同的社會知識、經驗等，如「親仁善鄰，國之寶也」；二是根據諺語、格言、制度、歷史等作出的判斷，形成了「臣聞（之）」等標誌性的表達形式，如「臣聞愛子，教之以義方，弗納于邪」；三是根據現實情況作出的客觀分析，多出現在外交、軍事等活動中，如「晉雖無道，未可叛也」。這些判斷既是諫者的主要觀點，也是其進諫的依據，君主的言行不符合上述公認的判斷，因此要進行諫正。

此外，有些諫言短小精悍，無詳細論說之辭，僅直言觀點進行勸諫，如：

（趙姬）姬曰：「得寵而忘舊，何以使人？必逆之。」[9]（《左傳·僖公二十四年》）

先且居曰：「效尤，禍也。請君朝王，臣從師。」[10]（《左傳·文公元年》）

泄冶諫曰：「公卿宣淫，民無效焉，且聞不令。君其納之！」[11]（《左傳·宣公九年》）

---

9 〔晉〕杜預注，〔唐〕孔穎達正義，李學勤主編：《十三經注疏·春秋左傳正義》，頁417。

10 〔晉〕杜預注，〔唐〕孔穎達正義，李學勤主編：《十三經注疏·春秋左傳正義》，頁486。

11 〔晉〕杜預注，〔唐〕孔穎達正義，李學勤主編：《十三經注疏·春秋左傳正義》，頁622。

總的來說，開宗明義地表明態度和觀點，是《左傳》諫言的普遍特色，也是其模式化說理結構中的重要一環。進諫之事多關乎國政外交之大事，利害清楚、是非鮮明，因此，無論站在諫者還是被諫者的角度，直截了當地切中時弊無疑是最經濟有效的進諫方式。

## （二）偶對論說

開篇表明立場和觀點後，為證明這一觀點並達到說服對方的目的，諫者將羅列論據展開詳細論證，形成諫言的主體部分。從說理結構上來說，諫言的主體部分一般是通過構建「偶對之勢」進行對比說理的。所謂「偶對」，林紓在《左傳擷華》中言：「然以大勢論之，實得一偶字法。何雲偶？每舉一事，必有對也。」這一特徵在《左傳》諫言中尤為明顯，諫的目的就在於批評、匡正君主的錯誤決策和不當言行，因此總要「辨析正誤，言明利害」[12]，一正一誤、一利一害便形成偶對之勢，得失自見。偶對法是《左傳》諫言最常用的論說方式。

從總的偶對結構上來看，諫言的主體部分往往可以分為兩層進行「一正一反」的對比說理，前一層或泛說道理，或引古制、古事，或徵引《詩》、《書》等典籍中的句子等，以此驗證開篇觀點中的「正確做法」，後一層則結合時政言明君主「錯誤做法」的危害、後果等，從而形成正反、古今等對比，完成辯駁說理的任務。先來看《左傳·桓公二年》的「臧哀伯諫納郜鼎」：

> 臧哀伯諫曰：「君人者，將昭德塞違以臨照百官，猶懼或失之，故昭令德以示子孫。是以清廟茅屋，大路越席，大羹不致，粢食不鑿，昭其儉也。袞、冕、黻、珽，帶、裳、幅、

---

12 張分田，蕭延中撰：《政治學志》（上海：上海人民出版社，1996年），頁322。

烏，衡、紞、紘、綖，昭其度也。藻、率、鞞、鞛，鞶、厲、游、纓，昭其數也。火、龍、黼、黻，昭其文也。五色比象，昭其物也。鍚、鸞、和、鈴，昭其聲也。三辰旂旗，昭其明也。夫德，儉而有度，登降有數。文、物以紀之，聲、明以發之，以臨照百官，百官于是乎戒懼，而不敢易紀律。今滅德立違，而置其賂器于大廟，以明示百官。百官象之，其又何誅焉？國家之敗，由官邪也。官之失德，寵賂章也。郜鼎在廟，章孰甚焉？武王克商，遷九鼎于雒邑，義士猶或非之，而況將昭違亂之賂器于大廟，其若之何？」[13]

桓公二年，〔宋〕華督「殺孔父而取其妻」，弒殤公，立公子馮為君。為防止各國干涉而立華氏之政權，其以大量財物賄賂魯國及其他各國。桓公接受了賂器郜大鼎，並想將其安放在太廟之中，故臧哀伯對這樣的非禮行為進行了批評和勸諫。這則諫言篇幅較長，文理清晰，結構完整，可獨立成篇，具有代表性。首先，臧哀伯開門見山地提出：「君人者，將昭德塞違以臨照百官，猶懼或失之，故昭令德以示子孫」，總言君人之道在「昭德塞違」，此句便是此篇諫言之要領，以下之論皆圍繞這一觀點展開。接著，諫言主體可分為兩層來看：第一層自「是以清廟茅屋」至「而不敢易紀律」。在這一層，臧哀伯以「昭德」為網，用整齊的四言句式將有關太廟之禮逐一分疏，細分儉、度、數、文、物、聲、明七德，序次有條。「夫德，儉而有度……」兩句是對上述論說的收束和總結，總括上意，言明君主應昭德以塞違，才能臨照百官，以上化下。這一收束使第一層自為首尾，

---

13 〔晉〕杜預注，〔唐〕孔穎達正義，李學勤主編：《十三經注疏・春秋左傳正義》，頁138-150。

極為整齊。第二層自「今滅德立違」至「章孰甚焉」。這一層則切入到「置其賂器于大廟」的時事上來，直言這種做法是「滅德立違」之行徑，與「昭德塞違」形成鮮明對比。「今」字的出現便意味著諫者開始分析時政，指出被諫者的錯誤行徑，意味著諫言由正入反、由古入今，形成偶對之勢。此篇諫言說理結構圖示如下。

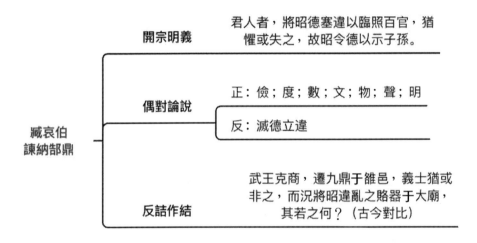

又如《左傳‧僖公二十四年》「富辰諫伐鄭」：

富辰諫曰：「不可。臣聞之，大上以德撫民，其次親親以相及也。昔周公弔二叔之不咸，故封建親戚以蕃屏周。管、蔡、郕、霍、魯、衛、毛、聃、郜、雍、曹、滕、畢、原、酆、郇，文之昭也。邗、晉、應、韓，武之穆也。凡、蔣、邢、茅、胙、祭，周公之胤也。召穆公思周德之不類，故糾合宗族于成周而作詩，曰：『常棣之華，鄂不韡韡，凡今之人，莫如兄弟。』其四章曰：『兄弟鬩于牆，外禦其侮。』如是，則兄弟雖有小忿，不廢懿親。今天子不忍小忿以棄鄭親，其若之何？庸勳，親親，暱近，尊賢，德之大者也。即聾，從昧，與

頑，用嚚，奸也大者也。棄德崇奸，禍之大者也。鄭有平、惠
之勳，又有屬、宣之親，棄嬖寵而用三良，于諸姬為近。四德
具矣。耳不聽五聲之和為聾，目不別五色之章為昧，心不則德
義之經為頑，口不道忠信之言為嚚，狄皆則之，四奸具矣。周
之有懿德也，猶曰『莫如兄弟』，故封建之。其懷柔天下也，
猶懼有外侮，捍禦侮者莫如親親，故以親屏周。召穆公亦云，
今周德既衰，于是乎又渝周、召以從諸奸，無乃不可乎？民未
忘禍，王又興之，其若文、武何？」[14]

這段諫言是《左傳》中篇幅較長者，但章法整齊精細，對比鮮明。諫
言可分為兩部分，第一部分自開篇至「其若之何」，側重於論說為何
不可伐鄭，第二部分自「庸勳親親」至「無乃不可乎」，側重論說為
何不可以狄伐鄭。在第一部分，富辰以「臣聞之」開篇，提出了「大
上以德撫民，其次親親以相及也」的觀點，此句即為一篇之主，全篇
皆圍繞「親親」展開。接著，富辰講述了過去周公與召穆公的做法，
即以聖君賢臣的事例來論說「親親」的必要性，並總結說「則兄弟雖
有小忿，不廢懿親」。而「今天子不忍小忿以棄鄭親，其若之何」，此
句便是對比周襄王的做法與周公、召穆公的做法，從而表明襄王不應
伐鄭。第二部分的結構也非常完備，富辰首先明確了德與奸的定義，
並提出了一個新的論斷，即「棄德崇奸，禍之大者也」。而後他具體
闡釋了鄭之「四德」與狄之「四奸」，在德與奸、鄭與狄的對比中，
表明了為何不可以狄伐鄭。然富辰之諫的巧妙之處在於，他在第二部
分又將之前所表的周公、召穆公之事提起，回到古今的對比中去，進
一步表明在「周德既衰」的情況下，更不可棄鄭親狄。這樣的「合講

---

14 〔晉〕杜預注，〔唐〕孔穎達正義，李學勤主編：《十三經注疏‧春秋左傳正義》，
　　頁418-422。

之法」，使得前後兩部分既結構完整，又相互照應，上下回環，首尾無懈可擊。此篇諫言說理結構圖示如下。

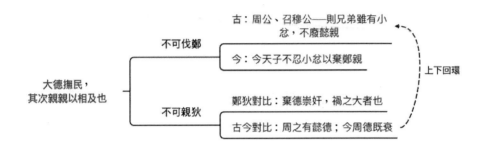

在《左傳》諫言中，利用偶對法進行勸諫的例子比比皆是，不是篇幅長者所獨有，短小的諫言也是如此，如：

> 御孫諫曰：「臣聞之：『儉，德之共也；侈，惡之大也。』先君有共德，而君納諸大惡，無乃不可乎？」[15]（《左傳・莊公二十四年》）
>
> 韓獻子患之，言于朝曰：「文王帥殷之叛國以事紂，唯知時也。今我易之，難哉！」[16]（《左傳・襄公四年》）
>
> 御孫曰：「男贄，大者玉帛，小者禽鳥，以章物也。女贄，不過榛、栗、棗、脩，以告虔也。今男女同贄，是無別也。男女之別，國之大節也。而由夫人亂之，無乃不可乎？」[17]（《左傳・莊公二十四年》）

---

15 〔晉〕杜預注，〔唐〕孔穎達正義，李學勤主編：《十三經注疏・春秋左傳正義》，頁279。

16 〔晉〕杜預注，〔唐〕孔穎達正義，李學勤主編：《十三經注疏・春秋左傳正義》，頁828。

17 〔晉〕杜預注，〔唐〕孔穎達正義，李學勤主編：《十三經注疏・春秋左傳正義》，頁279-280。

如上文所言，諫諍活動發生在諫者與被諫者意見相左之時，作為「正方」，諫者必然要緊緊抓住被諫者的錯誤之處進行論說，必然要提供正向的言語、事例等作為論說的依據，也必然要提供正向的解決措施，為此，「諫」的這種特性在某種程度上已經決定了偶對法在諫言中的有效性。雖然並不是所有的《左傳》諫言都有這樣的偶對結構，但類似的對比論說方式在《左傳》諫言中是具有普適性的。

## （三）靈活作結

真德秀評「臧哀伯諫納郜鼎」篇言：「臧哀伯之言始若平緩，至『滅德立違』以後，乃始句句激切，論事體當如是。」[18]通讀《左傳》諫言，便可發現這些諫言大多都具有這一特點，泛說道理時往往語氣和緩，呈現出「語重心長」的風格特徵，但一旦轉入現實、切入時弊，便逐漸振宕激切、一針見血起來，顯露出無法掩蓋的深切的憂慮之情，「文章之妙，出於性情，此足以觀矣。」這種憂慮情緒綿延至諫言結尾，通常會以更加肯定堅決的表達方式進行收束，或表明正確做法，提出明確的懇情；或言明危害，作出預言性的判斷；或以一個或幾個反詰句進行追問，希冀君主能夠及時醒悟等。

一、明確的懇請，常見的表達方式為「君其（圖之）」、「請……」、「盍／姑……」等。如：

> 里克諫曰：「大子奉冢祀，社稷之粢盛，以朝夕視君膳者也，故曰冢子……且臣聞臬落氏將戰，君其舍之！」[19]（《左傳·閔公二年》）

---

18 李衛軍編著：《左傳集評》（北京：北京大學出版社，2016年），頁133。

19 〔晉〕杜預注，〔唐〕孔穎達正義，李學勤主編：《十三經注疏·春秋左傳正義》，頁313。

> 寧武子不可，曰：「鬼神非其族類，不歆其祀。杞、鄫何事？相之不享于此久矣，非衛之罪也。不可以間成王周公之命祀，請改祀命。」[20]（《左傳・僖公三十一年》）
>
> （季梁）對曰：「夫民，神之主也……君姑修政，而親兄弟之國，庶免于難。」[21]（《左傳・桓公六年》）

這類諫言往往是於諫言最後提出較為具體、明確的懇請或建議，如上述材料中里克勸諫晉獻公放棄派太子申生領兵作戰的想法；寧武子請求衛成公收回祀相的命令；季梁建議隨侯修明政事而免於災難。「臣所以有諫君之義何？盡忠納誠也」，讀此言辭，便有身臨其境之感，不忍國君身陷不義，不忍國家陷於危難，因而「獻可替否，進納苦言，勤勤懇懇，語氣懇切」[22]，足可見諫者之忠、之誠、之心血。即便如此，為君之剛愎自用者仍不在少數，如里克諫畢，晉獻公卻言「寡人有子，未知其誰立焉」，里克只好隱忍「不對而退」，透露出萬般無奈。

二、預言式判斷。如：

> 慶鄭曰：「古者大事，必乘其產……進退不可，周旋不能，君必悔之。」[23]（《左傳・僖公十五年》）

---

20 〔晉〕杜預注，〔唐〕孔穎達正義，李學勤主編：《十三經注疏・春秋左傳正義》，頁468-469。

21 〔晉〕杜預注，〔唐〕孔穎達正義，李學勤主編：《十三經注疏・春秋左傳正義》，頁175-176。

22 董芬芬：《春秋辭令文體研究》（上海：上海古籍出版社，2012年），頁283。

23 〔晉〕杜預注，〔唐〕孔穎達正義，李學勤主編：《十三經注疏・春秋左傳正義》，頁375。

大司馬固諫曰:「天之棄商久矣,君將興之,弗可赦也已。」[24]
(《左傳·僖公二十二年》)

富辰諫曰:「不可。臣聞之曰:『報者倦矣,施者未厭。』狄固
貪惏,王又啟之,女德無極,婦怨無終,狄必為患。」[25]
(《左傳·僖公二十四年》)

諫者之所以進諫,便是已預料到被諫者錯誤言行可能會帶來的政治風
險,因此,進諫的目的即是要及時阻止不良後果的發生,從這種意義
上來說,諫言本身便帶有預言的性質,如《左傳·僖公五年》的「宮
之奇諫假道」,其勸諫虞公不要借道於晉,作出了「虢亡,虞必從
之」的判斷,而虞公不聽,乃至滅國。「夫勢有利害,辭令之要,在
深明其利害,強調其勢有所不可,期使對方因懼而言聽計用,是又談
說之一術也。」[26]以預言式判斷作結,是預示惡果、「懼之以勢」,以
期君主重新決策。

三、反詰句追問,如「況……乎」、「若之何」、「將何……」等。
如:

臧文仲曰:「國無小,不可易也……蜂蠆有毒,而況國乎?」
[27](《左傳·僖公二十二年》)

叔仲惠伯諫曰:「臣聞之,兵作于內為亂,于外為寇。寇猶及

---

24 〔晉〕杜預注,〔唐〕孔穎達正義,李學勤主編:《十三經注疏·春秋左傳正義》,頁
403。

25 〔晉〕杜預注,〔唐〕孔穎達正義,李學勤主編:《十三經注疏·春秋左傳正義》,頁
422。

26 張高評:《左傳之文學價值》(臺北:文史哲出版,1982年),頁176。

27 〔晉〕杜預注,〔唐〕孔穎達正義,李學勤主編:《十三經注疏·春秋左傳正義》,頁
402-403。

人，亂自及也。今臣作亂，而君不禁，以啟寇仇，若之何？」[28]
（《左傳‧文公七年》）

叔服曰：「背盟而欺大國，此必敗。背盟不祥，欺大國不義，
神人弗助，將何以勝？」[29]（《左傳‧成公元年》）

據馬啟超在《〈左傳〉疑問句研究》中的統計，《左傳》共有一七〇五
例疑問句，其中反詰句便有一〇〇五例，占百分之五十八點九四，數
量最多。所謂反詰，即有反問的意思，是一種「無疑而問」或「明知
故問」的疑問句，「表明上看是提出問題，實際上是一種強調的陳述
說法，並不需要答復。」[30]從表達效果上看，反詰句句調上揚，比陳
述句更具氣勢。《左傳》諫言中充溢著這種反詰句，不僅出現於結尾，
開篇、中間皆存在著，甚至幾個反詰句連續追問，威力十足，如：

晉郤缺言于趙宣子曰：「日衛不睦，故取其地。今已睦矣，可
以歸之。叛而不討，何以示威？服而不柔，何以示懷？非威非
懷，何以示德？無德，何以主盟？子為正卿，以主諸侯，而不
務德，將若之何……」[31]（《左傳‧文公七年》）

《左傳》諫言的收束方式是靈活多樣的，以上僅是較為常見的幾種表
達形式。但並非所有的諫言都能分清主體和結尾部分，結尾也並非必

---

28 〔晉〕杜預注，〔唐〕孔穎達正義，李學勤主編：《十三經注疏‧春秋左傳正義》，頁
521。

29 〔晉〕杜預注，〔唐〕孔穎達正義，李學勤主編：《十三經注疏　春秋左傳正義》，
頁685。

30 馬啟超：《〈左傳〉疑問句研究》（南昌：南昌大學碩士論文，2017年），頁32。

31 〔晉〕杜預注，〔唐〕孔穎達正義，李學勤主編：《十三經注疏　春秋左傳正義》，
頁521-522。

要結構。在完整的諫言說理結構中，結尾既有重申觀點、收束全篇的作用，又能夠「點綴」全篇，更顯諫者的辭肯意切。

直起開篇、偶對論說及靈活作結，即是《左傳》諫言說理結構所具有的模式化特徵。《左繡》眉批：「自來人好以參差論古文，鄙意獨好以整齊論古文以此。蓋於參差見古人之縱橫，不如於整齊見古人之精細耳」[32]，《左傳》諫言於說理時十分講究「一一對應」的言說方式，前伏後應，有提有束，有正有反，有主有賓，若網在綱，有條不紊，文陣甚整。正因這種整齊之勢，才可羅列種種，使得《左傳》諫言的說理結構有跡可循。

## （四）《左傳》諫言「三段式」結構探源

進諫這一行為可以追溯得很遠，《尚書‧夏書‧胤征》載：「先王克謹天戒，臣人克有常憲；百官修輔，厥後惟明明。每歲孟春，遒人以木鐸徇于路，官師相規，工執藝事以諫。其或不恭，邦有常刑。」又如《淮南子‧主訓術》：「古者天子聽朝，公卿正諫，博士誦詩，瞽箴師誦，庶人傳語，史書其過，宰徹其膳。猶以為未足也，故堯置敢諫之鼓，舜立誹謗之木，湯有司直之人，武王立戒慎之韜。」[33]可見，早在堯舜禹時期，納諫與進諫的關係就已存在於君臣之間。而有關諫的起源，有學者認為「諫的最早的起源，當出自巫祝和祭司的神諭、祖訓、卜辭等等。這是宗教人員對於世俗首領的一種變相的進諫，它在事實上也影響了社會發展的進程和世俗事務的處理。」[34]

---

32 李衛軍編著：《左傳集評》，頁491。

33 〔漢〕劉安著，〔漢〕高誘注：《諸子集成　淮南子注》（上海：上海書店出版社，1986年），頁149。

34 邵伯歧，劉海彬，王永平著：《中國監察史》（北京：中國審計出版社，1991年），頁15。

　　為保證氏族的太平、吉祥，巫祝們通過卜問吉凶的方法，以天意或神諭來影響或改變酋長的決定，這的確在一定意義上啟迪了進諫行為的發生，而其所發出的「神諭、祖訓、卜辭」等言辭也對後世諫言的創作產生了諸多影響，如思想、言說方式乃至篇章結構。劉師培曾在〈文學出於巫祝之官說〉一文中提出：「蓋古代文詞，恆施於祈祀，故巫祝之職，文詞特工。今即《周禮》祝官執掌考之，若六祝六詞之屬，文章各體，多出於斯。」[35]這一結論未必全面，但有其合理性，富於啟發意義。承繼卜辭而來的《周易》，即為上古巫祝文化的產物，其卦爻辭在結構編排已呈現出總分論說、一一對應的邏輯體系，《左傳》諫言說理結構「三段式」的模式化特徵則可追溯至此。

　　《周易》分為經、傳兩部分。在傳文產生之前，「經」文主要由六十四卦組成，從《乾》卦到《未濟》卦，每一卦體例結構固定，按「卦畫—卦名—卦辭—爻題—爻辭」排列。以《乾》卦為例：

乾　：元亨，利貞。

初九：潛龍，勿用。

九二：見龍在田，利見大人。

九三：君子終日乾乾，夕惕若厲，無咎。

九四：或躍在淵，無咎。

九五：飛龍在天，利見大人。

上九：亢龍，有悔。

用九：見群龍無首，吉。

如上，「☰」為卦畫；「乾」為卦名；「元亨，利貞」為卦辭；「初九、

---

35 劉師培：《左盦集（卷8）》（南京：江蘇古籍出版社，1997年），頁1283。

九二、九三、九四、九五、上九、用九」為爻題；爻題之後的文字為爻辭，如「潛龍，勿用。」在《周易筮辭續考》中，李鏡池將卦爻辭分為兩類，「一為卜吉凶的貞兆之辭，一為記事實的敘事之辭」[36]，我們將其簡稱為「占辭」和「記敘辭」。按其分類，《乾》卦的占辭與記敘辭分別如下：

| 卦名／爻題 | 記敘辭 | 占辭 |
|---|---|---|
| 乾 | | 元亨，利貞 |
| 初九 | 潛龍， | 勿用。 |
| 九二 | 見龍在田， | 利見大人。 |
| 九三 | 君子終日乾乾，夕惕若厲， | 無咎。 |
| 九四 | 或躍在淵， | 無咎。 |
| 九五 | 飛龍在天， | 利見大人。 |
| 上九 | 亢龍， | 有悔。 |
| 用九 | 見群龍無首， | 吉。 |

首先，卦名是對卦畫、卦爻辭的高度概括，「為一卦之本質和主旨，有了卦名才有理解和解釋的向度。」[37]從詞義的角度對卦名進行解釋的研究很多，這裡取《乾》卦為例，僅列邱崇之解：

乾，純陽之卦，意為健。全爻皆以健為主題。最健者莫過於天，對動物而言莫過於龍，對人而言莫過於人君，即天子。故六爻皆言龍與天子，而《象辭》言天行。健是種性質，龍、君為此性質的表現……乾以至健之性統率全卦。[38]

36 李鏡池：《周易探源》（北京：中華書局，1978年），頁73。

37 姜廣輝：〈周易卦名探原〉，《哲學研究》（2010年第12期），頁50。

38 邱崇：《《周易》語篇研究》（濟南：山東大學博士論文，2012年），頁142。

其次是記敘辭。記敘辭來自於卦畫，是卦象的體現。在《乾》卦中，爻辭中的記敘辭取龍為象，比君子，結合不同的爻位，有不同的表現。從初期的潛隱，到出現，到終日乾乾，到躍進，到飛騰，再到極高之位。從初爻到上爻，是漸進的，變化發展的一個過程。「用九」即六爻皆為陽爻，是從整體上看全卦各爻，有「群龍無首」之象。六爻之辭皆為乾之「健」義不同時位的體現，一以貫之，如影隨形。

最後是占辭。占辭也來自於卦畫，是對卦象吉凶的判斷。卦辭的占辭是對卦畫吉凶的整體判斷，如「元亨，利貞」。爻辭的占辭則是對六爻諸爻吉凶的判斷。「用九」中的「吉」是對「見群龍無首」之象的判斷。

可見，卦爻辭的寫作和編排是有用意的，卦名統率全卦，卦辭表述一卦之要義，爻辭表述一爻之要義，六爻爻辭皆圍繞卦辭展開，《乾》卦還有「用九」，起俯視全卦之作用，總體呈現出總—分—總的結構形式。《易經》中的六十四卦基本上都保持著這一編排體例。歷代論文，多認為各種文體皆源自六經。其中，劉勰《文心雕龍·宗經》云：「論、說、辭、序，則《易》統其首」，顏之推《文章篇》云：「序、述、論、議生於《易》者也」。不管是卜辭，還是承繼卜辭而來的《周易》，都對後世議論說理一類的文章產生了重要影響。《左傳》諫言的三段結構模式，也無疑受到《周易》卦多體例結構的影響。

## 三 結論

作為《左傳》中重要的記言類型，諫言呈現出了極其成熟的說理藝術，命意與布局，立論與分析，皆體現著春秋時期進諫者的嚴謹與巧思。有些篇幅較長、主題明確、結構完備的《左傳》諫言，可以作為具有獨立文體意義的散文作品從《左傳》中分離出來，進行單獨研

究。「三段式」的說理結構在《左傳》諫言中具有普適性,這一結構可追溯至《周易》卦爻辭。而此種文體結構也對後世論說文產生了極其深遠的影響,成為人們學習、模仿的典範。

二　《左傳》與春秋史事及制度

# 二次弭兵的再省察

李隆獻[*]

## 摘　要

　　本文綰合傳統經史學、文章學與西方敘事理論、文化記憶理論，透過比勘、析釋《春秋》、《左傳》、《國語》與《清華簡・繫年》，重新省察《春秋》中期晉、楚爭霸的背景，比較宋大夫子罕與向戌的作為、形象，述論二次弭兵的背景、成敗與歷史詮釋。全文計分七節：〈一〉先回顧二次弭兵的研究略況，以為進階研究之資，並論「二次弭兵」尚待探討的問題之意義所在。〈二〉概述兩次弭兵期間晉、楚雙方諸國的重要事件與國際形勢。〈三〉梳理二次弭兵之前，宋國的政權嬗變與向戌的個人形象。〈四〉以《左傳》為主，梳理二次弭兵的背景、會盟經過、後續發展，進而釐清向戌的作為與意義，析論歷代學者對其人、其事的批評。〈五〉述論不記載向戌事跡的《國語》、《繫年》對此次弭兵採取的視角。〈六〉論述二次弭兵的歷史詮釋。〈七〉綜述本文省察的粗淺成果。

**關鍵字：**二次弭兵、向戌、《左傳》、《繫年》、歷史記憶、歷史詮釋

---

\* 臺灣大學中國文學系特聘教授。

# 一　二次弭兵相關研究回顧

　　春秋中、後期，晉、楚二強的兩次「弭兵之會」，分別發生於魯成十二年（晉厲二年，楚共十二年，宋共十年，西元前579年）與魯襄廿七年（晉平十二年，楚康十四年，宋平卅年，西元前546年），相距三十餘年。兩次弭兵皆由宋國居中協調，前者僅維持四年便因鄢陵之戰而宣告失敗，後者則維繫了較久的和平狀態。以今日價值觀衡之，二大強權能保持和平、不起戰端，無疑是值得肯定的善事。歷來評論或肯定弭兵之功，謂其得以息民止戰；卻以否定者居多：或以楚為蠻夷，弭兵乃姑息養奸，顯示晉不敢與之抗衡，荒棄了尊王攘夷的中原盟主職責；或指責居中協調的宋臣華元、向戌與晉之主事者趙武皆貪名求利、昧於時勢，甚至飲鴆止渴，將楚推向了足以與晉並立的「二霸」之位。

　　二次弭兵之時空與情節均較首次弭兵遠為複雜，且影響深遠，相關人物也更為多元，深受《春秋》、《左傳》，乃至歷代學者重視。筆者粗略爬梳近賢之研究，卻非十分豐碩，而約可歸納為以下數端：

## （一）向戌的評價

　　前賢多指責向戌，甚至貶為「罪人」。[1]熊劍平則認為向戌是具有「敏銳政治眼光的政治家，且顧大局、識大體，能以百姓福祉為己任」，甚至稱之為「和平大使」，對其推崇備至。[2]夏繼先認為《左傳》記史有「盡而不汙」的特點，忠實呈現對人事的評價，向戌便是

---

1　說詳本文〈四‧（三）〉。
2　熊劍平：〈向戌：春秋時期的和平大使〉，《文史天地》第6期（2013年6月），頁39-42。

例證之一。向戌雖有貪婪、怯懦的性格，但也有清正公道、勇於納言改過自新的一面，是一多面性且複雜的人格形象。[3]

## （二）弭兵的效期

前人大抵認為二次弭兵效期長達四十年，直至魯定四年（西元前506年）的召陵之會弭兵始告失敗。《繫年》第十八章則言「靈王先起兵」，似乎認為二次弭兵之效期止於靈王起兵的魯昭四年（西元前538年）；黃聖松、王寶妮亦認為楚自魯昭公四年起即陸續發兵侵擾他國，後來更伐滅當時參與盟誓的陳、蔡二國，因此二次弭兵盟辭失效時間應訂於魯昭公四年，其效力僅維持九年。[4]

## （三）弭兵的功過與影響

前賢對二次弭兵的功過與影響評價非一，而多偏負面。[5]近賢梁任公（1873-1929）也一如多數學者，認為春秋局勢之江河日下，向戌不能辭其咎。[6]朱鳳樣認為永久弭兵是不可能的，故史學界對弭兵評價較低，但弭兵至少有三個影響：一、首次弭兵後雖有戰爭，但都比過往規模小，二次弭兵亦然。二、弭兵為社會生產力創作安定環

---

3 夏繼先：〈談《左傳》記史的「盡而不汙」〉，《湖湘論壇》第6期（2008年11月），頁77-78。

4 黃聖松、王寶妮：〈春秋時代第二次弭兵會盟失效時間芻議〉，《漢學研究集刊》第31期（2020年12月），頁93-112。

5 說詳本文〈六〉。

6 梁啟超：《春秋載記·霸政餘紀章第六》：「自盟宋以後，諸侯之氣皆暮矣，故晉臣爭權鬻貨以失諸侯，卒自分裂；楚主驕盈恣戾，迭相篡弒，以召入郢之禍；自餘諸小國，外則時相踥蹀，逐尺寸之利，內則自相擠軋，世卿移國者項背相望也，遂成春秋之季。嗚呼！以匹夫口舌之力而狎弄列強，遷轉世運，未有如宋向戌者矣。」收入《飲冰室專集》之45，《飲冰室全集》（北京：中華書局，1989年，據1936年上海中華書局本影印），頁38-39。

境，為戰國時期的統一作了物質上的充分準備。三、弭兵之後，各國開始集中處理「內務」，國內舊勢力和新勢力繼續鬥爭。[7]

## （四）弭兵的歷史詮釋

歷來對弭兵的詮釋，意見多元。[8]陳致宏認為晉、楚弭兵之敘事解釋，有三項值得注意：一是強調楚國的不配合態度，可視作《左傳》對楚國的褒貶；二是對向戌、趙孟、叔向、子罕等人有不同角度的描寫，藉由人物形象的形塑，表達對人事價值的取向；三是無論對事件或人物言行，《左傳》特別強調評論與褒貶，藉人物之口申述道德判斷，隱含作者之意圖，在在強調德禮信義之重要。[9]李明麗指出《繫年》以「力」為歷史發展的條件，異於《左傳》以「禮」決定歷史成敗，但也有對「武力」的反思，並以二次弭兵失敗為例：首次弭兵，晉、楚二國皆違背誓盟，而雙方都以失敗告終；二次弭兵結局也以背棄盟誓的楚靈王見禍而死，晉亦以國力衰弱諸侯不服收尾。[10]

近年清華簡《繫年》出土，[11]計有二章述及弭兵，可與傳世文獻，如《春秋》、《左傳》、《國語》參較／參證，提供了重新省思、詮釋的空間。筆者〈再論首次弭兵：由宋國地位與華元形象談起〉，曾就《左傳》與《繫年》述論「首次弭兵」的歷史敘事與華元的特殊形象，指出宋國獨特的地理與戰略地位，嘗試梳理傳世、出土文獻對首

---

7　朱鳳樣：〈試析春秋宋國主持的兩次弭兵〉，《黃淮學刊（社會科學版）》第1期（1991年4月），頁110-113。

8　說詳本文〈六〉。

9　陳致宏：《《左傳》之敘事與歷史解釋》（臺南：成功大學中國文學系博士論文，張高評教授指導，2006年），第六章第二節〈「晉楚弭兵」之敘事與解釋〉，頁293-307。

10　李明麗：〈以力統禮──試論清華簡《繫年》的深層敘事結構〉，《古籍整理研究學刊》第2期（2016年3月），頁83-88。

11　清華大學出土文獻研究與保護中心編，李學勤主編：《清華大學藏戰國竹簡（貳）》，上海：中西書局，2011年。

次弭兵的不同敘事理路與成敗詮釋。[12]本文延續此一研究，擬再省察二次弭兵的相關問題與人物形象。至於前賢已有精到論述者，本文僅粗略述及，不再詳論，讀者察之。

## 二　兩次弭兵期間晉、楚雙方的國際形勢

魯成十六年（晉厲六年，楚共十六年，西元前575年）鄢陵之戰宣告首次弭兵正式失敗。二十餘年後，晉卿趙武在魯襄廿五年（晉平十年，楚康十二年，宋平廿八年，西元前548年）接任執政之初，即言「自今以往，兵其少弭矣」，[13]開啟了二次弭兵的契機。

兩次「弭兵之會」相隔三十餘年，期間春秋局勢頗有變化。本節先鳥瞰魯成十六年至襄廿五年期間晉、楚雙方諸國的重要事件與國情，以期呈現首次弭兵告終至二次弭兵起始的春秋政局與重大事件，至於首次弭兵，以及宋國的地理與戰略位置，筆者已於前述論文有所述論，茲不複述。

鄢陵之戰開啟了晉、楚另一輪的霸主爭奪戰，兩國皆積極布局，也都遭遇各種內外挫折。晉國方面，鄢陵之戰甫結束，即有著名的「范文子祈死」事，《左》、《國》皆有載述。成十七年《左傳》載：

> 晉范文子反自鄢陵，使其祝宗祈死曰：「君驕侈而克敵，是天

---

12 拙作：〈再論首次弭兵：由宋國地位與華元形象談起〉，《臺大中文學報》第73期
　　（2021年6月），頁1-54。

13 襄廿五年《左傳》：「趙文子為政，令薄諸侯之幣，而重其禮。穆叔見之。謂穆叔曰：
　　『自今以往，兵其少弭矣。齊崔、慶新得政，將求善於諸侯。武也知楚令尹。若敬
　　行其禮，道之以文辭，以靖諸侯，兵可以弭。』」（《左傳正義》，卷36，頁621-622）
　　本文凡引用《十三經注疏》之經、傳、注、疏，皆據臺北藝文印書館1976年影印清
　　嘉慶二十年（1815）阮元江西南昌府學開雕之《十三經注疏》刻本。

益其疾也，難將作矣。愛我者，唯祝我，使我速死，無及於
難，范氏之福也。」六月戊辰，士燮卒。(《左傳正義》，卷
28，頁482）[14]

范燮卒於當年六月，未及見「三郤之亡」與「晉厲之弒」：魯成十七
年至十八年間，晉厲殺三郤，引發欒書、荀偃弒君。[15]晉厲弒死後，
晉悼即位，頗具中興氣象，乃有「復霸」美名。晉悼事功，歷來多加
肯定，可以馬驌（1621-1673）之說為代表：

悼公所處之勢，艱於文、襄遠矣。齊靈梗霸，秦景合楚，大難
方殷，孑然孤立，享國不永，志弗克終，奚暇稱兵小弱乎？君
臣持籌，先急後緩，不事耀武為能也。和戎睦華，得安內攘外
之權，通吳制楚，得遠交近攻之法。會鄬棄陳，賢于齊桓之盟
貫，蕭魚服鄭，比于晉文之勝楚。天假之年，功當加烈，惜乎
年未三十而薨，諡之為「悼」，不亦誠可悼也哉。[16]

誠如馬氏所言，晉悼和戎、通吳、服鄭、棄陳，在內部政局穩定的情
況下，既有策略地掌控周邊諸侯，又連結新興的吳與楚對峙。關乎

---

14 亦見《國語‧晉語六‧范文子論私難必作》：「反自鄢，范文子謂其宗、祝曰：『君驕
泰而有烈，夫以德勝者猶懼失之，而況驕泰乎？君多私，今以勝歸，私必昭。昭私，
難必作，吾恐及焉。凡吾宗、祝，為我祈死，先難為免。』七年夏，范文子卒。冬，
難作，始於三郤，卒於公。」〔三國吳〕韋昭注，上海師範大學古籍整理研究所校點：
《國語》（上海：上海古籍出版社，1998年），卷12，頁423。

15 見成十七、十八年《左傳》，亦見《國語‧晉語七》；其詳可參拙作〈先秦傳本／簡
本敘事舉隅──以晉「三郤之亡」為例〉，收入《先秦兩漢歷史敘事隅論》（臺北：臺
大出版中心，2017年）之〈伍〉，頁243-296。

16 〔清〕馬驌著，徐連城點校：《左傳事緯》（濟南：齊魯書社，1992年），卷5，〈晉悼
復霸〉，頁237。

此，筆者已有〈「晉悼復霸」說芻論〉論之，[17]茲不贅述。

晉悼卒後，繼位的晉平公顯非英主，傳世文獻頗多負面載錄。[18]
魯襄十六年（西元前557年）《左傳》載：

> 春，葬晉悼公。平公即位……會于溟梁，命歸侵田。以我故，
> 執邾宣公、莒犁比公，且曰「通齊、楚之使」。
> 晉侯與諸侯宴于溫，使諸大夫舞，曰：「歌詩必類。」齊高厚之
> 詩不類。荀偃怒，且曰：「諸侯有異志矣。」使諸大夫盟高厚，
> 高厚逃歸。於是叔孫豹、晉荀偃、宋向戌、衛甯殖、鄭公孫
> 蠆、小邾之大夫盟，曰：「同討不庭。」（《左傳正義》，卷33，
> 頁572-573）

晉平初即位，齊大夫高厚即歌「詩不類」，心有異志，故荀偃怒曰
「諸侯有異志矣」。之後，齊、楚果然結盟，令晉有如芒刺在背：齊
自魯襄十五年起，即聯合邾連年伐魯，而原本服晉的鄭、蔡在晉悼卒
後，面對趁隙而起的楚諸端威脅利誘，也開始搖擺不定、首鼠兩端。

晉既外患不斷，內憂又生，魯襄廿一年（晉平六年，西元前552
年）欒氏之禍即為代表。此一內亂，雖屬權卿之傾軋，但其影響隨著
欒盈的逃亡，也外擴至晉的國際關係：魯襄廿一年欒盈奔楚，欒氏之
黨知起、中行喜、州綽、邢蒯等則奔齊。楚、齊皆晉之敵國，晉乃召
諸侯為「商任之會」，以「錮欒氏」，與會的齊侯、衛侯卻「不敬」；

---

17 拙作：〈「晉悼復霸」說芻論〉，原載《臺大中文學報》第57期（2017年8月），頁105-
162，收入《歷史敘事與經典文獻偶論》（臺北：萬卷樓圖書公司，2020年）之〈陸〉，
頁181-242。

18 除《左傳》載述者外，《國語・晉語八》載晉平公「說新聲」、「射鴳不死」、「遠男而
近女」諸事（卷14，頁460、461、473），皆非正面形象。

隔年秋，欒盈更自楚適齊，齊侯無視商任之會與晏平仲之諫而接納之，晉竟連一奔亡之臣也奈何不得。襄廿二年《左傳》載：

> 冬，會于沙隨，復鄅欒氏也。欒盈猶在齊。晏子曰：「禍將作矣。齊將伐晉，不可以不懼。」（《左傳正義》，卷35，頁599-600）

「復鄅」二字，已然說明晉無論對欒氏或諸侯均已失卻掌控力，明顯可見其霸主地位已搖搖欲墜，而晏子預告的齊、晉之戰，則在襄廿三年晉終於成功誅殺欒盈後揭開序幕。[19]晉、齊在魯襄廿三、廿四年間開始相互攻伐，也再次牽連了魯、莒、衛諸小國，中原陷入混戰。而齊國內部對齊莊「君恃勇力，以伐盟主」的作為，更是紛爭不斷，最後導致了襄廿五年的內亂，即著名的「崔杼弒其君」。[20]

反觀楚國，此一期間國內似乎相對穩定；然其最大隱患在乘勢而起、上通中原的勾吳。鄢陵戰後、晉悼即位之初，楚因伐宋而與晉有隙，即魯成十八年至襄三年的「彭城之圍」。此役楚並不討好，晉反而有服陳、鄭得諸侯之功，且進一步與吳修好。此後直至晉平即位之初，楚對晉都無明顯的攻擊，只針對與楚最近的陳、鄭不時侵伐，或介入鄭、蔡、陳等國的內部動亂而拉攏某方勢力，[21]也偶有伐吳之舉。

---

19 關於晉欒氏之亂，可參拙作：〈先秦敘史文獻「敘事」與「體式」隅論：以晉「欒氏之滅」為例〉，收入《先秦兩漢歷史敘事隅論》之〈陸〉，頁297-343。

20 關於「崔杼弒君」事，可參拙作：〈《左傳》「弒君敘事」隅論——以趙盾、崔杼為例〉，收入《先秦兩漢歷史敘事隅論》之〈三〉，頁161-192。

21 如襄十八年《左傳》：「鄭子孔欲去諸大夫，將叛晉而起楚師以去之。」襄廿年：「蔡公子燮欲以蔡之晉，蔡人殺之。公子履，其母弟也，故出奔楚。陳慶虎、慶寅，畏公子黃之偪，愬諸楚曰：『與蔡司馬同謀。』楚人以為討，公子黃出奔楚。」襄廿三年：「夏，屈建從陳侯圍陳。陳人城，板隊而殺人。役人相命，各殺其長，遂

　　隨著晉悼即世，晉平即位，晉、齊矛盾逐漸浮上檯面，楚的野心
也逐步展露。魯襄廿四年夏，楚子「為舟師以伐吳」，雖「無功而
還」，[22]但旋即會見「伐晉而懼」的齊侯，兩國正式聯結抗晉。襄廿四
年《左傳》載：

> 秋，齊侯聞將有晉師，使陳無宇從蒍啟彊如楚，辭，且乞師。
> 崔杼帥師送之，遂伐莒，侵介根。（《左傳正義》，卷35，頁610）

此一衝突延續至當年冬，楚聯合蔡、陳、許伐鄭：

> 冬，楚子伐鄭以救齊，門于東門，次于棘澤。諸侯還救鄭。
> （《左傳正義》，卷35，頁610）

楚在一年之內，既為舟師以伐吳、聯齊以抗晉，又糾合小國以伐鄭，
雖無顯赫戰功，但其戰力、謀略皆有可觀，甚至該年末尚有「吳人為
楚舟師之役故，召舒鳩人，舒鳩人叛楚」事，若非蒍子勸諫楚康暫且
「息民」，楚還可能重啟南方戰場。[23]實際上，楚的偃旗息鼓也不及朞

---

殺慶虎、慶寅。楚人納公子黃。」以上引文分見《左傳正義》，卷33，頁578；卷34，
頁588；卷35，頁601-602。由此可見鄭、陳、蔡諸國之臣，皆可分為親晉、附楚二
派，楚國甚至能直接介入陳國內政。

22 襄廿四年《左傳》：「夏，楚子為舟師以伐吳，不為軍政，無功而還。齊侯既伐晉而
懼，將欲見楚子。楚子使蒍啟彊如齊聘，且請期。齊社，蒐軍實，使客觀之。陳文
子曰：『齊將有寇。吾聞之，兵不戢，必取其族。』」（《左傳正義》，卷35，頁610）

23 襄廿四年《左傳》：「吳人為楚舟師之役故，召舒鳩人。舒鳩人叛楚。楚子師于荒
浦，使沈尹壽與師祁犁讓之。舒鳩子敬逆二子，而告無之，且請受盟。二子復命。
王欲伐之。蒍子曰：『不可。彼告不叛，且請受盟，而又伐之，伐無罪也。姑歸息
民，以待其卒。卒而不貳，吾又何求？若猶叛我，無辭，有庸。』乃還。」（《左傳
正義》，卷35，頁611）

年，魯襄廿五年八月即有「楚滅舒鳩」事，該年十二月吳子諸樊伐楚，欲報前年舟師之役，反遭楚之牛臣一箭斃命。[24]

值得關注的尚有楚、秦聯盟：魯襄九年至十二年間，秦、楚結盟、聯姻，並對晉與周邊國家展開大小不一的挑釁或侵略。此時晉悼霸業方興未艾，楚不敢直攖其鋒，但既借兵助秦伐晉，[25]又聯鄭伐宋。[26]由於秦、晉在首次弭兵時本有嫌隙，此時秦、楚聯手，對晉無疑造成壓力。魯襄十、十一兩年，晉勉力聯合諸侯兩度伐鄭，即所謂「戍鄭虎牢」、「蕭魚服鄭」，清儒馬驌以為晉悼「和戎睦華，得安內攘外之權，通吳制楚，得遠交近攻之法。會鄒棄陳，賢于齊桓之盟貫，蕭魚服鄭，比于晉文之勝楚」，力加揄揚，[27]實則恐未必合乎實情。魯襄十年晉、楚對陣，晉乃有退意：

> 楚子囊救鄭。十一月，諸侯之師還鄭而南，至於陽陵。楚師不退。知武子欲退，曰：「今我逃楚，楚必驕，驕則可與戰矣。」欒黶曰：「逃楚，晉之恥也。合諸侯以益恥，不如死。我將獨進。」師遂進。己亥，與楚師夾潁而軍。子蟜曰：「諸侯既有成行，必不戰矣。從之將退，不從亦退。退，楚必圍我。猶將退也，不如從楚，亦以退之。」宵涉潁，與楚人盟。

---

24 襄廿五年《左傳》：「十二月，吳子諸樊伐楚，以報舟師之役。門于巢。巢牛臣曰：『吳王勇而輕，若啟之，將親門。我獲射之，必殪。是君也死，彊其少安。』從之。吳子門焉，牛臣隱於短牆以射之，卒。」（《左傳正義》，卷36，頁624）

25 襄十年《春秋》：「楚公子貞、鄭公孫輒帥師伐宋。」（《左傳正義》，卷31，頁537）《左傳》：「六月，楚子囊、鄭子耳伐宋，師于訾毋。庚午，圍宋，門于桐門。」（同前，頁540）

26 襄九年《左傳》：「秦景公使士雃乞師于楚，將以伐晉。楚子許之。」雖子囊勸諫曰：「不可，當今吾不能與晉爭。」最終楚仍出師助秦，當年秋，「楚子師于武城，以為秦援，秦人侵晉，晉饑，弗能報也。」（《左傳正義》，卷30，頁527）

27 馬驌之論，已見上引。

> 樂黶欲伐鄭師，荀罃不可，曰：「我實不能禦楚，又不能庇
> 鄭，鄭何罪？不如致怨焉而還。今伐其師，楚必救之。戰而不
> 克，為諸侯笑。克不可命，不如還也。」丁未，諸侯之師還，
> 侵鄭北鄙而歸。楚人亦還。（《左傳正義》，卷31，頁542）

晉、楚雙方最終雖未正面交鋒，但不論「逃楚」之舉究係策略抑避戰
託辭，《左氏》敘晉、楚夾潁而軍，戰事一觸即發之際，通篇卻「退」
字迭出，隱隱暗示晉將心態；荀罃「不能禦楚，不能庇鄭」之語，更
直接點出晉的力不從心。襄十一年《左傳》又載晉、秦戰於櫟云：

> 秦庶長鮑、庶長武帥師伐晉以救鄭。……己丑，秦、晉戰于
> 櫟，晉師敗績，易秦故也。（《左傳正義》，卷31，頁548）

秦之救鄭，顯然站在楚方，爭取鄭為盟國。隔年楚、秦又聯合伐宋
「以報晉之取鄭也」。[28]魯襄十三年楚共卒，吳趁機侵楚，秦、楚對中
原的攻勢稍歇。魯襄十四年，晉聯合諸侯之大夫伐秦報櫟之役，原本
意圖扳回一城，孰料徒成「遷延之役」：

> 夏，諸侯之大夫從晉侯伐秦，以報櫟之役也。晉侯待于竟，使
> 六卿帥諸侯之師以進。及涇，不濟。叔向見叔孫穆子，穆子賦
> 〈匏有苦葉〉，叔向退具舟。魯人、莒人先濟。鄭子蟜見衛北
> 宮懿子曰：「與人而不固，取惡莫甚焉，若社稷何？」懿子
> 說。二子見諸侯之師而勸之濟。濟涇而次。
> 秦人毒涇上流，師人多死。鄭司馬子蟜帥鄭師以進，師皆從之，

---

至于棫林，不獲成焉。荀偃令曰：「雞鳴而駕，塞井夷竈，唯
余馬首是瞻。」欒黶曰：「晉國之命，未是有也。余馬首欲
東。」乃歸。下軍從之。左史謂魏莊子曰：「不待中行伯乎？」
莊子曰：「夫子命從帥，欒伯，吾帥也，吾將從之。從帥，所
以待夫子也。」伯游曰：「吾今實過，悔之何及，多遺秦禽。」
乃命大還。晉人謂之「遷延之役」。欒鍼曰：「此役也，報櫟
之敗也。役又無功，晉之恥也。吾有二位於戎路，敢不恥
乎？」與士鞅馳秦師，死焉。(《左傳正義》，卷32，頁559)

先是諸侯推託不前，無人願先「濟河」，竟要出動晉之叔向、魯之叔
孫穆子、鄭之子蟜、衛之北宮懿子等大夫百般請託、勸說，始勉強渡
河。再則晉將荀偃、欒黶不能同心，最後欒鍼明言「役又無功，晉之
恥」，揭出秦與楚的結盟，確為晉之隱患。襄十六年晉悼卒後，齊、
楚動作頻仍，秦、晉關係也不見好轉，襄廿五、廿六年間秦、晉為
成，卻「成而不結」。[29] 參照《史記・秦本紀》秦景公廿七年「如晉，
與平公盟，已而背之」，[30] 顯然二國仍乏互信基礎。魯襄廿六年夏，
楚、秦再次聯合伐吳、侵鄭，在在挑戰晉的霸主地位。

綜上所述，可見鄢陵戰後，晉、楚兩大勢力各自尋求穩固霸權之
方，晉悼成功穩固內政後，對外以聯吳，安撫諸戎為主要戰略，前者
對楚造成實質威脅，後者則可能與秦有舊隙，這些作為除了牽制楚國
之餘，也威嚇搖擺不定如陳、鄭、宋、衛等小國。相對的，楚雖面臨
吳國崛起的隱患，但也聯合中原舊霸齊與虎視西陲的秦，對晉形成包

---

29 襄廿五年《左傳》：「會于夷儀之歲，齊人城郟。其五月，秦、晉為成，晉韓起如秦
涖盟。秦伯車如晉涖盟，成而不結。」(《左傳正義》，卷36，頁625)

30 〔日〕瀧川資言：《史記會注考證》(東京：東方文化學院東京研究所，1932年)，卷
5，頁40。

夾之勢，其不惜連年出兵、更無懼多路開戰的軍事實力與強悍作風，實為晉與中原諸侯聯盟所望塵莫及。當然，在晉、楚、齊、秦、吳幾大勢力的綜橫交錯下，依違於晉、楚之間的小國如鄭、宋、陳、蔡，其命運一言以蔽之，就是不時遭受戰禍而被迫投降於一方，旋即又招致另一方的打擊，搖擺於兩造之間。

## 三　宋國的政權嬗變與向戌形象

清儒顧棟高（1679-1759）〈春秋宋執政表敘〉綜論宋在春秋變局之關鍵地位，並評論華元、向戌云：

> 中州為天下之樞，而宋、鄭為大國，地居要害，國又差強，故伯之未興也，宋與鄭常相鬬爭；逮伯之興，宋、鄭常供車賦，潔玉帛犧牲以待于境上，亦地勢然也。顧春秋時，宋最喜事，春秋之局變，多自宋起：當齊桓之伯，宋嘗先諸侯以求盟；桓死而襄繼之，求諸侯于楚，卒至執于盂，傷于泓，楚遂橫行不可制，而春秋之局于是乎一變；繼恃其有禮于晉公子，逮公子反國，首先輔晉成霸業，鄭、衛、陳、蔡，翕然從服，而春秋之局于是乎再變；最後，華元欲合晉、楚，<u>向戌以弭兵為名，令晉、楚之從交相見，卒至宋虢之盟楚先晉，黃池之役吳先晉，舉中國之勢淩夷而折入于吳、楚，向戌為之禍首，而春秋之局于是乎三變</u>。厥後南里之叛，晉已失伯，而吳、楚帥兵以助叛人，非宋自階之厲歟？[31]

---

31 〔清〕顧棟高：《春秋大事表》（臺北：廣學社印書館，1975年，據清同治十二年重雕山東尚志堂藏版影印），卷24，頁2293-2294。

誠如顧氏所言，宋確為春秋局勢轉變之關鍵，而華元、向戌又是春秋中後期兩次弭兵的「做手」，若無華元、向戌的「操作」，便無兩次弭兵之會。二人之功過，誠屬「一言難盡」，而二人之作為與形象又形成有趣對比：華元歷仕宋昭、文、共、平四君，執政長達四十年，參與戰事、會盟無數，可以想見對後繼者的向戌而言，其事功、威望，恐是難以逾越的高牆。華元之後又有正直有為的司城子罕主政二十餘年，且深受《左傳》肯定。向戌之出身與繼任，一方面受華元的庇蔭與提攜，另一方面同樣面對晉、楚二大勢力對宋的角力，既有華元珠玉般的外交手腕與子罕善於處理內政在前，其壓力可以想見。以下略述魯成十五年至二次弭兵前宋的國內、外政治局勢，以及向戌的表現與形象。

## （一）從華元到向戌：桓族之亂與向戌

向戌始見於魯成十五年（宋共十三年，西元前576年）至襄元年（宋平四年，西元前572年）間的宋「桓族之亂」，成十五年《左傳》詳載其事云：

> 秋八月，葬宋共公。於是華元為右師，魚石為左師，蕩澤為司馬，華喜為司徒，公孫師為司城，向為人為大司寇，鱗朱為少司寇，向帶為大宰，魚府為少宰。蕩澤弱公室，殺公子肥。華元曰：「我為右師，君臣之訓，師所司也。今公室卑，而不能正，吾罪大矣。不能治官，敢賴寵乎？」乃出奔晉。
> 二華，戴族也；司城，莊族也；六官者皆桓族也。魚石將止華元。魚府曰：「右師反，必討，是無桓氏也。」魚石曰：「右師苟獲反，雖許之討，必不敢。且多大功，國人與之，不反，懼桓氏之無祀於宋也。<u>右師討，猶有戌在。桓氏雖亡，必偏。</u>」

（《左傳正義》，卷27，頁466-467）

此一事件，具體而微展現向戌的矛盾身分與壓力。「桓族之亂」起因於「蕩澤弱公室，殺公子肥」。當時宋之左、右二師，司城、司馬等九卿，除右師華元、司徒華喜，司城公孫師三人外，皆為諸桓把持，作亂的蕩澤亦為桓族。華元欲討蕩澤而自知難以抗衡，乃「奔晉」，企圖藉晉國之威以平定內亂。[32]華元藉由引進晉國勢力，讓桓族之長的左師魚石心生忌憚。權衡利弊之後，魚石阻止華元奔晉，許其討賊，亦論及向戌，可見桓氏一族，向戌應最受華元青睞，故魚石認為即使桓氏舉族滅亡，向戌也能獨存。事後華元順利討伐蕩氏，而左師魚石、「二司寇」向為人、鱗朱以及「二宰」向帶、魚府奔楚，華元乃「使向戌為左師，老佐為司馬，樂裔為司寇」，諸卿之中，僅向戌仍屬桓氏。向戌擔任左師，一方面展現華元對其重視，另方面則由於宋自公子目夷之後便有「魚氏世為左師」的傳統，[33]向、魚同屬桓族（即宋桓公六子），也不無安撫人多勢眾的桓族之意，此舉使宋之內政終得暫時安定。唯此一風波並未止息，魯成十八年（宋平三年，鄭成十二年，楚共十八年，西元前573年）夏六月，鄭、楚伐宋，「復入」前此奔楚的五桓。宋國的反制，自是如晉告急、乞師。該年《春秋》載「夏，楚子、鄭伯伐宋。宋魚石復入于彭城」，《左傳》詳述其事云：

　　七月，宋老佐、華喜圍彭城，老佐卒焉。……
　　冬，十一月，楚子重救彭城，伐宋。宋華元如晉告急。韓獻子為政，曰：「欲求得人，必先勤之。成霸、安彊，自宋始矣。」

---

32　其詳可參拙作：〈再論首次弭兵：由宋國地位與華元形象談起〉〈三〉之（1‧2）。

33　僖九年《左傳》：「宋襄公即位，以公子目夷為仁，使為左師以聽政，於是宋治。故魚氏世為左師。」（《左傳正義》，卷13，頁220）

晉侯師于台谷以救宋。遇楚師于靡角之谷，楚師還。……
十二月，孟獻子會于虛打，謀救宋也。宋人辭諸侯而請師以圍
彭城。（《左傳正義》，卷28，頁489-490）

由上文可見，魯成十五年之後，宋國內部以華元為首，主張事晉；而
一度把持大半朝政的桓氏，則仍意圖附楚以求返國。一場宋國的內
亂，實際上雙方各自倚仗晉、楚，而晉、楚自也順水推舟，借由宋之
內鬥暗中較勁。在二強較勁之下，向戌的處境堪稱既微妙又尷尬：身
為桓族，卻深受華元提攜與倚重，如此出仕經歷，正面而言可以平
衡、折衝宋國內部兩大勢力；負面而言，或許正預告其夾處晉、楚間
的艱難處境。

晉、宋聯手討伐魚石等人的彭城之圍，在魯襄元年（宋平四年，
前570）春落幕，該年《春秋》載：「仲孫蔑會晉欒黶、宋華元、衛甯
殖、曹人、莒人、邾人、滕人、薛人圍宋彭城」，《左傳》簡述其事云：

春，己亥，圍宋彭城。非宋地，追書也。<u>於是為宋討魚石，故
稱宋</u>，且不登叛人也，謂之宋志。
彭城降晉，<u>晉人以宋五大夫在彭城者歸</u>，寘諸瓠丘。（《左傳正
義》，卷29，頁496-497）

晉雖助宋討伐魚石等五大夫，但並未有效阻止楚的野心與報復。自
魯襄元年秋至二年，楚一再指使鄭侵宋，[34]宋則求助於晉、衛等國以
回擊。所幸魯襄二年之後，陳、鄭面對來自中原聯盟的壓力，同樣產

---

34 襄元年《左傳》：「秋，楚子辛救鄭，侵宋呂、留。鄭子然侵宋，取犬丘。」（《左傳
正義》，卷29，頁497）襄二年《左傳》：「春，鄭師侵宋，楚令也。」（同前，卷29，
頁498）

生了從楚或附晉的搖擺與政治紛爭，相對分擔了宋的壓力，直至魯襄十年，楚未再有侵宋之舉。這段期間，正是向戌初任左師，漸露頭角之時。

## （二）內政與外交：子罕與向戌的對照

魯襄二年後即未見華元之相關載錄，可能已告老或辭世，此時之執政為司城子罕（樂喜）。左師向戌乃華元提攜的新秀，又是舊勢力桓族的代表，即使未能立即執政，也當致力於協助穩定國內局勢，建立威望以收攬民心。意外的是，魯襄二年（宋平六年，西元前571年）至十年（宋平十三年，西元前563年），九年之間，《左傳》載述的宋臣與宋國事件，一再側重、凸顯司城子罕，向戌非但沒有特出表現，許多事件的處置與子罕頗有差距，二人的處事風格與人格特質不啻天壤。茲舉數例以明：

首先，由上文所述，約略可見宋卿爭權嚴重，魯襄六年《左傳》載華弱與樂轡發生衝突：

> 宋華弱與樂轡少相狎，長相優，又相謗也。子蕩怒，以弓梏華弱于朝。平公見之，曰：「司武而梏於朝，難以勝矣。」遂逐之。
> 夏，宋華弱來奔。司城子罕曰：「同罪異罰，非刑也。專戮於朝，罪孰大焉？」亦逐子蕩。子蕩射子罕之門，曰：「幾日而不我從！」子罕善之如初。（《左傳正義》，卷30，頁516）

樂轡因與華弱有隙，當著國君之面動武辱人，宋平公卻僅驅逐受害者華弱，顯失公允。同為樂氏的司城子罕則主持公道，毫不偏袒，將傷人的樂轡一併驅逐，且面對樂轡的「怒而射門」，惡言相向，尚且

「善之如初」，堪稱正直嚴明，不卑不亢，氣宇非凡。此時的向戌，或因資歷尚淺，或因初登高位，並無特出表現，固可不必苛責，但在十多年後，向戌面臨類似事件，表現依然遠不如子罕，襄十七年《左傳》載：

> 宋華閱卒，華臣弱皋比之室，使賊殺其宰華吳，賊六人以鈹殺諸盧門合左師之後。左師懼，曰：「老夫無罪。」賊曰：「皋比私有討於吳。」遂幽其妻，曰：「畀余而大璧。」
> 宋公聞之，曰：「臣也不唯其宗室是暴，大亂宋國之政，必逐之。」左師曰：「<u>臣也，亦卿也。大臣不順，國之恥也。不如蓋之。</u>」乃舍之。<u>左師為己短策，苟過華臣之門，必騁。</u>（《左傳正義》，卷33，頁575）

華臣弱子侄之室，殺其宰、幽其妻，向戌非但不能居中協調，且心生畏懼，卑膝討饒；宋平公意圖懲戒華臣，向戌不僅為之掩蓋，意圖息事寧人，甚至「苟過華臣之門，必騁」，其畏縮懦弱令人驚詫。類似情形又有魯襄廿六年（宋平廿九年，西元前547年）宋平公殺太子痤事，該年《左傳》載：

> 初，宋芮司徒生女子，赤而毛，棄諸堤下，共姬之妾取以入，名之曰棄。長而美。平公入夕，共姬與之食。公見棄也，而視之，尤。姬納諸御，嬖，生佐，惡而婉。<u>大子痤美而很，合左師畏而惡之。</u>
> 寺人惠牆伊戾為大子內師而無寵。秋，楚客聘於晉，過宋。大子知之，請野享之，公使往。伊戾請從之。公曰「夫不惡女乎？」對曰：「小人之事君子也，惡之不敢遠，好之不敢近，

敬以待命，敢有貳心乎？縱有共其外，莫共其內，臣請往也。」
遣之。至，則欲，用牲，加書，徵之，而騁告公，曰：「大子
將為亂，既與楚客盟矣。」公曰：「為我子，又何求？」對
曰：「欲速。」公使視之，則信有焉。問諸夫人與左師，則皆
曰：「固聞之。」公囚大子。大子曰：「唯佐也能免我。」召而
使請，曰：「日中不來，吾知死矣。」左師聞之，聒而與之
語。過期，乃縊而死。佐為大子。公徐聞其無罪也，乃亨伊戾。
左師見夫人之步馬者，問之。對曰：「君夫人氏也。」左師曰：
「誰為君夫人？余胡弗知？」圉人歸，以告夫人。夫人使饋之
錦與馬，先之以玉，曰：「君之妾棄使某獻。」左師改命曰「君
夫人」，而後再拜稽首受之。（《左傳正義》，卷37，頁633-634）

惠牆伊戾無寵於大子痤，藉楚客過宋之機，詐為盟誓儀式，誣陷大子
與楚客私盟。宋平公可能原即偏寵嬖妾（夫人／棄）所生的公子佐，
也可能擔憂若其事屬實將觸怒晉；向戌因「畏而惡」大子痤，竟與夫
人共作偽證，落井下石，陷害太子；又刻意拖延公子佐，「聒而與之
語」，終使大子痤苦待無援，含冤縊死。《左傳》又記公子佐為太子
後，向戌見其母而態度傲慢，似乎鄙視其出身低微；繼而受贈「錦與
馬」，態度旋即丕變，其前倨後恭、逢迎趨利的嘴臉相當不堪，亦令
人不齒，清儒馮李驊論之云：

宋殺世子事，《經》罪宋公，《傳》則罪左師。蓋痤本為寺人伊
戾所陷，然非嬖寵媒孽于內，平公未必遽信；即信矣，而有大
臣力爭于外，其罪亦可立白。無如尤者嬖，畏者惡，女子、小
人表裡有心，而盟楚之獄成矣。……中段詳寫伊戾詐害太子，
罪在伊戾也；忽插入「皆曰固聞之」一筆，則歸罪夫人、左師

矣；又著一筆「左師聑而與之語」，則罪又獨歸左師。……末
段忽敘一沒要緊事而回映前文，則左師所以成太子之死者，其
罪狀乃愈明。……寫左師忽而佯為不知，極其奚落；忽而佯為
抱歉，極其奉承，活畫出一副花臉腳色來。[35]

馮氏析釋透闢，向戌之狠毒嘴臉如在目前，雖有巧口，亦難詭辭脫罪。

其次，身為執政，自當盡力維持內政運轉無礙，尤其面臨天災
時，更考驗主政者是否思慮周密、指揮得當、處置妥切。襄九年《左
傳》載宋遭大火事：

春，宋災，<u>樂喜為司城以為政</u>。使伯氏司里。火所未至，徹小
屋，塗大屋。陳畚揭，具綆缶，備水器；量輕重，蓄水潦，積
土塗；巡丈城，繕守備，表火道。使華臣具正徒：令隧正納郊
保，奔火所。使華閱討右官，官庀其司。<u>向戌討左，亦如之</u>。
使樂遄庀刑器，亦如之。使皇鄖命校正出馬，工正出車，備甲
兵，庀武守。使西鉏吾庀府守，令司宮、巷伯儆宮。二師令四
鄉正敬享，祝宗用馬于四墉，祀盤庚于西門之外。
晉侯問於士弱曰：「吾聞之，宋災於是乎知有天道，何故？」對
曰：「古之火正，或食於心，或食於咮，以出內火。是故咮為鶉
火，心為大火。陶唐氏之火正閼伯居商丘，祀大火，而火紀時
焉。相土因之，故商主大火。商人閱其禍敗之釁，必始於火，
是以日知其有天道也。」公曰：「可必乎？」對曰：「在道。國
亂無象，不可知也。」（《左傳正義》，卷30，頁522-526）

35 〔清〕馮李驊、陸浩輯：《左繡》（臺北：文海出版社，1967年），卷18，頁1280-
1282「眉批」。

司城子罕主持救災不僅條理井然，布置周全，且未雨綢繆，面面俱
到，終使國無亂象。此段載錄乃《左傳》「應對火災」的正面典範，
堪與子產面對火災的重重處置相互輝映。[36]反觀向戌，《左傳》僅載
「向戌討左，亦如之」，蓋聽命行事而已。此時之向戌尚未執政，固
可不必苛責，但時隔二十年（魯襄卅年，宋平卅三年，西元前543
年），宋又大火。該年《春秋》有兩條宋共姬的記載：

> 五月甲午，宋災，宋伯姬卒。
> 秋，七月，叔弓如宋，葬宋共姬。（《左傳正義》，卷40，頁679）

《左傳》敘此頗為奇特：

> 五月……或叫于宋大廟，曰「譆譆出出」；鳥鳴于亳社，如曰
> 「譆譆」。甲午，宋大災。宋伯姬卒，待姆也。
> <u>君子謂宋共姬「女而不婦。女待人，婦義事也。」</u>（《左傳正
> 義》，卷40，頁681）

因所載細節不多，其實難明。《穀梁》則有更多情節：

> 取卒之日，加之「災」上者，見以災卒也。「其見以災卒奈
> 何？」「伯姬之舍失火，左右曰：『夫人少辟火乎？』伯姬曰：
> 『婦人之義，傅、母不在，宵不下堂。』左右又曰：『夫人少

---

36 昭十七、十八年《左傳》載鄭裨竈言於子產「用瓘斝玉瓚」避免火災，子產不與。
其後鄭果火災，子產救火井然有序，充分發揮其言「天道遠，人道邇」之精髓。見
《左傳正義》，卷48，頁838-839、840-842。可參拙作：〈由《左傳》的「神怪敘事」
論其人文精神〉，收入《先秦兩漢歷史敘事隅論》之〈捌〉，〈二·五〉，頁403-410。

辟火乎？』伯姬曰：『婦人之義，保母不在，宵不下堂。』遂
逮乎火而死。」婦人以貞為行者也，伯姬之婦道盡矣。<u>詳其
事，賢伯姬也</u>。（《穀梁注疏》，卷16，頁162）

《公羊》所載亦較《左傳》為詳：

「外夫人不書葬，此何以書？」「隱之也。」「何隱爾？」「宋
災，伯姬卒焉。」「<u>其稱諡何</u>？」「<u>賢也</u>。」「何賢爾？」「宋
災，伯姬存焉。有司復曰：『火至矣，請出。』伯姬曰：『不
可！吾聞之也，婦人夜出，不見傅、母不下堂。傅至矣，母未
至也。』逮乎火而死。」（《公羊注疏》，卷21，頁268-269）

姑不論伯姬之賢否，[37]此時向戌已任執政，其救火、防災卻無妥善作

---

37 伯姬堅持不避火而燔死事，《公》、《穀》二傳俱予肯定，宋儒亦有類似之論，如胡
安國云：「或以為共姬『女而不婦』，非也。世衰道微，暴行交作，女德不貞，婦道
不明，能全其節，守死不回，見於《春秋》者，宋伯姬爾。聖人冠以夫諡，書於
《春秋》，曰『葬宋共姬』，以著其賢行，勵天下之婦道也。」（〔宋〕胡安國：《春
秋胡氏傳》，收入《四部叢刊續編》，〔上海：商務印書館，1934年，據上海涵芬樓
借印常熟瞿氏鐵琴銅劍樓宋刊本影印〕，卷23，頁4下）清儒馬驌亦云：「《春秋》之
於宋共姬也，來聘書，納幣書，歸宋書，致女書，衛、晉、齊人之來媵又具書。言
之盡，文之繁，中有大美存焉。女而不婦，《春秋》憫之，記其卒，復記其葬。女
以貞順為德也，伯姬兼之矣。」（〔清〕馬驌撰，王利器整理：《繹史》〔北京：中華
書局，2002年〕，卷73，〈宋共姬之貞〉，頁1523）《左傳》則襃中有貶。杜預《集
解》：「義，從宜也。伯姬時年六十左右。」（《左傳正義》，卷40，頁681）〔日〕竹
添光鴻釋之：「杜云『從宜』，即『義，宜也』之意。言婦當度事之宜而行，不必待
人也。伯姬歸于宋，至此四十年矣。十五而嫁，亦既五十四，便有姆存，又且加
老，非唯不可待，實亦不必待也。伯姬，賢者之過，似宋代道學。《左氏》『女而不
婦』四字，簡而括，正而通。《公》、《穀》遠于人情，不可以為訓。」（〔日〕竹添
光鴻：《左氏會箋》〔臺北：古亭書屋，1969年，據明治四十四年日本明治講學會重
刊本影印〕，卷19，頁32），楊伯峻亦有類似之說（《春秋左傳注》，頁1174），案之

為，竟爾導致伯姬面對火災時，因敦守禮制而致燔死，可見向戌處理
火災頗有應變不周之嫌，竹添光鴻便指出：

> 前此宋災，樂喜使司成儆宮；後此鄭災，子產出舊宮人寘諸火
> 所不及。然則伯姬之死，豈非宋臣子之罪邪！[38]

竹添氏雖未直斥向戌為罪魁禍首，僅以子罕與子產對比，但向戌既任
執政，焉能避此罪責？與子罕之審慎救火遙相對映，向戌的行政能力
顯然遜色，遑論子罕尚有不受玉、[39]為君分謗、[40]貸而不書[41]等事，都
展現其寬厚謙遜的幹才形象，凡此，皆為向戌處理內政所無法企及。

綜上所述，可見向戌自初入仕途，先有四朝元老、建功無數的華
元與處事公允周到的子罕珠玉在前，必然備感壓力。在受到華元重視

---

《國語‧魯語下》：「公父文伯卒，其母戒其妾曰：『吾聞之：好內，女死之；好
外，士死之。今吾子夭死，吾惡其以好內聞也。二三婦之辱共先祀者，請無瘠色，
無洵涕，無搯膺，無憂容，有降服，無加服。從禮而靜，是昭吾子也。』仲尼聞之
曰：『女知莫若婦，男知莫若夫。公父氏之婦智也夫！欲明其子之令德。』」（《國
語》，卷5，頁211）可證「女而不婦」云云，應解為：宋共姬只知守「女道」，而不
能變通從「婦道」。《左傳》之「君子謂」與《國語》之「仲尼聞之曰」正相呼應，
《左傳》褒中有貶碻無可疑。

38 〔日〕竹添光鴻：《左氏會箋》，卷19，頁32。

39 襄十五年《左傳》：「宋人或得玉，獻諸子罕。子罕弗受。獻玉者曰：『以示玉人，玉
人以為寶也，故敢獻之。』子罕曰：『我以不貪為寶，爾以玉為寶。若以與我，皆喪
寶也，不若人有其寶。』稽首而告曰：『小人懷璧，不可以越鄉，納此以請死也。』
子罕寘諸其里。使玉人為之攻之，富而後使復其所。」（《左傳正義》，卷32，頁566）

40 襄十七年《左傳》：「宋皇國父為大宰，為平公築臺，妨於農收。子罕請俟農功之畢，
公弗許。築者謳曰：『澤門之晳，實興我役。邑中之黔，實慰我心。』子罕聞之，親
執扑，以行築者，而抶其不勉者，曰：『吾儕小人，皆有闔廬以辟燥濕寒暑，今君
為一臺，而不速成，何以為役？』謳者乃止。」（《左傳正義》，卷33，頁575）

41 襄廿九年《左傳》：「宋亦饑，請於平公，出公粟以貸；使大夫皆貸。司城氏貸而不
書，為大夫之無者貸。宋無飢人。」（《左傳正義》，卷39，頁666）

而擔任左師之後，又因身屬桓族，與其他卿族本有矛盾，加以司城子
罕處理內政可圈可點，更映襯出向戌初登高位而無所作為的窘境。尤
其不堪的是在歷練豐富之後，處理國內政爭，仍有種種欺善怕惡、陷
害太子、偏私徇利之舉。在此情況下，向戌繼承華元力求緩和晉、楚
關係，往外交發展，或許較適合發揮所能。正如上文所述，晉悼卒
後，晉、楚關係又陷緊張，此時外交的進退折衝便屬要事。如魯襄八
年邢丘之會、[42]襄十六年溴梁之會、[43]襄廿六年澶淵之會，[44]宋均由向
戌出使，且堅定地與晉同盟。又如襄十一年宋、鄭交戰，最終晉召諸
侯同盟於亳，則可見向戌主導「侵鄭，大獲」的正面表現。[45]

　　向戌既致力於外交，又與諸國卿大夫關係良好，如襄十年《左
傳》載晉伐偪陽而封向戌事：

> 晉荀偃、士匄請伐偪陽，而封宋向戌焉。荀罃曰：「城小而固，
> 勝之不武，弗勝為笑。」固請。丙寅，圍之，弗克。……
> 諸侯之師久於偪陽，荀偃、士匄請於荀罃曰：「水潦將降，懼
> 不能歸，請班師。」知伯怒，投之以机，出於其間，曰：「女
> 成二事，而後告余。余恐亂命，以不女違。女既勤君而興諸

---

42 襄八年《左傳》：「五月甲辰，會于邢丘，以命朝聘之數，使諸侯之大夫聽命。季孫
　宿、齊高厚、宋向戌、衛甯殖、邾大夫會之。」（《左傳正義》，卷30，頁520）
43 襄十六年《左傳》：「春，葬晉悼公。平公即位。……會于溴梁。……於是叔孫豹、
　晉荀偃、宋向戌、衛甯殖、鄭公孫蠆、小邾之大夫盟，曰：『同討不庭。』（《左傳正
　義》，卷33，頁572-573）
44 襄廿六年《左傳》：「六月，公會晉趙武、宋向戌、鄭良霄、曹人于澶淵，以討衛，疆
　戚田。取衛西鄙懿氏六十，以與孫氏。趙武不書，尊公也。向戌不書，後也。鄭先
　宋，不失所也。」（《左傳正義》，卷37，頁632）
45 襄十一年《左傳》：「四月，諸侯伐鄭。己亥，齊太子光、宋向戌先至于鄭，門于東
　門。其莫，晉荀罃至于西郊，東侵舊許。衛孫林父侵其北鄙。六月，諸侯會于北林，
　師于向。右還，次于瑣。圍鄭，觀兵于南門，西濟于濟隧。鄭人懼，乃行成。」（《左
　傳正義》，卷31，頁545）

侯，羣帥老夫以至于此，既無武守，而又欲易余罪，曰：『是
實班師。不然，克矣。』余羸老也，可重任乎？七日不克，必
爾乎取之！」

五月庚寅，荀偃、士匄帥卒攻偪陽，親受矢石。甲午，滅之。
書曰「遂滅偪陽」，言自會也。以與向戌。向戌辭曰：「君若猶
辱鎮撫宋國，而以偪陽光啟寡君，羣臣安矣，其何貺如之！若
專賜臣，是臣興諸侯以自封也，其何罪大焉！敢以死請。」乃
予宋公。（《左傳正義》，卷31，頁538-539）

此時晉、楚二強展開新一輪的攻伐，透過鄭、宋等小國引發衝突，晉
以偪陽封向戌，應基於對楚的戰略考量，不過，由荀偃、士匄二人一
開始便設定將偪陽贈與向戌，不惜固請執政荀罃號召諸侯出兵，最後
二人甚至「親受矢石」攻下偪陽，其中若無私誼，恐難興師動眾，並
堅持若斯。而向戌辭邑的舉措與辭令皆相當得體，其形象、表現均屬
正面。其言「鎮撫宋國」，既稱頌晉對小國的維護，次言「光啟寡
君」，則保全宋公尊嚴，更讓宋擁有了偪陽此一戰略要地。[46]單看同一
年中，晉以諸侯之師「戍鄭虎牢」，本意在逼退楚國，但顯然對首鼠
兩端的鄭國也相當不滿，遂有「欒黶欲伐鄭師」、「侵鄭北鄙而歸」之
事，[47]與向戌／宋國獲贈偪陽相比，差異昭然。由晉對鄭、宋兩小國

---

46 顧棟高〈宋疆域論〉云：「入春秋時，宋乃有彭城。彭城俗勁悍，又當南北之衝，……
　　楚之拔彭城以封魚石也，非以助亂，實欲塞夷庚，使吳、晉隔，不得通也。晉之滅
　　偪陽以畀宋也，非以德宋，欲宋為地主，通吳、晉往來之道也。……宋有偪陽而吳、
　　晉相援如左右手矣，故當日楚最仇宋，常合鄭以齮宋亦最力。迨悼公已服鄭，不復
　　恃吳，吳闔閭之世，力足以制楚，不復專賴晉，而宋于是晏然無事，是彭城之係于
　　南北之故者非小，而宋常為天下輕重者，以其有彭城也。」（《春秋大事表》，卷4，
　　頁718-719）

47 《左傳正義》，卷31，頁699。

的態度與作為，可見當小國面臨大國傾軋，其外交手段得當與否實至
關重要，向戌於此之表現堪記一功。

　　通觀向戌的外交表現，遠較其處理內政正面、合宜。宋自華元
始，面對晉、楚兩大強權明確唯晉是從，相較於搖擺不定、首鼠兩端
的鄭，宋受晉的庇護更多，中原諸國對宋的態度也大多友善，這對繼
任外交大臣的向戌而言，無疑是良好的基礎，向戌基本上也表現得
體，魯昭元年鄭國行人子羽便曾以「簡而禮」作評，[48]確實足以形容
向戌的外交表現。換言之，向戌倡議晉、楚二次弭兵，可說情理之
內、意料之中。由向戌接任華元職務方面言，續倡弭兵是守成，宣告
宋維持一貫的外交立場；由向戌個人出身、性格等因素而在國內略顯
尷尬的處境、負面形象言，或許唯有向外拓展屬於其擅場的外交事
務，才能維繫其地位，改善其負評。

## 四　《左傳》所載二次弭兵與向戌評價論衡

　　二次弭兵自魯襄廿七年夏五月甲辰至秋七月辛巳，歷時月餘。襄
廿七年《春秋》有兩條「二次弭兵」的載錄：

> 夏，叔孫豹會晉趙武、楚屈建、蔡公孫歸生、衛石惡、陳孔
> 奐、鄭良霄、許人、曹人于宋。
> 秋七月辛巳，豹及諸侯之大夫盟于宋。（《左傳正義》，卷38，
> 頁642）

相較於首次弭兵《春秋經》甚至未有確切載錄，二次弭兵受到的重視
明顯可見。然而，學者對二次弭兵的批判，卻遠較首次弭兵嚴厲、痛

---

48　《左傳正義》，卷41，頁701。

切。本文〈三〉已約略述及，茲再引述幾則評論，以見一斑。宋儒家
鉉翁（1213-1297）有云：

> 宋向戌善於楚令尹子木，又善於晉趙武，欲弭諸侯之兵，告於
> 晉、楚、齊、秦而為此會，其名則善矣，而未知所以為弭兵之
> 說也。……謂弭兵為非，不可也，而所以弭兵者則未得其說。
> 夷狄之勢，自是而愈張，夫豈中國之利哉？蓋征伐，天子事
> 也，晉、楚及其與國雖有華夷之辨，而皆天子之建國也。向戌
> 而欲弭兵，當先稟命京師，已而馳告晉、楚，俾各率其與國朝
> 王而受命焉，盟于王庭，自今以往，有罪當討，王命之討而後
> 討；四夷內侵，王使之伐而後伐，一如周家盛時之制。夫如
> 是，兵庶可弭矣。今徒以弭兵為說，俾晉、楚之從交相見，而
> 中國諸侯一朝為夷狄役而天下乃有二霸，趙武、向戌豈非中國
> 之罪人乎？
> 或曰：如子之說，晉人猶知有尊王之義，其如楚之弗率何？
> 曰：楚自用兵以來，令尹死者三四人，內困於吳，外困於晉，
> 其力已憊矣。徒以恥出晉下，是以日尋干戈而不得息。今使之
> 聽命於王，而南北罷兵，亦楚國之福，彼胡為而不從？不從則
> 奉王命以臨之，我則有辭矣。是之謂弭兵之說。[49]

家氏「朝王」之說，遠於實情，不免迂曲，又由「華夷觀」指斥趙
武、向戌，亦傳統觀念之反映，唯謂弭兵造成「天下乃有二霸」，則
屬實情。宋儒戴溪亦謂：

---

49 〔宋〕家鉉翁：《春秋集傳詳說》，收入〔清〕徐乾學輯，納蘭成德校訂：《通志堂
經解》（臺北：漢京文化事業公司，1979年，據鍾謙鈞重刊本影印），第24冊，卷
22，頁13704。

> 弭兵之功小，<u>大夫專盟之罪大</u>。大夫固嘗盟于溴梁矣，當是
> 時，諸侯皆在會，憚于一盟，遣大夫以為盟，是諸侯之怠，非
> 大夫之專也。<u>大夫專盟，未有如宋者也</u>。《春秋》書宋之盟，
> 特言諸侯者，明君臣之義；特先晉人者，正夷夏之分。[50]

戴氏重在指責「大夫專盟」，由此觀點論之，趙武、向戌確應承擔部分
責任。清儒王鳴盛《蛾術編・說人四》「禮樂征伐自大夫出」條有謂：

> 周東遷後，齊、晉是依，齊桓霸業，一傳而熄，晉文至悼五
> 世，南懲荊楚，西擯強秦，天下賴之。<u>自向戌創弭兵之策，楚
> 遂得而有諸侯</u>，且疆場之難稍靖，君臣樂玩，諸侯之大夫退而
> 各營其私事，于是田常篡齊，六卿分晉矣。<u>向戌，賢大夫也；
> 弭兵，善策也。然周之亡，實始于此</u>。[51]

王氏雖肯定向戌弭兵之功，但認為弭兵導致不良後果，趙武、向戌不
能辭其罪。

　　學者對二次弭兵的批判，約略可分為三方面：一、批判主事者趙
武、向戌的人格，如畏楚、好名等；二、認為弭兵之舉，實由大夫
「專盟」，乃大夫「專權」之濫觴；三、指弭兵改變國際局勢，形同
承認晉、楚並峙的「二霸之勢」。就此三點言，一、二項與本文所論
向戌形象最具關聯，至於所謂「國際局勢」的轉變，筆者認為實由眾
多因素造成，並非少數幾人，更非區區之宋可以獨力扭轉。以下一方

---

50 〔宋〕戴溪：《春秋講義》，收入《文淵閣四庫全書》（臺北：臺灣商務印書館，
　　1989年），第155冊，卷3下，頁134。

51 〔清〕王鳴盛：《蛾術編》，收入陳文和主編：《嘉定王鳴盛全集》（北京：中華書
　　局，2010年），第8冊，卷54，頁1107-1108。

面分析《左傳》二次弭兵相關敘事情節，再論「大夫專盟」，進而透過討論盟會始末，省察向戌的作為與評價。

## （一）弭兵籌備階段與向戌的關鍵地位

二次弭兵不同於首次弭兵的是，雖仍以宋為中介，但率先倡議者乃晉趙武。魯襄廿五年趙武初任執政，即率先提出「兵可以弭」之議：

> 趙文子為政，令薄諸侯之幣，而重其禮。穆叔見之。謂穆叔曰：「自今以往，兵其少弭矣。齊崔、慶新得政，將求善於諸侯。武也知楚令尹。若敬行其禮，道之以文辭，以靖諸侯，兵可以弭。」（《左傳正義》，卷36，頁621-622）

趙武雖言「兵可以弭」，但其初任執政的兩年之間，晉、楚依然戰禍頻仍：楚國方面，魯襄廿四年先敗吳、滅舒鳩，廿五年吳子諸樊伐楚戰死。翌年，楚、秦聯合侵吳、侵鄭，各路戰事均無歇止之象。晉國方面，魯襄廿五年有伐齊之舉，其後數次與秦談和不成，且擔憂鄭之搖擺不定，衛之內亂未平。在此情況下，趙武縱有弭兵之意，恐也力不從心；而其談話的對象叔孫穆叔堪稱德高望重、善處國際事務的賢達君子，也未見其有何積極回應，是以真正讓弭兵付諸執行者，實有賴向戌方能成事。

二次弭兵實際發生在魯襄廿七年，而就在魯襄廿五年趙武言「兵可以弭」後，襄廿六年《左傳》由楚、鄭的角度，再度預告「晉、楚將平」：

> 初，楚伍參與蔡太師子朝友，其子伍舉與聲子相善也。……及宋向戌將平晉、楚，聲子通使於晉，還如楚。令尹子木與之

語，問晉故焉，且曰：「晉大夫與楚孰賢？」對曰：「晉卿不如
楚，其大夫則賢，皆卿材也。如杞梓皮革，自楚往也。雖楚有
材，晉實用之。」（《左傳正義》，卷37，頁634-635）

此即著名的「聲子論楚材晉用」。聲子為蔡人，由《左傳》言「向戌
將平晉楚，聲子通使於晉」，可知在正式會盟之前，相關使節已開始
溝通晉、楚、宋、蔡諸國，且此時《左傳》已視向戌為弭兵的主導
者。同年冬《左傳》又載楚子伐鄭事：

冬十月，楚子伐鄭。鄭人將禦之。子產曰：「晉、楚將平，諸
侯將和，楚王是故昧於一來。不如使逞而歸，乃易成也。夫小
人之性，釁於勇、嗇於禍、以足其性而求名焉者，非國家之利
也，若何從之？」子展說，不禦寇。（《左傳正義》，卷37，頁
637）

子產亦知晉、楚將平，亦即在襄廿七年晉、楚正式會盟之前，魯、宋、
鄭、蔡等周邊國家，已知晉、楚二強的弭兵意向。襄廿七年《左傳》
詳載弭兵始末，其載述協調、準備會盟，又特別凸顯向戌的地位：

宋向戌善於趙文子，又善於令尹子木，欲弭諸侯之兵以為名。
如晉，告趙孟。趙孟謀於諸大夫。韓宣子曰：「兵，民之殘也，
財用之蠹，小國之大菑也。將或弭之，雖曰不可，必將許之。
弗許，楚將許之，以召諸侯，則我失為盟主矣。」晉人許之。
如楚，楚亦許之。如齊，齊人難之。陳文子曰：「晉、楚許
之，我焉得已？且人曰『弭兵』，而我弗許，則固攜吾民矣，
將焉用之？」齊人許之。告於秦，秦亦許之。皆告於小國，為
會於宋。（《左傳正義》，卷38，頁644）

《左氏》罕見的以「全知觀點」謂向戌「欲弭諸侯之兵以為名」，明白指出向戌的動機，也顯示其批判立場，因此歷代學者對向戌亦多惡評。然而正如前節所述，向戌致力於外交事務，企圖以此揚名國際，或許也有其苦衷。《左傳》此段載述更值得注意的是晉、齊二中原霸主對弭兵的態度：晉卿趙武於前此二年即已先言「兵可以弭」，其立場固不待言，然由韓宣子的言談，可見晉實際上並不積極，更多原因乃是不願讓楚獨占「倡議弭兵」美名。齊的態度更為消極，陳文子所謂「晉楚許之，我焉得已」，意即晉、楚以「弭兵」為號召，占盡愛惜民力、體恤小國等冠冕堂皇形象，誰能拒絕？《左傳》對楚、秦二國，皆以「亦許之」一語帶過，並未明確記錄二國君臣的言談或態度，但由秦、楚與中原諸侯始終關係不睦的狀況推之，其立場或許正如晉、齊的韓宣子、陳文子所述，或恐楚占據倡議弭兵之先機，或對勢在必行的弭兵冷眼旁觀，消極應對。

魯襄廿七年《左傳》詳載二次弭兵過程，甚且逐一記述各國外交使節至宋之日期與向戌穿梭協調的細節：

> 五月甲辰，晉趙武至於宋。丙午，鄭良霄至。六月丁未朔，宋人享趙文子，叔向為介。司馬置折俎，禮也。<u>仲尼使舉是禮也，以為多文辭。</u>
>
> 戊申，叔孫豹、齊慶封、陳須無、衛石惡至。甲寅，晉荀盈從趙武至。丙辰，邾悼公至。壬戌，楚公子黑肱先至，成言於晉。<u>丁卯，宋戌如陳，從子木成言於楚。</u>戊辰，滕成公至。子木謂向戌：「請晉、楚之從交相見也。」<u>庚午，向戌復於趙孟。</u>趙孟曰：「晉、楚、齊、秦，匹也，晉之不能於齊，猶楚之不能於秦也。楚君若能使秦君辱於敝邑，寡君敢不固請於齊？」<u>壬申，左師復言於子木</u>，子木使馹謁諸王。王曰：「釋齊、秦，

他國請相見也。」秋七月戊寅，左師至。是夜也，趙孟及子晳盟，以齊言。（《左傳正義》，卷38，頁644-645）

晉趙武、鄭良霄先至宋，《左傳》特記「仲尼使舉是禮也，以為多文辭」，肯定宋之主事者向戌能言善道，巧於安排。[52]六月壬戌，楚使公子黑肱抵宋後，雙方進一步協調，《左傳》備記雙方「成言」、「齊言」的時、地、人，更可見向戌就齊、秦國君是否與會，在二國執政趙孟、子木之間奔走傳話：「如陳」、「復於趙孟」、「復言於子木」。七月戊寅，向戌返抵宋國，確定晉、楚的最終意見，當夜即訂定盟約，僅待正式訂盟，處理堪稱井井有條，周延穩健，遂使兩國得以在「六月壬戌」至「七月戊寅」，半個多月即確立雙方意向、擬定盟誓內容。由此觀之，就促成弭兵言，向戌確實有功而無過。

　　省察學者批評向戌「欲弭諸侯之兵以為名」諸說，向戌確有為自身地位考量的私心，然若仔細考察其奔走晉、楚之間，溝通、處理各種實務，使弭兵得以真正落實，確也非浪具虛名。相反的，晉、楚、秦、齊四大強國，或表面允諾弭兵，實則意在爭奪霸權，或對弭兵消極配合，最後齊、秦甚至放棄參與弭兵，顯然各懷鬼胎，則或許也不宜單單指責向戌的「欲弭諸侯之兵以為名」。

---

52 「多文辭」或以為惡評，即太多修飾之言而無誠意，如楊伯峻便謂：「孔丘……至此不過七歲耳。當是以後讀此時史料，見賓主文辭甚多，雖晉皆急於大出兵，不被侵伐者，宋凡六十五年，魯凡四十五年，衛凡四十七年，曹凡五十九年；然小戰仍有，如魯帥師取鄆，晉帥師敗狄，楚伐吳滅賴，不如文辭之全部弭兵也。」（《春秋左傳注》，頁1130）唯亦有認為褒者，如竹添光鴻即云：「文，儀文也；辭，辭說也。蓋嘉其賓主嫺於禮，而多文辭。及左氏作傳，以孔氏已舉此，其言語威儀，不復一一詳記，止以『是禮』二字包括之。引聖言以證之也。」（《左氏會箋》，卷18，頁31）考察「文辭」在《左傳》語境多為褒義，如襄廿五年《左傳》載趙武暢議弭兵時，「若敬行其禮，道之以文辭，以靖諸侯」；同年「仲尼」評論子產如晉獻捷而應對得宜曰：「晉為伯，鄭入陳，非文辭不為功」，昭廿六年又有閔馬父評論謂：「文辭以行禮。」（《左傳正義》，卷36，頁622、623；卷52，頁905）皆其證。

## （二）弭兵盟誓與「大夫專盟」

魯襄廿七年七月，晉、楚正式會盟弭兵，過程堪稱暗潮洶湧，其爭議主要有二：「楚人衷甲」、「晉楚爭先」，二者皆由「大夫」把持。前賢多批評弭兵導致「大夫專盟」亂象，透過《左傳》的敘事，確實可見「大夫專盟」的趨勢。

首先，晉、楚雙方雖已「齊言」，對齊、秦不與會也達成共識，但彼此顯然不僅充滿戒心，甚或仍具敵意，是以會前晉便有「楚氛甚惡，懼難」之言：

> 庚辰，子木至自陳。陳孔奐、蔡公孫歸生至。曹、許之大夫皆至。以藩為軍。晉、楚各處其偏。伯夙謂趙孟曰：「楚氛甚惡，懼難。」趙孟曰：「吾左還，入於宋，若我何？」（《左傳正義》，卷38，頁645）

不過面對伯夙「楚氛甚惡」的憂慮，趙武似乎老神在在，僅言至多退入宋國，並無積極戒備之舉。楚國則「衷甲」赴會：

> 辛巳，將盟於宋西門之外。楚人衷甲。伯州犁曰：「合諸侯之師，以為不信，無乃不可乎？夫諸侯望信於楚，是以來服。若不信，是棄其所以服諸侯也。」固請釋甲。子木曰：「晉、楚無信久矣，事利而已。苟得志焉，焉用有信？」大宰退，告人曰：「令尹將死矣，不及三年。求逞志而棄信，志將逞乎？志以發言，言以出信，信以立志。參以定之。信亡，何以及三？」（《左傳正義》，卷38，頁645）

所謂「衷甲」，即在禮服之內穿戴戰服，或暗藏兵器；就被動面言，

意在防備敵方偷襲；就主動面言，乃準備攻擊對方，如《國語‧晉語八》即言「楚令尹子木欲襲晉軍」、「殺趙武」，[53]《左傳》雖未如〈晉語八〉直言楚有偷襲之心，但「衷甲」確實可謂「進可攻、退可守」之策。伯州犁與令尹子木的對話，則點出「信」的論題：從理論上言，盟誓本以「信」為基礎，楚卻「衷甲」以對，不論意欲何為，都形同不信任中原諸侯；但從現實層面言，子木所謂「晉、楚無信久矣」也非虛言，則衷甲以備至少可立於不敗之地，也在情理之內。值得注意的是，在此之前，令尹子木對弭兵尚「使馹謁諸王」，請楚王裁奪盟會事宜；但「衷甲」一事似乎純屬子木獨斷之舉，否則伯州犁不至於「固請釋甲」，甚至預言「令尹將死」，這或許可以具見學者指斥的「大夫專盟」現象。

　　至於原本認為「楚若我何」，鎮定從容的趙孟，面對「楚人衷甲」似乎深以為患：

> 趙孟患楚衷甲，以告叔向。叔向曰：「何害也？匹夫一為不信猶不可，單斃其死。若合諸侯之卿，以為不信，必不捷矣。食言者不病，非子之患也。夫以信召人，而以僭濟之，必莫之與也，安能害我？且吾因宋以守病，則夫能致死。與宋致死，雖倍楚可也，子何懼焉？又不及是。日弭兵以召諸侯，而稱兵以害我，吾庸多矣，非所患也。」（《左傳正義》，卷38，頁646）

趙武可能害怕遭到攻擊，甚或殺害，叔向則同樣以「信」為論，寬解趙武，其立論與伯州犁大同小異：二人皆指出聚合諸侯定盟，若不守信必為諸侯厭棄。不同處在叔向判斷此次會盟，晉具備地利、人和，

---

53 〈晉語八〉：「諸侯之大夫盟于宋，楚令尹子木欲襲晉軍，曰：『若盡晉師而殺趙武，則晉可弱也。』」《國語》，卷14，頁464。

楚不可能真的發動攻擊，其關鍵正在宋國。前此趙武已言「吾左還，
入於宋，若我何」，此處叔向又言「與宋致死，雖倍楚可也」。若說楚
人「衷甲」乃進可攻、退可守之策，則宋的戰略地位，正如晉之甲
冑，同樣攻守兼備。當然，此時宋國完全沒有發言權，亦不能確知其
是否真如叔向所言願意對晉「致死」效命，但經此一事，便可知宋之
戰略地位。此一盟會若非向戌居中斡旋，或非在宋地舉行，則極可能
寸步難行、功虧一簣。相對於此，《國語》亦載叔向同樣主張失信者
將為諸侯所棄，以及晉不畏戰、甚至「不懼一敗」，但全未提及宋
國，〈晉語八〉載：

> 叔向曰：「子何患焉。……且夫合諸侯以為不信，諸侯何望
> 焉。為此行也，荊敗我，諸侯必叛之，子何愛於死，死而可以
> 固晉國之盟主，何懼焉？」（《國語》，卷14，頁464-465）

〈晉語八〉的立場，似乎更偏向晉國，除了未提及宋的幫助外，也認
為晉即使軍力略遜於楚，也能以「德」取信諸侯，使楚不敢造次。此
種鮮明立場，概與《國語》的「國別」性質相關，擬於下節與《繫
年》一併述論。

晉、楚雙方爾虞我詐、暗潮洶湧，其他與會國也戒慎恐懼、搖擺
不定，此可由魯使叔孫豹與會事窺豹一斑：

> 季武子使謂叔孫以公命曰：「視邾、滕。」既而齊人請邾，宋
> 人請滕，皆不與盟。叔孫曰：「邾、滕，人之私也；我，列國
> 也，何故視之？宋、衛，吾匹也。」乃盟。故不書其族，言違
> 命也。（《左傳正義》，卷38，頁646）

所謂「視邾、滕」，即視魯等同邾、滕，觀其動向以決定是否與會。
魯國如此，其他會盟國如陳、蔡、曹、衛，或許也有類似的躊躇觀
望。值得注意的是，「視邾、滕」乃魯君／季武子之命，叔孫豹身為
外交使節，卻有「違命」之舉：原因是邾、滕分別為齊、宋之屬國，
不能／不必參與盟會，叔孫豹主張魯與宋、衛地位等同，並非某一國
的私屬，理當與會，否則乃自我降格。叔孫豹乃外交經驗豐富的能
臣，素有賢名，其決斷自有道理，但違抗君命的事實，仍為《春秋》
書法所記，「不書其族」以貶。礙於篇幅，此處暫不詳論叔孫豹堅持
與會與魯國內部季武子、「君命」決策之是非，可以確定的是，此事
明顯亦屬「大夫專盟」。[54]

其次，實際進行盟誓儀式時，晉、楚又有「爭先」之舉，襄廿七
年《春秋》載：「夏，叔孫豹會晉趙武、楚屈建、蔡公孫歸生、衛石
惡、陳孔奐、鄭良霄、許人、楚人于宋。」[55]《左傳》詳載其爭盟過
程云：

> 晉、楚爭先。晉人曰：「晉固為諸侯盟主，未有先晉者也。」
> 楚人曰：「子言晉、楚匹也，若晉常先，是楚弱也。且晉、楚
> 狎主諸侯之盟也久矣，豈專在晉？」叔向謂趙孟曰：「諸侯歸
> 晉之德只，非歸其尸盟也。子務德，無爭先。且諸侯盟，小國
> 固必有尸盟者，楚為晉細，不亦可乎？」乃先楚人。書先晉，
> 晉有信也。（《左傳正義》，卷38，頁646-647）

---

54 襄廿七年《春秋》「秋七月辛巳，豹及諸侯之大夫盟于宋」，《穀梁傳》釋之云：「湨
　梁之會，諸侯在，而不曰諸侯之大夫，大夫不臣也，晉趙武恥之。豹云者，恭也。
　諸侯不在，而曰諸侯之大夫，大夫臣也。其臣恭也，晉趙武為之會也。」（《穀梁注
　疏》，卷16，頁160）
55 《左傳正義》，卷38，頁642。

一般而言「先」者即為盟主，此段文字的五個「先」字，須隨上下文解讀：「未有先晉者」意為「未有先於晉者」，「若晉常先」則指「若晉常為先盟者」。至於最具爭議的「乃先楚人」，究應解作「晉先於楚」抑「楚先於晉」，筆者以為後說較合實情：一方面呼應叔向「無爭先」的勸說，方有「乃先楚人」的承轉之語；再者，下文《左傳》刻意詮釋《春秋》「書先晉」的用意，呈現實際情形可能與《春秋》所記不同，方有解釋之必要。以此觀之，此次盟誓在雙方盟書的書寫次序上，可能以「楚」為「先」，但中原諸侯不願承認，故《春秋》乃「書先晉」，即上引《春秋》「叔孫豹會晉趙武、楚屈建、蔡公孫歸生……」的順序。此段紀錄即為後世學者嚴詞批評弭兵造成「兩霸之勢」。

若探問兩霸並峙之局究竟由誰造成，則綜觀此一過程，可見楚方所謂「子言晉、楚匹也」，指的是前此雙方商討齊、秦是否與會時，趙孟曾言「晉、楚、齊、秦，匹也」，亦即趙孟既然承認晉、楚地位齊平，則無恆以晉為盟主之理，此可謂以子之矛，攻子之盾。晉方則叔向以「務德，無爭先」、「小國固必有尸盟者」為趙孟找下臺階，雖不免有「精神勝利法」之嫌，卻堪稱以大局為重，否則會盟可能失敗，甚或引起衝突。由此觀之，所謂「兩霸之勢」，可說由晉、楚雙方主事者決定，更具體言，乃晉執政趙孟與叔向妥協所造成，作為地主的宋國與居中協調的向戌，似乎並無置喙餘地，不過《左傳》之載述弭兵，通篇未見宋公，但見向戌穿梭各國，卒成其事，謂之「大夫專盟」自無不宜；但若因此便全然歸罪向戌，則不免「中原中心觀」之嫌：宋夾處晉、楚二強，向戌區區宋卿，勉力為宋求一活著，雖不免「大夫專盟」之嫌，對宋實不為無功。「大夫專盟」、「二霸之勢」的批評，或肇因於特殊之時空背景，或局限於根深柢固的夷夏觀念，或批判春秋中後期大夫之專擅，遂多嚴辭痛斥弭兵並歸罪撮合弭兵的向戌，似乎有失公允。

## （三）向戌評價論衡

　　首次弭兵的主要人物華元，歷來或褒或貶，相對的，二次弭兵的關鍵人物向戌，則幾無佳評。宋儒家鉉翁於昭元年《春秋》「叔孫豹會晉趙武、楚屈建、蔡公孫歸生、衛石惡、陳孔奐、鄭良霄、許人、曹人于宋」下云：

> 宋之盟、虢之會，夷之利，而非中國福也。……夫夷夏有常分，中國之尊，不與夷狄對峙並存於宇宙之內也。……自入春秋以來百七十年，楚僻居南服，雖崛強自大，而不得與晉齒也。中國諸侯，依盟主以自存，其有屈於夷者，暫也，非其常也。宋向戌持弭兵之說，以內交於二國，辭曰「弭兵始謀，未嘗欲驅中國諸侯而為楚役也」。趙武不明內外之分，苟偷目前之安，于宋之盟，首紊常經、倒置冠履，俾晉、楚之與國交相見，而中國諸侯宋、魯、鄭、衛，咸北面於夷楚之庭，為辱實大。其甚悖義者，<u>始以弭兵而合晉、楚之成，既而楚盛兵以臨諸侯，滅陳、滅蔡、滅賴，芟夷小國，憑陵諸夏，人有左衽之憂，夷狄之禍，至是為烈</u>。而陋儒苟見目前之暫安，遂以盟楚為天下之大利，是之謂邪說。[56]

家氏痛責向戌，並及趙武，自因南宋偏安江左，其時之說《春秋》者，殊無例外，家氏之說，可為南宋儒者之代表。清儒顧奎光則云：

> 向戌以弭兵為名，而晉、楚之從交相見。自此南北兩伯，而中夏諸侯皆南面朝楚，乃東西並帝之權輿也，故宋之會，為春秋

---

56　〔宋〕家鉉翁：《春秋集傳詳說》，卷23，頁13712。

一大關鍵。……宋之盟，成於二十七年之秋，至明年，而宋、鄭、陳、許，皆旅見於楚，公留楚七月，至使親襘，見辱如此，謂非向戌之罪乎？然晉已不競，無能庇諸侯，其折而服從楚，亦勢也。[57]

顧氏肯定此次弭兵乃春秋局勢之一大關鍵，除責備向戌外，亦論及晉霸已衰，無能庇護諸侯致使折而從楚，所見較合實情。

向戌在弭兵後的邀功請賞，更是批判焦點，襄廿十七年《左傳》載弭兵之後續云：

宋左師請賞，曰：「請免死之邑。」公與之邑六十，以示子罕。子罕曰：「凡諸侯小國，晉、楚所以兵威之，畏而後上下慈和，慈和而後能安靖其國家，以事大國，所以存也。無威則驕，驕則亂生，亂生必滅，所以亡也。天生五材，民並用之，廢一不可，誰能去兵？兵之設久矣，所以威不軌而昭文德也。聖人以興，亂人以廢。廢興、存亡、昏明之術，皆兵之由也，而子求之，不亦誣乎！以誣道蔽諸侯，罪莫大焉。縱無大討，而又求賞，無厭之甚也。」削而投之。左師辭邑。向氏欲攻司城。左師曰：「我將亡，夫子存我，德莫大焉。又可攻乎？」君子曰：「『彼己之子，邦之司直』，樂喜之謂乎！『何以恤我，我其收之』，向戌之謂乎！」（《左傳正義》，卷38，頁648-649）

《左傳》借子罕之口痛斥向戌，文末雖引《詩》稱許向戌之「知過能改」，但明顯貶多於褒。後世學者亦多貶抑向戌，如清儒梁履繩即據《左傳》所載，痛斥向戌動機不純，貪圖私利：

---

57 〔清〕顧奎光：《春秋隨筆》，收入《文淵閣四庫全書》，第181冊，卷下，頁691。

左氏書曰：「欲弭諸侯之兵以為名」，便見得向戌之弭兵，非是
果欲息民，<u>欲求息民之名耳</u>。當時大國惟晉與楚，向戌善於趙
文子，又善於令尹子木，晉、楚既從，諸小國自不得不赴，故
卒成弭兵之一事。其後向戌挾弭兵之事，又書「左師請賞，公
與之邑」，則向戌弭兵之意，非果欲息天下之民、平諸侯之爭，
<u>區區為一己之利而已</u>。左氏於前書弭兵為名，既有以誅其心，
於後則記其請邑之事，又有以正其罪。[58]

梁氏指出《左傳》先記向戌「欲弭諸侯之兵以為名」以誅其心，再記
「左師請賞，公與之邑」以正其罪，明白指出《左傳》對向戌的批
判。對弭兵批判最為嚴厲者，當推清儒馬驌：

弭兵，美名也。美名則不可逆，故一號而諸侯皆至焉。盟宋之
役，齊、秦不交相見，邾、滕為私屬，皆不與盟。宋為地主，
盟者十國。晉、楚同為盟主，而兩國之從交相見。是時與盟之
國，魯、衛、曹、宋，從晉者也；陳、蔡、鄭、許，從楚者也。
會分二主，小國共屬，是直以諸夏之權授之荊楚，而令諸侯之
國奔走不寧也。

嗚呼，兵而可弭乎哉？晉自夷儀再會，諸侯多攜，趙孟執政而
晉霸浸衰，兵不止則北方之勢日急，宋實首當其銳，故向戌啟
謀，欲令兩國為成，以紓其難。<u>是舉也，宋之利，亦楚之志
也</u>。……今也，楚不能多得志於諸侯，厭苦甲兵，又欲借弭兵
之說，以收天下之權。而晉乃貪弭兵之名，以求一時之利。晏
安鴆毒，坐失事幾，晉之為謀何其拙也。夫以楚成之強，楚莊

---

58 〔清〕梁履繩：《左通補釋》，收入《清經解續編》（臺北：復興書局，1972年，據
清光緒十四年王先謙南菁書院本影印），第5冊，卷19，頁3445。

之賢，百餘年間，師勞力頓，未嘗得一號令北方，而康王乃不煩一卒，直晏然以為諸侯之盟主，又復衷甲以先進歃，于是中國之大勢盡移于楚。楚誠得矣，晉將何以自處哉？<u>向戌不知而蹈千古之罪，反自喜為不世之功</u>。微子罕之言，終不悟也。《春秋》痛諸姬之國，皆奔走而服事于楚，故既書公之如楚，復書在楚。宗國而北面荊蠻，自周公以來於今始也。晉不惡宋，而反感其德。澶淵之役，令十三國之大夫以奔走之，天下意宋必有大征伐焉，而孰知止以宋災故爾。是時諸夏之國，或弒其君，或弒其父，不聞晉為會以問之，而忽急宋災，非愍共姬之死，實以其首倡弭兵，故集四方而並走其國也。晉亦愚矣。虢之會復讀舊書，楚仍先晉，其為盟主也，若故有之，何嘗德晉哉。<u>趙孟力不敵楚而兩為之下，畏強國以墮其霸業，亦何信之有焉</u>。《春秋》至是仍書晉國于前者，為中國抑楚，為天下扶晉，且為春秋二百四十餘年惜晉也。子木盟而駔謁諸王，楚之權實在其上，晉則趙孟直自主之矣。<u>大夫專、諸侯替而蠻夷得志，此天下一大變也</u>。昔華元之合晉楚也，兩國盟于宋西門之外，而《春秋》不書，猶曰此特相盟，未甚害也。今則華夷竝列，故書宋所以痛其始，書虢所以痛其成。既而楚子會申，晉人莫救，而中國之事去矣。<u>宋前有華元，而兩霸之端起；後有向戌，而兩霸之勢成。宋誠晉之蠹，而兩臣誠宋之罪人哉</u>。[59]

馬氏除由荊楚勢升，華夏陵夷與「大夫專盟」等方面批判弭兵外，亦批判趙武貪圖弭兵美名，實則拙於謀略，更直斥華元、向戌非唯宋之罪人，更是終成「兩霸」之局的華夏罪人。

---

59 〔清〕馬驌：《左傳事緯》，卷7，頁318-319。

　　綜合上文，或許可說，學者對二次弭兵「大夫專盟」的批評可謂切中肯綮；由《左傳》敘事也可見向戌確實不能推卸「專盟」之罪責，但真正擁有足夠權力「專盟」者，實在晉、楚二強之執政大臣。當然，由於盟會地點在宋，晉、楚之間互不信任，乃至衷甲、爭先種種紛爭、專盟之舉，甚至種下「二霸」之局，作為東道主的宋國與向戌，自須負擔部分責任，但率先提出弭兵者，乃趙武，而由齊、秦之不與會，以及魯襄「視邾、滕」之命，可知多數諸侯對弭兵仍傾向作壁上觀；向戌可說既實現了趙武的想法，也參雜了「欲弭兵以為名」的私心，以及專權等可議之嫌，然實尚不足以稱為「主導」。再由衷甲爭議時，叔向言「與宋致死」，也可知晉、楚不弭兵則已，一旦雙方決議會盟，則可謂「只許成功不許失敗」，因為若晉、楚發生衝突，宋必首當其衝，就算為了自身利益，宋也必須盡力促成晉、楚弭兵成功，方能確保宋不致覆滅。再者，決定春秋「兩霸之勢」的局面，更非宋國所能主導，而實源自趙孟「晉楚齊秦匹」之論，楚則順勢而上、名勢兼收，此一決策也使趙孟在《左傳》後續記載中持續遭到惡評，可見當世之人亦咸以趙孟為主其事者，則弭兵之責顯然不能全然歸咎向戌，清儒張自超即云：

　　　　弭兵，息民事，非不善。屈中國之諸侯以庭見于楚，則冠裳倒置，而齊桓、晉文之業掃地盡矣。據《左氏》，則向戌本為弭兵之謀，而晉、楚之從交見，則子木請之而趙孟許之也。論者不以罪趙武，而以罪向戌，何哉？宋在春秋獨能抗楚，楚屢伐之，至于圍之逾年，而不肯服。齊桓之伯，宋實輔之。晉文城濮之戰，宋師與焉，宋襄鹿上之盟，猶有兼伯齊、楚之勢，執于盂，敗于泓而不悔。其後晉主夏盟，未嘗一背晉而向楚也。今向戌但為和解晉、楚以講好睦隣，而趙武竟諾其諸侯交見，<u>趙武累</u>

向戌矣。約盟既定，明年朝楚，聞楚子卒，宋公及漢而返，向
戌曰「姑歸息民，待其立君而為之備」，蓋悔為趙武所誤，而為
備楚之遠圖，猶凜凜乎中原正氣，不可得而辱屈之也。[60]

張氏謂向戌為趙武所累，又謂向戌尚能秉持「正義」，在歷代痛斥向
戌的諸多言論中，堪稱鳳毛麟角；但弭兵之初意出自趙武，弭兵亦確
實造成短暫的和平，並非全無正面意義，以今日觀點，自不必純由華
夏陵夷、蠻夷昌熾立場痛斥向戌之罪責。[61]至於「大夫專盟」更是春
秋中期之後的大勢所趨，並非純由弭兵造成，似亦不必獨責二次弭兵
與向戌。

## 五　《國語》、《繫年》的弭兵情節與敘事立場

《左傳》的弭兵敘事，隱約可見其視角多以中原諸侯為主，如叔
向、趙孟對楚的議論，齊、宋、邾、滕、魯等國的遲疑與決策等。楚
國人物的登場與言談，一則為對楚的負面評價，如伯州犁勸子木「釋
甲」，以及預言「令尹將死」；再則為對晉的讚許，如盟會後，《左
傳》續載令尹子木與楚王的相關言語：

乙酉，宋公及諸侯之大夫盟于蒙門之外。子木問於趙孟曰：
「范武子之德何如？」對曰：「夫子之家事治，言於晉國無隱
情，其祝史陳信於鬼神無愧辭。」

---

60　〔清〕張自超：《春秋宗朱辨義》，收入《文淵閣四庫全書》，第178冊，卷9，頁
　　229。

61　古今情勢變改，觀念殊異，今日多有肯定向戌弭兵之功者，可參見註2、3熊劍平、
　　夏繼先之說。

> 子木歸以語王，王曰：「尚矣哉！能歆神、人，宜其光輔五君以為盟主也。」子木又語王曰：「宜晉之伯也，有叔向以佐其卿，楚無以當之，不可與爭。」晉荀寅遂如楚涖盟。（《左傳正義》，卷38，頁647）

《左傳》透過楚王稱許「范武子之德」、「光輔五君以為盟主」，力讚士會；子木又補充「有叔向以佐其卿」，直言楚不可與晉爭，對晉國君臣堪稱推崇備至。《左傳》敘此結以「晉荀寅遂如楚涖盟」也頗堪玩味，姑不論本來「衷甲」的令尹子木是否會如此由衷稱讚叔向；僅就常理言，「子木歸以語王」者，晉方也無從聽聞，此處的敘述卻彷若唯有楚承認晉乃「盟主」、「不可與爭」後，方肯承認盟約成立。此種態度與其說是晉、楚君臣的態度，不如說是敘事者《左氏》自身立場的顯現。

由敘事學角度言，任何歷史書寫，均有撰作者的立場或觀點，僅在其「顯隱」、「多少」有別爾。《左傳》之外，同樣有二次弭兵載錄的《國語》與《繫年》亦然。雖則此二書對弭兵的描寫都相當減約、趜少，且全未提及向戌，但在上文討論《左傳》弭兵敘事情節已相對完整的基礎上，應更容易推測《國語》與《繫年》在敘事立場、視角等方面與《左傳》的種種差異。

## （一）《國語・晉語八》的弭兵觀：忠信務德者勝

《國語》二次弭兵的載錄，主要為「子木欲襲晉軍」與「爭先」爭議，均見〈晉語八〉。先論「衷甲」事，「叔向論忠信而本固」章載：

> 諸侯之大夫盟于宋，楚令尹子木欲襲晉軍，曰：「若盡晉師而殺趙武，則晉可弱也。」文子聞之，謂叔向曰：「若之何？」

叔向曰：「子何患焉。<u>忠不可暴，信不可犯</u>，忠自中，而信自
身，其為德也深矣，其為本也固矣，故不可捐也。今我以忠謀
諸侯，而以信覆之，荊之逆諸侯也亦云，是以在此。若襲我，
是自背其信而塞其忠也。信反必斃，忠塞無用，安能害我？且
夫合諸侯以為不信，諸侯何望焉。為此行也，荊敗我，諸侯必
叛之，<u>子何愛於死，死而可以固晉國之盟主，何懼焉？</u>」
是行也，以藩為軍，攀輦即利而舍，候遮扞衛不行。<u>楚人不敢
謀，畏晉之信也。自是沒平公無楚患矣</u>。（《國語》，卷14，頁
464-465）

〈晉語八〉此章異於《左傳》者有三：首先，《左傳》所謂「楚人衷
甲」或可視為楚欲「自保」，至少未正面顯示殺機；〈晉語八〉則直言
「子木欲欲襲晉軍」，「盡晉師而殺趙武」，敵意明顯，毫無轉圜餘地，
強化了情勢的危急險惡。其次，《左傳》記叔向與趙孟之語，提及「與
宋致死」、「左還入於宋」等具體措施與盟友宋國之重要；〈晉語八〉
則並未論及若發生衝突晉該如何具體應對，而全以「忠、信」等道德
價值為說，甚至言「死而可以固晉國之盟主何懼焉」，此種「有德者
勝」的觀點，較之《左傳》更為鮮明，但也稍嫌失真。再次，〈晉語
八〉鋪陳晉軍「以藩為軍」、「候遮扞衛不行」種種「不設備」之舉，
乃《左傳》所無，更加強了晉因有德而無懼，楚反畏懼而「不敢謀」
的鮮明對比，終則言「沒平公無楚患」，充分展現對晉「不戰而屈人
之兵」的推崇立場。凡此，皆具體可見〈晉語八〉以晉／中原為先的
觀點與立場，亦明顯可見其「忠信務德者勝」的道德觀。

　　〈晉語八〉記「爭先」的敘事立場亦然，「叔向論務德無爭先」
章云：

宋之盟，楚人固請先歃。叔向謂趙文子曰：「夫霸王之勢，<u>在德不在先歃</u>，子若能以忠信贊君，而裨諸侯之闕，歃雖在後，諸侯將載之，何爭於先？若違於德而以賄成事，今雖先歃，諸侯將棄之，何欲於先？昔成王盟諸侯于岐陽，楚為荊蠻，置茅蕝，設望表，與鮮卑[62]守燎，故不與盟。今將與狎主諸侯之盟，唯有德也，<u>子務德無爭先，務德所以服楚也</u>。」乃先楚人。（《國語》，卷14，頁466-467）

〈晉語八〉此章不同於《左傳》者亦有三：首先，未記晉、楚雙方「爭先」的論辯內容，僅言楚「固請」而未見晉有所反駁，使得整起事件看來更像晉有意退讓。其次，二次弭兵叔向追述「成王盟諸侯於岐陽」的歷史，符合《國語》重視引證「先王政典」的「記言」特色。最後，由於《國語》無解經之目的，故無說解「書先晉、晉有信」的解經之語。不過因全篇已將「先楚」一事解釋成晉「務德」的結果，就其立場言，與《左傳》可謂殊途而同歸。

綜觀《國語·晉語八》的載述，就敘事立場、傾向言，其推崇晉「忠信」、「務德」的立場更為鮮明，甚至稍嫌誇大失真；而就歷史事實的呈現言，〈晉語八〉也明確展現了此次弭兵盟約的書寫次序，實際上是「楚先於晉」，只因站在中原立場而不願承認此一次序，遂各自提出不同的解套方式，進行道德式詮釋。

## （二）《繫年》的弭兵觀：「中原中心觀」的反思

《繫年》有關二次弭兵的記載相當簡略，其第十八章對此次會

---

62 「鮮卑」，公序本作「鮮年」，蓋是。見〔三國吳〕韋昭注：《國語》，收入《四部叢刊》（上海：商務印書館，1929年，據上海涵芬樓借印杭州葉氏藏明金李刊本影印），卷14，頁10上。

盟，扣除記錄年份的語句，僅有二十餘字：

> 晉莊平公立十又二年，楚康王立十又四年，令尹子木會趙文子
> 武及諸侯之大夫，盟【簡96】于宋，曰：「弭天下之甲兵。」[63]

相較於《左傳》詳記各種會盟細節、人物往來、言語應對等，《繫年》記事一貫簡略欠詳，不過仍有兩點值得注意：首先，《繫年》紀錄會盟者之次序為「令尹子木會趙文子武及諸侯之大夫」，此一次序可與《春秋》「叔孫豹會晉趙武、楚屈建……」、「豹及諸侯之大夫盟于宋」參較。《繫年》之記事，向有楚國本位立場，此處以「令尹子木」居前，應是記錄本國臣子參與會盟的文例，或合乎史實的歷史記錄，與《左傳》「乃先楚人，書先晉，晉有信也」的歷史事實與歷史詮釋形成有趣的對比。其次，《左傳》敘述二次弭兵雖然各方面都相當詳盡，卻未記錄具體盟誓內容，《國語》亦然；《繫年》則記雙方約言曰「弭天下之甲兵」，與第十六章記「首次弭兵」的盟誓全然相同，一字不差。「弭天下之甲兵」一語，究係真正的弭兵盟辭，抑或僅是《繫年》對兩次弭兵大旨的概括綜述，尚待更多的證據與考察，不過《繫年》與傳世文獻在上述細節的差異，仍明白顯示其具有獨特的敘事立場與歷史觀念，亦明顯有「規範化」的傾向。

《繫年》的弭兵敘述尚有一項特點：即將兩次「弭兵」等量齊觀，採相似的用語與敘事模式。如並記晉、楚國君世次：第十六章載首次弭兵云：

> （晉）景公使糴之茷聘於楚，且修成，未還，景公卒，屬公即

---

63 清華大學出土文獻研究與保護中心編，李學勤主編：《清華大學藏戰國竹簡（貳）》（上海：中西書局，2011年），頁180。

位。（楚）共王使王【簡87】子辰聘於晉，又修成。……（《繫年》，頁174）

第十八章載二次弭兵云：

晉莊平公立十又二年，楚康王立十又四年，令尹子木會趙文子武及諸侯之大夫，盟【簡96】于宋。（《繫年》，頁180）

又如記會盟者與盟約內容之格式：第十六章云：

楚王子罷會晉文【簡88】子燮及諸侯之大夫，盟於宋，曰：「弭天下之甲兵。」（《繫年》，頁174）

第十八章云：

令尹子木會趙文子武及諸侯之大夫，盟【簡96】于宋，曰：「弭天下之甲兵。」（《繫年》，頁180）

再如記「先起兵」、「會諸侯」、「見禍」者：第十六章云：

明歲，（晉）<u>屬公先起兵</u>，率師會諸侯以伐【簡89】秦，至于涇。共王亦率師圍鄭，屬公救鄭，敗楚師於鄢。<u>屬公亦見禍以死，亡後</u>【簡90】。（《繫年》，頁174）

第十八章云：

（楚）孺子王即世，靈王即位。<u>靈王先起兵，會諸侯于申，執</u>徐公，遂以伐徐，克賴、朱方，伐吳【簡98】，為南懷之行，縣陳、蔡，殺蔡靈侯。<u>靈王見禍，景平王即位。</u>……景平王即世，昭王即位，許人亂，許公佗出奔晉，晉人羅城汝陽，居【簡100】許公佗於容城。晉與吳會為一，以伐楚，門方城。遂盟諸侯於召陵，伐中山。晉師大疫【簡101】且飢，食人。楚昭王侵伊、洛以復方城之師。<u>晉人且有范氏與中行氏之禍，七歲不解甲【簡102】。諸侯同盟于鹹泉以反晉，至今齊人以不服于晉，晉公以弱</u>【簡103】。（《繫年》，頁180）

由上述對照，可見《繫年》作者似乎有意識的使用相似的語彙載錄兩次弭兵的過程與結果：並列晉、楚國君的在位情形，表明兩次弭兵皆由晉楚共同協商盟約；敘述與會人員、過程以及盟誓內容的格式皆高度相似，表現出《繫年》認知的兩次弭兵似乎性質相近，重要性亦相同，不似傳世文獻偏重二次弭兵，而忽略首次弭兵；至於所謂「先起兵」者，推測當是《繫年》作者有意指出造成弭兵之約失效的一方，前一次為晉厲公，後一次為楚靈王，則可說《繫年》所理解的兩次弭兵均失敗，而各有不同的責任歸屬，也可能是《繫年》敘事「規範化」的結果。

## 六　二次弭兵的歷史詮釋

二次弭兵的最大爭議，蓋在其功過與影響。歷來亦有少數肯定二次弭兵之功者，唯多數認為弭兵導致華夏地位陵替，荊楚氣勢高漲。關乎此，前文已約略提及，茲再專節討論以明所以；另，關於《繫年》所詮釋的二次弭兵與傳世文獻《左傳》、《國語》之差異，主要有

兩個值得討論的問題：一是弭兵的「時效」不同，二是弭兵與弭兵失敗的「責任歸屬」詮釋有異，茲亦一併析釋之。

## （一）弭兵的功過與影響

弭兵之功過早在《左傳》已有定見：既在弭兵之前先以「全知觀點」敘述向戌「欲弭諸侯之兵以為名」，事後又記其「請賞」，並向子罕邀功，遭子罕斥責乃辭邑，皆可見其批判之意。唯亦有少數由實際面肯定二次弭兵之功與趙武、屈建者，如宋儒劉敞（1019-1068）於魯襄廿七年《春秋》「秋七月辛巳，豹及諸侯之大夫盟于宋」下釋之云：

> 「豹何以名？」「一事而再見者，卒名也。」「此一地也，曷為再言宋？」「善是盟也。」「曷為善之？」「<u>弭兵以綏諸侯，晉趙武、楚屈建之謀也。地于宋，以宋為主也。宋之盟，中國不出，夷狄不入。玉帛之使交乎天下，以尊周室。晉趙武、楚屈建之力也。</u>」[64]

又云：

> 葵丘之盟，以明天子之禁；書宋之會，以弭諸侯之兵。書推趙武、屈建之力，以當齊桓，不亦過盛乎？據十有餘歲之安，以接治平，不亦淺近乎？
> 應之曰：伯者有五，而桓公為首，非以其力也，固以謂九合諸侯，不以兵車也。而宋之會，亦不以兵車，何以不能比葵

---

64 〔宋〕劉敞：《春秋劉氏傳》，收入〔清〕徐乾學輯，納蘭成德校訂：《通志堂經解》，第19冊，卷11，頁10939。

丘？……夫宋之會，百姓免兵革之患，猶出之湯火也。養老長
幼者，十有餘年，非獨一日之仁也，何謂淺近哉！[65]

劉氏認為二次弭兵「綏諸侯」、「免兵革」，出民於湯火，「非獨一日之
仁」，既肯定趙武、屈建之力，甚至比為齊桓，也推崇向戌居中協調
之功，此乃由二次弭兵的實際成果立論。宋儒張大亨於同條《春秋》
下釋之云：

宋之會，趙武以弭兵息民為心，盛德之舉也。當是時，雖晉主
夏盟，寔無文、悼之霸德。執政者糾合諸侯之臣，以成此功，
俾四海之民，十年無兵革之禍，聖人有取焉，於是錄諸侯之大
夫，以示有功；黜叔孫之族，以明專命。舉一物而善惡具焉，
賞罰行焉。[66]

張氏認為二次弭兵時，晉已無晉文、晉悼之霸德，而趙武能「以弭兵息
民為心」，堪稱「盛德」，對趙武推崇備至。宋儒胡安國（1074-1138）
立說則全然不同，其於同年《春秋》下釋之云：

此一地也，曷為再言「宋」？書之重，詞之複，其中必有大美
惡焉。宋之盟，合左師欲弭諸侯之兵以為名，而楚屈建請晉、
楚之從交相見，自是中國諸侯南向而朝楚。及申之會，蠻夷之
君，篡弒之賊，大合十有一國之眾，而用齊召陵之禮。宋左
師、鄭子產皆獻禮焉，宋世子佐以後至，遂辭而不見，伐吳滅

65 〔宋〕劉敞：《劉氏春秋意林》，收入〔清〕徐乾學輯，納蘭成德校訂：《通志堂經
解》，第19冊，卷下，頁11158。
66 〔宋〕張大亨：《春秋通訓》，收入《文淵閣四庫全書》，第148冊，卷6，頁615。

賴，無敢違者。聖人至是哀人倫之滅，傷中國之衰，而其事自
宋之盟始也。故會盟同地而再言宋者，貶之也。或者乃以「宋
之盟，中國不出，夷狄不入，玉帛之使交乎天下，以尊周室，
為晉趙武、楚屈建之力」而善此盟也，其說誤矣。[67]

胡安國既由華夏陵夷、蠻夷昌熾立場痛斥趙武，指出「中國諸侯南向
而朝楚」的現實事實；復謂《春秋》「傷中國之衰」、「哀人倫之滅」，
駁斥劉敞二次弭兵使「中國不出，夷狄不入，玉帛之使交乎天下，以
尊周室，為晉趙武、楚屈建之力」之說，全面否定二次弭兵。清儒惠
士奇（1671-1741）云：

是時諸侯猶未叛晉也，晉、楚爭先，楚人衷甲以脅晉，晉畏楚，
乃先楚人，晉少懦矣，焉能禁氛之甚惡乎？《左傳》謂「晉有
信」，故書先晉，則似不然。會盟序爵且先諸夏而後蠻夷，假
令楚有信，又安得書先楚也？《穀梁》謂豹云者恭也，是則然
矣，而歸美於晉趙武，其失與《左氏》同。晉、楚分為二伯，
而大夫主盟不恭，孰甚焉？故《春秋》特正其名曰「諸侯之大
夫」以此。不然詳於會而略于盟可也，又何必復書諸侯之大夫
哉？[68]

惠士奇綜論《左傳》或先書晉，或先書楚之非，又責《穀梁》之歸罪
趙武，認為弭兵導致「晉、楚分為二伯」而大夫專盟不恭，雖未切中
肯綮，卻也近乎實情，乃較為持平之論。

---

67 〔宋〕胡安國：《春秋胡氏傳》，卷23，頁1下。
68 〔清〕惠士奇：《惠氏春秋說》，收入《文淵閣四庫全書》，第178冊，卷6，頁757。

## （二）弭兵時效的不同

　　筆者在〈再論首次弭兵：由宋國地位與華元形象談起〉已指出《繫年》與《左傳》對弭兵的認識並不相同，主要表現在盟辭言「弭天下之甲兵」，亦即《繫年》很可能認為「天下」各國都不得挑起戰端，此種認識導致了二者對弭兵失敗的不同詮釋。[69]就二次弭兵言，此一認知差異更加顯著：《繫年》第十八章「靈王先起兵」一語，標明了二次弭兵的破壞始自「楚靈伐吳」。魯昭四年（晉平廿年，楚靈四年，吳夷末六年，西元前538年）《春秋》載：

　　　秋七月，楚子、蔡侯、陳侯、許男、頓子、胡子、沈子、淮夷
　　　伐吳，執齊慶封，殺之。遂滅賴。（《左傳正義》，卷42，頁726）

《左傳》云：

　　　秋七月，楚子以諸侯伐吳，宋大子、鄭伯先歸，宋華費遂、鄭
　　　大夫從。使屈申圍朱方，八月甲申，克之，執齊慶封而盡滅其
　　　族。……遂以諸侯滅賴。賴子面縛銜璧，士袒，輿櫬從之，造
　　　於中軍。王問諸椒舉，對曰：「成王克許，許僖公如是。王親釋
　　　其縛，受其璧，焚其櫬。」王從之。遷賴於鄢。（《左傳正義》，
　　　卷42，頁731-732）
　　　冬，吳伐楚，入棘、櫟、麻，以報朱方之役。楚沈尹射奔命於
　　　夏汭，咸尹宜咎城鍾離，薳啟疆城巢，然丹城州來。東國水，
　　　不可以城。彭生罷賴之師。（《左傳正義》，卷42，頁733）

---

69 當然，《繫年》的「天下」觀也是相當值得探討的議題，限於篇幅，此不詳論。

昭五年《春秋》又載：

> 冬，楚子、蔡侯、陳侯、許男、頓子、沈子、徐人、越人伐吳。
> （《左傳正義》卷43，頁742）

《左傳》云：

> 冬十月，楚子以諸侯及東夷伐吳，以報棘、櫟、麻之役。薳射
> 以繁揚之師會於夏汭。越大夫常壽過帥師會楚子于瑣。聞吳師
> 出，薳啟彊帥師從之，遽不設備，吳人敗諸鵲岸。楚子以馹至
> 於羅汭。（《左傳正義》，卷43，頁748）

事距襄廿七年（西元前546年）雙方訂盟尚不及十年，與傳統認知頗為
不同。一般對二次弭兵的認知，大抵以為自魯襄廿七年後，晉、楚便
長期互不侵犯，如上引《國語・晉語八》謂「沒平公無楚患」，晉平公
卒於魯昭十年（西元前532年）；魯昭十三年（西元前529年）《左傳》
載平丘之盟，子產猶言「諸侯靖兵，好以為事」，「諸侯脩盟，存小國
也」；[70] 定四年《春秋》載「三月，公會劉子、晉侯、宋公、蔡侯、衛
侯、陳子、鄭伯、許男、曹伯、莒子、邾子、頓子、胡子、滕子、薛
伯、杞伯、小邾子、齊國夏于召陵，侵楚」，[71]《左傳》釋之云：

> 春三月，劉文公合諸侯于召陵，謀伐楚也。（《左傳正義》，卷
> 54，頁945）

---

70 《左傳正義》，卷46，頁813。
71 《左傳正義》，卷54，頁944。

是《春秋》、《左傳》均認為魯定四年（晉定六年，楚昭十年，西元前506年）二次弭兵方正式破裂，時間長達四十年，可見《左傳》、《國語》認知的二次弭兵時效，均遠較《繫年》長久許多。[72]其實早自魯襄四年起，楚即屢次攻伐諸侯，黃聖松、王寶妮亦提出二次弭兵會盟止於魯昭四年，效力僅維持九年之說，與《繫年》的認知大致吻合。[73]

實際上魯襄廿七年之後，晉並非完全停止發動戰事，只是其攻伐對象不再是楚國，而轉向鮮虞、陸渾等；其他中原同盟，也有魯伐莒、齊伐北燕及徐、宋伐邾諸事，凡此都有損害弭兵之盟的疑慮。[74]猶有甚者，吳、楚之間戰爭頻仍，楚屢次「率諸侯」伐吳，顯屬大型戰爭。若然，或許可以說，以「中原中心」或「晉楚對抗」的觀點觀之，則襄廿七年後，晉楚之間——或者擴大而言，「中原」與「南方」之間——確實長期沒有戰事，則所謂「晉楚」之間的弭兵仍屬有效；然而若由「吳楚爭霸」或其他「邊陲／小國」的角度言，則「天下」的戰爭並未止息，只是由「晉楚對峙」轉為「吳楚相爭」，更有自大國之抗衡轉而為大國掠奪小國的趨勢，是以《繫年》所謂「靈王先起兵」而使弭兵更早遭到破壞的觀點，可說傳達了部分事實，端看由何立場詮釋耳。這也再次說明了歷史的書寫、解讀與詮釋，會因撰

---

72 關於《繫年》「召陵之盟」的載述異於傳世文獻，已有學者敏銳的提出看法，如李守奎：〈清華簡《繫年》與吳人入郢新探〉（《中國社會科學報》A7版，2011年11月24日）；孫飛燕：《清華簡《繫年》初探》（上海：中西書局，2015年），〈附錄一：召陵之盟〉（頁150-153），但都難成定論。

73 黃聖松、王寶妮：〈春秋時代第二次弭兵會盟失效時間芻議〉，《漢學研究集刊》第31期（2020年12月），頁93-112。

74 尤其魯伐莒一事，在昭元年晉、楚尋盟時，遭楚大做文章，導致魯使叔孫豹差點被殺，端賴趙武費盡心力始得逃過一劫。事見昭元年《左傳》：「季武子伐莒，取鄆。莒人告於會。楚告於晉曰：『尋盟未退，而魯伐莒，瀆齊盟，請戮其使。』……趙孟聞之……乃請諸楚曰：『魯雖有罪，其執事不辟難，畏威而敬命矣。子若免之，以勸左右，可也。……魯叔孫豹可謂能矣，請免之，以靖能者。……』固請諸楚，楚人許之，乃免叔孫。」（《左傳正義》，卷41，頁699-700）

作者的視角而產生不同的趨向，形成看似迥異的敘述，實則在不同的詮釋立場下，又各自合理的歷史記憶。

## （三）弭兵與弭兵失敗的責任歸屬

歷代學者多認為向戌應對二次弭兵負最大責任，[75]清儒高士奇（1645-1703）則認為不應獨責向戌：

> 自晉、楚爭伯，而宇下苦戰鬥不休。至是師武謀臣，力殫智索，亦倦而思息。會趙文子善於令尹子木，而宋向戌又與二子交，從而約劑其閒，此弭兵之好所自來也。夫兵者，民之殘而財用之蠹也。使晉、楚、齊、秦果能罷兵結好，誰曰非數世之利？然而兵之不可去也久矣，宋子罕責左師之言甚為明晰；況弭兵則必仗信，而楚可信乎？西門戢而子木衷甲以爭，伯州犁止而不聽也。其言曰「事利而已，苟得志焉，焉用有信？」則當始事，而楚人之狡已見矣。向令趙武亦猶子木，則西門之外且為戰壘，弭兵之約安在哉？且其中尤有大不便者，楚負淫名於天下非一日矣。……自好合使成，令諸侯之從交見於楚而內外無復辨，冠履任其倒置矣。所以紊大防而蔑大分者，莫此為甚。故當時欲弭兵，則必令楚削去僭號，脩其職貢於周，而後與之為好，可也。不如是，則楚必不可邇。楚必不可邇，則兵必不可弭。……諸大夫暗於大較，貪虛名而忘實害。子罕雖知兵之不可弭，而不知其所以不可弭者在楚，不在兵也。於虢之會，仍讀舊書，趙武終守弭兵之信，蓋亦賢者。然使楚得狎主諸侯，視先大夫之戮力以攘楚者，不有惡耶？尋盟未退，而魯

---

75 說已見本文〈四〉。

> 即伐莒，不信之尤，先自中國開之，於楚乎何誅！[76]

高氏認為弭兵誠屬善事，然而兵實不可弭，因楚素不守信，不可信；真欲弭兵，「則必令楚削去僭號，脩其職貢於周，而後與之為好」，方可生效，而中原大夫卻「暗於大較，貪虛名而忘實害」，認為弭兵之害乃自中原大夫啟之，大可不必誅責楚國。

《繫年》第十六章記述首次弭兵，在傳統認知的「鄢陵之戰」前，又敘述晉厲公「先起兵伐秦」事；記敘二次弭兵，則在召陵之盟前，便提出三十年前楚靈「先起兵伐吳」，此二紀述與詮釋脈絡與傳世文獻頗為不同，令人好奇《繫年》對「晉楚弭兵」的立場究竟為何？又其整體偏袒楚國的敘事立場，在二次弭兵失敗而歸咎楚靈王時究竟有無改變？

筆者以為《繫年》對兩次弭兵皆持肯定立場：首次弭兵，《繫年》的敘述因以楚為主動方，大幅降低了華元從中斡旋的地位，而對「先起兵」的晉厲公則言其「見禍以死，亡後」，似有意暗示背盟者不得善終，可見其對「弭兵」持肯定態度。二次弭兵，《繫年》的記錄與敘事模式，多處與首次弭兵平行並列，由此可推知其立場並未改變，亦可見《繫年》規範化的書寫現象。

至於「靈王先起兵」一事，《繫年》的態度則頗堪玩味。楚靈伐吳與縣陳、蔡諸事，《繫年》亦詳加記述，已見上引。此外，第十五、十九章亦皆提及，蔡瑩瑩曾指出《繫年》的敘事略有「隱約暗示靈王縣陳蔡之舉不當」而為其隱晦的態度，[77]可能因楚靈風評本即欠

---

76 〔清〕高士奇：《左傳紀事本末》（臺北：里仁書局，1980年），卷30「晉楚弭兵」總論，頁428-429。

77 蔡瑩瑩：〈《清華簡·繫年》楚國紀年五章的敘事特色管窺〉，《成大中文學報》第55年（2016年12月），頁51-94。

佳，《繫年》立場雖一向偏袒楚國，但也僅能隱晦其辭而不敢公然違背史實，謬加稱揚。

　　進而言之，《繫年》敘述首次弭兵及其失敗時，對「先起兵」的晉厲公，似乎有意連結「破壞弭兵」與「見禍以死，亡後」的關係，隱約傳達批判之意，亦即：晉厲率先起兵，使得戰火又起，鄢陵之役雖大敗楚師，最終卻也遭欒書、荀偃弒殺，乃至無後。此種「先起兵」與「見禍死」的連結，可說即「對外戰爭」與「國內動亂」的因果連結。同樣的，《繫年》第十八章敘述二次弭兵也有類似傾向，考察其敘述孺子王、靈王、平王世次即可見端倪：

> 孺子王即世，靈王即位。
> 靈王見禍，景平王即位。晉莊平公即世，昭公、頃公皆【簡99】早世，簡公即位。
> 景平王即世，昭王即位。（《繫年》，頁180）

《繫年》所稱「見禍」皆指內亂。孺子王實遭靈王弒殺，此處卻未如實記其「見禍」，當是有所隱諱。而本章記「靈王見禍，景平王即位」後，並未繫連任何具體事件，僅羅列晉國國君世次，乍看之下有如流水賬，令人費解，但也可理解為《繫年》其實本來也不必特書「靈王見禍」，之所以如此載述，很可能便是為了呼應「先起兵」而歸結於「見禍」，隱晦批判楚靈。

　　《繫年》在「昭王即位」之後，也提及了一般認為正式代表弭兵結束的「召陵之盟」。不過其敘述與傳世文獻頗為不同：

> 景平王即世，昭王即位。許人亂，許公佗出奔晉，晉人羅城汝陽，居【簡100】許公佗於容城。

> 晉與吳會為一以伐楚，門方城。遂盟諸侯於召陵，伐中山。晉師大疫【簡101】且飢，食人。楚昭王侵伊、洛以復方城之師。晉人且有范氏與中行氏之禍，七歲不解甲【簡102】。諸侯同盟于鹹泉以反晉，至今齊人以不服于晉，晉公以弱【簡103】。（《繫年》，頁180）

除了時間細節如許公出奔晉、召集會盟者記載欠清之外，在敘事內容上，《繫年》有兩個重要的不同歷史記憶或「誤記」。一為「晉與吳會為一……遂盟諸侯於召陵，伐中山」云云，與《左傳》所記頗有差異：如本文〈二〉所述，晉與吳確實在某程度上有共同牽制楚的默契，定四年《左傳》載：

> 伍員為吳行人以謀楚。楚之殺郤宛也，伯氏之族出。伯州犁之孫嚭為吳大宰以謀楚。**楚自昭王即位，無歲不有吳師**，蔡侯因之，以其子乾與其大夫之子為質於吳。冬，蔡侯、吳子、唐侯伐楚。舍舟于淮汭，自豫章與楚夾漢。（《左傳正義》，卷54，頁950）

根據《春秋》與《左傳》，召陵之盟吳並未參與，[78]《繫年》稱「晉與吳會為一」，而後轉入「遂盟諸侯於召陵」，容易令人聯想為晉、吳聯盟，「遂」有召陵之盟，屬表述上的混淆，甚至有誤記之嫌。二為《繫年》稱召陵會盟的結果是「伐中山」，並敘述晉接連大疫且飢，

---

78 限於篇幅，對召陵會盟的前因後果無法詳述。定四年《春秋》詳記與會諸國，共有周、魯、劉、晉、宋、蔡、衛、陳、鄭、許、曹、莒、邾、頓、胡、滕、薛、杞、小邾、齊（文見下引），連邾、頓、胡、滕等小國均列名其中，若吳國參與，不太可能不記錄。

乃至食人，以致出師不利，中原諸侯叛晉，楚則趁機反擊晉、吳聯盟，「復方城之師」。不論《春秋》或《左傳》，召陵之盟的目的皆在伐楚，此由定四年《春秋經》可知：

> 三月，公會劉子、晉侯、宋公、蔡侯、衛侯、陳子、鄭伯、許男、曹伯、莒子、邾子、頓子、胡子、滕子、薛伯、杞伯、小邾子、齊國夏于召陵，侵楚。（《左傳正義》，卷54，頁944）

《春秋》明言此盟意在「侵楚」，《左傳》簡潔詮釋其目的在「謀伐楚」：

> 三月，劉文公合諸侯于召陵，謀伐楚也。（《左傳正義》，卷54，頁945）

《繫年》所謂召陵會盟「伐中山」，當為魯定四年秋「晉士鞅、衛孔圉帥師伐鮮虞」事，見定四年《左傳》：

> 春三月，劉文公合諸侯于召陵，謀伐楚也。
> 晉荀寅求貨於蔡侯，弗得，言於范獻子曰：「國家方危，諸侯方貳，將以襲敵，不亦難乎！水潦方降，疾瘧方起，中山不服，棄盟取怨，無損於楚，而失中山，不如辭蔡侯。吾自方城以來，楚未可以得志，祇取勤焉。」乃辭蔡侯。（《左傳正義》，卷54，頁945-946）

《左傳》「伐中山」雖敘在「劉文公合諸侯于召陵，謀伐楚」之後，但由《春秋》載在「秋七月」之後，「冬十一月」之前，結合《左

傳》以觀，此事應與召陵之盟無關，且由《左傳》所記，也不見如
《繫年》所言的晉師嚴重傷亡；而晉與鮮虞一向小型戰爭不斷，且各
有勝負，但都無進一步的侵伐或大型戰事，不可能召集十數諸侯大舉
會盟以伐，此事當屬《繫年》的不同，乃至錯誤的歷史記憶。

《繫年》的錯誤記載不止於此，多數已為學者指出。但種種錯
誤或不同的歷史理解究竟因何而生，背後有無可能的敘述目的等，其
實也同樣有助於釐清其敘事的核心關懷或立場。筆者以為，此處的各
種記錄混淆或不同，部分應是《繫年》「以楚為中心」的敘事立場有
以致之。有關「晉吳合作」與「召陵會盟」的混淆，筆者以為，這正
是以楚為視角所詮釋的歷史。召陵之盟廣召中原諸侯而排除南方的
吳、楚，由中原視角觀之，南北對立相當明顯。但以《繫年》／楚的
視角言，不論北方的晉或南方的吳，皆屬楚之敵國，故其很可能並無
「中原／南方」之分，而僅有「敵我」之別。是以「晉吳結盟」與
「召陵之盟」在《繫年》／楚的認識中，其意義或性質應較相近，這
或許造成《繫年》用「遂」字連結二事，以製造某種連續性或因果關
係的表述。

《繫年》有關召陵會盟與「伐中山」的連結，筆者以為，一方面
乃是為了隱去諸侯聯盟伐楚等對楚不利的敘述，而代以楚昭「復方城
之師」等有利楚的事件；[79]另方面則藉由轉移焦點，指出縱然楚靈早
已「先起兵」，但晉「伐中山」亦對弭兵有所破壞，並帶出「大疫且
飢」等惡果，其後又續述晉之「范氏與中行氏之禍」的內亂，再次建
構「破壞弭兵」與「國內有禍」的因果連結。換言之，《繫年》可能
為了隱晦對楚不利的敘述——晉召諸侯結盟伐楚，同時又有吳國威

---

79 同年尚有著名的「柏舉之戰」，吳師攻入楚都，昭王倉皇奔隨，幾乎喪命，幸得申包
胥如秦乞師，始得轉危為安（見《左傳正義》，卷54，頁951-953），此乃楚之國恥，
《繫年》此章於此未見隻字片語，亦似可推知其隱晦其辭的敘事意向。

脅──只好將焦點轉為晉的軍事行動「破壞弭兵」，形成上述「晉與吳會為一以伐楚，門方城。遂盟諸侯於召陵，伐中山。晉師大疫且飢，食人。楚昭王侵伊、洛以復方城之師」的因果陳述。

# 七　結論

本文以《春秋》中後期「晉楚二次弭兵」為討論焦點，並側重關鍵人物向戌的形象與功過，期能在省察大歷史的同時，亦能同情的理解人物的地位與影響，所得結論如下：

首先，就國際情勢言：兩次弭兵期間，中原與南方諸國的國際局勢互有升降，晉、楚二大強權各自面臨國內外的困境，也自有不同的戰略思考，此乃二次弭兵的必然因素，向戌只是順水推舟的弭兵「做手」而已，弭兵之責不宜全然加諸向戌。

其次，就宋國內政外交與向戌處境言：宋國的世卿衝突與向戌的氏族出身、經歷，及其身處國內權力傾軋風暴，在在使向戌陷入進退兩難的處境；及其繼任執政，前有華元、子罕珠玉在前，向戌實難超越，難免有「影響的焦慮」，而其個人操守又不可謂賢良。向戌可能即因內政難有發揮，遂轉而致力於外交，而其二次弭兵的表現也確實可圈可點，堪稱功過相抵。

再次，就二次弭兵的起因、斡旋、「衷甲」危機、「大夫專權」、「二霸勢成」等方面言：宋國與向戌確實在這場不容失敗的弭兵之盟中，盡心盡力穿梭、斡旋；而所謂「大夫專權」、「二霸勢成」等爭議，向戌亦確實難辭其咎，然而晉之趙孟、楚之子木、魯之叔孫豹等，亦皆有「專權」之舉，非獨向戌而已。至於晉楚爭先，最終晉國選擇退讓，則是趙孟與叔向共同討論與妥協的結果，《左傳》、《國語》皆明白記載，不應獨罪向戌。要言之，弭兵一事之功過，因時、

地、價值觀的不同，容有各自的解讀立場；但就《左傳》敘史觀之，若以弭兵為善舉，則不應全然歸功趙武，若以弭兵為罪過，也不該盡數咎責向戌。

又次，就弭兵效期言：傳統大致以為二次弭兵之效期止於魯定四年（西元前506年）的「召陵之盟」，時間長達四十年，雖然《左傳》自魯昭四年（西元前538年）起即屢載諸侯相互攻伐事；《國語》亦有「自是沒平公無楚患」之言，將弭兵效期延至晉平之終（魯昭十年，西元前532年），期間亦達二十六年；《繫年》則謂「靈王先起兵，會諸侯于申，執徐公，遂以伐徐，克賴、朱方，伐吳，為南懷之行，縣陳、蔡，殺蔡靈侯」，事在靈王四年（魯昭四年，西元前538年），則效期僅維持九年。可見對二次弭兵的效期，諸書各有不同的詮釋立場，亦可見不同的人對同一史事可有不同的歷史記憶與歷史詮釋。

復次，就弭兵的歷史詮釋言：《左傳》、《國語》記晉楚爭先，皆以晉為「有德」，美化了晉國爭盟的退讓，《國語》對「衷甲」事件也有異乎常理的記述，明顯呈現「忠信務德者勝」的道德立場。《繫年》則對前、後兩次弭兵有極為類似的敘事模式，顯示其已有一定程度的規範化趨勢。其與傳世文獻也有不同的立場：一、等量齊觀兩次弭兵，不似傳世文獻側重二次弭兵，並以破壞「弭兵」者皆身死國滅，不得善終，表達對弭兵的肯定。二、認定二次弭兵效期止於「靈王先起兵」。三、傳世文獻「召陵之盟」討伐的對象乃楚國，《繫年》則為中山國，此固有可能乃純粹的錯誤記憶，但也可能出自對楚國的迴護與隱晦立場，或亦可間接證明《繫年》乃以楚國立場撰寫的史書，一定程度上提供對「中原中心」史觀的反思。

最後，就傳世與出土文獻之敘事異同言：即使載錄相同事件，《左傳》與《繫年》在體例、內容、立場，乃至撰作目的都差異頗大。《左傳》鋪敘詳明，重視刻劃人物性格，也善於布局情節，廣泛觀照

列國局勢，並以禮、道德為其核心關懷；《繫年》所敘事件雖與《左傳》多有重合，但其立場或敘事意圖卻迥異《左傳》，主要體現在幾個方面：一、簡明陳述因果而史事不免舛誤；二、聚焦晉、楚二大強權而對周邊小國不甚留意；三、主在透過戰爭陳述二大霸權的勝敗興衰與勢力消長。就這些差異言，嫻熟《左傳》者，或許覺得《繫年》簡陋無文，甚或重力輕德；但《繫年》也展示了一種傳世文獻所少見的敘事體例，一方面顯示戰國時人對春秋史事的關心，另方面也保留了一種獨特的記事體例，值得以更開放的心態省察其特色與價值。

# 論晉人受春秋王室饗禮之利[*]

羅軍鳳[**]

## 摘　要

　　春秋時期，朝覲之禮廢，然而晉人有目的地上朝，並受王室饗禮，從正反兩方面給晉國帶來實際利益。《左傳》記載的五次王室饗禮，四次和晉國有關。晉獻公即位當年朝王，饗禮上獲得嗣位的合法性。晉文公平定王室內亂、取得城濮之戰的勝利，在饗禮上終於「繼文之業」，獲得侯伯的策命。晉卿士會亦因平定王室內亂受王室饗禮，卻不識饗禮禮儀，於是歸而講習典禮，修晉國之法，最終為晉國復霸奠定了基礎。晉人通過王室饗禮稱霸、復霸，從中可以窺見「禮」對於春秋諸侯國家的重建、強大扮演了重要角色。

關鍵字：饗禮，晉獻公，晉文公，士會

---

* 本文是國家社會科學基金「清代揚州春秋學新疏研究」（20BZW102）的階段性成果。
** 西安交通大學人文學院教授。

## 一　前言

　　《春秋》無諸侯上朝的記載，王室饗禮亦不見於三禮的記載，學界很少關注春秋王室饗禮。但據《左傳》，我們仍可看到諸侯上朝以及室饗禮的記錄。春秋王室饗禮有其歷史傳承，諸侯借助王室饗禮獲取地位、身分、權力，王室饗禮對諸侯政治仍有重要影響。本文分析王室饗禮的重要參與者晉國，如何通過王室饗禮獲得嗣位的合法性，借由王室饗禮稱霸，以及復霸的不尋常經歷。春秋歷來被認為是一個「禮崩樂壞」的時代，本文或許可以提供一個視角，重新思考春秋時期「禮」對於諸侯國家的重建、強大所扮演的重要角色。

## 二　春秋朝王之新現象

　　《周禮・大行人》諸侯朝覲周王，有朝、覲、宗、遇之禮。《周禮・大宗伯》以饗燕之禮，親四方賓客。鄭注：賓客，朝覲者。[1]朝覲是諸侯的義務，而饗燕禮則是王室給予諸侯的優待。《國語・周語》記載，周王室各分封諸侯國因距離王室的遠近而分為甸、侯、賓、要、荒等五服，每一等級以五百里為界，分時段朝見周王[2]，這樣的政治地理綜合體系雖有整齊化趨勢，但「大體上猶合當時局勢，非純出臆想」[3]。據顧頡剛考證，虢在王畿之內，由周王室直接管轄；而晉師服自稱「甸服」，在王畿之內，亦可信。《左傳》記載師服

---

1　〔清〕阮元校刻：《十三經注疏》（北京：中華書局，1980年），頁760下。
2　〔清〕徐元誥著，王樹民、沈長雲點校：《國語集解》（北京：中華書局，2002年），頁6-7。
3　顧頡剛：《史林雜識初編》（北京：中華書局，1963年），頁2。

稱晉「甸服」（桓公二年）；楚國自稱南蠻，承認對王室有貢包茅之責任（僖公四年），從這些信息看，五服制度不全為虛造。

　　春秋時期，五服雖有可能存在，但是諸侯未必按照五服朝覲、入貢。據清華竹簡《繫年》，西周末年兩王並立時起，「周亡王九年，邦君諸侯焉始不朝于周」[4]。從《春秋》、《左傳》等文獻看，依據五服朝王、納貢這一制度已遭受嚴重破壞。可以說王室朝覲禮廢，饗燕禮亡。尤或慶幸的是，《左傳》、《國語》尚記載了若干回朝王，以及若干次饗禮，尤以晉國朝王、受饗禮最為突出。

　　《春秋》沒有「朝王」的記載，《左傳》記載了八次朝王，涉及鄭、虢、齊、晉、魯等少數國家。其中鄭伯、虢公、齊侯各朝王一次，晉侯朝王三次，魯侯朝王二次。這八次朝王，鄭、虢兩國國君以周王卿士身分入朝見王，不可等同於諸侯朝王的朝覲。魯國二次朝王都只是在盟會期間，並不算是真正的朝覲，只有齊國和晉國朝王，算是朝覲。而齊侯朝王的記載簡略，不能知道他是否受王室饗禮。只有晉侯三次朝王，三次受王室饗禮，故晉侯朝王最見目的性，亦最具成敗。

　　諸侯朝王，性質不同，試一一說明之。魯侯朝王，二次都是在諸侯會盟時朝王，如《左傳》僖公二十八年記載，十月溫之會，「晉侯召王，以諸侯見」，「見」，自金文以來，即用來表朝王之意；晉文公在溫地率領諸侯朝王，魯侯亦在其中，「壬申，公朝于王所」。這是《左傳》記載的魯侯第一次朝王。第二次是在成公十三年，魯侯與其他諸侯會伐秦國，於是與諸侯一起朝王。魯侯朝王，其實都是和諸侯一起朝王，《左傳》僅點名魯侯，大概是因為魯國有代表性。無論是諸侯朝王、還是魯侯朝王，都是因事而順路朝王，不是周禮規定的朝覲，專為朝王而來。從《左傳》、《國語》的記載看，魯國國君新立，

---

4　李學勤編：〈繫年〉，《清華大學藏戰國竹簡》（貳）（北京：中西書局，2011年），頁138。

不朝王，倒是周王派人來策命魯侯。魯文公即位，周遣人來策命。晉惠公即位未朝王，周王亦遣使來策命。[5]「周禮盡在魯」，魯尚如此，其他諸侯不朝王，已成不爭的事實。

　　鄭伯、虢公朝王，是因為二者都是周王卿士。《左傳》隱公六年：「鄭伯如周，始朝桓王也，王不禮焉。」可知鄭莊公一定曾經朝周平王。《左傳》桓公五年：「王奪鄭伯政，鄭伯不朝。」[6]被剝奪卿士之位的鄭莊公不再朝周桓王，可確知春秋時期，王室之禮要求卿士上朝。《左傳》雖然只記載了一次鄭伯朝王，但按照禮制，他應當多次朝王。同理，作為卿士，虢公也應當多次朝王，《左傳》僅記載了一次，在莊公十八年：「春，虢公、晉侯朝王。」作為王室卿士朝王，與諸侯朝王不能等同。卿士朝王，其身分是王之卿，掌管王室內政，「朝王」類似於每日上朝之常朝。而諸侯朝王，其身分是賓客，按距離遠近而分時段來朝王。

　　齊、晉兩國朝王，都經過周王卿士引薦。《左傳》隱公八年：「八月丙戌，鄭伯以齊人朝王，禮也。」[7]楊伯峻注：「齊人，當亦指齊僖公。」[8]《左傳》莊公十八年：「春，虢公、晉侯朝王。」鄭莊公還沒有被剝奪卿士之職，他帶齊僖公上朝；晉獻公即位當年，與虢公一起上朝。諸侯上朝需經人引薦，這恐怕是春秋時期的新現象。隱公四年州吁弒君而立，欲定君之位（「定君」），想出的計策便是通過與王室關係親密的陳桓公朝王（「王覲」）。雖最終沒有成行，也能說明諸侯朝王需要人引薦。諸侯新立要經由他人引薦方能朝王，州吁即位起即

---

5　《左傳》文公元年：「王使毛伯衛來賜公命。叔孫得臣如周拜。」僖公十一年：「天王使召武公、內史過賜晉侯命，受玉惰。」《國語‧周語》：「襄王使邵公過及內使過賜晉惠公命。」

6　《春秋左傳正義》隱公六年、桓公五年，《十三經注疏》，頁1731下、1748上。

7　《十三經注疏》，頁1733中。

8　楊伯峻：《春秋左傳注》（北京：中華書局，1981年），頁60。

與鄭國為敵，他不能找鄭莊公，就找了陳國國君幫忙，這與齊侯、晉侯等人朝王都經由周王卿士引薦是同樣的道理。

「虢公、晉侯朝王」，也有人會不承認這是虢公帶晉侯朝王。虢公和晉侯各自朝王，還是二人同時俱至京師朝王？這不妨參考一下《春秋穀梁傳》總結的史官書法原則。《春秋》隱公十一年：「春，滕侯、薛侯來朝」，《穀梁傳》：「累數，皆至也。」將滕侯、薛侯二人放一塊統計，是因為二人同至。《春秋》一句話內記載兩位諸侯來朝，是因為二人同時俱至。由史官書法可以推知虢公、晉侯同時俱至而朝王。那麼按照周禮，二人是否有可能一同朝王呢？虢公在王畿之內，而晉侯是甸侯，二人距國都遠近不同，不大可能一同朝王，所以虢公、晉侯朝王，應該與「鄭伯以齊人朝王」一樣，都是由周王卿士帶諸侯朝王。

與晉獻公一同朝王的虢公，楊伯峻《春秋左傳注》指為虢公醜[9]，是南虢最後一位君王。此虢國為原西周時期的西虢，隨周王東遷，定都上陽，在今河南陝縣南，稱南虢。虢公是周王卿士，其身分比晉侯高，故《左傳》書虢公於晉侯之前：「虢公、晉侯朝王。」

齊晉雖朝王，但《左傳》只記載晉侯受饗禮。晉獻公經人引薦朝王，王饗之，晉文公又有兩次上朝，僖公二十五年夏四月晉文公平定王子帶之亂，「戊午，晉侯朝王。王享禮，命之宥。」僖公二十八年五月，城濮之戰後，晉文公朝王而獻俘[10]。這兩次都未經他人引薦，且皆受王室饗禮。不僅晉侯受王室饗禮，宣公十六年晉卿士會亦因平定王室內亂而受饗禮。晉國的幾次饗禮，皆因戰功，因戰功而朝王，因朝王而受饗，皆不經他人引薦。這就引發一個問題：春秋初年，諸

---

9　楊伯峻：《春秋左傳注》，頁206。

10　子犯編鐘銘記載五月丁未獻俘、「朝王」，《左傳》記載五月己酉，王為晉文公行饗禮。

侯不朝王，晉人為何朝王？晉人朝王是否有特殊目的？晉人受王室饗禮，是否意味著特殊待遇？

本文認為，晉人在稱霸前朝王，是為了延續晉國與周王室的親密關係，王室饗禮上，晉獻公、晉文公分別獲得嗣位的合禮性、侯伯的策命。晉靈公以來，晉國霸業中衰，晉卿士會又在王室饗禮上學習到王室禮儀，歸而修晉國之政，影響晉國深遠，從而使晉國復霸。

## 二　晉侯為何朝王？

晉獻公、晉文公兩任君主朝王，並非遵循外在的禮的規定，而是不同尋常的舉動。特別是晉文公繼位之前，晉獻公之子晉惠公即位不朝王，尤其顯得晉獻公、晉文公二人朝王變得異乎尋常。

### （一）晉侯非嗣，曲沃一支被立為小國

《國語》記載晉獻公之子晉惠公即位之時，周內史受周王之命，來策命晉侯。雖然晉國得王室策命，周內史仍認為晉惠公不是合法的繼承者：「晉侯非嗣也，而得其位。」[11]此時，曲沃代晉已經二十九年，距晉獻公朝王也已過二十六年，周王室史官仍說「晉侯非嗣」，曲沃武公雖已是諸侯，但這一支終究不是晉國合法的繼承者。

在策命晉惠公的周內史看來，大宗方能嗣君位；天子沒有策命晉武公，晉惠公尤其需要努力才能彌補這天生不足，所謂「矗矗忧惕」、「保任戒懼」，唯恐失去，才能保住其位。但晉惠公「執玉卑，拜不稽首」、「受玉惰」[12]，未有諸侯之禮，於是預言其不能固守其位。

回溯到晉惠公之祖曲沃武公，雖然打敗了晉公室，然而因為不是

---

11 〔清〕徐元誥：《國語集解》，頁34。

12 《十三經注疏》，頁1802中。

大宗，雖立國，卻只是被立為一個小國；即便被立為小國，也要賄賂周王才行。《史記》記載：曲沃武公「盡以其寶器賂獻于周釐王。釐王命武公為晉君，列為諸侯」。[13]周王雖承認他為諸侯，但只命晉為小國。《左傳》莊公十六年：「王使虢公命曲沃伯以一軍為晉侯。」杜注：「小國，故一軍。」[14]《春秋左傳正義》：「晉土地雖大，以初並晉國，故以小國之禮命之。」[15]晉只能作一軍，這和晉國的國土面積並不相稱，也和晉國先祖之業不相承繼。

再往上追溯至晉國的封國之君，成王時，叔虞被封於晉，王國維云：「魯、衛、齊、晉四國，又以王室至親為東方大藩。」[16]晉公盆銘：「我皇祖唐公（膺）受大命，左右武王，龢燮百蠻，廣司四方，至於大廷，莫不來王。」[17]叔虞受武王之命，協調百蠻、四方，莫不來朝，其能力及地位之尊貴自不待說。晉國初封時，與魯國一樣，都是諸侯中的大國。又據《尚書・文侯之命》，周平王東遷之前，平王即命晉文侯為「侯伯」。晉武公只作一軍，這與晉國實際掌管的國土面積，以及晉國作為「侯伯」的舊有等級，嚴重不符。周王室只許晉作一軍，其實意味著晉武公以小宗滅大宗，雖然為諸侯，但並未接續晉國大宗嗣位的合法性。

據《詩經》毛傳、鄭箋，晉武公只受天子之卿的命服，其車馬、器服皆為六，而晉武公亦滿足於此命服。《詩經・唐風・無衣》毛傳：「諸侯不命於天子，則不成為君。」鄭箋：「武公初並晉國，心未自安，故以得命服為安。」晉武公是否滿足於此命服不得而知，晉武

---

13　〔漢〕司馬遷：《史記》（北京：中華書局，1959年），卷39，頁1640。

14　《十三經注疏》，頁1772中。

15　《十三經注疏》，頁1772中。

16　〔清〕王國維：〈殷商制度論〉，《觀堂集林》（北京：中華書局，1959年），卷10，頁9a。

17　吳鎮烽：《商周青銅器銘文暨圖像集成》（上海：上海古籍出版社，2012年），圖版06274，頁493。

公受六命之服，這其實在周禮之外，給晉國一個不合於諸侯身分的命服。從另一個意義上說，晉甚至有不被承認為國的風險。這實際意味著晉武公以小宗滅大宗，雖然為諸侯，但並未接續晉國大宗嗣位的合法性。

## （二）晉獻公朝王，獲得嗣位的合法性

晉獻公是《左傳》記載中唯一一個諸侯在即位當年朝王的諸侯。

> 《左傳》莊公十八年：春，虢公、晉侯朝王，王饗醴，命之宥，皆賜玉五瑴，馬三匹。

晉武公即位第二年即去世，未及朝王，晉獻公即位當年的春天，即朝王，希冀獲取周王室的更多支持，證明嗣位的合法性。晉獻公朝王，從文獻記載看，很快就得到了政治效應。《左傳》莊公十八年：「王饗醴，命之宥。皆賜玉五瑴，馬三匹。」[18]晉侯爵位雖只是侯，但其賞賜與虢公相同。王室僭越等級，給予晉侯「公」的待遇。王室為何待之以尊禮，史料未明，不知其所以。但從《史記》所記載的周王受賂而封曲沃武公為諸侯來看，獻公朝王很可能也帶去了貴重財物，由此在饗禮上方獲得了與他的地位不相稱的賞賜。可以說，在王室饗禮上，晉侯從周王室那兒獲得變相的承認，晉國被當作大國對待。

晉獻公之世，晉有不錯的軍事實力，《韓非子》：晉「并國十七，服國三十八，戰十有二勝」[19]，晉獻公十六年，晉作二軍。雖作二軍，但晉仍不是一個大國。晉獻公時，晉滅耿、霍、原；晉獻公二十

---

18 《十三經注疏》，頁1773上。

19 〔清〕王先慎著，鍾哲點校：《韓非子集解》（北京：中華書局，1998年），卷15，頁368。

二年，晉滅上陽，虢滅。晉之所以滅虢，原因有三：一是因為自曲沃伐晉以來，虢公受周王之命，屢次攻打晉國；二是晉獻公立以後，滅公族以鞏固公室，晉國公族子弟多逃居在虢；三是因為虢扼守殽函之固，是晉東進的必經之路。晉獻公出於自身利益，曾與虢公一起朝王，二十二年之後又滅虢，而這已不是周王所能掌控的事情，晉國已走在復國之路上。

## （三）晉文公通過王室饗禮獲得侯伯的策命

### 1　晉文公第一次朝王並受饗，但並未得侯伯之策命

據《國語・晉語》記載，逢王室王子帶之亂，晉文公的舅舅子犯（咎犯）建議「求霸莫如內王」。《左傳》僖公二十五年記載，與子犯同樣跟隨重耳流亡的狐偃亦有相似的建言：「求諸侯，莫如勤王。諸侯信之，且大義也。繼文之業，而信宣於諸侯，今為可矣。」[20] 子犯和狐偃跟隨晉君時間久遠，深知晉君的想法，一個說「求霸」，一個說「求諸侯」，「求霸」和「求諸侯」實際是同一件事，即統領諸侯作霸主，作了霸主，方能「繼文之業」。上一任霸主齊桓公已去世七八年，中原無霸，王子帶之亂，遷延十四年之久，一朝去除王室此患，正好借機登上霸主的寶座。子犯、狐偃二人不約而同地指出晉侯「納王」是成為霸主的便捷條件。正是深知「納王」的重要性，晉人辭掉了秦伯，獨自出兵平定王子帶之亂，納王於成周。

　　《左傳》僖公二十五年：夏四月丁巳，入于王城，……戊午，晉侯朝王，王享醴，命之宥。請隧，弗許，曰：「王章也。未

---

20　《十三經注疏》，頁1820下。

有代德而有二王，亦叔父之所惡也。」與之陽樊、溫、原、欑茅之田。[21]

僖公二十五年，晉文公第一次朝王並受王室饗禮，這是否讓晉國如願獲得霸業？恐怕未必。「（王）與之陽樊、溫、原、欑茅之田。晉於是始啟南陽。」晉國受賞賜土田，不過是繼續開疆拓土，延續了晉獻公時期的兼併戰爭，霸業仍不可得。狐偃所說「繼文之業」，尤其邈不可尋。所謂「繼文之業」，指「欲繼文侯之功業而使信義宣布於諸侯」[22]。

晉文侯在兩周之際，殺周攜王，結束兩王並立的局面，清華簡《繫年》、《竹書紀年》皆有敘述[23]。其功勳卓著，周平王策命其為侯伯，其事載在《尚書·文侯之命》，平王命為侯伯，並饗文侯。《尚書》孔安國注：「平王立而東遷洛邑，晉文侯迎送安定之，故錫命焉。」「平王命為侯伯」，[24]周王賞賜晉文侯「秬鬯一卣、彤弓一、彤矢百、盧弓一、盧矢百、馬四匹」[25]。秬鬯和彤弓分別意味著祭天和專征伐的權力（詳見下文論述），周天子將部分神權、兵權分給晉文侯，這樣的王室饗禮至高無上。晉文公受賜土地，這和晉文侯比起來，不啻天壤之別。單憑平定王室內亂，並未讓晉文公如願當上霸主。

21 《十三經注疏》，頁1820下。

22 《十三經注疏》，頁1820下。

23 李學勤編：〈繫年〉，《清華大學藏戰國竹簡》（貳）（上海：中西書局，2011年），頁138。李民、楊擇令、孫順霖、史道祥：《古本竹書紀年譯注》（鄭州：中州古籍出版社，1990年），頁89。

24 《尚書·文侯之命》，《十三經注疏》，頁253下。

25 《尚書·文侯之命》，《十三經注疏》，頁254中。

## 2 晉文公第二次朝王並受饗，被策命為侯伯

晉文公整頓晉惠公和晉懷公的勢力之後，圖霸的野心更強烈了。在城濮之戰前，晉國改作三軍。《左傳》僖公二十七年：「蒐于被廬，作三軍。」杜注：「閔公元年，晉獻公作二軍，今復大國之禮。」[26]杜注所謂「復」，即復為大國，首先，體現在軍隊的建制，為三軍，其次，其君為侯伯。軍隊的建制由晉國自己說了算，而策命為侯伯，仍然要求之於周王。

晉文公復為侯伯的願望在城濮之戰後的王室饗禮上得以實現。據子犯編鐘銘，僖公二十八年城濮之戰後，晉獻俘於王，王賞賜子犯，子犯作編鐘，稱揚自己助晉文公復其邦國：「子犯佑晉公左右，來復其邦。」（《新收殷周青銅器銘文暨器影彙編》圖版1008-1011》）復，不僅指重耳流亡在外十九年之後回晉國主政，還指通過城濮之役，晉文公終於獲得周王的冊命成為侯伯。

依據文獻記載，晉文公從獻俘到受饗一如晉文侯。首先，戰後獻捷，其禮如晉文侯。《左傳》僖公二十八年：「丁未，獻楚俘于王：駟介百乘，徒兵千。鄭伯傅王，用平禮也。」杜注：「（襄王）以周平王享晉文侯仇之禮享晉侯。」[27]杜注誤將獻捷之禮與饗禮混合為一。獻捷和饗禮實不在同一天，所謂「用平禮也」，指「鄭伯傅王」而言。依據《左傳》的記載推測，晉文侯獻捷於周，鄭武公是王室之卿，在獻俘典禮上作過周王的司儀。現今晉文公獻捷，鄭文公雖已不是王室之卿，但此時卻充當了王室之卿。王室饗禮對晉文公用晉文侯之禮，由鄭伯作司儀，這就是「鄭伯傅王，用平禮也」。鄭伯非周王卿士，卻司卿士之職，這是因為城濮戰後，晉文公令諸侯「各復舊職」，於

---

26　《十三經注疏》，頁1822下。

27　《十三經注疏》，頁1825下。

是鄭文公得以「戎服輔王，以授楚捷」[28]。所以「鄭伯傅王」，由晉文公一手策劃，其目的非常明顯，即復製當年周王待晉文侯之禮。

其次，王室饗晉文公，一如晉文侯。晉文公獻捷之後的第三天，周襄王饗晉文公，《左傳》僖公二十八年：「己酉，王享醴，命晉侯宥。王命尹氏及王子虎、內史叔父策命晉侯為侯伯，賜之大輅之服、戎輅之服，彤弓一、彤矢百，玈弓矢千，秬鬯一卣，虎賁三百人。」[29]饗禮上的策命如晉文侯，饗禮上的賞賜亦如晉文侯。王室賞賜的秬鬯，《禮記‧表記》：「天子親耕粢盛、秬鬯，以事上帝。」[30]《周禮‧春官》有「鬯人」一職，「掌共秬鬯而飾之」[31]。《左傳》杜注：秬鬯，「所以降神。」[32]秬鬯本是天子祭神所用之物，現在用以賞賜霸主。王室賞賜的「彤弓」，則有「專征伐」之意。據《小雅‧彤弓》毛詩序，「諸侯敵王所愾而獻其功，王饗禮之，於是賜彤弓一、彤矢百、玈弓矢千。凡諸侯賜弓矢，然後專征伐。」[33]《尚書‧文侯之命》孔安國注亦有類似說法：「諸侯有大功，賜弓矢，然後專征伐。彤弓以講德、習射、藏示子孫。」[34]在傳世文獻中，周王同時賞賜彤弓、秬鬯，除了晉文公外，僅見於賞賜晉文侯。周襄王饗晉文公，猶如周平王饗晉文侯。在王室饗禮上，晉文公獲得與晉文侯平等的殊榮。而晉文公獲得虎賁三百人，「志在宿衛，賜以斧鉞，使得專殺」[35]，比晉文侯獲得的馬四匹更為隆重。至此，晉文公方始「繼文之業」，承繼晉

---

28 《十三經注疏》，頁1985下。

29 《十三經注疏》，頁1825下。

30 《十三經注疏》，頁771上。

31 《十三經注疏》，頁1640下。

32 《十三經注疏》，頁1826上。

33 《宋本毛詩詁訓傳》（北京：國家圖書館出版社，2017年），第2冊，頁54。

34 《十三經注疏》，頁254中。

35 《十三經注疏》，頁1233中。

文侯之策命，接替晉文侯一脈，成為晉國君位的繼承者。

晉文公在王室饗禮上所受彤弓這一賞賜，尤其為晉人所津津樂道。《左傳》襄公八年記載，晉范宣子聘魯，魯公饗宣子，武子為之賦《彤弓》，范宣子曰：「城濮之役，我先君文公獻功于衡雍，受彤弓于襄王，以為子孫藏。丐也，先君守官之嗣也，敢不承命？」[36]晉文公在饗禮上受彤弓，專征伐，晉稱霸中原，再不用擔心「晉侯非嗣」，而晉文公的霸業亦借饗禮上的彤弓而被繼承下來。

## 三　晉士會因王室饗禮而修晉國之法

晉文公之子晉襄公尚能繼承晉文霸業，但到晉靈公時，晉霸業衰落。至晉景公、晉厲公，相繼圖霸，至晉悼公時，晉國復霸。晉悼公的復霸事業可以追溯至晉景公時。晉卿士會滅赤狄潞氏，獻俘於王，同時，士會平王室權臣之內亂，周定王饗士會。士會因王室饗禮上認識到講習禮樂的重要性，歸而修晉國之法。正是修晉國之法，晉悼公方能復霸。

曲沃代晉以前，未列於諸侯，沒有過邦交、聘使，自然不識王室饗禮，相關禮儀知識匱乏。曲沃代晉之後，晉獻公元年朝王，晉人始知王室饗禮；周天子又相繼饗晉文公二次，距離周王饗晉獻公相隔二十七年、三十年。從晉獻公到晉文公，晉人參與王室饗禮，都只是個學習者的角色，晉人對於饗禮的認識直接來源於實踐。不管怎樣，晉侯受三次王室饗禮，晉人知道王室饗禮禮儀。但在周王饗晉文公三十九年之後，周王饗士會，晉卿士會遭遇了人生中的一次尷尬。

---

36　《十三經注疏》，頁1940上。

　　　　《左傳》宣公十六年：冬，晉侯使士會平王室，定王享之。原
　　　襄公相禮，殽烝。武季私問其故。王聞之，召武子曰：「季
　　　氏！而弗聞乎？王享有體薦，宴有折俎。公當享，卿當宴，王
　　　室之禮也。」武子歸而講求典禮，以修晉國之法。[37]

　　作為晉國之卿，士會驚異地發現王室饗禮的不同，此前他聞所未
聞，他說：「吾聞王室之禮無毀折，今此何禮也？」[38]「聞」，說明士
會作為一國之卿，只是耳聞王室饗禮。士會耳聞的來源，很有可能是
兩位晉侯三次受王室饗禮，只知以諸侯為賓的饗禮上有「無毀折」的
「體薦」，不知道以卿為賓的饗禮上無「體薦」，只有「折俎」[39]。《國
語》也記載了這次饗禮，具有相似的情節。在被告知王室饗禮之義
時，士會羞愧難當，「遂不敢對而退，歸乃講聚三代之典禮，於是乎
修執秩之法，以為晉法。」[40]綜合《左傳》、《國語》，可以看到如下幾
個事實：一則周王室饗禮仍然存在，饗禮分等級；二則晉人禮樂知識
不夠，不知周王饗諸侯和饗卿的禮儀不同，難免露怯；三則晉士會歸
而修晉國執秩之法。此執秩之法，正是晉文公曾經稱霸的關鍵，也是
後來晉悼公復霸的關鍵。

　　《國語・周語》「歸乃講聚三代之典禮，于是乎修執秩之法」徐
元誥注：「謂晉于是始備主三代典禮之官也。」這樣的理解是錯誤
的。三代之禮，指夏商周之禮。三代之禮相因，周在夏商之禮上加以
損益，而成周禮。故士會講求三代典禮，實際上就是學習周禮。士會

---

37　《春秋左傳正義》宣公十六年，阮元校刻：《十三經注疏》，頁1888下-1889上。

38　〔清〕徐元誥：《國語集解》，頁57。

39　楊伯峻認為饗禮上只有體薦，折俎是燕禮之物。實際上王室饗禮有體薦，亦有折
　　俎，分別適用於諸侯和卿。士會為卿，故饗禮上只有折俎，而無體薦。楊伯峻：
　　《春秋左傳注》（北京：中華書局，1990年），頁770。

40　〔清〕徐元誥：《國語集解》，頁61。

「講聚」典禮,「講聚」之義,應該是討論、搜輯三代之典禮,為我所用。士會之所以這樣做,顯然是受激於王室饗禮。春秋時期,王室饗禮雖久未使用,但是饗禮依舊,而晉人不知,顯示出晉人對於傳統禮樂知識的匱乏;晉力圖霸業,卻沒有與大國霸業相適應的文化、制度,這讓人難堪。

執秩之法,是晉文公主政時所修之法,其宗旨是遵循古已有的周禮。晉文公採取一系列行動整頓綱紀、文教,使民樂於趨從,其中包括「大蒐以示之禮,作執秩以正其官。所謂「執秩」,杜注:「執秩,主爵秩之官。」[41]「蓋文公剙此法,而特舉大蒐以頒之也。」[42]此法為晉文公初創,但來源於周禮。楊伯峻《春秋左傳注》謂執秩之法即「《周禮‧太宰》所謂『以八法治官府』之法」[43]。晉文公實行執秩之法,城濮一戰而稱霸,《左傳》將晉國之霸歸之於晉文公的文教之功:「一戰而霸,文之教也。」[44]林堯叟注:「由晉侯以文德教民故也。」[45]晉士會講求三代典禮,最終目的是對晉文公所修之執秩禮加以修正、推行,重整文教。

士會以中軍帥兼大傅,修禮法是其分內之事。宣公十六年,士會率晉國滅赤狄潞氏,獻俘於王,獲周王賜命;晉景公命士會將中軍,為大傅,掌管軍政的同時,掌管禮制。楊伯峻《春秋左傳注》:「大傅,蓋晉主禮刑之近官,此則以中軍帥兼之。」[46]士會修晉國之法的結果,晉國之盜皆逃奔於秦[47],國內文教大治。《國語‧周語》韋昭注

---

41 《十三經注疏》,頁1823上。

42 〔清〕董增齡:《國語正義》(清光緒章氏訓堂刻本),卷2,頁24b。

43 〔清〕徐元誥:《國語集解》,頁447。

44 《十三經注疏》,頁1823。

45 〔晉〕杜預、〔宋〕林堯叟:《左傳杜林合注》(清文淵閣四庫全書本),卷13,頁5a。

46 楊伯峻:《春秋左傳注》,頁768。

47 《十三經注疏》,頁1889上。

云：「晉文公蒐于被廬，作執秩之法。自靈公以來，闕而不用，故武子（士會）修之，以為晉國之法。」[48]晉靈公以來，掌權的趙氏任用姻親，執秩之法被廢，是士會接續了晉文公賴以創立霸業的執秩之法，並將其作為晉國之常法。

執秩之法，對晉國復霸意義重大。成公十六年晉厲公時，鄢陵之戰勝楚，結束了對楚抗爭之中的弱勢；成公十八年，晉悼公即位，「使士渥濁為大傅，使修范武子之法。」[49]范武子即士會，士渥濁即士貞子，士會之子。士會之子被任命為大傅，修士會之法，《左傳》認為晉國不改常規舊典，沿用士會之法是晉悼復霸之由：「官不易方，爵不踰德，……所以復霸也。」[50]杜注：「官守其業，無相踰易。」[51]士貞子之所以被任命為大傅，不在於他世襲官位。晉悼公認為他「帥志博聞，而宣惠于教也。」[52]此指士貞子博聞三代之禮，定晉國之官爵，舉賢任能，鋤奸黜惡，能守執秩之法。《國語·晉語》載晉悼公云：「武子宣法以定晉國，至於今是用。」韋昭注：「法，執秩之法。」[53]士會之法，士貞子守之，晉國賴之以霸。春秋中後葉，悼公霸業全盛，「晉的國力發揮得最為盡致」[54]。晉士會不識王室饗禮，這成為一個反面的刺激，令他回去講習周禮，重修執秩之法，回歸周禮，助晉國復霸。

《呂氏春秋·原亂》：晉文公「振廢滯，匡乏困，救災患，禁淫慝，薄賦斂，宥罪戾，節器用，用民以時。」《左傳》成公十八年：

---

48 〔清〕徐元誥：《國語集解》，頁61。
49 《十三經注疏》，頁1923下。
50 《十三經注疏》，頁1924中。
51 《十三經注疏》，頁1924中。
52 〔清〕徐元誥：《國語集解》，頁406。
53 〔清〕徐元誥：《國語集解》，頁405。
54 童書業：《春秋史》（北京：商務印書館，2010年），頁208。

「晉悼公即位于朝。始命百官，施捨己責，匡乏困，救災患，禁淫
慝，薄賦斂，宥罪戾，節器用，時用民，欲無犯時。」楊伯峻注：
「晉文公初即位時亦如此，⋯⋯悼公則效而行之。」依據《左傳》和
《呂氏春秋》，晉文公在周禮的基礎上制定了一系列規章，被晉悼公
完整地繼承，這無疑得益於士會及其子士貞子的功勞。

## 四　結論

　　王室饗禮對晉國稱霸來說，意義重大。晉人力求通過王室饗禮獲
得合法的地位、權力，成為春秋時期的霸主；晉人又審時度勢，溯源
於傳統，修晉國之文教，使晉國在悼公時期復霸。文獻記載的春秋王
室饗禮雖不多，但王室饗禮保持著固有傳統，仍是諸侯權力的來源，
晉人於王室饗禮所獲實多。周德雖衰，但春秋諸侯仍有求於周王室。
晉人親沐王室饗禮，創設禮樂制度，從而獲得了長足的發展。晉國借
王室饗禮稱霸、復霸，正是春秋諸侯受益於「禮」的典範。

# 春秋齊國卿數獻疑

黃聖松[*]

## 摘 要

　　本文以《春秋經》、《左傳》為主要研究範圍，旁及《國語》、《史記》與其他先秦史料，整理春秋時代齊國卿數。十五位齊君雖有一君之卿僅知一位，六君之卿僅知高、國二氏，然亦見安孺子、悼公、平公在有三卿，桓公、靈公、莊公、景公有五卿與齊簡公有六卿同時在職，傳統認為齊國僅三卿之說實有商榷必要。經本文討論已證齊桓公時有五卿在位，鄭、宋既於同時期已見四、六卿，推論桓公時已備六卿。桓公後雖歷孝、昭、懿、惠、頃五君僅見高、國二卿，然頃公後之靈公、莊公、景公曾達五卿之數。景公後之安孺子與悼公在位合計僅五年，雖僅見高、國、陳三卿，然繼悼公為君之簡公在位亦僅四年，卻見六卿在位。可證桓公時已備六卿，且終春秋之世齊國皆常設六卿。至於部分齊君僅見高、國二氏記載，筆者認為乃因諸卿分工，往往參與國際事務如會盟與征戰，乃至出奔時方見載《春秋經》、《左傳》，故未能詳載齊卿之名。

**關鍵字：**春秋時代、齊國、卿、《春秋經》、《左傳》

---

* 成功大學中國文學系教授。

# 一　前言

漢人許慎（西元30？-124？年）《說文解字》：「卿，章也，六卿：天官冢宰、地官司徒、春官宗伯、夏官司馬、秋官司寇、冬官司空，从𠨍、皀聲。」[1]許氏以《周禮》「六官」釋「卿」，清人朱駿聲（1788-1858）《說文通訓定聲》：[2]

> 〈王制〉：「三公、九卿」，[3]疑益以少師、少傅、少保，此夏制也。漢之九卿，謂太常、光祿、衛尉、廷尉、大僕、大鴻臚、宗正、大司農、少府等也。《廣雅·釋詁一》：「卿，君也。」[4]《禮記·王制》：「諸侯之上大夫卿。」《注》：「上大夫曰卿。」[5]《管子·揆度》：「卿大夫豹飾。」《注》：「卿大夫，上大夫也。」[6]又〈王制〉：「大國三卿，皆命于天子。次國三卿，二

---

1　〔漢〕許慎著，〔清〕段玉裁注：《說文解字注》（臺北：黎明文化事業公司，1994年，據經韵樓藏版影印），頁436。

2　〔清〕朱駿聲：《說文通訓定聲》（北京：中華書局，1984年，據臨嘯閣刻本影印），頁869。

3　原句見《禮記·王制》：「天子：三公、九卿、二十七大夫、八十一元士。」漢人鄭玄《注》：「此夏制也。」見〔漢〕鄭玄注，〔唐〕孔穎達正義：《禮記注疏》（臺北：藝文印書館，1993年，據清嘉慶二十年〔1815〕江西南昌府學版影印），頁220。

4　原句見《廣雅·釋詁一》：「乾、宮、元、首、主、上、伯、子、男、卿、大夫、令、長、龍、嫡、郎、將、日、正，君也。」見〔三國魏〕張揖著，〔清〕王念孫疏證，鍾宇訊整理：《廣雅疏證》（北京：中華書局，1983年，據清嘉慶年間王氏家刻本影印），頁5。

5　原句見《禮記·王制》：「諸侯之上大夫卿、下大夫、上士、中士、下士，凡五等。」鄭《注》：「上大夫曰卿。」見〔漢〕鄭玄注，〔唐〕孔穎達正義：《禮記注疏》，頁212。

6　原句見《管子·揆度》：「卿大夫豹飾，列大夫豹幨。」《注》：「卿大夫，上大夫

卿命于天子，一卿命于其君。小國二卿，皆命于其君。」[7]《儀禮‧大射儀》：「小卿」，《注》：「命于其君者也。」[8]《禮記‧曲禮》：「國君不名卿老、世婦。」《注》：「上卿也。」[9]

此外，《尚書‧甘誓》亦見「大戰于甘，乃召六卿」之文，題漢人孔安國（西元156？-74？年）《傳》：「天子六軍，其將皆命卿」；[10]是以帥軍者為卿。又《毛詩‧大雅‧緜》：「乃召司空，乃召司徒，俾立室家」；漢人鄭玄（西元127-200年）《箋》：「司空、司徒，卿官也」；[11]則周人最早見諸文獻之卿乃司空、司徒。出土西周重器〈作冊令方彝〉：「唯八月，辰才甲申，王令周公子明尹三事三方，受卿士寮。」[12]「卿士寮」有學者訓為「卿事寮」，應與傳世文獻常見之「卿士」頗具關聯。[13]然本文僅論《春秋經》與《左傳》所載諸侯之卿，卿士當另文說

---

也。」見題〔春秋齊〕管仲著，黎翔鳳校注，梁運華整理：《管子校注》（北京：中華書局，2004年，據上海涵芬樓影印宋刊楊忱本為底本校注），頁1371。

7 原句見《禮記‧王制》：「大國：三卿，皆命于天子。……次國：三卿，二卿命於天子，一卿命於其君。……小國：二卿，皆命于其君。」見〔漢〕鄭玄注，〔唐〕孔穎達正義：《禮記注疏》，頁220。

8 原句見《儀禮‧大射儀》：「小卿賓西，東上。」鄭《注》：「小卿，命於其君者也。」見〔漢〕鄭玄注，〔唐〕賈公彥疏：《儀禮注疏》（臺北：藝文印書館，1993年，據清嘉慶二十年〔1815〕江西南昌府學版影印），頁191。

9 原句見《禮記‧曲禮下》：「國君不名卿老、世婦。」鄭《注》：「卿老，上卿也。」見〔漢〕鄭玄注，〔唐〕孔穎達正義：《禮記注疏》，頁71。

10 題〔漢〕孔安國傳，〔唐〕孔穎達正義：《尚書注疏》（臺北：藝文印書館，1993年，據清嘉慶二十年〔1815〕江西南昌府學版影印），頁98。

11 〔漢〕毛亨傳，〔漢〕鄭玄注，〔唐〕孔穎達正義：《毛詩注疏》（臺北：藝文印書館，1993年，據清嘉慶二十年〔1815〕江西南昌府學版影印），頁548。

12 馬承源：《商周青銅器銘文選》（北京：文物出版社，1988年），第3冊，頁67。

13 張廣志、李學功《三代社會形態——中國無奴隸社會發展階段研究》：「銘文之『卿事』，當即文獻之『卿士』。」見張廣志、李學功：《三代社會形態——中國無奴隸社會發展階段研究》（西安：陝西師範大學出版社，2001年），頁127。

明，於此不再展開。[14]晁福林《先秦社會形態研究》認為「古文字卿像兩人相向就食之形。在金文中，公卿之卿、方向之向（鄉）、饗食之饗，皆為一字。就本義而言，饗當為本義，饗食之時人皆向食，故而引申為向（鄉），參與饗禮者便稱為卿。」[15]晁氏之說或有其理，讀者可予參考。

《左傳》僖公十二年：「冬，齊侯使管夷吾平戎于王，使隰朋平戎于晉。王以上卿之禮饗管仲。管仲辭曰：『臣，賤有司也。有天子之二守國、高在，若節春秋來承王命，何以禮焉？陪臣敢辭。』……管仲受下卿之禮而還。」晉人杜預（西元222-285年）《春秋經傳集解》（以下簡稱《集解》）：「國子、高子，天子所命，為齊守臣，皆上卿也。」[16]所謂「有天子之二守」者，經師常以《禮記・王制》解釋：「大國：三卿；皆命於天子。……次國：三卿；二卿命於天子，一卿命於其君。……小國：二卿；皆命於其君。」漢人鄭玄（西元127-200年）《注》：「命於天子者，天子選用之。」[17]許倬雲〈春秋政制略述〉認為「齊以國、高二卿，地位最高。……由此推測，大約周初分封建國，每國有一二卿是王室直接委任的，故地位較普通的卿要高些。」[18]李玉潔《中國早期國家性質：中國古代王權和專制主義研究》則釋「天子之二守」「或許是周天子派在齊的監國。」[19]許、李二

---

14 關於「卿士寮」、「卿事寮」諸家論述，可參何景成：《西周王朝政府的行政組織與運作機制》（北京：光明日報出版社，2013年），頁179-184。

15 晁福林：《先秦社會形態研究》（北京：北京師範大學出版社，2003年），頁187。

16 〔晉〕杜預集解，〔唐〕孔穎達正義：《春秋左傳注疏》（臺北：藝文印書館，1993年，據清嘉慶二十年〔1815〕江西南昌府學版影印），頁223。為簡省篇幅及便於讀者閱讀，下文徵引本書時，還於引文後夾注頁碼，不再以注腳呈現。

17 〔漢〕鄭玄注，〔唐〕孔穎達正義：《禮記注疏》，頁220。

18 許倬雲：〈春秋政制略述〉，收入氏著：《求古編》（臺北：聯經出版事業公司，1982年），頁364。

19 李玉潔：《中國早期國家性質：中國古代王權和專制主義研究》（開封：河南大學出版社，1999年），頁184。

氏之見或可參考。此外，《國語・齊語》：「參國起案，以為三官，臣立三宰，工立三族，市立三鄉，澤立三虞，山立三衡。」三國吳人韋昭（西元204-273年）《注》：「三宰，三卿也，使掌群臣也。」[20]由上引《左傳》、〈王制〉與〈齊語〉之文，導致近現代學者多謂春秋齊卿為三位，[21]或對此略而不談。若依〈王制〉所載，齊可謂大國矣。考諸《左傳》所錄史實，晉亦常設六位軍帥、軍佐，[22]是晉有六卿已無

---

20 題〔周〕左丘明著，〔三國吳〕韋昭注：《國語韋昭註》（臺北：藝文印書館，1974年，影印天聖明道本・嘉慶庚申〔1800〕讀未見書齋重雕本），頁164。

21 李玉潔《中國早期國家性質》：「卿，齊國的卿可分為上卿和下卿。因為齊是周王朝的臣屬諸侯國，故齊國的上卿是天子所命的卿。齊國的國氏、高氏是上卿，或許是周天子派在齊的監國。國、高二氏在齊國是世襲的，很有勢力，最為顯赫。……下卿，是齊國君任命的卿。春秋以後，齊國君所任命的卿雖屬下卿，卻是實際執政者。……齊國的三卿，有時亦稱三宰。」見李玉潔：《中國早期國家性質》（臺北：雲龍出版社，2003年），頁242-243。又王貴民、楊志清：《春秋會要》於卷四「職官一」謂「齊二守，上、次、下卿」；言下之意乃謂齊僅三卿。見王貴民、楊志清：《春秋會要》（北京：中華書局，2009年），頁73。又晁福林《春秋戰國的社會變遷》：「齊國地位最高的職官稱為上卿，世為周王朝所直接任命的國氏、高氏擔任。然而，執掌齊政的則是相。相傳春秋初期，齊桓公就曾任命管仲為相。春秋中期齊景公的時候，崔杼為右相，慶封為左相。另有晏嬰是齊景公時聞名於世的名相。春秋後期，田氏為相，盡攬齊國大權。」言下之意乃謂齊卿除國、高二位上卿外，另有「相」為第三位卿。齊景公時則分「右相」與「左相」，偶然有第四位卿。見晁福林：《春秋戰國的社會變遷》（北京：商務印書館，2011年），頁707。又張芹〈春秋戰國時期齊國官制研究〉：「齊國可以有三個上卿，上卿是除了國君之外，權力最大的官位。上卿其中兩個由周天子任命，不能由分封國國君來任免，齊國在分封時，周天子任命國氏和高氏為齊國的上卿，一方面代天子「監國」，另一方面，在國君不在時，代國君行政，甚至有廢、立國君的權力。剩下的一卿由諸侯國自己任命。但是，西周時期齊國自己任命的上卿卻始終未見姓名，似乎並未使用自己可以任命上卿的權力。」見張芹：〈春秋戰國時期齊國官制研究〉，《哈爾濱師範大學社會科學學報》2016年第3期，頁147-148。

22 〔晉〕設三軍與六位軍帥、軍佐時間頗長，雖成公三年《傳》載：「十二月甲戌，晉作六軍」（頁438），然大約在魯成公十三年（西元前578年）時裁撤新設之二軍，又於襄公十四年《傳》：「新軍無帥，故舍之。」（頁562）自魯成公三年（西元前588年）作六軍，至魯襄公二十四年（西元前559年）完全裁撤新設之三軍，僅約歷三十年。

疑義。此外，宋亦見六卿之數，[23]文公六年《左傳》明言宋國「六卿和公室」（頁317），可為實證。近人楊伯峻（1909-1992）《春秋左傳注》（以下簡稱《左傳注》）謂宋國「以右師、左師、司馬、司徒、司城、司寇為六卿」；至於宋六卿次第時有稍異，《左傳注》認為「蓋因時世之不同，六卿之輕重遂因之而移易。」[24]再如襄公九年《左傳》：「將盟，鄭六卿公子騑、公子發、公子嘉、公孫輒、公孫蠆、公孫舍之及其大夫、門子，皆從鄭伯」（頁528）；又昭公十六年《左傳》：「夏四月，鄭六卿餞宣子於郊」（頁828）；亦可證鄭有六卿。近人童書業（1908-1968）《春秋左傳研究》謂「鄭六卿為：當國、為政、司馬、司空、司徒、少正」，[25]孔令紀等《中國歷代官制》、顧德融與朱

---

23 孔令紀等：《中國歷代官制》（濟南：齊魯書社，1993年），頁12。顧德融、朱順龍：《春秋史》（上海：商務印書館，2001年），頁292。晁福林：《春秋戰國的社會變遷》（北京：商務印書館，2011年），頁713-714。

24 楊伯峻：《春秋左傳注》（北京：中華書局，2000年），頁556。宋國六卿可見五則記載，一見文公七年《左傳》：「夏四月，宋成公卒。於是公子成為右師，公孫友為左師，樂豫為司馬，鱗矔為司徒，公子蕩為司城，華御事為司寇。」《集解》：「六卿，皆公族。」（頁316）再見文公十六年《左傳》：「昭公無道，國人奉公子鮑以因夫人。於是華元為右師，公孫友為左師，華耦為司馬，鱗鱹為司徒，蕩意諸為司城，公子朝為司寇。」（頁348）三見成公十五年《左傳》：「秋八月，葬宋共公。於是華元為右師，魚石為左師，蕩澤為司馬，華喜為司徒，公孫師為司城，向為人為大司寇，鱗朱為少司寇，向帶為大宰，魚府為少宰。」（頁467）四見昭公二十二年《左傳》：「宋公使公孫忌為大司馬，邊卬為大司徒，樂祁為司城，仲幾為左師，樂大心為右師，樂輓為大司寇，以靖國人。」（頁872）五見哀公二十六年《左傳》：「宋景公無子，取公孫周之子得與啟畜諸公宮，未有立焉。於是皇緩為右師，皇非我為大司馬，皇懷為司徒，靈不緩為左師，樂茷為司城，樂朱鉏為大司寇，六卿三族降聽政，因大尹以達。」（頁1052）

25 童書業著，童教英校訂：《春秋左傳研究（校訂本）》（北京：中華書局，2006年），頁306。鄭國六卿記載散見數處，一見襄公二年《左傳》：「秋七月庚辰，鄭伯睔卒。於是子罕當國，子駟為政，子國為司馬。」（頁499）再見襄公十年《左傳》：「於是子駟當國，子國為司馬，子耳為司空，子孔為司徒。」（頁541）三見《左傳》襄公十九年：「鄭人使子展當國，子西聽政，立子產為卿。」（頁587）

順龍《春秋史》同之，[26]其說可從。宋、鄭於春秋非大國而皆有六卿，齊是否真如學者所言僅置三卿？近人劉師培（1884-1919）〈春秋時代官制考〉謂春秋「諸侯列國，皆有六卿。」[27]依此則齊亦有六卿，可惜劉氏未予論證。清人秦嘉謨（？-？）輯補《世本》設〈大夫譜〉（以下簡稱〈大夫譜〉），自西周共和元年（西元前841年）至魯哀公二十七年（西元前468年）排比史料，編輯周天子之卿士與諸侯之卿，[28]然於齊國則仍疏略，有待吾人增補考訂。筆者不揣疏陋，爬梳《春秋經》、《左傳》內容比對釐清，以〈春秋齊國卿數獻疑〉為題，將讀書心得形諸文字，就教於方家學者。

## 二 僖公、襄公、桓公之卿

### （一）僖公之卿

　　魯隱公元年（西元前722年）入春秋時為齊僖公九年，至魯桓公十四年（西元前698年）時僖公在位三十三年謝世，翌年襄公即位。僖公之卿僅見隱公七年《春秋經》：「齊侯使其弟年來聘。」《集解》：「諸聘皆使卿執玉帛以相存問。」（頁71）同年《左傳》：「齊侯使夷仲年來聘，結艾之盟也。」（頁72）《左傳注》：「仲蓋其排行，夷蓋其諡，《傳》則用其全稱。」[29]何以證夷仲年為僖公之卿？隱公二年《春秋經》：「無駭帥師入極。」唐人孔穎達（西元574-648年）《春秋正義》

---

26 孔令紀等：《中國歷代官制》，頁12。顧德融、朱順龍：《春秋史》，頁291。

27 劉師培：〈春秋時代官制考〉，收入劉師培著，鄔國義、吳修藝編校：《劉師培史學論著選集》（上海：上海古籍出版社，2006年），頁439-450。

28 〔漢〕宋衷注，〔清〕秦嘉謨等輯：《世本八種》（北京：北京圖書出版社，2008年，據商務印書館1957年《世本八種》影印），頁179-272。

29 楊伯峻：《春秋左傳注》，頁54。

（以下簡稱《正義》）：「《春秋》之例，卿乃見《經》。……諸名書于《經》，皆是卿也。故於此一注，以下不復言之。又〈王制〉云：『上大夫卿。』[30]則卿亦大夫也，故《注》多以大夫言卿。」（頁41）《正義》所言《注》即《集解》，知《集解》稱大夫為廣義用法，實含卿與狹義大夫。不唯《春秋經》稱大夫實指為卿，《左傳》亦偶見如此。如襄公十年《左傳》：「書曰『盜』，言無大夫焉。」《集解》：「大夫，謂卿。」（頁541）又襄公二十六年《左傳》：「令尹子木與之語，問晉故焉，且曰：『晉大夫與楚孰賢？』對曰：『晉卿不如楚，其大夫則賢，皆卿材也。』」（頁635）前言「晉大夫」而後稱「晉卿」，顯然此大夫實指卿。又昭公元年《左傳》：「六月丁巳，鄭伯及其大夫盟于公孫段氏。罕虎、公孫僑、公孫段、印段、游吉、駟帶私盟于閨門之外，實薰隧。公孫黑強與於盟，使大史書其名，且曰『七子』。」《集解》：「自欲同於六卿，故曰『七子』。」（頁704）《左傳》稱大夫而《集解》釋為「六卿」，知此大夫乃謂卿。清人江永（1681-1762）《鄉黨圖考》卷十認為「卿與大夫，《春秋》皆謂大夫。分言之，卿為上大夫，其大夫皆下大夫也。」[31]依江氏之見，《春秋經》所稱大夫有廣狹之分，廣義者包括卿與大夫，狹義者僅稱位階低於卿之大夫。段志洪《周代卿大夫研究》承江氏之見，認為《春秋經》、《左傳》所謂大夫乃廣義大夫，實包含卿與大夫；[32]易言之，狹義大夫指位階低於卿之大夫。[33]且

---

30 原句見《禮記・王制》：「諸侯之上大夫卿，下大夫，上士中士下士，凡五等。」見〔漢〕鄭玄注，〔唐〕孔穎達正義：《禮記注疏》，頁212。

31 〔清〕江永：《鄉黨圖考》（臺北：臺灣商務印書館，1986年，景印文淵閣四庫全書），卷10，頁5。

32 段志洪：《周代卿大夫研究》（臺北：文津出版社，1994年），頁17。惠翔宇：〈春秋卿、大夫、卿大夫的內涵生成與時代變遷——基於《春秋左傳》的歷史考察〉，《福建師範大學學報（哲學社會科學版）》2017年第6期，頁133-178。

33 朱鳳瀚：《商周家族形態研究（增訂本）》（天津：天津古籍出版社，2004年），頁458。晁福林：《春秋戰國的社會變遷》，頁642。

依《正義》所述，《春秋經》書其名之大夫乃卿。上揭隱公七年《春秋經》既載夷仲年之名，《集解》又謂春秋之聘乃使卿云云，[34]知夷仲年為僖公之卿。夷仲年又見桓公三年《春秋經》：「冬，齊侯使其弟年來聘。」（頁103）因囿於資料，僖公時唯見夷仲年一卿。

## （二）襄公之卿

襄公即位於魯桓公十五年（西元前697年）而卒於魯莊公八年（西元前686年），在位十二年。襄公時齊卿資料僅見莊公九年《左傳》：「管仲請囚，鮑叔受之，及堂阜而稅之。歸而以告曰：『管夷吾治於高傒，使相可也。』公從之。」《集解》：「高傒，齊卿，高敬仲也。」（頁145）高傒不僅任襄公之卿，至桓公仍在世。莊公二十二年《春秋經》：「秋七月丙申，及齊高傒盟于防。」《集解》：「高傒，齊之貴卿。」（頁162）第一節引僖公十二年《左傳》之《集解》：「高傒之子曰莊子」（頁223），雖不知高莊子之名與活動時間，推測父子應相繼任桓公之卿。

## （三）桓公之卿

桓公即位於魯莊公九年（西元前685年）而卒於魯僖公十七年（西元643前年），在位四十三年。桓公時另有「天子之二守」國氏，僖公十二年《左傳》之《集解》：「僖二十八年國歸父乃見《傳》，[35]歸父之父曰懿仲。」（頁223）因史料不足徵，未能確知此年所述國氏為懿仲

---

34 《集解》之意本於昭公三十年《左傳》：「唯嘉好、聘享、三軍之事於是乎使卿。」（頁927）

35 原句見僖公二十八年《左傳》：「夏四月戊辰，晉侯、宋公、齊國歸父、崔夭、秦小子憖次于城濮。」《集解》：「國歸父、崔夭，齊大夫。」（頁272）

或國歸父。[36]桓公另一位卿為管仲，其文已於第一節徵引。依《左傳》知管仲自認為「下卿」，另有「上卿」高、國二氏，至此則桓公時有高氏、國氏、管仲三卿。

此外，僖公九年《左傳》：「齊隰朋帥師會秦師納晉惠公。」《集解》：「隰朋，齊大夫。」（頁220）又僖公十年《左傳》：「夏四月，周公忌父、王子黨會齊隰朋立晉侯。」（頁221）又第一節曾引僖公十二年《左傳》：「齊侯使管夷吾平戎于王，使隰朋平戎于晉。」（頁223）又昭公十三年《左傳》：「齊桓，衛姬之子也，有寵於僖；有鮑叔牙、賓須無、隰朋以為輔佐。」（頁809）類似記載又見〈齊語〉：「唯能用管夷吾、寧喜、隰朋、賓胥無、鮑叔牙之屬而伯功立。」韋《注》：「五子，皆齊大夫也。隰朋，齊莊公之曾孫戴仲之子，成子也。」[37]將隰朋與鮑叔牙、賓須無同列而稱其為齊大夫，隰朋是否為卿可由其他資料推證。上引僖公九年《左傳》載隰朋帥齊師與秦穆公納晉公子夷吾為晉君，帥軍以納他國之君或周天子之例尚見昭公十二年《左傳》：「十有二年春，齊高偃帥師納北燕伯于陽。」《集解》：「高偃，高傒玄孫，齊大夫。」《正義》：「劉炫云：杜《譜》以偃與鄷為一，亦云高傒玄孫。案：襄二十九年《傳》云『敬仲曾孫鄷』，非玄孫也。今知非者，案《世本》：『敬仲生莊子，莊子生傾子，傾子之孫鄷。』[38]是偃為敬仲玄孫也。」（頁788）襄公二十九年《左傳》原句云：「為高氏之難故，高豎以盧叛。十月庚寅，閭丘嬰帥師圍盧。高豎曰：『苟使高氏有後，請致邑。』齊人立敬仲之曾孫鄷，良敬仲也。」《集解》：

---

36 高、國二氏世系另可參陳韻：《春秋齊之國高二氏譜系研究》（臺北：文津出版社，1989年）。

37 題〔周〕左丘明著，〔三國吳〕韋昭注：《國語韋昭註》，頁179。

38 原句見〔清〕人秦嘉謨輯補本《世本》：「敬仲生莊子，莊子生傾子，傾子之孫武子偃。」見〔漢〕宋衷注，〔清〕秦嘉謨等輯：《世本八種》，頁276。

「敬仲，高傒。」（頁674）偃與傒上古音為影母元部，[39]故《正義》引隋人劉炫（西元546？-613年？）之說，以為高偃即高傒。[40]至於高偃為敬仲曾孫或玄孫，《左傳注》謂「古人于孫以後之子孫，無論隔若干代，皆可稱曾孫，不必孫之子始得稱曾孫。《詩・小雅・信南山》『畇畇原隰，曾孫田之。』孔《疏》引鄭玄《箋》謂『自孫之子而下，事先祖皆稱曾孫』，[41]是也。」[42]依襄公二十九年《左傳》知高偃立為高氏宗子而為齊卿，故高偃以卿身分帥齊師納北燕伯。第二例見昭公二十二年《左傳》：「冬十月丁巳，晉籍談、荀躒帥九州之戎及焦、瑕、溫、原之師，以納王于王城。」（頁874）昭公九年《左傳》載「秋八月，使荀躒佐下軍以說焉」（頁781）；知魯昭公九年（西元前533年）時荀躒已為晉卿。日本人竹添光鴻（1842-1917）《左傳會箋》（以下簡稱《會箋》）：「十五年荀躒如周，籍談為介。王稱躒為伯氏，談為叔氏，是籍談為大夫也。此《傳》及後十二月，皆敘籍談於荀躒之上，談此時既為卿可知矣。」[43]《左傳注》亦言：「十五年《傳》荀躒如周，籍談為介。《左傳》敘人，俱依國之大小、位之高卑為先後次序，此敘籍談于荀躒之上，或談已為卿。」[44]二氏之見可從，籍談既序於荀躒之前，則此時亦為晉卿。第三例為昭公二十六年《左傳》：「晉知躒、趙鞅帥師納王，使汝寬守闕塞。」（頁902）知躒即荀躒，[45]是為

39 郭錫良：《漢字古音手冊》（北京：北京大學出版社，1986年），頁200-201。

40 筆者按：本文為統一名號，以後逕稱高偃。

41 原句見《毛詩・小雅・信南山》：「畇畇原隰，曾孫田之。」《正義》：「《箋》云：『自孫之子而下，事先祖皆稱曾孫。』」見〔漢〕毛亨傳，〔漢〕鄭玄注，〔唐〕孔穎達正義：《毛詩注疏》，頁460。

42 楊伯峻：《春秋左傳注》，頁1168。

43 〔日〕竹添光鴻：《左傳會箋》（臺北：天工書局，1998年），頁1650。

44 楊伯峻：《春秋左傳注》，頁1438。

45 〔清〕顧棟高著，吳樹平、李解民點校：《春秋大事表》（北京：中華書局，1993年），頁1265-1266。

晉卿。趙鞅此時亦當為晉卿，[46]此例乃二卿帥晉師納周天子。趙鞅又見哀公二年《春秋經》，是為第四例，其文曰：「晉趙鞅帥師納衛世子蒯聵于戚。」（頁993）第五例乃哀二十六《左傳》：「二十六年夏五月，叔孫舒帥師會越皋如、舌庸、宋樂茷納衛侯，文子欲納之。」《集解》：「舒，叔武之子，文子。皋如、庸，越大夫。樂茷，宋司城子。」（頁1051）叔孫舒又稱叔孫文子，依清人顧棟高（1679-1759）《春秋大事表・春秋列國卿大夫世系表》（以下簡稱《大事表》），叔孫文子乃魯國「三桓」叔孫氏宗子，[47]是為魯卿。上述五例用詞皆言某人「帥師」「納」他國某人，帥國家部隊者皆該國之卿。依此詞例推論，僖公九年《左傳》既載隰朋「帥師」「納晉惠公」，則隰朋亦當為卿。

《左傳》未載管仲與隰朋卒年，〈晉語四〉：「文公在狄十二年，狐偃曰：『……齊侯長矣，而欲親晉。管仲歿矣，多讒在側。』」韋《注》：「齊侯，桓公。長，老也。是歲桓公為淮之會，明年而卒。歿，終也。」[48]考諸《春秋經》知桓公卒於魯僖公十七年（西元前643年），[49]則管仲早桓公一年謝世，知其卒於魯僖公十六年（西元前644年）。又《史記・晉世家》：

> 惠公七年，畏重耳，乃使宦者履鞮與壯士欲殺重耳。重耳聞之，乃謀趙衰等曰：「……夫齊桓公好善，志在霸王，收恤諸侯。今聞管仲、隰朋死，此亦欲得賢佐，盍往乎？」於是遂行。[50]

---

46 黃聖松：〈清顧棟高《春秋大事表・春秋晉中軍表》證補〉，「第七屆國際暨第十二屆全國清代學術研討會」（高雄：國立中山大學中國文學系，2012年11月17-18日年），

47 〔清〕顧棟高著，吳樹平、李解民點校：《春秋大事表》，頁1227。

48 題〔周〕左丘明著，〔三國吳〕韋昭注：《國語韋昭註》，頁245。

49 僖公十七年《春秋經》：「冬十有二月乙亥，齊侯小白卒。」（頁237）

50 〔漢〕司馬遷著，〔南朝宋〕裴駰集解，〔唐〕司馬貞索引，〔唐〕張守節正義，〔日〕瀧川龜太郎考證：《史記會注考證》（高雄：復文圖書出版社，1991年），頁615。

知隰朋與管仲卒於同年，知二卿早桓公一年往生，二人活動時間幾與桓公同時。

〈大夫譜〉於桓公在位後期列仲孫湫為卿，[51]見《春秋經》閔公元年：「齊仲孫來。」《集解》：「仲孫，齊大夫。以事出疆，因來省難，非齊侯命，故不稱使也。還，使齊侯務寧魯難，故嘉而字之。」《正義》：「諸侯之卿，例當書名。此人還國，使齊侯務寧魯難，明年即有高子來盟，是齊侯用其言。魯人知其事，不書其名，嘉而字之。」（頁187）同年《左傳》：「冬，齊仲孫湫來省難，書曰『仲孫』，亦嘉之也。」《集解》：「湫，仲孫名。」（頁187）依《集解》、《正義》之釋，則《春秋經》當書諸侯之卿名；此僅記「仲孫」而不記其名，乃嘉勉仲孫湫勤勞魯事，依此則仲孫湫乃齊卿。《左傳》謂「嘉之」而於《春秋經》不稱名之例有四，除桓公十七年《春秋經》、《左傳》所述蔡季為蔡哀侯，[52]與上揭閔公元年《春秋經》、《左傳》述及仲孫湫之事，其餘二例可資討論。第一則見莊公二十五年《春秋經》：「二十有五年春，陳侯使女叔來聘。」《集解》：「女叔，陳卿。」（頁173）同年《左傳》：「二十五年春，陳女叔來聘，始結陳好也。嘉之，故不名。」《集解》：「季友相魯，原仲相陳。二人有舊，故女來聘，季友冬亦報聘，嘉好接備。卿以字為嘉，則稱名，其常也。」（頁174）依《集解》之釋知女叔為陳卿，且所言「季友冬亦報聘」者，乃該年《春秋經》「冬，公子友如陳」之事。（頁173）《集解》：「公子友，莊公之母弟。」（頁173）且依上揭《集解》，公子友此時為魯卿。第二則見閔公元年《春秋經》：「秋八月，公及齊侯盟于

---

51 〔漢〕宋衷注，〔清〕秦嘉謨等輯：《世本八種》，頁210-213。

52 桓公十七年《春秋經》：「秋八月，蔡季自陳歸于蔡。」《集解》：「季，蔡侯弟也。言歸，為陳所納。」同年《左傳》：「蔡桓侯卒，蔡人召蔡季于陳。秋，蔡季自陳歸于蔡，蔡人嘉之也。」（頁129）

落姑，季子來歸。」《集解》：「季子，公子友之字。」同年《左傳》：
「『季子來歸』，嘉之也。」（頁187）上文已說明公子友為魯卿，此處
乃嘉其人而稱字。上引二證為陳、魯之卿而《春秋經》因「嘉之」而
稱字不稱名，其例與仲孫湫同，可證仲孫湫時為齊卿，是桓公第五卿。

又莊公二十二年《左傳》：「二十二年春，陳人殺其大子御寇。陳
公子完與顓孫奔齊。顓孫自齊來奔。齊侯使敬仲為卿。辭曰：『……
所獲多矣，敢辱高位以速官謗？請以死告。……』使為工正。」（頁
162-163）《集解》：「敬仲，陳公子完」（頁162）；又釋「工正」云：
「掌百工之官。」（頁163）依傳意則桓公本欲立公子完為卿，然公子
完謂已為羈旅之臣，能納於齊「所獲多矣」，不敢高居卿位。桓公命
公子完任工正，其品秩應為狹義大夫而非卿。公子完雖未列卿班，然
桓公主動提出邀請，表示齊卿實有異動與調整空間。

總上所述，以為本節結束。襄公因資料鮮寡，僅知高傒為卿。然
依僖公十二年《左傳》「有天子之二守國、高在」之語，推論襄公時
當另有國氏，故可徵於史料者為二卿。桓公之卿除國、高二氏，另有
管仲、隰朋、仲孫湫，計有五卿在職。桓公曾欲立公子完為卿，公子
完婉謝邀請，由此可推知任卿者實可異動與調整，未必全由「世卿」
擔綱。至於何謂「世卿」，將留待下節說明。

## 三　孝公、昭公、懿公、惠公、頃公與靈公之卿

### （一）孝公之卿

孝公繼桓公為君，於魯僖公十八年（西元前642年）即位而卒於
魯僖公二十七年（西元前633年），在位十年。孝公時幾乎不見齊卿資
料，若以《左傳》言齊「有天子之二守國、高在」，則至少有國、高

二氏為卿。錢玄《三禮通論》謂「春秋時也承西周行世卿制，……齊國的高氏、國氏、崔氏、陳氏等，世世相繼為卿大夫，多則七八世，少則四五世」；[53]近人熊得山（1891-1939）《中國社會史論》亦有相同意見。[54]日本吉本道雅〈先秦時期國制史〉認為春秋時代「身為卿的世族，構成了諸侯國統治結構中的最上端部分。各個諸侯國之中，卿的成員大致一定。同時存在若干的卿成為世族統治體制完成後，體制穩定不可或缺的因素。」[55]國、高二氏長期擔任齊卿乃因其為「天子之二守」，故世襲以秉國政。然卿族是否世代為卿則又未必然，仍需佐以充分證據。孝公時高氏之卿為何人已無史料可證，然依《世本》：「敬仲生莊子，莊子生傾子，傾子之孫武子偃」；又「敬仲偃生莊子虎，莊子生傾子，傾子生宣子固」；[56]則高偃之後有高莊子與高傾子，唯不見《春秋經》、《左傳》，故孝公時高氏之卿或為莊子或為傾子。國氏可由僖公二十八年《左傳》推測：「夏四月戊辰，晉侯、宋公、齊國歸父、崔夭、秦小子憗次于城濮。」《集解》：「國歸父、崔夭，齊大夫也。」（頁272）《集解》謂國歸父為「齊大夫」應為廣義大夫，包括卿與狹義大夫。僖公二十九年《春秋經》：「夏六月，會王人、晉人、宋人、齊人、陳人、蔡人、秦人，盟于翟泉。」（頁283）同年《左傳》：「夏，公會王子虎、晉狐偃、宋公孫固、齊國歸父、陳轅濤塗、秦小子憗，盟于翟泉尋踐土之盟，且謀伐鄭也。卿不書，罪之也。在禮，卿不會公、侯，會伯、子、男可也。」《集解》：「大國之卿當小國之君，故可以會伯、子、男。」（頁283）《左傳》言「卿

---

53 錢玄：《三禮通論》（南京：南京師範大學出版社，1996年），頁339。

54 熊得山：《中國社會史論》（上海：上海書店出版社，2010年），頁154。

55 〔日〕吉本道雅：〈先秦時期國制史〉，收入〔日〕佐竹靖彥：《殷周秦漢史學的基本問題》（北京：中華書局，2008年），頁48-69。

56 〔漢〕宋衷注，〔清〕秦嘉謨等輯：《世本八種》，頁276。

不書」者，乃謂《春秋經》不書諸侯卿名以「罪之」，知國歸父為卿。魯僖公二十八年（西元前632年）昭公繼位，國歸父不唯昭公之卿，於孝公時或已為卿。若推論無誤，則孝公時至少有高、國二氏為卿，高氏未知其名而國氏應即國歸父。

## （二）昭公之卿

昭公於魯僖公二十八年（西元前632年）即位而卒於魯文公十四年（西元前613年），在位二十年。可資查考之卿為國歸父，除上揭二段記載，僖公三十三年《春秋經》：「齊侯使國歸父來聘」（頁288），爾後不見其記錄。〈周語下〉：「柯陵之會，單襄公見晉厲公視遠步高。晉郤錡見其語犯。郤犨見，其語迂。郤至見。其語伐。齊國佐見，其語盡。」韋《注》：「國佐，齊卿，國歸父之子，國武子。」[57] 國歸父之子為國武子國佐，最早見諸宣公十年《春秋經》：「齊侯使國佐來聘。」（頁381）同年《左傳》：「國武子來報聘。」（頁382）國佐繼其父國歸父為卿既已見於魯宣公十年（西元前599年），推測國歸父活動時間可能與昭公同時。上引僖公二十八年《左傳》尚提及齊大夫崔夭，《新唐書‧宰相世系表》：「崔氏出自姜姓，……季氏生穆伯，穆伯生沃，沃生野，八世孫夭生杼，為齊正卿。」[58]《新唐書》謂崔夭生崔杼而僅言崔杼「為齊正卿」，則崔夭身分當非齊卿，〈大夫譜〉列崔夭為昭公之卿應不可從。[59]昭公之卿可確知者除國歸父應尚有高氏，唯囿於缺乏史料，僅知可能為高莊子或高傾子。

---

57 題〔周〕左丘明著，〔三國吳〕韋昭注：《國語韋昭註》，頁67。

58 〔宋〕歐陽修、宋祁著：《新唐書》（北京：中華書局，1975年），頁2729。

59 〔漢〕宋衷注，〔清〕秦嘉謨等輯：《世本八種》，頁216。

## （三）懿公之卿

懿公即位於魯文公十五年（西元前612年），在位僅四年，卒於魯文公十八年（西元前609年）。因缺乏資料而未能確知其卿之名，然當仍有高、國二氏任卿。依上文所述國歸父與其子國佐活動時間推測，父子皆可能為懿公之卿。至於高氏則仍可能是高莊子或高傾子父子，或以高傾子機率較高。

## （四）惠公之卿

惠公於魯宣公元年（西元前608年）即位而卒於魯宣公十年（西元前599年），在位十年。宣公五年《春秋經》：「秋九月，齊高固來逆叔姬。……冬，齊高固及子叔姬來。」《集解》：「高固，齊大夫。」（頁376）同年《左傳》：「五年春，公如齊。高固使齊侯止公，請叔姬焉。……秋九月，齊高固來逆女，自為也。故書曰『逆叔姬』，卿自逆也。」（頁376）《集解》雖僅言高固為齊大夫，然由《左傳》謂「高固來逆女」係「卿自逆也」，知《集解》所謂「齊大夫」乃廣義大夫，高固實為卿。宣公十四年《左傳》：「桓子告高宣子曰」云云，《集解》：「宣子，高固」（頁405），可與上引《世本》之文證合。高固最晚記錄見於成公二年《左傳》，[60] 知終惠公之世高固皆為齊卿。至於國氏之卿，依上文所揭宣公十年《春秋經》、《左傳》，至少此年國佐已為國氏宗子，故惠公期間推測為國歸父、國佐父子相繼任卿。

宣公十年《春秋經》：「齊崔氏出奔衛。」（頁381）同年《左傳》：「夏，齊惠公卒。崔杼有寵於惠公，高、國畏其偪也，公卒而逐之，奔衛。書曰『崔氏』，非其罪也；且告以族，不以名。」《集解》：「高、

---

60 成公二年《左傳》：「六月壬申，師至于靡笄之下。……齊高固入晉師，桀石以投人。」（頁423）

國二家，齊正卿。」（頁381）此「高、國二家」者，高乃高宣子高固，國為國武子國武。《春秋經》作「崔氏」而《左傳》直錄其名「崔杼」，《春秋經》不書其名，《左傳》認為崔杼奔衛非其罪。唯崔杼奔衛前是否為卿？《會箋》認為「崔杼此年奔衛，至襄廿五年弑莊公，相距五十一年，又二年而自縊。說者或有疑其年歲者，不知崔杼便佞性生，弱冠已擅寵矣。」[61]《會箋》又引上揭《新唐書・宰相世系表》，以為「崔氏為丁公之後，世為大夫」；「意杼之祖若父，必有嘗為卿者。至杼雖未為卿，家世本強，已足以偪高、國，此高、國之所惡也，故因惠公卒逐之，杼實卿族也。」[62]《會箋》之論或有其理，然未能證實崔杼奔衛前已居卿位，故不列崔杼為惠公之卿。總上所述，惠公之卿可確知者為高固，另有國歸父、國佐父子，可徵於文獻者為高、國二家之卿。

## （五）頃公之卿

　　頃公即位於魯宣公十一年（西元前598年）而卒於魯成公九年（西元前582年），在位十七年。宣公十四年《左傳》、宣公十五年《春秋經》、宣公十年《左傳》、成公二年《左傳》皆見高固之事，[63]知高固仍活動於頃公前期與中期。繼高固為卿者乃其子高無咎，始見成公十五年《春秋經》而再見成公十六年《左傳》，[64]且成公十六年

---

61　〔日〕竹添光鴻：《左傳會箋》，頁725。

62　〔日〕竹添光鴻：《左傳會箋》，頁725。

63　宣公十四年《左傳》：「冬，公孫歸父會齊侯于穀，見晏桓子。……桓子告高宣子曰。」《集解》：「宣子，高固。」（頁405）又宣公十五年《春秋經》：「仲孫蔑會齊高固于無婁」（頁406）；又宣公十七年《左傳》：「齊侯使高固、晏弱、蔡朝、南郭偃會」（頁411）；又成公二年《左傳》：「齊高固入晉師，桀石以投人，禽之而乘其車」（頁423）

64　成公十五年《春秋經》：「冬，十有一月，叔孫僑如會晉士燮、齊高無咎、宋華元、

《左傳》之《集解》：「無咎，高固子。」（頁478）又成公十七年《春秋經》：「齊高無咎出奔莒。」（頁481）同年《左傳》：「秋七月壬寅，刖鮑牽而逐高無咎。無咎奔莒。高弱以盧叛。」《集解》：「弱，無咎子。盧，高氏邑。」（頁482）知高無咎見載於典籍已是頃公謝世後，然因未知高固何時致仕或謝世，故不排除頃公後期高氏宗子為高無咎而任卿。此時國氏宗子仍為國佐，可見成公二年《春秋經》：「秋七月，齊侯使國佐如師。己酉，及國佐盟于袁婁。」（頁420）且依《春秋經》、《左傳》記載，國佐活動時間頗長，歷頃公在位十七年而及靈公時期。此部分留待下文說明，不在此贅言。由上述可知頃公時期仍以高、國二家為卿。

## （六）靈公之卿

　　靈公即位於魯成公十年（西元前581年）而卒於魯襄公十九年（西元前554年），在位時間長達二十八年。上節已引資料證成高無咎活動於靈公前期，直至魯成公十七年（西元前574年）奔莒。此時高無咎之子高弱據盧邑叛齊，成公十七年《左傳》：「齊侯使崔杼為大夫，使慶克佐之，帥師圍盧。……十二月，盧降。」（頁483）原先奔衛之崔杼此時返國，靈公令其帥師圍盧，該年末盧邑降齊。《春秋經》、《左傳》爾後未見高弱事蹟，然襄公六年《左傳》載高固另一子高厚，[65]《集解》：「高厚，高固子。」（頁517）爾後數年皆見高厚之事，且數次參與國際事務，[66]足證其為卿。襄公十九年《春秋經》：「齊殺其大

---

衛孫林父、鄭公子鰍、邾人會吳于鍾離。」（頁466）又成公十六年《左傳》：「戰之日，齊國佐、高無咎至于師，衛侯出于衛，公出于壞隤。」（頁478）

65　襄公六年《左傳》：「晏弱圍棠，十一月丙辰而滅之。遷萊于郳。高厚、崔杼定其田。」（頁517）

66　襄公八年《左傳》：「季孫宿、齊高厚、宋向戌、衛甯殖、邾大夫會之。」（頁520）又襄公十年《左傳》：「三月癸丑，齊高厚相太子光，以先會諸侯于鍾離，不敬。」

夫高厚。」（頁584）同年《左傳》：「秋八月，齊崔杼殺高厚於灑藍，而兼其室。」（頁586-587）歷來經師謂《春秋經》書「大夫」者乃卿，此說可信。[67]高厚最後遭崔杼所殺，與靈公卒於同年，則靈公時高氏之卿前有高無咎而後為高厚。國氏之卿於靈公初期之成公十五年與成公十六年《春秋經》仍見國佐之名，[68]至成公十八年《春秋經》：「齊殺其大夫國佐。」（頁485）依成公十八年《左傳》，國佐遭弒而「使清人殺國勝。國弱來奔。」《集解》：「勝，國佐子。……弱，勝之弟。」（頁486）最終「齊侯反國弱，使嗣國氏」（頁486），由國弱繼為宗子。依《春秋經》、《左傳》記載，國弱活動時間延續至景公時期，此部分留待後文說明。知國弱承其父國佐為靈公之卿，直至靈公謝世。

靈公除高、國二卿，尚見第三與第四位卿。上引成公十七年《左傳》：「齊侯使崔杼為大夫，使慶克佐之，帥師圍盧。」（頁483）《會箋》：「崔杼使命為大夫，帥師圍盧，而慶克為之佐也。」[69]所謂「使崔杼為大夫」應是崔杼於魯宣公十年（西元前599年）奔衛，此時返國而重任大夫。至於此大夫所指為卿或狹義大夫？第二節已述《左傳

---

（頁537）又襄公十六年《左傳》：「晉侯與諸侯宴于溫，使諸大夫舞，曰：『歌詩必類。』齊高厚之詩不類。荀偃怒，且曰：『諸侯有異志矣。』使諸大夫盟高厚，高厚逃歸。」（頁573）又襄公十七年《春秋經》：「秋，齊侯伐我北鄙，圍桃。高厚帥師伐我北鄙，圍防。」（頁574）又同年《左傳》：「秋，齊侯伐我北鄙，圍桃。高厚圍臧紇于防。」（頁574）

67 黃聖松：〈《春秋經》書「大夫」為「卿」考論〉，國立成功大學中國文學系、南區國立大學數位人文聯盟、嘉南藥理大學儒學研究所、嘉南藥理大學儒學研究與推廣中心、國立中山大學中國文學系經學研究室合辦，科技部人文社會科學研究中心協辦「學術傳統與數位科技之融合：第二屆南區數位人文研討會」（臺南：嘉南藥理大學儒學研究所，2018年10月5日），頁1-33。

68 成公十五年《春秋經》：「癸丑，公會晉侯、衛侯、鄭伯、曹伯、宋世子成、齊國佐、邾人，同盟于戚。」（頁465）成公十六年《春秋經》：「公會尹子、晉侯、齊國佐、邾人伐鄭。」（頁472）

69 〔日〕竹添光鴻：《左傳會箋》，頁938。

傳》之大夫不唯狹義大夫，有時亦謂卿。成公十八年《春秋經》：「十有二月，仲孫蔑會晉侯、宋公、衛侯、邾子、齊崔杼，同盟于虛枵。」（頁485）仲孫蔑即孟獻子，為魯「三桓」之一而為魯卿。[70]崔杼與晉、宋、衛、邾諸君與魯卿仲孫蔑同盟，則其身分亦當為卿。又襄公二年《春秋經》：「冬，仲孫蔑會晉荀罃、齊崔杼、宋華元、衛孫林父、曹人、邾人、滕人、薛人、小邾人于戚，遂城虎牢。」（頁498）荀罃於魯成公十三年（西元前578年）任下軍佐，[71]是時已為晉卿。華元於魯成公十五年（西元前576年）任右師，[72]此年已是宋卿。又成公十四年《左傳》：「十四年春，衛侯如晉，晉侯強見孫林父焉。定公不可。夏，衛侯既歸，晉侯使郤犨送孫林父而見之。衛侯欲辭。定姜曰：『不可。是先君宗卿之嗣也，大國又以為請。不許，將亡。』」《集解》釋「先君宗卿之嗣」為「同姓之卿」，知孫林父係與衛君同姓之卿。《春秋經》置崔杼於晉荀罃之後、宋華元與衛孫林父之前，知身分不亞於華、孫二氏，推測亦當為卿。由是則成公十七年《左傳》謂「齊侯使崔杼為大夫」，此大夫應為卿而非狹義大夫。崔杼活動時間頗長，上文已述其於魯襄公十九年（西元前554年）殺齊卿高厚於灑藍，爾後仍見其事蹟。知崔杼於靈公中期後任卿，直至靈公謝世。

第四位卿為慶封，其事見成公十八年《左傳》：「慶封為大夫，慶佐為司寇。」《集解》：「封、佐，皆慶克子。」（頁486）慶克之事已見上引成公十七年《左傳》，其曾佐崔杼帥師圍盧，旋即遭弒。「慶封為大夫」句式類似成公十七年《左傳》「齊侯使崔杼為大夫」，崔杼自

---

70 〔清〕顧棟高著，吳樹平、李解民點校：《春秋大事表》，頁1221-1222。

71 成公十三年《左傳》：「晉欒書將中軍，荀庚佐之；士燮將上軍，郤錡佐之；韓厥將下軍，荀罃佐之；趙旃將新軍，郤至佐之。」（頁463）

72 成公十五年《左傳》：「秋八月，葬宋共公。於是華元為右師，魚石為左師，蕩澤為司馬，華喜為司徒，公孫師為司城，向為人為大司寇，鱗朱為少司寇，向帶為大宰，魚府為少宰。」（頁466-467）

此為卿，則「慶封為大夫」亦當指升任卿職。《左傳注》：「齊國之大夫相當于諸侯之卿，非廣義之大夫。司寇尚非大夫，慶佐至襄二十一年始為大夫。」[73]《左傳注》之見可從，至於慶佐之事則見下節說明，於此不再贅述。然須說明者為，《左傳注》謂「司寇尚非大夫」，指齊司寇非卿而僅是狹義大夫，「慶封為大夫」之大夫位階高於司寇，是為卿而非狹義大夫。[74]慶封事蹟可見魯襄公十九年（西元前554年）後，直至襄公二十八年《左傳》載其奔魯、吳。[75]則終靈公之世，慶封皆為卿。

靈公尚見第五位卿叔孫僑如，成公十六年《左傳》：「冬十月，出叔孫僑如而盟之。僑如奔齊。……齊聲孟子通僑如，使立於高、國之間。僑如曰：『不可以再罪。』奔衛，亦間於卿。」《集解》：「聲孟子，齊靈公母，宋女」；釋「使立於高、國之間」云：「位比二卿。」（頁480）是魯卿叔孫僑如在齊期間曾任卿，不久即又奔衛，唯不知何時去齊，推測叔孫僑如任齊卿應在魯成公十六年（西元前575年）與十七年（西元前574年）間。最後須釐清〈大夫譜〉謂鮑國為靈公與莊公之卿，[76]筆者認為依目前證據，僅能確認鮑國於魯昭公十四年（西元前528年）後為卿。是否能追溯至莊公甚或靈公時期，則未有充分資料論述，當謹慎確認為宜。至於鮑國事蹟則見下節說明，於此不再贅述。

總上所論，以為本節結束。本節梳理孝公、昭公、懿公、惠公、頃公與靈公等六君之卿，依《春秋經》、《左傳》記載，前五君皆僅見

---

73 楊伯峻：《春秋左傳注》，頁908。

74 童書業《春秋左傳研究》：「然則崔、慶二氏原非大夫，而齊司寇之職尚在大夫之下，是可考見四司等官本低職也。」見童書業著，童教英校訂：《春秋左傳研究（校訂本）》，頁158。童氏誤解此處大夫為狹義大夫，故推論齊之司寇等所謂「四司」乃低於大夫秩等，其說不可從。

75 襄公二十八年《左傳》：「慶封歸，遇告亂者。……反，陳于嶽，請戰，弗許，遂来奔。……叔孫穆子食慶封，慶封氾祭。……既而齊人来讓，奔吳。」（頁655-656）

76 〔漢〕宋衷注，〔清〕秦嘉謨等輯：《世本八種》，頁239-246。

高、國二氏為卿，未見其他氏族擔任卿職。靈公時除高、國外，另見崔杼、慶封為卿，叔孫僑如亦曾短暫任齊卿，同時有五卿在位。

## 四　莊公與景公之卿

### （一）莊公之卿

　　莊公即位於魯襄公二十年（西元前553年），六年後於魯襄公二十五年（西元前548年）遭崔杼所弒。上節已述靈公之卿有高厚，其卒年與靈公同時。繼高厚為宗子者為高止，見襄公二十九年《春秋經》：「仲孫羯會晉荀盈、齊高止、宋華定、衛世叔儀、鄭公孫段、曹人、莒人、滕人、薛人、小邾人城杞。……齊高止出奔北燕。」《集解》：「止，高厚之子。」（頁664）同年《左傳》：「秋九月，齊公孫蠆、公孫竈放其大夫高止於北燕。」（頁673）荀盈應於魯襄公二十五年（西元前548年）繼程鄭任晉下軍佐；[77]世叔儀即子大叔，又稱大叔文子，[78]魯襄公二十七年（西元前546年）立為衛卿。[79]高止既為齊卿高厚之子，依《春秋經》所敘，其名又置於晉荀盈之後與衛世叔儀之前，可證是時高止已是卿。高厚既與靈公卒於同年，則高止至少於翌年繼其父為卿，知高止於莊公期間擔任卿。至於國氏之卿上節已提及國佐卒後由國弱繼承宗子，上文已謂國弱始見成公十八年《左傳》，直至魯昭公十一年（西元前531年）仍見記錄。因其活躍於景公時

---

77　黃聖松：〈清顧棟高《春秋大事表・春秋晉中軍表》證補〉，「第七屆國際暨第十二屆全國清代學術研討會」。

78　襄公二十九年《左傳》：「鄭子大叔與伯石往，子大叔見大叔文子。」《集解》：「文子，衛大叔儀。」（頁666）

79　襄公二十七年《左傳》：「公使為卿，辭曰：『大叔儀不貳，能贊大事，君其命之。』乃使文子為卿。」《集解》：「文子，大叔儀。」（頁644）

期，故留待下文說明。總之國弱任靈公、莊公與景公三君之卿，是歷經三朝老臣。

除高、國二氏外，上節提及靈公時曾述及崔杼，其於莊公時仍見記錄。如襄公二十四年《春秋經》：「齊崔杼帥師伐莒」（頁608）；翌年《春秋經》：「二十有五年春，齊崔杼帥師伐我北鄙。夏五月乙亥，齊崔杼弑其君光」（頁617）；莊公即遭崔杼所弑。第四位卿為慶封，其於莊公期間仍見記載。如襄公二十五年《左傳》：「丁丑，崔杼立而相之，慶封為左相，盟國人於大宮。」（頁619）此事《史記・齊世家》遂記為「景公立，以崔杼為右相，慶封為左相。」[80]清人顧炎武（1613-1682）《日知錄》「相」條：「三代之時言相者，皆非官名。……惟襄公二十五年，崔杼立景公而相之，慶封為左相，則似真以相名官者。」[81]《會箋》認為齊之「相」乃執政；[82]《春秋左傳研究》認為襄公二十五年《左傳》既謂「齊崔、慶新得政」（頁621），「則崔、慶二氏是時執政，猶似鄭之『當國』與『當政』也。」[83]然童氏又謂「齊之二相似為特制非常制，與國、高『二守』之制亦非一事。」[84]《中國歷代官制》則認為「這時齊國的左右相雖然是最高執政者的官職，但它們仍同國、高『二守』一樣，只是執政卿大夫世襲的官職，與戰國時期國君可以自由任免的相不同。」[85]謝維揚《中國早期國家》亦言左相與右相「為最高執政」，[86]許兆昌《夏商周簡史》「權力

---

80 〔漢〕司馬遷著，〔南朝宋〕裴駰集解，〔唐〕司馬貞索引，〔唐〕張守節正義，〔日〕瀧川龜太郎考證：《史記會注考證》，頁545。

81 〔清〕顧炎武：《日知錄》（臺北：臺灣明倫書局，1979年），頁698。

82 〔日〕竹添光鴻：《左傳會箋》，頁1190。

83 童書業著，童教英校訂：《春秋左傳研究（校訂本）》，頁157。

84 童書業著，童教英校訂：《春秋左傳研究（校訂本）》，頁157。

85 孔令紀等：《中國歷代官制》，頁16。

86 謝維揚：《中國早期國家》（杭州：浙江人民出版社，1995年），頁454。

相當於二守」，[87]晁福林《先秦社會形態研究》：

> 輔佐國君治國之事在春秋時期又多稱為「相」。春秋前期，齊國的鮑叔力諫齊桓公，欲使管仲治理齊國，他說：「管夷吾治於高傒，使相可也。」（《左傳》莊公九年）[88]……晉公子重耳率臣流亡途中到達曹國的時候，有人即謂「吾觀晉公子之從者，皆足以相國」（《左傳》僖公二十三年），[89]意即重耳手下的人都不是尋常之輩，而是可以輔助君治國的大臣。……既然協助君治理國家稱為「相」，久而久之，這類人物也便被稱為「相」。……列國執政之卿似乎都可以被稱之為相。[90]

近人黎東方（1907-1998）《中國上古史八論》則主張「相的字義，原是國君朝聘宴饗時之儐相，本非常設之官，亦不具有若何威權。由於在事實上儐相原由當權的大臣兼任，逐漸成為常設的專任之職，便成為國王以下最重要的一人。」[91]筆者部分認同諸氏之見，然有學者謂「齊國的卿、宰亦稱相」，[92]則未必盡然。唯此議題非本文主旨，於此不再深論。

〈大夫譜〉於莊公時除列高、國與崔杼、慶封為卿，尚標記鮑國與隰鉏。鮑國在莊公時是否為卿，於上節末已說明，筆者認為未有充足證據支持此見，故不列為莊公之卿。至於隰鉏事蹟僅見襄公二十五

---

87 許兆昌：《夏商周簡史》（福州：福建人民出版社，2002年），頁255。

88 原句見莊公九年《左傳》：「管夷吾治於高傒，使相可也。」（頁145）

89 原句見僖公二十三年《左傳》：「吾觀晉公子之從者，皆足以相國。」（頁251）

90 晁福林：《先秦社會形態研究》，頁215-216。

91 黎東方：《中國上古史八論》（臺北：中國文化大學出版社，1983年），頁144。

92 李玉潔主編：《中國早期國家性質：中國古代王權和專制主義研究》（開封：河南大學出版社，1999年），頁185。

年《左傳》：「晉侯濟自泮，會于夷儀，伐齊，以報朝歌之役。齊人以莊公說，使隰鉏請成，慶封如師。」《集解》：「鉏，隰朋之曾孫。」（頁620）若僅憑隰朋曾為桓公之卿，故其子孫亦為卿，似難說服學者，然《左傳》謂「使隰鉏請成」則可資推證。隱公六年《左傳》謂「往歲，鄭伯請成于陳，陳侯不許。」《集解》釋為「成，猶平也」（頁70）；知「請成」乃議和之意。《左傳》載一國向另一國「請成」之例尚三見，「請成」者有二例為國君。除上揭隱公六年《左傳》「請成」者為鄭莊公；另見文公二年《左傳》：「陳侯為衛請成于晉，執孔達以說」（頁302），「請成」者為陳共公。此外又見成公五年《左傳》：「故鄭伯歸，使公子偃請成于晉」（頁440）；「請成」者為公子偃。公子偃身分為何？成公三年《左傳》：「三年春，諸侯伐鄭，次于伯牛，討邲之役也，遂東侵鄭。鄭公子偃帥師禦之，使東鄙覆諸鄤，敗諸丘輿。」《集解》：「偃，穆公子。」（頁436）知公子偃為鄭穆公之子。又成公六年《左傳》：「六年春，鄭伯如晉拜成，子游相，授玉于東楹之東。」《集解》：「子游，公子偃。」（頁441）鄭悼公如晉而由公子偃「相」，可證是時任卿。公子偃為鄭卿而「請成」於晉，隰鉏亦「請成」於晉，可證其亦為齊卿，是為莊公第五卿。

## （二）景公之卿

　　景公即位於魯襄公二十六年（西元前547年）而卒於魯哀公五年（西元前490年），在位長達五十八年。高氏之卿可見者為莊公時已任卿之高止，上文已述其於魯襄公二十九年（西元前544年）奔北燕。高止出奔而繼任高氏宗子者為高酀，第二節曾引襄公二十九年《左傳》：「齊人立敬仲之曾孫酀，良敬仲也」（頁674）；又述昭公十二年《春秋經》、《左傳》之高偃即高酀，則高偃至晚於魯昭公十二年（西元前530年）仍在世。繼高偃為卿者為高張，始見昭公二十九年《春秋經》：

「二十有九年春，公至自乾侯，居于鄆。齊侯使高張來唁公。」《集解》：「高張，高偃子。」（頁921）又昭公三十二年《春秋經》：「冬，仲孫何忌會晉韓不信、齊高張、宋仲幾、衛世叔申、鄭國參、曹人、莒人、薛人、杞人、小邾人城成周。」（頁931）宋卿仲幾見於昭公二十二年《左傳》：「宋公使公孫忌為大司馬，邊卬為大司徒，樂祁為司城，仲幾為左師，樂大心為右師，樂輓為大司寇，以靖國人。」（頁872）高張於昭公二十九年《春秋經》序位高於仲幾，可證此時已為卿。哀公五年《左傳》：「公疾，使國惠子、高昭子立荼，寘群公子於萊。秋，齊景公卒。」《集解》：「惠子，國夏。昭子，高張。」（頁1001）知景公卒時高張仍任卿，則景公時高氏之卿歷高止、高偃與高張三位宗子。

景公時國氏之卿主要為國弱，景公甫即位，襄公二十六年《左傳》載國弱相景公如晉。[93]昭公元年《春秋經》：「叔孫豹會晉趙武、楚公子圍、齊國弱、宋向戌、衛齊惡、陳公子招、蔡公孫歸生、鄭罕虎、許人、曹人于虢。」（頁696）國弱置於晉卿趙武與楚令尹公子圍之後，[94]列於宋卿向戌之前，[95]亦可證其為卿。國弱最後記載見昭公十一年《春秋經》，[96]爾後則見國夏於定公四年、定公七年《春秋經》。[97]定公七年《春秋經》之《集解》謂「夏，國佐孫」（頁962），

---

93 襄公二十六年《左傳》：「秋七月，齊侯、鄭伯為衛侯故如晉，晉侯兼享之。晉侯賦〈嘉樂〉。國景子相齊侯，賦〈蓼蕭〉。」《集解》：「景子，國弱。」（頁633）

94 襄公二十五年《左傳》：「趙文子為政，令薄諸侯之幣，而重其禮。」《集解》：「趙武代范匄。」（頁621）知趙武於此年任晉之執政卿。又襄公二十九年《左傳》：「楚郟敖即位，王子圍為令尹。」（頁665）知公子圍於此年任楚令尹，亦為楚之執政卿。

95 成公十五年《左傳》：「華元使向戌為左師、老佐為司馬，樂裔為司寇，以靖國人。」（頁467）知向戌於此年任宋卿。

96 昭公十一年《春秋經》：「秋，季孫意如會晉韓起、齊國弱、宋華亥、衛北宮佗、鄭罕虎、曹人、杞人于厥憖。」（頁785）

97 定公四年《春秋經》：「三月，公會劉子、晉侯、宋公、蔡侯、衛侯、陳子、鄭伯、

《大事表》則置國夏為國弱之子，其說應可從。上文已引哀公五年《左傳》載國夏與高張立公子荼為君，則終景公之世國夏皆為卿。

景公前期第三位卿仍是崔杼，襄公二十七年《左傳》載崔杼遭誅之事，[98]任景公之卿僅二年。襄公二十七年《左傳》又記崔杼卒後「慶封當國」（頁649-650），《集解》：「當國，秉政。」（頁650）然襄公二十八年《春秋經》謂「冬，齊慶封來奔」（頁650）；則慶封任景公之卿亦僅三年。依目前可查考資料，景公在位前二年有高止、國弱、崔杼、慶封四卿在位；第三年存高、國、慶三氏，該年稍晚慶封奔魯，則餘高、國二卿。

上引襄公二十九年《左傳》謂「秋九月，齊公孫蠆、公孫竈放其大夫高止於北燕。」《集解》：「蠆，子尾。竈，子雅。」（頁673）始見公孫蠆與公孫竈。襄公三十年《左傳》：「為宋災故，諸侯之大夫會，以謀歸宋財。冬十月，叔孫豹會晉趙武、齊公孫蠆、宋向戌、衛北宮佗、鄭罕虎及小邾之大夫會于澶淵。既而無歸於宋，故不書其人。君子曰：『信其不可不慎乎！澶淵之會，卿不書，不信也夫。』」（頁683）依「君子曰」所言，《春秋經》不書澶淵之會諸卿之名乃因彼皆「不信」，則《左傳》載魯叔孫豹、晉趙武、齊公孫蠆等實為諸國之卿。公孫蠆於魯襄公三十年（西元前543年）已任卿，前一年其與公孫竈放高止於北燕，此時應已為卿。知景公第五年、即魯襄公三十年時，見第三位卿公孫蠆。爾後屢見公孫蠆事蹟，直至昭公八年《左傳》「七月甲戌，齊子尾卒」（頁769）；是年為景公十四年。與公

---

許男、曹伯、莒子、邾子、頓子、胡子、滕子、薛伯、杞伯、小邾子、齊國夏于召陵，侵楚。」（頁944）又定公七年《春秋經》：「齊國夏帥師伐我西鄙。」（頁962）

98 襄公二十七年《左傳》：「九月庚辰，崔成、崔強殺東郭偃、棠無咎於崔氏之朝。崔子怒而出，其眾皆逃，求人使駕，不得。使圉人駕，寺人御而出。……使盧蒲嫳帥甲以攻崔氏。崔氏堞其宮而守之。弗克，使國人助之，遂滅崔氏，殺成與強，而盡俘其家，其妻縊。」（頁649）

孫躉同時見於上引襄公二十九年《左傳》之公孫竈，〈大夫譜〉亦列為卿，[99]筆者以為可信。《春秋經》、《左傳》雖無直接證據，昭公三年《左傳》載齊之逐臣盧蒲嫳見景公，表達企求歸國時，景公答以「諾。吾告二子。」《集解》：「二子，子雅、子尾。」（頁725）子尾即公孫躉，此時已是卿。子雅為公孫竈，景公既謂此事須告知公孫躉與公孫竈，顯然二人位階相當。昭公三年《左傳》末又載公孫竈卒之事，「司馬竈見晏子，曰：『又喪子雅矣。』晏子曰：『惜也！子旗不免，殆哉！姜族弱矣，而嬀將始昌。二惠競爽猶可，又弱一个焉，姜其危哉！』」《集解》：「司馬竈，齊大夫。……子雅、子尾皆齊惠公之孫也。競，彊也。爽，明也。」（頁726）《會箋》謂「『二惠競爽』，二氏相競而爽盛也，對下文『又弱一个』而言。」[100]晏嬰將二人相提並論，且感慨公孫竈之卒使公孫躉孤掌難鳴，齊之公族將逐漸衰弱。由此推論公孫竈亦是卿，直至魯昭公三年（西元前539年）謝世。

　　昭公三年《左傳》：「齊侯使晏嬰請繼室於晉。……既成婚，晏子受禮，叔向從之宴，相與語。」（頁721-722）《集解》釋「晏子受禮」句言：「受賓享之禮。」（頁722）考諸昭公三十年《左傳》：「先王之制：諸侯之喪，士弔，大夫送葬；唯嘉好、聘享、三軍之事於是乎使卿。」（頁927）《左傳注》：「嘉好謂朝會，……聘問必有享宴，故聘享連文。三軍指戰爭。」[101]既言晏嬰於晉國「受賓享之禮」，證以《左傳》「聘享」「於是乎使卿」之文，知晏嬰至遲於魯昭公三年（西元前539年）已為卿。此外，《晏子春秋・內篇雜下・晏子布衣棧車而朝陳桓子侍景公飲酒請浮之》：「景公飲酒，田桓子侍。……晏子坐，酌者奉觴進之，曰：『君命浮子。』晏子曰：『何故也？』田桓子

---

99　〔漢〕宋衷注，〔清〕秦嘉謨等輯：《世本八種》，頁251。

100　〔日〕竹添光鴻：《左傳會箋》，頁1397。

101　楊伯峻：《春秋左傳注》，頁1506。

曰：『君賜之卿位以尊其身，寵之百萬以富其家，群臣其爵莫尊于子，祿莫重于子。』」[102]知景公在位時晏嬰為卿。又《史記‧管晏列傳》：「晏平仲嬰者，萊之夷維人也。事齊靈公、莊公、景公，以節儉力行重於齊。既相齊，食不重肉，妾不衣帛。」[103]「既相齊」亦謂晏嬰擔綱卿職。蔡鋒《春秋時期貴族社會生活研究》先舉上揭《晏子春秋》引文，又云：「但查《左傳》，晏子從未升卿爵，僅為大夫，因而，《晏子春秋》所記恐有很大水分。」[104]然蔡氏未梳理傳文以推論，僅謂《左傳》未明載晏嬰為卿而否定，故不從其見。總上所述，則晏嬰至遲於魯昭公三年（539西元前）已任卿，則公孫竈於該年末謝世前，齊有高偃、國弱、公孫蠆、公孫竈、晏嬰五卿。晏嬰最遲記錄見昭公二十六年《左傳》，[105]為景公三十二年，任卿至少二十餘年。至於《大事表》謂晏嬰卒於魯定公十年（西元前500年），[106]或可從之，則晏嬰任卿或近四十年。

上文曾提及鮑國為卿之事，見昭公二十一年《左傳》：

> 夏，晉士鞅來聘，叔孫為政。李孫欲惡諸晉，使有司以齊鮑國歸費之禮為士鞅。士鞅怒，曰：「鮑國之位下，其國小，而使鞅從其牢禮，是卑敝邑也，將復諸寡君。」魯人恐，加四牢焉，為十一牢。（頁868）

---

102 題〔周〕晏嬰著，張純一校注，梁運華點校：《晏子春秋校注》（北京：中華書局，2014年，據元刻本點校排印），頁292-293。

103 〔漢〕司馬遷著，〔南朝宋〕裴駰集解，〔唐〕司馬貞索隱，〔唐〕張守節正義，〔日〕瀧川龜太郎考證：《史記會注考證》，頁830。

104 蔡鋒：《春秋時期貴族社會生活研究》（北京：中國社會科學出版社，2004年），頁19。

105 昭公二十六年《左傳》：「齊侯與晏子坐于路寢。公歎曰：『美哉室！其誰有此乎！』晏子曰：『敢問何謂也？』」（頁905）

106 〔清〕顧棟高著，吳樹平、李解民點校：《春秋大事表》，頁1295。

《集解》：「鮑國歸費在十四年，牢禮各如其命數。魯人失禮，故為鮑國七禮。」（頁868）《會箋》：「〈聘禮〉：『使卿，主國待之，饗餼五牢。』[107]則鮑國禮當五牢。春秋時以大國之使，不敢循其故常，已加為七牢。」[108]《左傳注》亦言：「據《儀禮‧聘禮》，鮑國僅當五牢。」[109]二氏之見可從。鮑國聘魯見昭公十四年《左傳》，[110]知此時鮑國已為卿。鮑國記錄至定公九年《左傳》，[111]知其擔綱景公之卿時間頗長。因鮑國任卿之事至早僅能證實於魯昭公十四年（西元前528年），恐不宜從〈大夫譜〉之見，標記其始任卿在靈公八年、即魯成公十七年（西元前574年）。[112]魯昭公十四年（西元前528年）為景公二十年，依上述高、國二氏宗子活動時間推測，是時有高偃或高張、國弱或國夏、晏嬰與鮑國四卿。

　　昭公二十二年《左傳》：「齊侯伐莒，莒子行成。司馬竈如莒涖盟；莒子如齊涖盟，盟于稷門之外。莒於是乎大惡其君。」《集解》：「竈，齊大夫。」（頁872）司馬竈之事另見昭公三年《左傳》：「齊公孫竈卒。司馬竈見晏子，曰：『又喪子雅矣。』」《集解》亦言：「司馬竈，齊大夫。」（頁726）《大事表‧春秋列國官制表》梳理春秋諸國官制，齊未見司馬之官。[113]許秀霞《左傳》職官考述》亦謂「屬於軍事方面的〈夏官〉類職官及工藝方面的〈冬官〉之類，在齊國皆付

---

107 原句見《儀禮‧聘禮》：「君使卿韋弁歸饗餼五牢。」見〔漢〕鄭玄注，〔唐〕賈公彥疏：《儀禮注疏》，頁254。

108 〔日〕竹添光鴻：《左傳會箋》，頁1635。

109 楊伯峻：《春秋左傳注》，頁1425。

110 昭公十四年《左傳》：「司徒老祁、慮癸來歸費，齊侯使鮑文子致之。」（頁819）

111 定公九年《左傳》：「夏，陽虎歸寶玉、大弓。……六月，伐陽關。陽虎使焚萊門。師驚，犯之而出奔齊，請師以伐魯，曰：『三加，必取之。』齊侯將許之。鮑文子諫曰……。」《集解》：「文子，鮑國也。」（頁968）

112 〔漢〕宋衷注，〔清〕秦嘉謨等輯：《世本八種》，頁239。

113 〔清〕顧棟高著，吳樹平、李解民點校：《春秋大事表》，頁1045。

之闕如。」[114]然《左傳》屢見以司馬為名號者，如宋司馬子魚、[115]宋司馬子伯、[116]楚司馬卯、[117]蔡司馬燮、[118]陳司馬桓子、[119]晉司馬侯等，[120]或時任或曾任該國司馬之官，故司馬竈極可能為齊之司馬。《晏子春秋·景公夜從晏子飲晏子稱不敢與》：「景公飲酒，夜移于晏

---

114 許秀霞：《《左傳》職官考述》（臺北：花木蘭文化出版社，2009年），頁185。

115 僖公十九年《左傳》：「司馬子魚曰：『古者六畜不相為用，小事不用大牲，而況敢用人乎？』」《集解》：「司馬子魚，公子目夷也。」（頁239）又僖公二十二年《左傳》：「冬十一月己巳朔，宋公及楚人戰于泓。宋人既成列，楚人未既濟。司馬曰：『彼眾我寡，及其未既濟也，請擊之。』」（頁248）《集解》釋「司馬」云：「子魚也」（頁248年），可證公子目夷稱司馬子魚，乃因其時任宋司馬。

116 文公十八年《左傳》：「十二月，宋公殺母弟須及昭公子，使戴、莊、桓之族攻武氏於司馬子伯之館，遂出武、穆之族。」《集解》：「司馬子伯，華耦也。」（頁356）又宣公三年《左傳》：「使戴、桓之族攻武氏於司馬子伯之館，盡逐武、穆之族。」（頁367-368）華耦任宋司馬見文公十六年《左傳》：「於是華元為右師，公孫友為左師，華耦為司馬，鱗雚為司徒，蕩意諸為司城，公子朝為司寇」（頁348）；然該年《左傳》又曰：「文公即位，使母弟須為司城。華耦卒，而使蕩虺為司馬。」宋文公於魯文公十七年（西元前610年）即位，則上引文公十八年與宣公三年《傳》是時華耦已卒，稱司馬子伯乃因其曾任宋司馬。

117 宣公十二年《左傳》：「遝無社與司馬卯言，號申叔展。」《集解》：「司馬卯、申叔展，皆楚大夫也。」（頁399）

118 襄公八年《左傳》：「庚寅，鄭子國、子耳侵蔡，獲蔡司馬公子燮。……蔡人不從，敝邑之人不敢寧處，悉索敝賦，以討于蔡，獲司馬燮，獻于邢丘。」（頁520-521）對照傳文知蔡司馬公子燮即司馬燮。《會箋》：「《經》曰『蔡公子燮』，《傳》曰『蔡司馬公子燮』，而此曰『司馬燮』，此亦文之變也。」見〔日〕竹添光鴻：《左傳會箋》，頁1004。可證司馬燮身分為蔡公子而掌司馬之職，故稱司馬燮。

119 襄公二十五年《左傳》：「陳侯扶其太子偃師奔墓，遇司馬桓子，曰：『載余！』曰：『將巡城。』」《集解》：「陳之司馬。」（頁621）《會箋》：「桓，諡，蓋時為司馬。」見〔日〕竹添光鴻：《左傳會箋》，頁1194。知司馬桓子乃陳之司馬，遂以官名為氏。

120 襄公二十九年《左傳》：「齊高子容與宋司徒見知伯，女齊相禮。賓出，司馬侯言於知伯曰：『二子皆將不免。』……晉侯使司馬女叔侯來治杞田，弗盡歸也。」《集解》：「女齊，司馬侯也。」（頁667）《左傳注》：「女叔侯即女齊，官司馬，故上文又謂之司馬侯。」見楊伯峻：《春秋左傳注》，頁1159。知女叔侯因任司馬，故遂稱為司馬侯。

子之家。……公曰：『移于司馬穰苴之家。』……公曰：『移于梁丘據
之家。』」[121]《史記》亦設〈司馬穰苴列傳〉：

> 司馬穰苴者，田完之苗裔也。齊景公時，晉伐阿、甄，而燕侵
> 河上，齊師敗績。景公患之。晏嬰乃薦田穰苴曰：「……」景
> 公召穰苴，與語兵事，大說之，以為將軍……。穰苴曰：「臣
> 素卑賤，君擢之閭伍之中，加之大夫之上，士卒未附，百姓不
> 信，人微權輕。」[122]

　　依此則司馬穰苴乃公子完苗裔，晏嬰薦之齊景公而任之。司馬穰
苴自言「君擢之閭伍之中，加之大夫之上」，則所任之官高於大夫。
其所言大夫當是狹義大夫，加其上者即卿。至於穰苴之職，唐人裴駰
（？-？）《史記集解》：「穰苴，名，田氏之族，為大司馬，故曰司馬
穰苴。」又唐人張守節（？-？）《史記正義》：「田穰苴，為司馬官，
主兵。」[123]司馬穰苴之事《左傳》未載，《戰國策・齊策六・齊負郭之
民有孤狐咺者》又曰：「齊負郭之民有孤狐咺者，正議閔王，斮之檀
衢，百姓不附。齊孫室子陳舉直言，殺之東閭，宗族離心。司馬穰苴
為政者也，殺之，大臣不親。」[124]故宋人鮑彪（1091-？）《戰國策校
注》謂司馬穰苴為「田完之裔，為景公將，去此時遠甚，蓋誤其名」；[125]

---

121 題晏嬰著，張純一校注，梁運華點校：《晏子春秋校注》，頁243-244。
122 〔漢〕司馬遷著，〔南朝宋〕裴駰集解，〔唐〕司馬貞索引，〔唐〕張守節正義，
　　〔日〕瀧川龜太郎考證：《史記會注考證》，頁840。
123 〔漢〕司馬遷著，〔南朝宋〕裴駰集解，〔唐〕司馬貞索引，〔唐〕張守節正義，
　　〔日〕瀧川龜太郎考證：《史記會注考證》，頁840。
124 〔漢〕劉向：《戰國策》（臺北：里仁書局，1990年，據清嘉慶八年（1803）黃丕
　　烈刊刻姚宏《士禮居叢書》為本點校），頁447。
125 〔漢〕劉向：《戰國策》，頁448。

又清人梁玉繩（1744-1792）《史記志疑》亦言：「未敢遽定。」[126]楊善群〈司馬穰苴與《司馬法》考論〉則認為論司馬穰苴為戰國人「材料太少，僅有〈齊策〉中的一條孤證。它很可能如鮑彪所信，因『誤其名』而與春秋時之司馬穰苴雷同。且戰國時的司馬穰苴，據《國策》云是『為政者』，……可知他不是我們要考論的軍事家；與《司馬法》有關的軍事家司馬穰苴，為春秋景公時人無疑。」[127]司馬穰苴既為齊景公之卿，以司馬為名號而任司馬之官。司馬竈亦是齊景公時人，且《左傳》亦屢見諸國以司馬為名號者實任司馬之職。上引昭公二十二年《左傳》又載莒子與司馬竈相互涖盟，昭公二十三年《左傳》：「叔孫曰：『列國之卿當小國之君，固周制也。』」《集解》：「在禮，卿得會伯、子、男，故曰『當小國之君。』」（頁876）基於對等原則，知司馬竈乃以齊卿身分如莒涖盟。司馬竈事蹟又見上引昭公三年《左傳》，司馬竈曾見晏嬰論公孫竈之卒。魯昭公二十二年（西元前520年）司馬竈已確知為卿，是時為景公二十八年，有卿高偃或高張、國弱或國夏、晏嬰、鮑國、司馬竈五卿。若魯昭公三年（西元前539年）司馬竈亦已任卿，則公孫竈謝世前，齊有高偃、國弱、公孫蠆、公孫竈、晏嬰、司馬竈六卿並立。

　　最後釐清〈大夫譜〉記陳須無與陳無宇為卿之見，認為陳須無於景公二年與三年、即魯襄公二十七年（西元前546年）、二十八年（西元前545年）任卿。襄公二十七年《左傳》載第二次弭兵之會，謂「戊申，叔孫豹、齊慶封、陳須無、衛石惡至。」《集解》：「須無，陳文子。」（頁645）〈大夫譜〉應認為陳須無既與慶封及諸侯之卿並列，是時應已為卿。若依此論斷，筆者認為證據過於薄弱。何則？

---

126 〔清〕梁玉繩：《史記志疑》（北京：中華書局，1991年），頁1122。

127 楊善群：〈司馬穰苴與《司馬法》考論〉，《管子學刊》1990年第2期，頁44-50。

《左傳》屢見遣二位卿大夫出使之例，然未必二人皆為卿，[128]故宜謹慎考慮為要。〈大夫譜〉始記陳無宇為卿於景公十年、即魯昭公三年（西元前539年），[129]然檢諸《春秋經》、《左傳》，該年實無可證陳無宇為卿之文。且昭公二年《左傳》：

> 夏四月，韓須如齊逆女。齊陳無宇送女，致少姜。……謂陳無宇非卿，執諸中都。……叔向言陳無宇於晉侯曰：「彼何罪？君使公族逆之，齊使上大夫送之，猶曰不共，君求以貪。」……冬十月，陳無宇歸。（頁719-720）

知陳無宇於魯昭公二年（西元前540年）仍為上大夫。[130]推測〈大夫譜〉於魯昭公三年（西元前539年）記陳無宇為卿，乃據莊公二十二年《左傳》預言陳氏之文而發：「初，懿氏卜妻敬仲。其妻占之，曰：『吉。是謂「鳳皇于飛，和鳴鏘鏘。有媯之後，將育于姜。五世其昌，並于正卿。八世之後，莫之與京。」』」《正義》：『『五世其昌』，言其始昌盛也。『並于正卿』，位與卿並，得為上大夫也。」（頁163）《會箋》亦認為「『與卿並』，謂為上大夫也。……陳無宇即五世孫也。」[131]〈大夫譜〉或理解「並于正卿」是擔任卿職，故於魯昭公三年（西元前539年）記陳無宇為卿。然因昭公二年《左傳》明載陳無宇為上大夫，且爾後事蹟未證其升任為卿，故本文不從〈大夫譜〉之見。

---

128 如昭公五年《左傳》：「晉韓宣子如楚送女，叔向為介。……及楚。楚子朝其大夫，曰：『晉，吾仇敵也。苟得志焉，無恤其他。今其來者，上卿、上大夫也。若吾以韓起為閽，以羊舌肸為司宮，足以辱晉，吾亦得志矣。可乎？』」（頁745）由《左傳》知韓起為上卿而叔向為上大夫。

129 〔漢〕宋衷注，〔清〕秦嘉謨等輯：《世本八種》，頁252。

130 童書業著，童教英校訂：《春秋左傳研究（校訂本）》，頁324。

131 〔日〕竹添光鴻：《左傳會箋》，頁257。

總上所述，以為本節結束。莊公之卿有高止、國弱、崔杼、慶封
與隰鉏，曾同時有五卿在位。至於景公之卿，於其在位第三年末公孫
竈謝世前，可見高偃、國弱、公孫蠆、公孫竈、晏嬰等五卿並存；若
司馬竈此時亦已任卿，則齊有六卿並立。稍後公孫蠆與公孫竈往生，
而於景公二十八年時尚有高偃或高張、國弱或國夏、晏嬰、鮑國、司
馬竈五卿同在。

## 五　安孺子、悼公、簡公與平公之卿

### （一）安孺子之卿

安孺子於魯哀公六年（西元前489年）即位，不及一年即遭弒。
上節述及景公後期高氏之卿為高張而國氏之卿為國夏，哀公六年《春
秋經》卻載「夏，齊國夏及高張來奔。」（頁1006）同年稍後《春秋
經》又謂「齊陳乞弒其君荼」（頁1006），知安孺子卒時高張與國夏已
奔魯。《大事表》謂繼高張為高氏宗子者為高無丕，[132]哀公十一年《左
傳》：「十一年春，齊為鄎故，國書、高無丕帥師伐我，及清。」（頁
1015）同年稍後《左傳》又載：「為郊戰故，公會吳子伐齊。……齊
國書將中軍，高無丕將上軍，宗樓將下軍。」（頁1017）齊師分為三
軍可追溯至桓公時期，〈齊語〉：「公帥五鄉焉，國子帥五鄉焉，高子
帥五鄉焉。……三軍，故有中軍之鼓，有國子之鼓，有高子之鼓。」
[133]韋《注》：「五鄉，萬人。是謂中軍，公所帥也。國子、高子，皆齊
上卿，各帥五鄉，為左右軍也。」[134]哀公十一年《左傳》載「國書將

---

132 〔清〕顧棟高著，吳樹平、李解民點校：《春秋大事表》，頁1286。

133 題〔周〕左丘明著，〔三國〕韋昭注：《國語韋昭註》，頁164-166。

134 題〔周〕左丘明著，〔三國〕韋昭注：《國語韋昭註》，頁164。

中軍，高無丕將上軍」，知是時仍維持三軍編制，可證國書與高無丕為國、高二氏宗子而任卿。高張奔魯後即由高無丕繼任為卿，推知繼國夏為卿者為國書。《大事表》謂國書「系未詳」，[135] 未知是否為國夏之子，然可確認安孺子在位時有高張與高無丕、國夏與國書二氏之卿。〈大夫譜〉另列陳僖子陳乞為卿，推測其因乃上引哀公六年《春秋經》載陳乞之名，是為安孺子第三卿。〈大夫譜〉另列鮑牧為卿，然《春秋經》、《左傳》皆無證據推斷其為卿，故本文仍不從其說。總上所述，安孺子在位不足一年，有高張與高無丕、國夏與國書、陳乞等三卿。〈大夫譜〉另列鮑牧為卿，因證據不足而不從其見。

## （二）悼公之卿

悼公於魯哀公七年（西元前488年）即位而卒於魯哀公十年（西元前485年），在位僅四年。上文已述高無丕與國書於安孺子時已任卿，且哀公十一年《左傳》仍載其名，知二人亦為悼公之卿。〈大夫譜〉另記陳乞為卿，是為第三卿。至於〈大夫譜〉又謂鮑牧為卿，因未有充足證據故仍排除此見，則悼公之卿可資考訂者為高無丕、國書、陳乞。

## （三）簡公之卿

簡公於魯哀公十一年（西元前484年）即位而卒於魯哀公十四年（西元前481年），在位亦僅四年。簡公之卿有高無丕，見於上引哀公十一年《左傳》。哀公十五年《春秋經》又曰：「夏五月，齊高無丕出奔北燕」（頁1034）；則簡公在位期間高無丕為卿。至於國書於哀公十一年《左傳》載其帥中軍抗吳，唯該年《春秋經》又謂「甲戌，齊國

---

135 〔清〕顧棟高著，吳樹平、李解民點校：《春秋大事表》，頁1289。

書帥師及吳戰于艾陵，齊師敗績，獲齊國書。」（頁1015）爾後未見國書之名，知其遭俘後未返齊，則其任卿止於魯哀公十一年（西元前484年）。繼國書為宗子者為國觀，哀公十七年《左傳》：「夏六月，趙鞅圍衛。齊國觀、陳瓘救衛，得晉人之致師者。子玉使服而見之，曰：『國子實執齊柄，而命瓘曰「無辟晉師」，豈敢廢命？子又何辱？』」《集解》：「國觀，國書之子。」（頁1045）《左傳》載陳瓘之言謂「國子實執齊柄」，此「國子」乃國觀，可證其為卿。

　　簡公時另有第三卿宗樓，其證見上引哀公十一年《左傳》。宗樓既「將下軍」，再輔以上引〈齊語〉謂齊有三軍之文，知宗樓為卿無疑。唯宗樓事蹟僅此一見，未知何時謝世或致仕。第四卿闞止見哀公十四年《左傳》：「齊簡公之在魯也，闞止有寵焉。及即位，使為政。陳成子憚之，驟顧諸朝。諸御鞅言於公曰：『陳、闞不可並也，君其擇焉！』弗聽。」（頁1031-1032）知闞止於簡公即位時為卿，直至哀公十四年《左傳》遭誅。[136]上引哀公十四年《左傳》之陳成子為簡公第五卿，《集解》：「成子，陳常。」（頁1031）陳常乃避漢文帝劉恆之諱，[137]實即陳恆。[138]上揭傳文載齊大夫鞅之語，[139]勸簡公不可並用陳、闞而僅能擇一，言下之意則陳恆亦為卿。此外該年《左傳》又曰：「向魋出於衛地，公文氏攻之，求夏后氏之璜焉。與之他玉而奔齊。陳成子使為次卿。」（頁1034）宋大夫向魋奔齊，陳恆既可令其為「次卿」，證其為執政卿。學者或以為上引哀公十七年《左傳》既稱「國子實執齊柄」，何以魯哀公十四年（西元前481年）陳恆又為執政

---

136 哀公十四年《左傳》：「子我歸，屬徒，攻闈與大門，皆不勝，乃出。陳氏追之，失道於弇中，適豐丘。豐丘人執之以告，殺諸郭關。」（頁1032）

137 袁庭棟《古人稱謂》：「漢承秦制，避諱之例極多。……文帝名恆，恆字改為常。」見袁庭棟：《古人稱謂》（濟南：山東畫報出版社，2007年），頁260-261。

138 哀公十四年《春秋經》：「夏四月，齊陳恆執其君，寘于舒州。」（頁1031）

139 哀公十四年《左傳》之《集解》：「鞅，齊大夫。」（頁1031）

卿？《會箋》認為魯哀公十七年（西元前478年）時「陳氏專齊久矣，如此文所云，則國氏尚為上卿，但政權一歸陳氏耳。」[140]《左傳注》亦言：「擅齊政者為陳恆，陳子玉代其率師，齊之國、高世為上卿，瓘故為此言，實則僅有卿名耳。」[141]上引哀公十四年《左傳》載向魋奔齊後受命為卿，而依《左傳》知簡公於該年稍晚遭陳恆所弒，[142]則向魋是簡公第六卿。總上所述可知簡公在位雖僅四年，然依可查考資料有高無丕、國觀、宗樓、闞止、陳恆、向魋六卿。

## （四）平公之卿

平公即位於魯哀公十五年（西元前480年），十七年後終《左傳》之末魯哀公二十七年（西元前468年）仍在位。上文已引哀公十五年《春秋經》，知高無丕於此年奔北燕。然哀公二十三年《左傳》：「夏六月，晉荀瑤伐齊，高無丕帥師御之。」（頁1049）則此時高無丕已返齊，應仍任卿。上揭哀公十七年《左傳》知國觀此時仍在世，是平公第二卿，爾後不見國氏記錄。至於陳恆事蹟仍見哀公十五年、哀公二十七年《左傳》，[143]知其終《左傳》之記載仍在世。徐鴻修〈春秋時代執政正卿的選拔〉謂「哀公二十七年齊國最高執政權落於陳氏之手後，國、高二氏才最終喪失了最高執政地位」；[144]其說可從。囿於文獻記載，平公之卿可資考訂者唯高無丕、國觀、陳恆三位。

---

140 〔日〕竹添光鴻：《左傳會箋》，頁1999。

141 楊伯峻：《春秋左傳注》，頁1708。

142 哀公十四年《左傳》：「甲午，齊陳恆弒其君壬于舒州。」（頁1034）

143 哀公十五年《左傳》：「陳成子館客，曰：『寡君使恆告曰：「寡人願事君如事衛君。」』」（頁1035）又哀公二十七年《左傳》：「齊師將興，陳成子屬孤子三日朝。」（頁1053）

144 童書業著，童教英校訂：《春秋左傳研究（校訂本）》，頁91、299。徐鴻修：〈春秋時代執政正卿的選拔〉，原載《文史哲》1994年第6期；收入氏著：《先秦史研究》（濟南：山東大學出版社，2002年），頁118-123。

總上所述，以為本節結束。安孺子在位僅一年，知其卿有高氏之卿高張與高無丕，國氏之卿國夏與國書，另有第三卿陳乞；悼公之卿可資考訂者有高無丕、國書、陳乞，二君之卿皆僅知三位。簡公在位雖僅四年，然可見高無丕、國觀、宗樓、闞止、陳恆、向讎六卿同在，是春秋齊君資料最豐富而卿數最眾者。平公於《左傳》下限內在位十七年，得見高無丕、國觀、陳恆三卿。

## （五）春秋齊國卿表

第二節至第五節已討論春秋齊國卿數，為便於讀者查檢，製成「春秋齊國卿表」以清眉目。須說明者為「卿數」一欄計算單位為「家」而非「位」，乃因「世卿」制度之故，往往父死子繼以擔任卿職。如惠公時國氏之卿有國歸父與國佐父子相繼，靈公之時高氏之卿見高無咎與高厚父子相承。因是父子繼承卿職，若以「家」為單位計算則二人同列一席卿位，然若以「位」計算則難以表現齊國卿班席次。本文宗旨既是梳證齊卿席位數量，故於「卿數」欄位以「家」統計。

### 春秋齊國卿表

| 齊君 | 在位時間 | 卿之名號 | 卿數 |
|---|---|---|---|
| 僖公 | 魯隱公元年（西元前722年）入春秋時為齊僖公九年，至魯桓公十四年（西元前698年）卒，在位三十三年。 | 夷仲年。 | 一家 |
| 襄公 | 魯桓公十五年（西元前697年）至魯莊公八年（西元前686年），在位十二年 | 高傒、國氏之卿某。 | 二家 |
| 桓公 | 魯莊公九年（西元前685年）至魯僖公十七年（西元前643年），在位四十三年。 | 高氏、國氏、管仲、隰朋、仲孫湫。 | 五家 |

| 齊君 | 在位時間 | 卿之名號 | 卿數 |
|---|---|---|---|
| 孝公 | 魯僖公十八年（西元前642年）至魯僖公二十七年（西元前633年），在位十年。 | 高氏之卿某、國歸父。 | 二家 |
| 昭公 | 魯僖公二十八年（西元前632年）至魯文公十四年（西元前613年），在位二十年。 | 高莊子或高傾子、國歸父。 | 二家 |
| 懿公 | 魯文公十五年（西元前612年），至魯文公十八年（西元前609年），在位四年。 | 高莊子或高傾子、國歸父或國佐。 | 二家 |
| 惠公 | 魯宣公元年（西元前608年）至魯宣公十年（西元前599年），在位十年。 | 高固、國歸父與國佐相繼。 | 二家 |
| 頃公 | 魯宣公十一年（西元前598年）至魯成公九年（西元前582年），在位十七年。 | 高固或高無咎、國佐。 | 二家 |
| 靈公 | 魯成公十年（西元前581年）至魯襄公十九年（西元前554年），在位二十八年。 | 高無咎與高厚相繼、國佐與國弱相繼、崔杼、慶封、叔孫僑如。 | 五家 |
| 莊公 | 魯襄公二十年（西元前553年）至魯襄公二十五年（西元前548年），在位六年。 | 高止、國弱、崔杼、慶封、隰鉏。 | 五家 |
| 景公 | 魯襄公二十六年（西元前547年）至魯哀公五年（西元前490年），在位五十八年。 | （景公三年以前）高偃、國弱、公孫蠆、公孫竈、晏嬰、（司馬竈）。 | 六家 |
| | | （景公二十年）高偃或高張、國弱或國夏、晏嬰、鮑國、司馬竈。 | 五家 |
| 安孺子 | 魯哀公六年（西元前489年），在位不及一年。 | 高張與高無丕相繼、國夏與國書相繼、陳乞。 | 三家 |

| 齊君 | 在位時間 | 卿之名號 | 卿數 |
|---|---|---|---|
| 悼公 | 魯哀公七年（西元前488年）至魯哀公十年（西元前485年），在位四年。 | 高無丕、國書、陳乞 | 三家 |
| 簡公 | 魯哀公十一年（西元前484年）至魯哀公十四年（西元前481年），在位四年 | 高無丕、國觀、宗樓、闞止、陳恆、向魋。 | 六家 |
| 平公 | 魯哀公十五年（西元前480年）至魯哀公二十七年（西元前468年）仍在位，終《左傳》在位十七年。 | 高無丕、國觀、陳恆。 | 三家 |

# 六　　桓公時齊應有六卿

　　由第五節末「春秋齊國卿表」知春秋齊卿名號與數量，十五位齊君中雖有僖公之卿僅知一位，襄、孝、昭、懿、惠、頃等六公之卿僅知高、國二氏，然亦見安孺子、悼公、平公有三卿，桓公、靈公、莊公、景公有五卿，簡公時更有六卿同時在職，傳統認為齊國僅三卿之說實有商榷必要。

　　讀者或以為若齊卿真逾三位，何以《春秋經》、《左傳》不載其名號？隱公八年《左傳》載魯大夫眾仲論族氏，其謂「官有世功，則有官族。」《集解》：「謂取其舊官、舊邑之稱以為族。」（頁76）《會箋》：「取舊官為族，如晉士氏、中行氏之類。」[145]《左傳注》亦言：「謂以先世有功之官名為族姓，如司馬氏、司空氏、司徒氏，宋之司城氏，晉之士氏、中行氏之類。」[146]易言之，即可依先祖以降所任職官

---

145 〔日〕竹添光鴻：《左傳會箋》，頁83。

146 楊伯峻：《春秋左傳注》，頁62。

為族氏名。世襲職官即《孟子·告子下》之「世官」，[147]正因世襲其職官，故能逕以職稱為族氏名。僖公九年《左傳》謂「宋襄公即位，以公子目夷為仁，使為左師以聽政，於是宋治。故魚氏世為左師。」（頁220）魚氏為宋左師，乃「世官」之例。又成公九年《左傳》載晉侯見楚囚鍾儀，晉侯「問其族」而鍾儀答以「泠人也。」晉侯再問「能樂乎？」鍾儀則謂「先父之職官也，敢有二事？」《集解》釋「泠人」為「樂官」，「敢有二事」乃「言不敢學他事。」（頁448）《左傳注》：「族可以從官來，則此族字當是世官之義。」[148]鍾儀自稱泠人之後而不敢另學他事，故得傳承樂技不墜。又襄公二十五年《左傳》載衛大夫大叔文子稱衛卿甯喜為衛國「九世之卿族」，《集解》：「甯氏出自衛武公，及喜九世也。」（頁625）知甯氏歷九代而世為衛卿，可謂「世官」之明證。《左傳》屢見保有職官方能庇護宗子與宗族之論，如文公十六年《左傳》「棄官，則族無所庇」（頁348）；又襄公三十一年《左傳》「大官、大邑，身之所庇也」（頁689）；同年《左傳》「臣有臣之威儀，其下畏而愛之，故能守其官職，保族宜家。」（頁690）近人呂思勉（1884-1957）《中國制度史·選舉》：「古諸侯之國與卿大夫之家，雖有大小之異，其為舉族之所託命則同。」[149]又近人何茲全（1911-2011）《中國古代社會及其向中世社會的過渡》：「貴族的地位、權力都是世襲的。……從文獻記載中可以看出，西周春秋時期氏族組織仍是貴族階級的骨架，血緣關係仍起著極強的紐帶作用，每個

---

147 《孟子·告子下》：「五霸，桓公為盛。葵丘之會，諸侯束牲載書而不歃血。……四命曰：『士無世官，官事無攝，取士必得，無專殺大夫。』」漢人趙岐（108-201）《注》：「仕為大臣，不得世官，賢臣乃得世祿也。」見〔漢〕趙岐注，題〔宋〕孫奭疏：《孟子注疏》（臺北：藝文印書館，1993年，據清嘉慶二十年（1815）江西南昌府學版影印），頁218。

148 楊伯峻：《春秋左傳注》，頁844。

149 呂思勉：《中國制度史·選舉》（上海：上海教育出版社，2005年），頁428。

貴族，都是氏族長，他背後都有個族。」[150]二氏之說可從。

　　春秋諸國卿大夫既為「世官」以庇護宗族，原則上秉承官職乃世代相傳，必如日本吉本道雅〈先秦時期國制史〉所言：「這些若干卿成員之間存在著一定的分工關係。」[151]卿大夫職務分工其來有自，如司徒、司馬、司空等各有分掌，[152]此不言而明。《左傳》尚見卿分工之證，如成公十六年《左傳》：「郤犨將新軍，且為公族大夫，以主東諸侯。」《集解》：「主齊、魯之屬。」（頁479）《左傳注》謂郤犨不僅任新軍將，且「主持東方諸侯如齊、魯之屬招待接洽事務。」[153]知當有其他晉卿「主」不同國域諸侯。又襄公三十年《左傳》載晉國誤徵孤老城杞，中軍帥趙武追究該名輿人所屬縣大夫為何人主管，乃知「則其屬也。」《正義》：「絳非武私邑而云『則其屬』者，蓋諸是公邑，國卿分掌之，而此邑屬趙武也。」（頁680）知晉卿分掌晉之公邑而各有所司。又如襄公二十九年《左傳》：「鄭伯有使公孫黑如楚，辭曰：『楚、鄭方惡，而使余往，是殺余也。』伯有曰：『世行也。』」《集解》：「言女世為行人。」（頁674）知鄭大夫公孫黑之族乃世代為鄭國行人之官，故鄭卿伯有乃謂其「世行」。又昭公元年《左傳》載魯卿叔孫豹言「叔出季處，有自來矣。」《集解》：「季孫守國，叔孫出使，所從來久。」（頁699）《會箋》：「自襄二十一年後，盟會出使

---

150 何茲全：《中國古代社會及其向中世社會的過渡》（北京：商務印書館，2013年），頁60。

151 〔日〕吉本道雅：〈先秦時期國制史〉，收入〔日〕佐竹靖彥：《殷周秦漢史學的基本問題》，頁48-69。

152 文公七年《左傳》：「夏四月，宋成公卒。於是公子成為右師，公孫友為左師，樂豫為司馬，鱗矔為司徒，公子蕩為司城，華御事為司寇。」《集解》：「以武公名，廢司空為司城。」（頁316）春秋宋卿即有司徒、司馬與司空之職，唯司空因宋武公名空而易稱司城。

153 楊伯峻：《春秋左傳注》，頁891。

皆書叔孫，而仲孫間與焉，絕不見有季孫事書于《經》者。『叔出季處』蓋就近事而言，顧已十餘年事矣，故《注》言久也。」[154]叔孫豹言「叔出季處」乃是時魯卿概況，雖僅十餘年慣例，可證卿大夫分工應屬常態。誠如《會箋》所言，是時《春秋經》不見季孫之名，乃因其未使於諸侯。

以此推論，不見《春秋經》、《左傳》之齊卿，乃因分工之故而未參與國際事務或帥軍征伐，故未載於典籍史料。以高氏之卿為例，高固見於《春秋經》乃因其受命與魯交誼、[155]高無咎則參與鍾離之會、[156]高厚乃帥師伐魯、[157]高止係與諸侯城杞、[158]高張曾代表齊君唁魯昭公且與諸侯城成周。[159]此外，尚見高氏之卿出奔或被殺而載於《春秋經》者，如高無咎、高厚、高止、高無丕皆是其例。[160]再如國氏之卿國歸父見《春秋經》乃因聘於魯、[161]國佐既聘魯又盟諸侯且帥師出

---

154 〔日〕竹添光鴻：《左傳會箋》，頁1344。

155 宣公五年《春秋經》：「秋九月，齊高固來逆叔姬。……冬，齊高固及子叔姬來。」（頁376）又宣公十五年《春秋經》：「仲孫蔑會齊高固于無婁。」（頁406）

156 成公十五年《春秋經》：「冬，十有一月，叔孫僑如會晉士燮、齊高無咎、宋華元、衛孫林父、鄭公子鰌、邾人會吳于鍾離。」（頁466）

157 襄公十七年《春秋經》：「秋，齊侯伐我北鄙，圍桃。高厚帥師伐我北鄙，圍防。」（頁574）

158 襄公二十九年《春秋經》：「仲孫羯會晉荀盈、齊高止、宋華定、衛世叔儀、鄭公孫段、曹人、莒人、滕人、薛人、小邾人城杞。」（頁664）

159 昭公二十九年《春秋經》：「二十有九年春，公至自乾侯，居于鄆。齊侯使高張來唁公。」（頁915）又昭公三十二年《春秋經》：「冬，仲孫何忌會晉韓不信、齊高張、宋仲幾、衛世叔申、鄭國參、曹人、莒人、薛人、杞人、小邾人城成周。」（頁931）

160 成公十七年《春秋經》：「齊高無咎出奔莒。」（頁481）又襄公十九年《春秋經》：「齊殺其大夫高厚。」（頁584）又襄公二十九年《春秋經》：「齊高止出奔北燕。」（頁664）又哀公六年《春秋經》：「夏，齊國夏及高張來奔。」（頁1006）又哀公十五年《春秋經》：「夏五月，齊高無丕出奔北燕。」（頁1034）

161 僖公三十三年《春秋經》：「齊侯使國歸父來聘。」（頁288）

征、[162]國弱參與虢、厥憖之會、[163]國書帥師伐魯戰吳。[164]齊卿若未如高、國二氏曾出使他國、領軍作戰、出奔他國，《春秋經》、《左傳》便不載其事，千百年後自然湮沒無聞而未知其名號。

依第五節末所製「春秋齊國卿表」，桓、靈、莊、景、簡五君之卿已逾三位，前人主張齊僅三卿之見已不可從。以春秋末期簡公達六卿，筆者推測齊卿數量應與宋、鄭同是六卿。第一節提及宋六卿記載始見文公七年《左傳》：「夏四月，宋成公卒。於是公子成為右師，公孫友為左師，樂豫為司馬，鱗矔為司徒，公子蕩為司城，華御事為司寇。」（頁316）然上引僖公九年《左傳》謂「宋襄公即位，以公子目夷為仁，使為左師以聽政，於是宋治。」（頁220）既言「使為左師以聽政」，知宋襄公時已有「左師」之職，則六卿當已完備。第一節亦述及鄭六卿資料始見襄公二年《左傳》，[165]然僖公七年《春秋經》：「鄭殺其大夫申侯。」《集解》：「申侯，鄭卿。」（頁214）又該年《左傳》：

　　　鄭伯使太子華聽命於會，言於齊侯曰：「洩氏、孔氏、子人氏

---

162　宣公十年《春秋經》：「齊侯使國佐來聘。」（頁381）又成公二年《春秋經》：「秋七月，齊侯使國佐如師。己酉，及國佐盟于袁婁。」（頁420）又成公十五年《春秋經》：「癸丑，公會晉侯、衛侯、鄭伯、曹伯、宋世子成、齊國佐、邾人，同盟于戚。」（頁465）又成公十六年《春秋經》：「公會尹子、晉侯、齊國佐、邾人伐鄭。」（頁472）

163　昭公元年《春秋經》：「叔孫豹會晉趙武、楚公子圍、齊國弱、宋向戌、衛齊惡、陳公子招、蔡公孫歸生、鄭罕虎、許人、曹人于虢。」（頁696）又昭公十一年《春秋經》：「秋，季孫意如會晉韓起、齊國弱、宋華亥、衛北宮佗、鄭罕虎、曹人、杞人于厥憖。」（頁785）

164　哀公十一年《春秋經》：「十有一年春，齊國書帥師伐我。……五月，公會吳伐齊。甲戌，齊國書帥師及吳戰于艾陵，齊師敗績，獲齊國書。」（頁1015）

165　襄公二年《左傳》：「秋七月庚辰，鄭伯睔卒。於是子罕當國，子駟為政，子國為司馬。」（頁499）

三族實違君命。君若去之以為成，我以鄭為內臣，君亦無所不利焉。」齊侯將許之。管仲曰：「……鄭有叔詹、堵叔、師叔三良為政，未可間也。」齊侯辭焉。子華由是得罪於鄭。（頁215-216）

《集解》釋洩氏、孔氏、子人氏「三族，鄭大夫」（頁215）；然未說明叔詹、堵叔、師叔身分。叔詹之名見載莊公十八年《春秋經》，[166]知其為鄭卿，且管仲言叔詹等三人「為政」。考諸《左傳》可知鄭國「執政」乃執政卿，[167]則三人皆為鄭卿。如是則魯僖公七年（西元前653年）鄭至少有叔詹、堵叔、師叔與稍早被殺之申侯四卿。《左傳注》謂僖公七年《左傳》之孔氏為孔叔，又言師叔或即孔叔。[168]依其說則洩氏、孔氏、子人氏或亦為鄭卿，去除重數之孔叔，則洩氏、子人氏與上述四人合計為六卿。總之，鄭於魯僖公七年（西元前653

---

166 莊公十八年《春秋經》：「十有七年春，齊人執鄭詹。……秋，鄭詹自齊逃來。」《集解》：「詹為鄭執政大臣。」（頁158）

167 襄公十年《左傳》：「秋七月，楚子囊、鄭子耳侵我西鄙。還，圍蕭。八月丙寅，克之。九月，子耳侵宋北鄙。孟獻子曰：『鄭其有災乎！師競已甚。周猶不堪競，況鄭乎！有災，其執政之三士乎！』……於是子駟當國，子國為司馬，子耳為司空，子孔為司徒。冬十月戊辰，尉止、司臣、侯晉、堵女父、子師僕帥賊以入，晨攻執政于西宮之朝，殺子駟、子國、子耳，劫鄭伯以如北宮。」（頁540-541）《集解》：「鄭簡公幼少，子駟、子國、子耳秉政，故知三士任其禍也。」（頁540）由《集解》知所謂執政乃當國之子駟、任司馬之子國與任司空之子耳，三人為鄭執政卿。又襄公二十九年《左傳》：「聘於鄭，見子產，如舊相識。與之縞帶，子產獻紵衣焉。謂子產曰：『鄭之執政侈，難將至矣，政必及子。子為政，慎之以禮。不然，鄭國將敗。』」《集解》：「侈，謂伯有。」（頁673）《會箋》：「二十七年伯有次子展之下，今年子展卒，故伯有執政。」見〔日〕竹添光鴻：《左傳會箋》，頁1291。知此執政謂伯有，是時為鄭執政卿。又昭公十六年《左傳》：「孔張，君之昆孫子孔之後也，執政之嗣也，為嗣大夫。」《集解》：「子孔嘗執鄭國之政。」（頁826）此執政乃子孔，曾為鄭執政卿。

168 楊伯峻：《春秋左傳注》，頁317、319。

年）至少有四卿在職，宋於魯僖公九年（西元前651年）已備六卿，彼時乃桓公三十三年與三十五年。經第二節爬梳已知桓公時已有五卿，且桓公曾欲立公子完為卿。若公子完未婉謝而接受邀請，則桓公之卿可達六位。鄭、宋於魯僖公七年（西元前653年）、九年（西元前651年）已達見四卿、六卿，經本文整理知桓公時已立五卿，推測桓公時齊已設六卿可能性極高。

讀者或許質疑：若如筆者所論，桓公時已備六卿，依第五節末所製「春秋齊國卿表」，何以在孝公至頃公五君期間僅見二卿？誠如本節上文所陳，《春秋經》、《左傳》內容記載齊國之事本未全備，往往參與國際事務如會盟、征戰乃至出奔時方見載《春秋經》、《左傳》。諸侯之卿本有分工，故未必盡於《春秋經》、《左傳》留下名號。頃公後之靈公、莊公、景公曾達五卿之數，景公早期若納入司馬竈，則是六卿同在。景公後之安孺子、悼公二君合計僅在位五年，雖僅見高、國、陳三卿資料，然繼悼公為君之簡公在位亦僅四年，又見六卿在朝。由是推知桓公時應已備六卿，且終春秋之世，齊應與鄭、宋皆常設六卿，傳統認為齊僅三卿之見實不可從。

# 七　結語

本文以《春秋經》、《左傳》為主要研究範圍，旁及《國語》、《史記》與其他先秦史料，整理春秋齊國卿數。十五位齊君雖有一君之卿僅知一位，六君之卿僅知高、國二氏，然亦見安孺子、悼公、平公有三卿，桓、靈、莊、景四公有五卿，簡公有六卿同時在職，傳統認為齊國僅三卿之說實有商榷必要。春秋鄭、宋二國皆備六卿，且推論鄭於魯僖公七年（西元前653年）至少有四卿在職，宋於魯僖公九年（西元前651年）已備六卿，此時為桓公第三十三年與第三十五年。

經本文討論已證桓公時有五卿在位，鄭、宋既於同時期已見四卿、六卿，推論桓公時亦已設六卿。桓公之後雖歷孝、昭、懿、惠、頃五君僅見高氏、國氏二卿，然頃公後之靈、莊、景三公曾達五卿之數；景公早期若納入司馬竈，則是六卿並立。景公後之安孺子、悼公在位合計僅五年，雖僅見高、國、陳三卿，然繼悼公為君之簡公在位亦僅四年，卻見六卿同在。由是可推證齊自桓公已備六卿，且終春秋之世皆常設六卿。至於部分齊君僅見高、國二卿記載，筆者認為乃因諸卿分工之故，往往參與國際事務如會盟、征戰乃至出奔時方見載《春秋經》、《左傳》，故未能詳見齊卿之名。

# 《左傳》亡國土地利用方式考察

王寶妮[*]

## 摘　要

　　西周時期「普天之下，莫非王土」，周天子是天下土地的所有者，諸侯對土地僅有使用權。然時至春秋，王綱不振，諸侯自行處置域內土地，不過問周王室。周天子無力懲處諸侯，故默許如此僭越行為，土地實為諸侯占有。在此歷史背景下，諸侯發動滅國兼併戰爭，占有亡國土地，即使沒有周天子冊封，所獲土地歸入本國疆土之內的行為被賦予合理性。滅國戰爭以夷滅他國主權為終點，而土地作為主權的重要組成部分，被戰勝國視為戰利品作處置。通過考察《左傳》所載滅國事例，戰勝國占有亡國之地的方式有派兵戍守、委派大臣管理、設置疆界、規劃土田和建築城牆等，其中不僅可以看出春秋國家設置邊界的形態，同時透露出戰勝國吸納亡國土地的方式。亡國土地被納入疆土之中，性質同本國土地一致，歸公室所有，可用於賞賜或轉他人。此外，春秋滅國戰爭的動機不全然為爭奪土地，有「誅無禮」者等原因，因此戰勝國或不占有亡國土地，或因受限於各種因素而選擇放棄亡國之地。

**關鍵字：**春秋時期、《左傳》、滅國、邊界形態、土地制度

---

* 上海復旦大學歷史學系博士研究生。

# 一　前言

　　本文所言「春秋時期」之基準，參考《左傳》所設範圍，始於魯隱公元年（西元前722年），迄至魯哀公二十七年（西元前468年）共二百五十四年間。[1]該時期國家遭滅者屢見不鮮，歷來研究者甚眾，清人顧棟高撰《春秋列國爵姓及存滅表》梳理亡國姓氏、始封、地望和存滅情況，另有個別篇目討論亡國相關問題。[2]近人陳槃在顧氏《存滅表》基礎上，結合考古與其他文獻資料，對亡國作進一步考證。[3]此外，學界不乏學術著作和單篇論文討論春秋亡國議題，例如統計亡國數量、探究國家滅亡原因和春秋筆法對滅國的書寫等問題。[4]前賢研究視角豐富，鮮見對亡國情況進行系統性考察，筆者在前人基礎上，歸納《左傳》所載亡國土地利用方式，考察西周封建制度的土地性質在春秋時期的轉變。

---

1　本文徵引《春秋經》、《左傳》內容甚多，為保持行文流暢及讀者閱讀方便，逕於引文後夾注頁碼，不再以注腳呈現。見〔晉〕杜預集解，〔唐〕孔穎達正義：《春秋左傳注疏》（臺北：藝文印書館，1993年，清嘉慶二十年〔1815〕江西南昌府學本）。

2　顧氏《春秋楚人、秦人、巴人滅庸論》論《春秋》經文僅記秦人、巴人滅庸與《左傳》相異，而庸當為楚所滅。又《春秋入國滅國論》認為《春秋》經言滅國與入國之異不在取其國後是否居其地，而在於取國之舉之艱易。〔清〕顧棟高著，吳樹平、李解民點校：《春秋大事表》（北京：中華書局，1993年）。

3　陳槃：《春秋大事表列國爵姓及存滅表譔異》（上海：上海古籍出版社，1966年）。

4　陳浩《楚滅國研究》通過分析楚滅他國的進程和原因，總結楚階段性的擴張戰略。何光岳《楚滅國考》關注麋、胡、羅等為楚所滅小國歷史，形成系統性的亡國國別史記錄。此外有沈仲常、孫華《楚滅巴國考》和邵炳軍一系列《西周末年至春秋時期晉滅國奪邑系年輯證》文章考證春秋時期滅國事例。見何浩：《楚滅國研究》（武漢：武漢出版社，2019年）。何光岳：《楚滅國考》（上海：上海人民出版社，1990年）。沈仲常、孫華：〈楚滅巴國考〉，《貴州社會科學》1984年第6期。邵炳軍：〈武公滅國奪邑系年輯證——西周末年至春秋時期晉滅國奪邑系年輯證之二〉，《唐都學刊》2002年第4期。

　　西周時期，周天子以封邦建國的形式冊命諸侯，賦予諸侯統治國家的政治權力。周天子封授諸侯輿服、民人、疆土和管理土地與人口的官員，這些賞賜是諸侯被賦予統治權的實質體現，其中土地和人民是實施政治權力的基礎。[5]又《禮記·禮運》載：「故天子有田以處其子孫，諸侯有國以處其子孫，大夫有采以處其子孫，是謂制度。」可見在農耕社會裡，土地不僅是重要的生產資源，也是國家政治制度的立根之基。

　　現代政治學中，國家這一政治實體的定義主要參考馬克斯·韋伯的說法，認為界定國家的三個要件分別是：一、存在固定行政官員；二、行政官員合法地壟斷暴力工具；三、在既定地域內維持對暴力的壟斷，上述要件強調國家須具有領土權和壟斷暴力的權力。[6]學者建構國家理論的過程中，國家概念不斷細化，但領土始終是其中不可或缺的基本要素。[7]春秋時期政治實體處於早期國家形態階段，謝維揚先生認為早期國家有統治固定地域的概念，將之定義為「領土觀念」。[8]但是，領土和疆域不能等同，其中一個判斷標準就是領土有明確的界線，疆域界線往往不明確，葛劍雄先生明確指出西周至春秋時期「諸侯國之間大多沒有明確的界線」。[9]現代國家定義中的「領土」概念指

---

5　見《左傳》定公四年載祝佗言周成王「選建明德，以藩屏周，冊命魯公之內容。〔晉〕杜預集解，〔唐〕孔穎達正義：《春秋左傳注疏》，頁947-948。

6　安東尼·吉登斯著，胡宗澤、趙力濤譯：《民族——國家與暴力》（北京：生活·讀書·新知三聯書店，1998年），頁19。

7　原文指出「就國家的消極功能而言，它保衛其領土完整而不受外來侵犯，維持秩序和維持它的公民的安全。」沈雲長、張謂蓮引用該說法，談到國家應具備的要素，分別是人口、領土、主權和政治組織及相關法律制度。《西方哲學英漢對照辭典》（北京：人民出版社，2001年），頁952。沈雲長、張謂蓮：《中國古代國家起源與形成研究》（北京：人民出版社，2009年），頁46-47。

8　謝維揚：《中國早期國家》（臺北：慧明文化事業公司，2001年），頁65。

9　葛劍雄：《中國歷代疆域的變遷》（北京：商務印書館，1997年），頁8、35。

的是有國界劃分的土地，不同於古代傳統國家的邊陲分界。[10]隨著近代民族國家興起，領土意識增強，「國界」這一概念才出現，因此「領土」一詞和「領土意識」不適用於中國古代國界線不固定且不明確的諸侯國家。本文吸取目前學術界對國家的定義，認同領土是國家的基本要素。但是，回到本文所要討論的春秋時期傳統國家，需劃分國界的內涵，以疆土代之，指示諸侯國沒有明確國界線的域內土地。

本文分為三個部分討論，首先分析西周至春秋時期土地所有權的性質轉變，其次歸納亡國土地利用方式，最後討論不占有亡國土地的情況。

## 二　周至春秋時期土地性質的轉變

西周時期，周天子掌握天下土地所有權，這種「王有」式的土地關係承自先祖，受於天命，故歷代周王掌控土地分封和諸侯冊命。[11]《左傳》僖公四年載管仲之言：「昔召康公命我先君大公曰：『五侯九伯，女實征之，以夾輔周室！』賜我先君履。東至于海，西至于河，南至于穆陵，北至于無棣。」（頁201-202）召康公於周成王時位列三公，召公之命當以王使出。《左傳》定公四年載魯侯受周王之命曰：「分之土田陪敦。」杜預注：「陪，增也。敦，厚也。」孔穎達同此意，認為「陪敦」乃將封國土地由五百里增至七百里。（頁947）然對讀《毛詩·魯頌·閟宮》：「錫之山川，土田附庸。」其中「土田附庸」乃「土田陪敦」本義，即土地、田地和不能自達於天子而依附大

---

10 安東尼·吉登斯著，胡宗澤、趙力濤譯：《民族——國家與暴力》（北京：生活·讀書·新知三聯書店，1998年），頁19。

11 李零：《西周金文中的土地制度》，收入氏著《待兔軒文存·讀史卷》（桂林：廣西師範大學出版社，2011年），頁99-100。

國的附庸小國。[12]由此可知，各類性質不同的土地，如山川、田地和一眾小國土地皆歸周王所有，諸侯需經王命封賜方可獲得土地，而且封授出去的土地仍為周王所有。例見《毛詩・大雅・韓奕》載：「韓侯受命，王親命之。纘戎祖考，無廢朕命。夙夜匪解，虔共爾位。朕命不易，幹不庭方，以佐戎辟。」孔疏：「王身親命之，云：『汝當紹繼光大其祖考之舊職，復為侯伯，以繼祖先。」[13]諸侯繼承者在即位後需再次接受周王冊命，韓侯新君即位需受周天子之申命「復為侯伯」，以此確認管轄域內土地的政治權力。

土地的獲得與管轄權皆出自周天子，土地的轉讓亦由周王室管控。陝西岐山董家村出土青銅器《衛盉》銘：「矩伯庶人取瑾璋于裘衛，才（裁）八十朋，丞（裁）貯（賈），其舍田十田。……裘衛乃矢告于伯邑父、榮伯、定伯、𤱿伯、單伯，伯邑父、榮伯、定伯、𤱿伯、單伯乃令三有司：司徒微邑、司馬單**旟**、**𩀨**（司）空邑人服，逮受田。」[14]考察報告指出該器銘文記載周恭王時期（西元前962-前900年）裘衛以實物換取矩伯田十田。此事需告知伯邑父、榮伯、定伯等執政大臣，再通過大臣命令三有司會同二人舉行授田轉讓，以此方式控制土地轉讓。周王室通過冊命、申命和參與轉讓等儀式性手段管控土地，公、卿、大夫等貴族需通過周天子「受（授）疆土」，才能獲得土地的佔有權和使用權。[15]《毛詩・小雅・北山》：「溥天之

---

12 楊伯峻：《春秋左傳注》（香港：中華書局，2020年），頁1536。

13 〔漢〕毛亨傳，〔漢〕鄭玄注，〔唐〕孔穎達正義：《毛詩正義》，頁1443。

14 岐山縣文化館、陝西省文管會：〈陝西省岐山縣董家村西周銅器窖穴發掘簡報〉，《文物》1976年第5期。

15 《中國經濟通史》申明周天子土地所有權體現於四個方面：一是對公、卿、大夫等貴族；二是對受土的公、卿、大夫等貴族徵收「貢」和「稅」；三是卿大夫采邑主對土地僅有占有權，而無隨意處分權力，不許買賣所占有土地；四是周王有權收回所授采邑，更易土地占有主。徐向東認為周天子對天下土地或城邑的所有權體現於：第一，分封土地、控制封地繼承和轉讓，及仲裁封土糾紛。第二，受封諸侯和

下，莫非王土，率土之濱，莫非王臣。」[16]該詩為諷刺幽王所作，可知周天子擁有天下土地的認識持續至西周末年仍未改易。

春秋時期，諸侯地位提升，權能逐步擴張，不經周天子同意，自行處置域內土地，將土地分賜卿大夫或與他國作交換。周王室衰敗，無力懲處諸侯僭越行為，申明土地的所有權和管控權，諸侯遂將分封土地視為己有。[17]《國語·周語中》記載周襄王謂晉文公曰：「昔我先王之有天下也，規方千里以為甸服，以供上帝山川百神之祀，以備百姓兆民之用，以待不庭不虞之患。其餘以均分公侯伯子男，使各有寧宇，以順及天地，無逢其災害，先王豈有賴焉。」[18]據周襄王所言，周先王有天下而規千里作為甸服，則周王室僅占有千里甸服範圍。甸服以外土地「均分公侯伯子男」而非周王室所有，與周幽王時期「溥天之下，莫非王土」所表達的土地觀念已截然不同。周襄王並非對歷史事實有所誤解或遺忘，而是就實際情況作出妥協，不得不承認土地所有權實質上已歸屬占有土地的諸侯。

《左傳》昭公元年：「自無令王，諸侯逐進，狃主齊盟。」（頁700）王綱不振，各國諸侯爭奪盟主地位，以此為目的發展國力。土地是不可或缺的生產資源，國家需要通過滅國戰爭掠奪土地促進發

卿大夫需承擔周王一系列義務，包括朝覲周王、貢獻物產等。第三，特殊情況下，周王有權收回諸侯和卿大夫的封地，另封於他人。第四，一般情況下，周王擁有限於周邦和未封地區的公田、山林川澤牧場等公用資源的占有、使用、收益和處分權。周、徐二氏所言周天子土地所有權之體現不盡相同，然皆肯定周天子擁有土地所有權。高培源認為土地向下分封，然最終歸屬權屬於周天子。見周自強：《中國經濟通史·先秦經濟卷》（北京：社會文獻科學出版社，2007年），頁572。徐向東：〈論西周時代國家控制土地方式的特點〉，《內江師範學院學報》2010年第5期。高培源：〈簡析先秦至秦朝井田制的歷史演變〉，《今古文創》2021年第1期。

16 〔漢〕毛亨傳，〔漢〕鄭玄注，〔唐〕孔穎達正義：《毛詩正義》，頁444。

17 黃聖松：《〈左傳〉卿大夫埰地屬性問題──「所有」與「占有」之釐清》，《經學文獻研究集刊》第19輯（上海：上海書店出版社，2018年），頁52-78。

18 上海師範大學古籍整理組點校：《國語》（臺北：里仁書局，1981年），頁54。

展。「疆埸之邑，一彼一此，何常之有？」（頁700）言明各國相互攻
訐，爭奪城邑，交戰地帶所在城邑非此即彼，奪地戰爭頻起。而且各
國貴族獲得土地的方式主要出自國君賞賜，同樣需要國家積極對外征
伐，以求得建功立業的機會和利益。通過了解土地所有權從西周至春
秋時期的轉變，可得知諸侯不需周天子賦予政治權力，即可將兼併戰
爭所奪土地納入本國疆域進行管轄。侵奪他國土地的行為被合理化，
各國諸侯出於爭霸圖強的動機，發動戰爭侵奪他國土地，開疆拓土以
壯大國力。綜上所述，春秋時期周天子失去對天下土地所有權的掌
控，各國諸侯可通過戰爭侵奪他國土地，無需周天子冊封即擁有管轄
所獲土地的政治權力。基於對此歷史背景的認知，方可展開談論諸侯
國滅亡國家後對亡國土地的占有和處置。

## 三　戰勝國對亡國土地的占有和處置

　　春秋諸侯掌控土地的權力擴張，其中包括自行擴充土地以外，還
有處置土地的權力。本文梳理《左傳》滅國事例，歸納戰勝國處置亡
國土地的方式如下：

### （一）派遣軍隊戍守

　　「戍」徵諸魯莊公十三年（西元前681年）齊桓公滅遂，傳文
載：「夏，齊人滅遂，而戍之。」（頁154）即派軍隊戍守遂地。《史
記》載遂國先遭魯滅為遂邑，因齊桓公伐魯而獻遂邑以求和，與《左
傳》記載存異。[19]學者認為《記》載魯所獻之遂地乃遂國旁邑，遂未

---

19　《史記·齊太公世家》：「五年，伐魯，魯將師敗。魯莊公請獻遂邑以平，桓公許，
　　與魯會柯而盟。魯將盟，曹沫以匕首劫桓公于壇上，曰：『反魯之侵地！』桓公許
　　之。已而曹沫去匕首，北面就臣位。桓公後悔，欲無與魯地而殺曹沫。管仲曰：

遭魯滅，以此調和《傳》文記載遂滅於齊的說法。[20]楊伯峻先生則認為魯獻遂邑一事考之無據，史公因好奇而援引曹劌於該盟會挾持齊桓公之事例編撰入《記》，則魯無獻遂邑，毋論滅遂。[21]筆者認為魯獻遂旁邑之說及楊氏所言皆有可從信之處，魯先於齊滅遂之言與《傳》文相悖且無據可考故不從，則遂當滅於齊而為齊軍所戍守。

　　春秋時期邊境關隘呈區域性分布，未有秦漢時期全國性的關隘體系，而且不會派遣部隊長年駐紮防守。[22]可以認為，齊國並非將遂地作為邊境而派軍戍守駐防，其目的可能是防止或鎮壓亡國之民反抗。據傳文所載，楚武王滅權國，派鬭緡管理當地，權國之民策反鬭緡背叛楚國而被楚武王圍剿。（頁159）另見魯昭公十三年（西元前529年）陳、蔡二國已為楚所滅，觀從因其父觀起為楚康王執行車裂之刑而死，企圖報復；朝吳乃故蔡國大夫聲子之子，意圖恢復國家。二人「依陳、蔡人以國」（頁806），憑藉陳、蔡亡國之民有復國之心發動反叛，率領族徒攻入楚國，於楚平王繼位後得以復國。通過上述事例可知，亡國臣民存有不願意服從新政權者，伺機發起動亂以求恢復國家。齊桓公派軍隊戍守遂地，或例同楚武王派軍圍剿權地之舉，目的在於防止或鎮壓當地動亂。另一種推測是齊桓公將遂作為軍事駐點，於齊國西南邊境之地擴大軍事影響力，推進齊國勢力範圍。證據見魯莊公三十年（西元前664年）齊進攻位於遂地西南之郱（今山東東平

---

「夫劫許之而倍信殺之，愈一小快耳，而棄信于諸侯，失天下之援，不可。』于是遂與曹沫三敗所亡地于魯。諸侯聞之，皆信齊而欲附焉。」見〔漢〕司馬遷撰，〔南朝宋〕裴駰集解，，〔唐〕司馬貞索隱，〔唐〕張守節正義：《史記》（北京：中華書局，2013年），頁1792。

20 葉圭綬：《續山東考古錄》（山東：山東文藝出版社，1997年），頁227。陳槃：《春秋大事表列國爵姓及存滅表譔異》，頁477。

21 楊伯峻：《春秋左傳注》，頁212。

22 顧棟高：《春秋大事表》，頁995。

縣東），同年魯派軍駐紮成地，《穀梁傳》認為此乃救鄆之舉，可見齊、魯交界處所在小國乃兩大國之間的戰爭緩衝地帶。[23]齊桓公多次對魯國用兵，而遂國地處二國交界。因此，齊滅遂國並派軍隊戍守，或為在遂地設軍事駐點，在西南地區強化軍事影響力以控遏魯國。

## （二）委派大臣管理

《左傳》昭公二十二年：「（晉）遂襲鼓滅之，以鼓子鳶鞮歸，使涉佗守之。」杜注：「守鼓之地。」（頁873）「守」見《說文》：「守，守官也。從宀從寸。」[24]知「守」乃監管者、管理者，例見僖公二十五年傳文載：「晉侯問原守于寺人勃鞮。」（頁264）「原守」乃原地守官，即原地邑大夫，故涉佗守鼓地當解作任命涉佗為鼓地大夫。

晉滅鼓國事例見《國語・晉語》載：

> 中行伯既克鼓，以鼓子苑支來。令鼓人各復其所，非僚勿從。鼓子之臣曰夙沙釐，以其孥行，軍吏執之，辭曰：「我君是事，非事土也。名曰君臣，豈曰土臣？今君實遷，臣何賴于鼓？」穆子召之，曰：「鼓有君矣，爾心事君，吾定而祿爵。」對曰：「臣委質于狄之鼓，未委質于晉之鼓也。」[25]

結合引文可知，晉將鼓國國君以俘虜身分帶回晉國，對鼓人則不作處置，「令鼓人各復其所」。晉國恢復鼓國本有的社會秩序，保留亡國之臣的俸祿與爵位。在此基礎上，委派涉佗作為鼓地管理者，由原鼓國

---

23 范甯集解，楊士勳疏：《春秋穀梁傳注疏》（北京：北京大學出版社，2000年），頁115。

24 〔漢〕許慎著，〔清〕段玉裁注：《說文解字注》，頁340。

25 上海師範大學古籍整理組點校：《國語》，頁484-485。

大臣協助治理當地。委派官員管理所獲土地的方式於春秋時期普遍常見，各國行政官員稱呼有所不同。《左傳》莊公十八年載：「楚武王克權，使鬭緡尹之。」（頁159）楚滅他國為縣，派遣縣公、縣尹管理當地；對於服國，則是借鑑西周初年的監國制度，派出監使監督控制服國。[26]湖南曾搜集到一件巴人的虎紋銅戈，其援上有銘：「偲命曰：『獻于楚君監王孫袖。』」據李學勤先生所言，王孫袖乃楚國王族，受命監管巴蜀，偲為巴人之長，故偲鑄此戈獻王孫袖，即是楚國以監國制度管理服國的實物證據。[27]楚國所謂「尹之」與「楚君監」義同於晉國「守之」，皆為設立負責地方行政之職司，由於各國政治制度不同，監管方式當有所差異。就晉滅鼓國事例視之，戰勝國對亡國政體秩序採取最大程度保留，利用原有政治結構對滅國所獲土地和臣民進行管理，將其納入本國政體架構之中。

## （三）建築城牆

昭公四年《左傳》載：「楚子欲遷許于賴，使斗韋龜與公子棄疾城之而還。」（頁732）楚靈王滅賴國，派斗韋龜與公子棄疾於賴地築城，以安置許國人。另，魯昭公十一年（西元前531年）楚滅蔡國，同年傳文載：「楚子城陳、蔡、不羮[28]。」（頁787）陳國於魯昭公八年（西元前534年）遭楚滅，至魯昭公十三年（西元前529年）陳、蔡二國方為楚平王復封，楚靈王據陳、蔡亡國之地以築城。[29]《左傳》

---

26 何浩：《楚滅國研究》（武漢：武漢出版社，1989年），頁94。

27 李學勤：〈湖南戰國兵器銘文選釋〉，《古文字研究》，第12輯（北京：中華書局，1985年），頁329-335。

28 不羮遭滅之年無可徵，故茲不作論斷。見陳槃：《春秋大事表列國爵姓及存滅表譔異》，頁922。

29 上述諸例皆為滅國築城，以示占有該國土地。另一種情況是在亡國之地築城，即使該國並非由本國所滅，亦標誌占有該地區土地。州來見於《左傳》成公七年載：

「城」、「築」二字皆指代築城工事，凡例載二者區別為：「邑曰築，都曰城。」（頁178）為邑建築城牆稱「築」，為都建築城牆稱「城」，皆指建築城牆，並無本質區別。顧棟高認為：「城者完舊，築者始創。」[30]即「城」指本已存有城邑的情況下，對舊城邑進行修繕工作；「築」則指在本沒有城邑的基礎上，建設新城邑，包括城牆、宮室等各類基礎設施在內的城邑建築，工程更為浩大。顧氏所言更為細緻，則築城可分為狹義的建築城牆，及廣義上範圍更大的建築城邑。《左傳》所徵亡國築城事例皆採「城」字，即修繕亡國土地所在的舊城邑。

魯僖公十八年（西元前642年）梁伯城新里而人口不足以實其地，故為秦所取。《左傳》僖公十九年載秦人「遂城而居之」（頁239），可見築城目的在於占取他國土地，使之成為本國疆土範圍。春秋時期，

---

「吳入州來。」（頁444）「入」有三義：一、獲得州來大城，見《左傳》文公十五年：「獲大城焉，曰入之」（頁119）；二、軍隊攻入他國而不占有他國土地，見襄公十三年傳文謂「弗地曰入」（頁554）；三、滅國亦可稱為入，例見隱公二年《左傳》載：「莒人入向。」（頁42）魯襄公三十一年（西元前542年）吳王派屈狐庸往晉國聘問，趙文子詢問季札是否能成為吳國君，傳文載季札為「延州來季子」。季札初封延陵而有延陵季子之名，茲省稱為延，又因加封州來故稱其延州來季子。由此知，州來為吳所取而封賜季札為采邑，故排除第二種釋義。昭公十三年《左傳》載：「吳滅州來。」（頁814）可知時至魯昭公十三年（西元前529年）州來方為吳所滅，故第三種釋義亦可排除。又，成公七年傳文載「蠻夷屬于楚者，吳盡取之」（頁444），州來乃淮夷小國從於楚者，當屬其列。杜預認為州來乃楚邑，王夫之《春秋稗疏》：「州來，書『入』，又書『滅』，則其為國無疑。」州來遭吳滅前當為國而非杜氏所言之楚邑，楊伯峻亦以州來為國。綜上，州來於春秋時為楚從國而非楚邑，魯成公七年（西元前584年）吳入州來，取部分城邑而封季札，至魯昭公十三年（西元前529年）為吳所滅。昭公四年《左傳》載：「吳伐楚，……然丹城州來。」（頁733）該年州來未滅，楚築城以協助州來防吳，性質不同於魯昭公十九年（前523）「楚人城州來」（頁846），該年州來已遭吳滅，土地當歸於吳，而吳並沒有占用全境，故有無管轄、無歸屬地區供楚城之。築城有確認疆土之意，楚平王此舉乃以州來擴大楚疆，故沈尹戌評論是為挑釁吳國之舉。見王夫之：《春秋稗疏》，《清經解續編》（上海：上海書店，1988年），第1冊，頁54。楊伯峻：《春秋左傳注》，頁909。

30 〔清〕顧棟高著，吳樹平、李解民點校：《春秋大事表》，頁2146。

各諸侯國以山川大河一類的自然屏障作為疆界。人工界牆雖然是春秋戰國時期新的邊界形態，但由於生產力水準低下，春秋初年修築邊界僅為偶然情況。[31]上述事例皆出楚國，然楚方城修築時間亦晚至楚懷王末年或楚頃襄王初年，將城賴、陳、蔡、不羹認為是修建界牆較為牽強。[32]且據上文所申明「城」之涵義，可知楚國僅修繕舊有城邑，而非建築新城。無論從春秋邊界形態，還是具體事例而言，難以將滅國築城行為等同於修建國界。根據童書業先生所言，無論是國君所屬的國都城，還是歸屬不同等級貴族和卿大夫的城邑，築城作用在於保衛所得封土。[33]本文認為，保衛的前提是確認對封土的占有權和利用權，因此修繕城邑不僅是占有土地標誌，也是將城邑投入使用的基礎工作。

## （四）設置封域疆界

魯宣公八年（西元前601年）楚滅舒蓼，見《左傳》載：「楚為眾舒叛故，伐舒蓼，滅之。楚子疆之，及滑汭，盟吳、越而還。」（頁379）「疆」於《說文》釋為：「畺，界也。從畕；三，其界畫也。」[34]知「疆」之初文為「畺」，本義為田界、邊界。「楚子疆之」作動詞解，杜注：「正其界。」（頁379）則指踏勘、劃定疆界，或規劃土田。《周禮·封人》：「凡封國，設其社稷之壝，封其四疆。造都邑之封域者亦如之。」[35]賈公彥疏：「云『封其四疆』者，諸侯百里以上至五百里，四邊皆有封疆而樹之，故云封其四疆也。」又「大都、小都、家邑三等埰地，地有百里、五十里、二十五里，皆有四邊封

---

31 安京：〈試論先秦國家邊界的形態〉，《中國邊疆史地研究》1999年第3期。

32 張維華：《中國長城建置考》（北京：中華書局，1979年），頁29。

33 童書業：《春秋史》，頁92。

34 〔漢〕許慎著，〔清〕段玉裁注：《說文解字注》，頁291。

35 〔漢〕鄭玄注，〔唐〕賈公彥疏：《周禮注疏》，頁368-369。

域。」[36]據引文可知，封國需設「社稷之壇」以封其四疆，明確四疆封域，造設都、邑亦然，故「疆」作設置疆界和封域之意。

西周初年諸侯帶領軍隊前往各地開疆拓土，封疆建國；時至春秋，踏勘侵奪而來的土地，不僅具備擴大國家疆土的意義，同時是在亡國土地上構建新的統治主體和政治從屬關係，主要內容有劃分政區、建立行政體系、任命官吏和派駐軍隊等。[37]因此本文認為楚莊王「疆」舒蓼，具體指踏勘土地，將其設為楚東部地區的邊界，在當地建立完善的行政系統，故需為推設疆界一事與吳、越進行盟會。

舒蓼乃舒人與蓼人結合所建小國，屬群舒之列，地處舒庸、舒鳩與舒之間。[38]群舒見《左傳》文公十二年載：「群舒叛楚。夏，楚子孔執舒子平。」（頁330）魯文公十二年（西元前615年）舒君遭俘，舒國至此不見於文獻記載，或已為楚所滅。[39]舒庸於魯成公十七年（西元前574年）因背叛楚國倒向吳國，協助吳軍攻打楚而遭滅。舒鳩於魯襄公二十五年（西元前548年）同樣因叛楚即吳而為楚所伐，吳軍救援失敗，舒鳩國滅。群舒當為楚之附庸或從國，故因背叛而被滅。位於江淮地區的群舒各國，地處楚、吳之間，是楚東向經略疆土之前哨，也是兩國對峙的緩衝地帶與通道，各國向背對楚、吳兩國對戰的局勢優劣具有明顯影響。因此，楚國有意加強對該地區的控制，故攻滅地處群舒中央之舒蓼，將其納入楚國管轄之內，作為增強武力威懾的據點，以控制該地區。

---

36 〔漢〕鄭玄注，〔唐〕賈公彥疏：《周禮注疏》，頁369。

37 安京：〈試論先秦國家邊界的形態〉，《中國邊疆史地研究》1999年第3期。

38 群舒是由徐方分遷而來的子爵小國，指春秋時期偃姓皋陶後裔於江淮地區建立的小國，包含舒、舒庸、舒蓼、舒鳩、舒龍、舒鮑、舒龔等。何光岳：《群舒與偃姓諸國的來源和分布》，《江淮論壇》1982年第6期。

39 陳槃：《春秋大事表列國爵姓及存滅表譔異》，頁543。

## （五）劃定土田界線

　　魯襄公六年（西元前567年）萊國為齊所滅，《左傳》載：「（齊）遷萊于郳。高厚、崔杼定其田。」（頁517）《左傳》多見疆田，而定田僅此一例，二者實有差異。「疆」本有疆界、邊境之意，「疆某田」指踏勘地界、劃定土田，主要強調設置疆界，故傳文所見「疆某田」皆在國家邊境地區。例見《左傳》文公元年載：「晉侯疆戚田。」杜注：「晉取衛田，正其疆界也。」（頁299）戚地位於衛國境內，與晉相去甚遠，故晉取其地須封設疆界。同此例者於傳文俯拾皆是，故不贅述於茲。萊國見《史記・齊太公世家》載：「武王已平商而王天下，封師尚父于齊營丘。東就國……萊侯來伐，與之爭營丘，營丘邊萊。萊人，夷也。」[40]萊於西周前已存立於山東地區，且與齊國分封定都之地營丘毗鄰，故師尚父初適齊便「與之爭營丘」，產生領土紛爭，可見萊統治區域與齊甚近。[41]舊說萊國位於登州黃縣，今山東龍口一帶。《左傳》襄公二年載：「萊子不會，晏弱城東陽以偪之。」（頁499）又襄公六年載：「晏弱城東陽，而遂圍萊。」（頁516）東陽乃今臨朐縣東，萊與之相近，故本文採陳槃之說，認為萊地近今昌樂縣，後遭齊滅而迫遷至黃縣。[42]魯襄公六年（西元前567年）萊國遭滅，即為齊境內地，故無須再設疆界，「定其田」乃係勘察與劃定萊國原本土田。

　　劃定土田界線，一方面是將滅國所獲土地分配齊國君臣瓜分，另一方面則是用於賞賜。[43]青銅器「叔夷鐘」銘文記載叔夷於滅萊之役

---

40 〔漢〕司馬遷撰，〔南朝宋〕裴駰集解，〔唐〕司馬貞索隱，〔唐〕張守節正義：《史記》，頁1785。

41 遲克儉：〈古萊國初探〉，《齊魯學刊》1984年第1期。

42 陳槃：《春秋大事表列國爵姓及存滅表譔異》，頁742-743。

43 楊伯峻：《春秋左傳注》，頁1070。

居功甚偉，受齊侯封賞，銘文曰：「汝肇敏于戎功，餘錫汝萊都，審劖其縣三百。」[44]齊侯將萊都三百縣賜予叔夷，三百縣當劃定土田後的單位範圍。

## （六）賞賜大臣軍功

《左傳》閔公元年：「晉侯作二軍，公將上軍，大子申生將下軍，趙夙禦戎，畢萬為右。以滅耿，滅霍，滅魏，還為大子城曲沃，賜趙夙耿，賜畢萬魏，以為大夫。」（頁188）晉獻公所帶領的上軍滅耿、魏二國，故將耿賜予禦者趙夙，魏賜予車右畢萬。晉獻公將滅國所獲土地賞賜參戰將領以昭示軍功，乃春秋晉國軍功獎勵最早之記載。《國語‧晉語四》載晉文公之言：「軍伐有賞，善君有賞，能其官有賞。」[45]是時晉國賞賜制度已有雛形，且軍功賞賜居於其首。魯哀公二年（西元前493年）晉國趙鞅言：「克敵者，上大夫受縣，下大夫受郡，士田十萬。」（頁994-995）可知春秋末年晉國軍功賞賜已有制度化趨勢，且賞賜土地體量頗大，沒有持續性滅國奪地不足以滿足，反之又促進卿大夫發動滅國戰爭意願，故晉國「武、獻以下，兼國多矣」。（頁667）

## （七）轉讓他人或他國

魯襄公十年（西元前563年）晉荀偃、士匄請滅偪陽，以封宋向戌。杜注：「以宋事晉，而向戌有賢行，故欲封之為附庸。」（頁539）宋向戌於魯成公十五年（西元前576年）為左師，即宋國執政卿，司理要政。杜氏認為宋乃晉之從國，故晉以偪陽國封向戌為晉附庸，然滅一國而封予他國卿士為附庸之例於春秋無可徵，故該說有待

---

44 夏麥陵：《叔夷鐘與齊侯滅萊》，《管子學刊》1993年第2期。

45 上海師範大學古籍整理組點校：《國語》，頁383。

斟酌。楊伯峻認為當時只有宋國侍奉晉國，而向戌仍宋國賢臣，故晉人欲滅偪陽作為向戌之私邑。[46]私邑與附庸性質不同，附庸指未受周天子冊命而附於他國境內之小國者，私邑指個人采邑。[47]傳文可徵國君以城邑賞賜他國臣之例，如魯僖公四年（西元前656年）齊桓公要求鄭君賞賜制邑虎牢予申侯，故楊說可從。晉滅偪陽賜予向戌作私邑，向戌恐「興諸侯以自封」之罪名謝辭，將偪陽轉讓於宋平公。

從晉楚爭霸之背景來看，晉滅偪陽目的有二：一是爭取宋國為晉從國。證據見魯成公十八年（西元前573年）宋為楚所伐，告急於晉，晉韓獻子曰：「欲求得人，必先勤之，成霸安強，自宋始矣。」（頁489）宋乃晉恢復霸業之關鍵，故以土地爭取宋為晉從國。二是偪陽與宋相鄰，又是吳北上要衝。[48]晉國將偪陽交由宋國控制，以該通道與吳國聯繫交通，通過吳國牽制楚國後方，以便於爭霸戰爭中獲取優勢。[49]綜上，由晉取偪陽而賞向戌之例可知，國家或出於戰略需求，將滅國所奪之地賞賜他國卿士。又向戌辭晉偪陽之賞而轉於宋平公之事例，可知基於禮節考慮亦有轉讓土地之舉，例見隱公十年《左傳》：「鄭師入郜。辛未，歸于我。庚辰，鄭師入防。辛巳，歸于我。」（頁78）魯隱公十年（西元前713年）鄭莊公為王左卿士，討伐宋不朝見於周王之罪，取宋國郜、防二地。鄭莊公以王命討之，不宜接受所得土地，故歸諸魯國。綜上可知，滅國所得土地除用於賞賜之外，出於戰略需要或禮節考量，可轉讓他人或他國所占有。

本節總述戰勝國對亡國土地的占有標誌和處置方式：一是派軍戍守當地，該舉措不能等同於駐防，因春秋時期尚無設置邊疆駐防，本

---

46 楊伯峻：《春秋左傳注》，頁1070。

47 楊伯峻、徐提：《春秋左傳詞典》，頁334。

48 汪克寬：「偪陽國及祖地皆在沛縣，乃吳入北方之要衝，則悼公之會吳于祖，蓋滅偪陽而通吳也。」汪克寬疏：《春秋胡傳附錄纂疏》，《五經合纂大成》第十卷。

49 晁岳佩：〈晉滅偪陽原因分析〉，《山東師大學報（人文社會科學版）》2001年第6期。

文認為派遣軍隊或出於鎮壓當地亡國臣民反抗，或出於將當地設置為
軍事據點之目的。二是委派大臣管理當地，亡國土地夷滅為戰勝國邑
地，由各國任命官員管理。晉國委派至采邑的守官即邑大夫，而楚國
則是縣公、縣尹或監君，其目的在於利用亡國原有政治結構至本國統
治之下。以上兩種方式是通過軍事和行政手段，將亡國土地納入本國
政治體系當中進行管理，宣示其土地為本國所有。三是在當地建築城
牆，城牆基本作用是為保衛封土，本文延伸其作用，認為城牆象徵封
土所在，故建築城牆有確認占有城邑之用意。四是設置封域疆界，大
部分滅國戰爭動機在於攻城奪地以擴張疆土，春秋時期邊界形態即封
域與疆界，故奪取他國土地後重新設置封域疆界以示土地歸為本國所
有。五是重新劃定亡國土地，以便君臣分配土地和用作賞賜。以上三
種屬於占有土地的標誌，在占有的基礎上，對亡國土地加以利用。亡
國土地歸公室所有，可用於賞賜君臣，或轉讓他人、他國，即筆者總
結後兩種利用亡國土地的方式。本文所見事例出自不同國家，各國政
治制度、政治文化皆有不同之處，例如晉國土地主要用於賞賜；齊國
土地由君臣分配，不全為國君所有；楚國滅國所獲土地則大部分由國
家掌控，少見賞賜土地之事例。[50]筆者僅就《左傳》所載滅國事例，
對亡國土地的處置作歸納總結。須注意者，滅國戰爭的核心是夷滅他
國主權，而不限於土地，因此戰國可以不占有亡國土地。

## 四　戰勝國對亡國土地的不占有

　　春秋時期，滅國戰爭起因不全然歸咎於擴張疆土而侵奪他國土
地，如陳國因陳靈公與陳哀公時內亂而遭楚滅國；如弦國因與江、

---

50 何浩：〈試論西周春秋時期的楚國土地占有制度〉，《江漢論壇》1983年第4期。殷崇
　　浩：〈春秋戰國時楚國土地制的變革〉，《江漢論壇》1985年第4期。

黃、道、柏等國有姻親關係，不侍奉楚而遭滅國；如頓國背叛楚、陳而侍奉晉，故遭楚、陳聯軍滅國。國家可能因內亂、對大國不敬、背棄盟約等原因遭滅國，而非出於土地為他國所覬覦。因此，戰勝國滅亡國家後，可能放棄所獲土地而不作任意處置，即《左傳》所載：「弗地曰入。」（頁554）又《公羊傳》隱公二年：「入者何？得而不居也。」[51]楊伯峻認為「入」指軍隊進入城邑不取其地，取其地方稱為「滅」。[52]本文以魯僖公十年（西元前650年）狄人滅溫之例，修正楊氏之言，認為不取其地亦可稱「滅」。

溫乃周王畿內小國，見《左傳》隱公十一年載：「王取鄔、劉、蒍、邘之田于鄭，而與鄭人蘇忿生之田：溫、原、絺、樊、隰郕、攢茅、向、盟、州、陘、隤、懷。」（頁81-82）周桓王以蘇子之田與鄭易鄔、劉、蒍、邘之田，可知桓王以溫地用於耕種的部分「田」交換，溫仍為蘇子采邑。魯僖公十年（西元前650年）溫為狄人所滅，蘇子出奔衛國，杜注：「中國之狄滅而居其土地。」（頁220）然魯僖公二十四年（西元前636年）周大叔以狄軍伐成周，周襄王出奔坎欿，而大叔與隗氏居於溫。又晉文公勤王鎮壓周大叔叛亂，周襄王將溫地賜予晉文公為晉邑。職是之故，溫為狄人所滅，該地或歸周襄王再立之蘇子，或歸周王室所有，故周大叔能以溫為居，又周襄王賜該地予晉文公為晉邑。狄人不取其地，然傳文載溫為狄所滅，故不據有其地亦可稱滅，滅國存有戰勝國不據其地的可能。

戰勝國不據其地，原因一方面可從國家與土地之間的關係進行論述。魯隱公十一年（西元前712年）魯、齊、鄭盟軍攻入許國，鄭接收許國，鄭莊公處置許國方式見引文：

---

51 〔漢〕公羊壽傳，〔漢〕何休解詁，〔唐〕徐彥疏：《春秋公羊傳疏》，頁35。

52 楊伯峻：《春秋左傳注》，頁22。

> 鄭伯使許大夫百里，奉許叔以居許東偏……吾子其奉許叔，以
> 撫柔此民也。……天其以禮悔禍于許，無寧茲許公復奉其社
> 稷。……乃使公孫獲處許西偏。（頁80）

鄭莊公派公孫獲掌控許國政治，又安置許叔居國都東部，不滅許國而
存其社稷以安撫懷柔許公族和國人。[53]鄭莊公言於許曰：「無滋他族，
實偪處此，以與我鄭國爭此土也。」（頁80）顯然將許國土地歸於鄭
國，故有「與我鄭國爭此土」之言。時至魯桓公十五年（西元前697
年）許叔入於許復位，土地復歸許國。由此可見，社稷尚存、國家未
滅的情況下，土地隨著統治該國的政治權力轉移而歸戰勝國占有，土
地與政治權力有直接關係，而不與國家存滅繫聯。

同樣以許國為例，魯成公十五年（西元前576年）許靈公為鄭所
逼而請求楚遷其國。許國放棄原有國土，為楚遷至葉地。魯襄公二十
九年（西元前544年）楚召諸侯為楚康王送葬，《左傳》將魯、陳、
鄭、許四位諸侯並列，可見許國國君仍以存諸侯身分，未因丟失國土
而被歸入滅國之列。學者或以許國為楚遷至葉城，當為楚之附庸參與
楚國事務，認為僅楚國認可許國國君身分。然魯襄公十六年（西元前
557年）許向晉請求遷國，為晉之從國諸侯所同意，說明許國仍得到
他國承認。

現代領土國家概念中，土地乃國家組成要素，然春秋領土意識模
糊。國君管轄土地僅體現對國家主權的掌握，但國內土地並不能簡單
視作全部歸於國君或國家所有。因此國家遭滅的實質是國君被剝奪管
轄土地的政治權力，不能以領土國家概念將國家滅亡與土地失去之間

---

53 「鄭伯使許大夫百里奉許叔以居許東偏」之「奉」字含義可參考隱公元年《左
傳》：「隱公立而奉之。」釋為奉戴，即擁護而立之。「許東偏」說法有二：一為許
國東部地區；二為許國國都東部，筆者參考《春秋左傳注》釋為許國國都東部。見
楊伯峻、徐提：《春秋左傳詞典》，頁372。

作捆綁。《國語・晉語九》記載晉滅鼓而執鼓子歸，鼓國大臣夙沙釐追隨鼓子為軍吏所阻，其言曰：「我君是事，非事土也。名曰君臣，豈曰土臣？」[54]夙沙釐將「事君」與「事土」分而論之，且該言得晉中行穆子之肯定，可見國君雖具有管轄土地的權力，但國君或土地都不能完全代表春秋國家概念。綜上所述，筆者認為春秋時期國家主權歸於國君，體現為管轄土地的政治權力，不能以領土國家將領土視為國家主權一部分的涵義作理解。滅國戰爭的核心是夷滅主權，即國君統治國家的權力，並非奪取土地，所以戰勝國不占有其地亦可視為國家滅亡，滅國不必據有其地。

原因之二從具體事例分析，可知滅國不據其地存有偶然和現實因素的考量。春秋蕭地位於今安徽蕭縣，乃宋國邑地。宋閔公因蕭叔大心討伐南宮萬有功，以蕭地封其為附庸。楚於魯宣公十二年（西元前597年）滅蕭，蕭復見於魯襄公十年（西元前563年）為楚子囊所圍，是時為宋國邑地，可知楚莊王滅蕭國而未占有其地。究其原因，一是楚滅蕭之緣由乃蕭人殺熊相宜僚及公子丙，致使楚莊王怒而滅蕭以示報復。楚伐蕭本意非滅國，滅國之舉屬偶然事件所觸發，非出於攻城掠池之戰略目的，故對蕭國土地並無企圖而棄置。然蕭國主權已為楚所夷滅而未有復國，故不復以國存世，歸為宋邑。[55]二是蕭本為宋附庸，位於宋國境內，與楚國相去甚遠，是為楚之飛地。[56]國家對飛地實施行政管理的基本條件是兩地往來暢通的交通道路，如有於他國過

---

54 上海師範大學古籍整理組點校：《國語》，頁485。

55 陳槃：《春秋大事表列國爵姓及存滅表譔異》，頁473。

56 「飛地」指某國家或地區的一小部分，與主要地域單元相分隔，被鄰近國家或地區的土地包圍的地區。該地理概念相較於我國歷史頻繁使用的「插花地」一詞，更強調行政管理的內涵，故擇用該詞例。蕭本為宋國境內附庸小國，該地若為楚所占，則乃楚於宋國內之飛地。見《地理學詞典（第二版）》（上海：上海辭書出版社，1983年），頁75。

境或遇到地理斷隔帶的情況，甚至需要花費大量成本打通路線。此外，國家與飛地之間的政治關係穩定性差，必要時需通過戰爭或與相關國家作協商以確保從屬關係延續。[57]楚國於楚莊王時期，爭霸中原，飲馬黃河，然越宋國而以蕭為鄙仍頗有難度且效益不高，所以楚滅蕭但不據其地有其現實考量。綜上可知，國家出於偶然事件觸發滅國戰爭，而非覬覦該國土地，可夷滅其主權而不占有該地。前文已例舉多個不以侵奪土地為目的的滅國戰爭，都有可能致使戰勝國棄置所得土地。另外，亡國土地與本國相對位置遠或位於他國境內，出於實施行政管理難度大之考量而不占有其土地。

最後，從歷史背景分析原因，中國古代社會以農耕為主要生產方式，土地需匹配人口耕作方得以利用。周天子分封以「授民授疆土」為核心，可見僅有土地不足以立國，賜予足夠民人對土地進行開發利用才是實現政治權力的基礎。[58]西周時期人口密度低，許多可耕地因勞動力不足而閒置。諸侯受封得到大量土地，但在缺乏人力資源的情況下不具有生產效益，人力資源相較土地資源更為珍貴。[59]不僅對於可耕地而言之，即使是城邑，缺乏足夠人口居住和使用，對土地的占有亦難以維持。例見《左傳》僖公十八年：「梁伯益其國而不能實也，命曰新里，秦取之。」（頁238）梁國建築大量城邑填充國土卻沒有足夠人口居住其中，故城邑為秦所奪取，可見占有和利用土地需要體量適配的人口資源。春秋時期土地資源仍相當豐富，《左傳》哀公十二年載：「宋、鄭之間仍有隙地焉，曰彌作、頃丘、玉暢、嵒、戈、錫。」（頁1027）魯哀公十二年（西元前483年）中原地區宋、鄭二國之間仍留有大量「隙地」，足以築成五座城邑。中原相較其他地

---

57 郭聲波：〈飛地行政區的歷史回顧與現實實踐的探討〉，《江漢論壇》2006年第1期。

58 呂文鬱：《周代的采邑制度》（北京：社會科學文獻出版社，2006年），頁127。

59 金景芳：《金景芳古史論集》（吉林：吉林大學出版社，1991年），頁208。

區而言，較早進行開發，時至春秋晚期尚留有大量未開發的空地，可知當時人口密度不高，致使土地利用率低。基於此社會背景，戰勝國獲得不具備生產價值與戰略意義的亡國之地，因缺乏利用土地的人口資源或發展動機而放棄占有該地。

## 五　結語

　　本文通過論述春秋時期土地觀念、歷史背景及《左傳》所載滅國奪地的具體事例，作出以上各節的歸納與總結，下文在此基礎上，提出幾個總結性論點：一、周代土地所有權本歸屬周天子，然時至春秋，王綱解紐，周王無力懲處諸侯實質占有轄內土地之行為，故默許各國諸侯以滅國兼併戰爭獲取土地的合法性。二、春秋時期戰勝國占有亡國土地的方式，一是通過軍事和行政手段，將亡國土地納入本國政治體系當中進行管理；二是通過築城、設疆和劃定土田的方式，確認對土地的占有和利用土地；三是以賞賜軍功和轉讓的方式處置亡國土地。三、根據傳文凡例與事例分析，可以認為春秋時期國家主權為國君所有，與疆土並無直接聯繫。國君通過管控土地體現對國家主權的掌握，土地乃國家主權實踐之載體，與現代領土國家概念所言的疆土涵義有所區別。戰勝國夷滅國家主權，其本質是奪取亡國君主管控土地的主權，因此戰勝國可以直接利用原有的政治結構管理亡國土地。四、春秋時期地廣人稀，土地沒有充沛的人口資源，無以發揮作為生產資料的功用，又或者出於客觀因素的考量，戰勝國可能放棄對亡國土地的占有。

　　戰勝國占有亡國土地的標誌背後透露春秋時期國家邊界形態和疆土觀念，處置方式又與賞賜制度和土地制度等議題相關，且各國政治制度與觀念有其差異性，皆可再作細論，筆者僅梳理歸納文獻所徵春秋時期亡國土地之處置。

# 《春秋》「躋僖公」廟制探義

朱正源*

## 摘　要

　　昭穆之序，為周代宗法制度之具象展現。「天子七廟，三昭三穆，與太祖之廟而七。」因尊卑之等而以「諸侯五，大夫三，士一」相次之。所謂昭穆，用以「別父子、遠近、長幼、親疏之序」，太祖之廟居中，左為昭，右為穆。父為昭，子為穆，孫復為昭，曾孫次以穆。周代宗法承祀，繼以嫡子，於是父子不並坐，祖孫同昭穆，昭者永為昭，穆者永為穆，雖歷百世，而昭穆之序不亂，此為禮之經常。然禮有經常之道，難免權宜之變。如遇先君無子，大統乏嗣，乃以兄終弟及，甚至以兄繼弟，或為叔姪相繼，則昭穆難序。《春秋》文公二年「大事于大廟，躋僖公。」閔僖二公，皆莊公庶子，莊公薨，慶父弒公子般而立閔公，未及二年，閔公又為慶父所弒。魯人怒，慶父奔莒，季友於是立莊公之子申為君，是為僖公。僖公在位三十三年薨，其子文公即位。文公二年祫祭，升僖公之主於閔公之先，《公羊》、《穀梁》、《左氏春秋》、《國語》皆有敘論，謂之「逆祀」，譏之以「無昭穆」。昭穆之紊，乃造端於斯。蓋禮與《春秋》相為表裡，本文即管窺《春秋》「大事于大廟，躋僖公」之微辭，探辯先賢注論

---

* 高雄師範大學經學研究所碩士研究生，臺灣師範大學國文學系博士研究生。

之同異。以明周代宗廟昭穆制度之經常、權變。

**關鍵字**：《春秋》、廟制、昭穆、躋僖公、禘祫

## 一　前言

　　《史記‧太史公自序》稱《春秋》之義，用之以：「別嫌疑，明是非，定猶豫，善善惡惡，賢賢賤不肖」。自平王東遷以來，王道浸微，周文疲弊。齊桓、晉文相繼而起，孟子云：「禮樂征伐自諸侯出」。孔子周遊列國，其志無非克己復禮，見道不行，退而修春秋，孟子曰：「其事則齊桓、晉文，其文則史。孔子曰：『其義則丘竊取之矣。』」夫子之義，見乎魯隱至於獲麟二百四十二年間之史事，是以《孟子》載孔子之言曰：「我欲載之空言，不如見之於行事之深切著明也。」夫子於《春秋》之中所錄之事正與不正，一一決斷乎禮，是知《禮》與《春秋》乃相為表裡，故太史公曰「春秋者，禮義之大宗也」。

　　《論語‧八佾》載夫子之盛嘆曰：「周監於二代，郁郁乎文哉！吾從周。」周文郁郁，其英華旨要，謂之禮樂宗法之制，周代宗法制度與夏商二代最大區別，在於確立了嫡長子繼承制，《公羊》開宗明義所述「立適以長不以賢，立子以貴不以長。」《禮記‧禮運》所謂「大人世及以為禮」是此之謂也。古之君子，講求「修、齊、治、平」，由己身而至於家國天下，家事無非國事，國事亦無非家事，蓋因〈禮運〉中稱「大道既隱，天下為家」之故。是以《論語》中記載齊景公問政於孔子，孔子對曰：「君君，臣臣，父父，子子。」而《禮記‧曲禮》稱「君臣上下父子兄弟，非禮不定。」禮的作用，即太史公所謂「經紀人倫」是也。

　　《左傳》言：「國之大事，在祀與戎」，祭祀與兵戎，二者並重，祭山川祖先，不單為國君一人一家之事，而乃舉國之大事。《禮記‧祭統》云：「凡治人之道，莫急於禮。禮有五經，莫重於祭。」五禮

當中，最為隆重者，莫過於吉禮祭祀。祭有十倫[1]，當中親疏之殺即體現於昭穆之序當中。〈祭統〉又曰：「夫祭有昭穆，昭穆者，所以別父子、遠近、長幼、親疏之序而無亂也。是故，有事于大廟，則群昭群穆咸在而不失其倫。此之謂親疏之殺也。」昭穆之序，為周代宗法制度之具象展現。《禮記・王制》曰：「天子七廟，三昭三穆，與太祖之廟而七。」《禮記・禮器》亦說明因尊卑之等而以「諸侯五，大夫三，士一」之廟數相次之。所謂昭穆制度，其用意在於「別父子、遠近、長幼、親疏之序」，太祖之廟居中，左為昭，右為穆。父為昭，子為穆，孫復為昭，曾孫次以穆。周代宗法承祀，繼以嫡子，於是父子不並坐，祖孫同昭穆，昭者永為昭，穆者永為穆。《左傳・僖公二十四年》稱：「管，蔡，郕，霍，魯，衛，毛，聃，郜，雍，曹，滕，畢，原，酆，郇，文之昭也，邘，晉，應，韓，武之穆也。」可見雖歷百世，而昭穆之序不亂，此為禮之經常。

然禮有經常之道，難免權宜之變。如遇先君無子，大統乏嗣，乃以兄終弟及，甚至以兄繼弟，或為叔姪相繼，則昭穆難序。考諸史冊，鮮宗祧昭穆之錄。追本溯源，訪諸經傳，始見於《春秋》文公二年「大事于大廟，躋僖公」一條而已。其事《公羊》、《穀梁》、《左氏春秋》、《國語》皆有敘論，謂之「逆祀」，譏之以「無昭穆」。昭穆之紊，乃造端於斯。

---

1 《禮記・祭統》：「夫祭有十倫焉；見事鬼神之道焉，見君臣之義焉，見父子之倫焉，見貴賤之等焉，見親疏之殺焉，見爵賞之施焉，見夫婦之別焉，見政事之均焉，見長幼之序焉，見上下之際焉。此之謂十倫。」

## 二　《公羊傳》、《穀梁傳》、《左傳》、《國語》「躋僖公」
　　　析義

　　魯僖公為魯國第十八任國君，也是《春秋》中所記載第五位君主[2]。閔、僖二公，皆為莊公庶子，莊公薨，慶父弒公子般而立閔公，未及二年，閔公又為慶父所弒。魯人怒，慶父懼而奔莒，季友於是立莊公之子申為君，是為僖公，在位三十三年，為春秋時期魯國在位國君最為長久者。僖公在位期間，值齊桓公稱霸中原，宋襄公、晉文公相繼而起。當時中原大事，魯僖公多有參與，事見《春秋》經傳當中。

　　僖公三十三年十二月，「公至自齊，乙巳，公薨于小寢」，子興於隔年正月即位，是為文公。《春秋》文公二年載：「八月丁卯，大事于大廟，躋僖公。」《左傳》言：「國之大事，在祀與戎」，於國而言，可以稱做「大事」者，在於祭祀與兵戎二者。文公元年四月，葬僖公，《論語·為政》記載孔子曰：「生事之以禮；死葬之以禮，祭之以禮。」僖公五月而葬，可謂葬之以禮。然二年二月，作僖公之主已然失時不正。仲秋之季，又有大祭祀於太廟，此謂「大事于大廟」。於此祭祀當中，文公乃「躋僖公」，也就是在祭祀的過程中將其父魯僖公之神主向前提升，自此以往，魯國在宗廟祭祀的昭穆之序全然紊亂，可謂祭之無禮之至。《論語·八佾》中載子曰：「禘自既灌而往

---

2　依《史記》、《春秋》、《尚書》所載，魯國為周公旦之封國，周初天下位定，武王崩而成王幼，周公因不就封，使子伯禽之魯，是為魯公。魯公傳子考公，考公傳弟煬公，煬公傳子幽公，幽公之弟沸殺幽公而自立，是為魏公。魏公傳子厲公，厲公傳弟獻公，獻公傳子真公，真公傳弟武公。武公傳幼子懿公，懿公兄括之子伯御與魯人攻弒懿公，立魯公伯御。周宣王伐魯殺伯御，立懿公之弟孝公。孝公立子惠公，是時已進東周矣！惠公立子隱公，隱公為《春秋》十二公之首。隱公為弟桓公所弒，桓公傳子莊公。莊公薨，公子慶父立莊公之子閔公，二年，慶父弒閔公，遂出奔。公子季友立閔公兄弟僖公。

者，吾不欲觀之矣。」禘祭乃是於太廟所舉行的盛大祭典，孔子之所以不願意前往觀看魯國禘祭儀式，即因文公躋僖公、亂昭穆之故也。魯國祭祀順序的紊亂，自文公始，經宣、成、襄、昭五任國君，直至定公八年由煬虎所主導「從祀先公」，方纔撥亂反正。《春秋‧文公二年》載：「八月丁卯，大事于大廟，躋僖公」。針對此事，《公羊》、《穀梁》、《左氏春秋》、《國語》皆有敘論。

## （一）《公羊傳》曰

> 大事者何？大祫也。大祫者何？合祭也。其合祭奈何？毀廟之主，陳于太祖；未毀廟之主皆升，合食于太祖，五年而再殷祭。躋者何？升也。何言乎升僖公？譏。何譏爾？逆祀也。其逆祀奈何？先禰而後祖也。

宣公八年經曰：「有事于大廟」，此言「大事于大廟」，故《公羊傳》針對其異同，稱「大事」意味著「大祫」，以大其祭。所謂祫祭，乃合祭之總稱，《禮記‧王制》曰：「天子犆礿，祫禘，祫嘗，祫烝。」則禘、嘗、烝，皆可謂之祫祭也。《穀梁》以為祫嘗，《國語》以為烝。〈王制〉：「天子、諸侯宗廟之祭：春曰礿，夏曰禘，秋曰嘗，冬曰烝。」《國語》以為冬烝，誤矣！桓八年春夏二季興烝事，君子諷之，冬烝之事黷至春夏猶有微言以諷，如於八月舉烝事，《春秋》不能無有諷喻，此次祭祀於八月丁卯仲秋之季舉行，則當以《穀梁》「祫嘗」之說為是。〈王制〉：「諸侯五廟，二昭二穆，與太祖之廟而五。」太祖之廟，亦即「祖考廟」，於魯，則是周公旦之廟。《穀梁傳》稱：「周公曰大廟；伯禽曰大室；群公曰宮」。太祖之廟以外，有四親廟，兩昭兩穆。《禮記‧祭法》曰：「考廟，王考廟，皇考廟，顯考廟」。太祖之廟居中，萬世不祧，群公則以左昭右穆為次，五世則親盡，親盡則廟

毀。廟各有主，主，即今所謂神主牌。廟毀，則藏主於太祖之廟中。
《爾雅‧釋宮》：「室有東西廂，曰廟。」故知周公之廟有東西廂，魯公
大室即群公之宮則無。廟之東西廂所以藏主也，昭挑主藏諸東廂，穆
祧主藏諸西廂。《禮記‧曾子問》載孔子之言曰：「五廟無虛主；虛主
者，唯天子崩，諸侯薨與去其國，與祫祭于祖，為無主耳……祫祭于
祖，則祝迎四廟之主。」「祫祭于祖」，意即「大事于大廟」，可知祫
祭乃是於太祖之廟舉行。眾廟之主無事不可輕動，故言「廟無虛主」。
祫祭時，乃迎四親廟之主至於太廟，傳言：「未毀廟之主皆升合食于
太祖」是也。《禮記‧祭統》云：「有事于大廟，則群昭群穆咸在而不
失其倫。此之謂親疏之殺也。」是指祫祭時，群公之主依照次序排
列，毀廟之主列於太祖之主兩側，四親廟之主亦然，故謂之「群昭群
穆咸在」。親親有殺，自祖至孫依序有等，故而倫常不亂。是以武王
設奠於牧室，乃「追王大王亶父、王季歷、文王昌」，而不敢以卑臨
尊，置文王於古公亶父之先。[3]「殷祭」，盛大之祭祀也。《公羊》以
為五年而再舉行盛大之祭祀，鄭康成言「三年一祫，五年一禘」，自
漢至清，後儒對禘祫祭時多有申論，或相沿襲，或相申駁，故《康熙
字典》中稱：「禘祫之說，千古聚訟」。《春秋》言「躋僖公」者，指
祫祭時，升僖公之主於先，是以《春秋》譏之。《公羊》謂之逆祀，
稱「先禰而後祖」，逆祀者何？禰者，文之禰也，即僖公，文公不依
昭穆之序，升其父僖公之主於先，是以譏文公也。

---

3　《禮記‧大傳》載：「禮：不王不禘。王者禘其祖之所自出，以其祖配之。諸侯及
其大祖，大夫士有大事，省于其君，干祫，及其高祖。牧之野，武王之大事也。既
事而退，柴于上帝，祈于社，設奠於牧室。遂率天下諸侯，執豆籩，逡奔走；追王
大王亶父、王季歷、文王昌；不以卑臨尊也。上治祖禰，尊尊也；下治子孫，親親
也；旁治昆弟，合族以食，序以昭繆，別之以禮義，人道竭矣。」

## （二）《穀梁傳》曰

> 大事者何？大是事也，著祫嘗。祫祭者，毀廟之主，陳于大祖，未毀廟之主，皆升合祭于大祖。躋，升也，先親而後祖也，逆祀也。逆祀，則是無昭穆也。無昭穆，則是無祖也。無祖，則無天也。故曰：文無天。無天者，是無天而行也。君子不以親親害尊尊，此《春秋》之義也。

《穀梁》傳文與《公羊》同始於釋「大事」一詞。言「大事是也」，是，此也，猶言大此事也，宣八年經「有事于大廟」，此言「大事于大廟」，故《穀梁》曰：「大是事也」。《穀梁》自「大事」至「逆祀也」與《公羊》僅於文辭有參差之別，其義則無所不同。然《穀梁》於後又有發明。《公羊》止於「逆祀」，而穀梁更申之逆祀之義，所謂「逆祀」，其根本行為在於「無昭穆」，《禮記・仲尼燕居》有所謂「嘗禘之禮，所以仁昭穆也」之說，之所以得以「仁昭穆」，在於以其禮，則親親有殺。自躋僖公後，魯宗祧昭穆之序紊亂，是以「禘自既灌而往者」，夫子「不欲觀之」，《論語・八佾》記載或問夫子禘之說，子曰：「不知也。知其說者之于天下也，其如示諸斯乎！」指其掌。夫子之義，在於《禮記・仲尼燕居》所申論的「明乎郊社之義、嘗禘之禮，治國其如指諸掌而已乎。」而魯文公「逆祀」，是所以無昭穆，所以無禮者也。而《禮記・禮運》道：「禮者，君之大柄也」，昭穆之序，正是為了起到《禮記・祭統》當中所言「所以別父子、遠近、長幼、親疏之序而無亂也」之功能。昭穆之序不修，則無異乎《論語・顏淵》中所說的「君不君，臣不臣，父不父，子不子」的無禮境地，是以《穀梁》稱「無昭穆，則是無祖也」。敬宗法祖，一向為中華文化核心價值，《禮記》云：「親親故尊祖，尊祖故敬宗，敬宗

故收族，收族故宗廟嚴，宗廟嚴故重社稷」，文公亂昭穆之序，先親而後祖，是使親親無殺，以卑臨尊。孟子云：「孝子之至，莫大乎尊親。」父子，至親也，僖公雖為父，文公雖為子，縱使文公尊親之至，猶然不當先父於祖。《論語・為政》當中記載孟懿子問孝，子曰：「無違。」其義在乎「生事之以禮；死葬之以禮，祭之以禮。」祭之不以禮，猶如不孝，無祖無宗之故也。

## （三）《左傳》曰

> 逆祀也，于是夏父弗忌為宗伯，尊僖公，且明見曰：「吾見新鬼大，故鬼小，先大後小，順也，躋聖賢，明也，明順，禮也」。君子以為失禮，禮無不順，祀，國之大事也，而逆之，可謂禮乎？子雖齊聖，不先父食久矣，故禹不先鯀，湯不先契，文武不先不窋。宋祖帝乙，鄭祖厲王，猶上祖也，是以〈魯頌〉曰：「春秋匪解，享祀不忒，皇皇后帝，皇祖后稷」。君子曰：「禮，謂其后稷親而先帝也」。詩曰：「問我諸姑，遂及伯姊」。君子曰：「禮，謂其姊親而先姑也」。仲尼曰：「臧文仲其不仁者三，不知者三，下展禽，廢六關，妾織蒲，三不仁也，作虛器，縱逆祀，祀爰居，三不知也」。

《左傳》針對此一經文，開宗明義對「躋僖公」一事提出批評，稱之為「逆祀」，表示此乃違背祭祀之常規。與《公》、《穀》所不同者，《公》、《穀》二傳乃是針對「躋僖公」一事表達《春秋》之善惡褒貶，而《左氏》則因史所發，對於史事之細節記載甚詳。據《左傳》的記載，魯文公二年，魯國於太廟舉行祭祀儀式，是時也，夏父弗忌擔任宗伯。宗伯又分大宗伯、小宗伯，乃《周禮》春官之首，《周禮》稱春官宗伯：「帥其屬而掌邦禮，以佐王和邦國」，宗伯之重要

性，在於統帥其下屬，掌管國家禮儀制度，輔佐天王平和邦國上下。春官之首為大宗伯，《周禮》記載其職責在於「掌建邦之天神、人鬼、地示之禮，以佐王建保邦國」，大宗伯統掌邦國之中關於「天神、地祇、人鬼」之祀典，並主持「吉、凶、軍、賓、嘉」五禮之儀。而小宗伯之職責，則在於「掌建國之神位，右社稷，左宗廟」，小宗伯負責掌管國中宗廟社稷之神主次序，並「辨廟祧之昭穆」。《周禮》：「凡國之大禮，佐大宗伯。凡小禮，掌事，如大宗伯之儀」，當舉行重大典禮時，由大宗伯掌事主持，小宗伯則為大宗伯之佐，如小型典禮，則由小宗伯主管即可。夏父弗忌身為宗伯，無論大小，理當為魯國之中最專門於禮制之主管官員，然而他躋僖公的舉措，卻引來《春秋》的譏貶。就《左傳》所載，夏父弗忌之所以要躋僖公，乃是有他的道理所在。魯僖公為魯閔公之庶兄，閔公即位二年即為公子慶父所弑，僖公則在為三十三年，為春秋時期魯國在位時間最長之君主，故而稱：「吾見新鬼大，故鬼小，先大後小，順也」，所謂新鬼，當指文公之父僖公，而故鬼，即指閔公，夏父弗忌認為祭祀時神主之次序，先僖公，後閔公，乃是先大後小的順序。而與在位僅僅二年即夭亡的的閔公相比，僖公在位三十三年，多次統領國家參與諸侯之間的會盟征戰，二者相較，僖公可謂是「聖賢」也。夏父弗忌認為將身為「聖賢」的僖公升於先，具有昭明其聖，顯露其賢的用意。故而「躋僖公」一事，實是「既順且明」，合乎禮義之舉。

對於夏父弗忌這番言論，《左傳》大發議論，引「君子」之看法，直斥為「失禮」，認為「禮無不順，祀，國之大事也，而逆之，可謂禮乎？」就禮制而言，祭祀儀式中並沒有「不順」的道理，閔公是僖公前一任的魯國國君，閔公為君時，僖公為臣，縱使閔公年幼，僖公年長，先僖後閔，就是「不順」的悖禮之行。縱使子孫再怎麼聖明偉大，都不得列於其先人之前，此「子雖齊聖，不先父食久矣」之

義，《左傳》列舉了禹不先鯀[4]，湯不先契[5]，文武不先不窋[6]，宋祖帝乙[7]，鄭祖厲王[8]這些例子，用以說明後代子孫再怎麼功勳彪炳、再怎麼偉大，無不尊尚其先祖，沒有將後王升之於祖先之前的道理。而後又引《詩》證義，以〈魯頌·閟宮〉之：「春秋匪解，享祀不忒，皇皇后帝，皇祖后稷」，以及〈邶風·泉水〉之：「問我諸姑、遂及伯姊」，說明祭祀禮儀之順序，當先祖後親。先祖後親的祭祀順序，符合尊尊親親之義。《史記》載袁盎之論，稱：「尊者敬也，敬其本始」，祖宗距離自身雖年代久遠，親緣已隔，然而因是家國氏族是本始，其地位自然更加尊貴，這也是太祖之廟萬世不祧的緣故。《穀梁傳》載有「君子不以親親害尊尊」的《春秋》大義，可見就算親屬血緣關係再怎麼深厚，不得以此違背尊祖之道。

《左傳》在此段傳文之末，引述了孔子對於臧文仲的評價，孔子認為臧文仲一生所為，有三不仁、三不智之事。「縱逆祀」，便是三不智之一。臧文仲於魯莊公時期便為魯卿，歷任莊、閔、僖、文四朝，與文公時期魯國之孟穆伯、東門襄仲、叔孫莊叔、季文子等卿士貴族

---

4 根據《史記》所載，夏朝開國始祖為大禹，大禹之父曰鯀，堯帝時洪水氾濫成災，命鯀治水，歷經九年而水不息，舜帝即位，「視鯀之治水無狀，乃殛鯀於羽山以死」，於是命大禹續父之業，大禹居外十三年，過家門不敢入，最終成功治理水患，舜帝乃禪位與禹。大禹遂為夏朝開國之君，大禹縱使有開國之賢，大禹之父鯀縱使治水無方而伏誅，然而在夏朝以及其後裔杞國的祭祀儀式中，仍不得因其賢愚，置禹於鯀前。

5 契者，商民族之始祖也。縱使商湯滅夏桀，有建國之功，於祭祀時仍不得位列始祖契之先。

6 不窋者，周民族始祖后稷之後，文武之先也，因失其官而奔於戎狄之間。縱使周文王、周武王有克商建國之功，於祭祀時仍不得位列先祖不窋之先。

7 帝乙，商紂王、宋國開國國君微子啟之父也。故宋國以帝乙為祖，於祭祀時不先始封之君微子。

8 鄭國始封之君鄭桓公，為周厲王之少子，周宣王之弟，故鄭國以周厲王為祖，於祭祀時不先始封之君桓公。

相比，臧文仲資歷最深，最為耆老。臧文仲擔任魯卿多年，在魯國留下了良好的名聲，對魯國的重臣也有相當的影響，季文子為卿於文、宣、成、襄四朝，曾言臧文仲對自己的教導，稱：「先大夫臧文仲，教行父事君之禮，行父奉以周旋，弗敢失隊」，《左傳》襄公二十四年中，也記載了叔孫穆叔出使晉國，與晉國正卿范宣子的對話，范宣子向叔孫穆叔問到古人所言「死而不朽」是何謂也？叔孫穆叔則已故的臧文仲，稱：「魯有先大夫曰臧文仲，既沒，其言立，其是之謂乎，豹聞之。大上有立德，其次有立功，其次有立言。雖久不廢，此之謂不朽」。可見在季文子的眼中，臧文仲是教導他如何以禮侍奉國君的人生導師。而在叔孫穆叔的眼中，臧文仲更是「既沒，其言立」，「雖久不廢」的「不朽」人物。可見臧文仲在魯人心目中的光輝形象，然而孔子卻提出了臧文仲一生行事不仁者三、不智者三，其中「縱逆祀」一事在《禮記》當中，亦有相關記載，《禮記・禮器》錄孔子之言曰：「臧文仲安知禮！夏父弗綦逆祀，而弗止也」，「躋僖公」雖由宗伯夏父弗忌主導，然而臧文仲身為當時魯國輩分最高，名望最深之公卿大夫，卻放任此事發生而不加以制止，《公羊傳》稱：「文公逆祀，去者三人」，可見是時已有人因文公違禮逆祀感到不滿而離去，而臧文仲卻「縱逆祀」「而弗止」，乃有孔子直斥其「安知禮」的記載。

對於「八月丁卯，大事于大廟，躋僖公」一事，除了《公羊》、《穀梁》、《左氏春秋》以外，《國語》當中也有詳細的記載。

（四）《國語》曰

　　夏父弗忌為宗，蒸將躋僖公。宗有司曰：「非昭穆也。」曰：「我為宗伯，明者為昭，其次為穆，何常之有！」有司曰：「夫宗廟之有昭穆也，以次世之長幼，而等胄之親疏也。夫

祀，昭孝也。各致齊敬于其皇祖，昭孝之至也。故工、史書
世，宗、祝書昭穆，猶恐其逾也。今將先明而後祖，自玄王以
及主癸莫如湯，自稷以及王季莫如文、武，商、周之蒸也，未
嘗躋湯與文、武，為不逾也。魯未若商、周而改其常，無乃不
可乎？」弗聽，遂躋之。展禽曰：「夏父弗忌必有殃。夫宗有
司之言順矣，僖又未有明焉。犯順不祥，以逆訓民亦不祥，易
神之班亦不祥，不明而躋之亦不祥，犯鬼道二，犯人道二，能
無殃乎？」曰：「未可知也。若血氣強固，將壽寵得沒，雖壽
而沒，不為無殃。」既其葬也，焚，煙徹于上。

關於「躋僖公」一事，《國語》的記載與《左傳》大同而小異。魯宗
伯夏父弗忌於烝祭中將要「躋僖公」，受到下屬「宗有司」勸諫此事
違反昭穆之常，夏父弗忌認為昭穆之次序，以明者為昭，次者為穆，
也就是依照賢良聖明之程度來做排序，並沒有一定的順序。夏父弗忌
對於昭穆之制的理解，違反禮義的，《禮記·祭統》稱：「夫祭有昭
穆，昭穆者，所以別父子、遠近、長幼、親疏之序而無亂也。是故，
有事於大廟，則群昭群穆咸在而不失其倫。此之謂親疏之殺也」。可
見昭穆制度的意義，在於藉由昭穆的排序，分別父子、遠近、長幼、
親疏的關係，使得「群昭群穆咸在而不失其倫」。如若依照夏父弗忌
「明者為昭，其次為穆」的辦法，必將導致無法分別父子、遠近、長
幼、親疏之序，導致紊亂不明，使得群昭群穆縱使咸在卻失其倫，禮
儀當中親疏之殺的精神也將無從體現。春官之有司也因此而反駁，向
夏父弗忌說明宗廟祭祀之所以有昭穆的排序，乃是依照世次之長幼，
來排序從先輩到後代的親疏關係。而祭祀儀式，則是藉由對祖先的莊
嚴恭敬，用以昭明子孫的孝道。經由師官、太史記錄祖先之世次，而
由宗伯和太祝審定昭穆之次序，就是為了慎重其事，然而就算經過了

工、史、宗、祝等官員的層層檢查，猶恐昭穆之序的排列有所逾越，如今夏父弗忌欲以「明者為昭，其次為穆」的辦法，顯然是改易了昭穆制度的正當排序。然而就算有司所言正當有理，符合禮義，最終身為宗伯的夏父弗忌卻仍不願聽從，堅持了「躋僖公」的決定。對此，知禮的柳下惠提出評論，認為宗有思所言明順乎禮，魯僖公在為三十三年，期間並未有何豐功偉績，夏父弗忌躋僖公之舉，犯人道鬼道不詳者四。因犯人犯鬼之故，柳下惠乃因此預言夏父弗忌必有災殃。後當夏父弗忌身故安葬時，果遭火焚其棺槨，《國語》以為此即犯人鬼之不詳惡果也。

綜合四傳而論，可知關於文公「躋僖公」一事，其爭議之關鍵，在於閔、僖二公之君位乃由弟兄相互承繼，非周代禮制以父死子繼之常規，進而導致在國君薨亡後，於宗廟祭祀時昭穆排序問題產生疑義，《公羊傳》、《穀梁傳》、《左傳》、《國語》皆對於魯文公「躋僖公」發表批評。然而僖公究竟是如何「躋」？其背後隱藏的廟制問題如何處理？《春秋》經傳中並未提出解答，這也導致後世的注疏家、經學家、針對此問題產生千古之聚頌。而中國歷史上每逢君位傳承並非父死子繼，而是因故發生違反常例之情況，如兄終弟及，或以兄繼弟，甚至叔姪相繼，當宗廟祭祀排序昭穆之次時，往往因此產生紛爭。漢之殤順，晉之惠懷，唐之中睿，明嘉靖朝之大禮議之爭，無不因此而起。然仔細探究爬梳，箇中問題之癥結不過在於兄弟先後為君，其昭穆排列之異同與否而已。也就是兄弟同居昭位、同居穆位；或是兄弟一昭一穆之分別。

## 三　廟制昭穆排序之義法

魯文公於「大事于太廟」時「躋僖公」，也就是將其父魯僖公的

神主排序向前提升，《公羊傳》批評曰：「先禰而後祖也」，禰者，文公之先父僖公也。祖者，先祖也。《穀梁傳》曰：「先親而後祖也」，與《公羊》同義。《左傳》、《國語》也詳錄其始末。四傳對文公「躋僖公」，給予了「逆祀」、「無昭穆」之類的批評。

文公二年「大事于太廟」，指的乃是於太廟所舉行的合祭儀式。《禮記・王制》載周代之廟制曰：「天子七廟，三昭三穆，與太祖之廟而七。諸侯五廟，二昭二穆，與太祖之廟而五。大夫三廟，一昭一穆，與太祖之廟而三。士一廟。庶人祭于寢。」自天子、諸侯以降大夫，其宗廟制度皆立太祖之廟一，太祖之主萬世不祧，藏主於其中，是為太廟。太廟以外，別有親廟，天子、諸侯皆立四親廟。周代之宗廟，以后稷為始祖，居太廟。文武二王受命於天，開邦建國，乃分居昭、穆之位，亦萬世不祧。太廟、文昭廟、武穆廟、並四親廟，合為天子七廟之數。《禮記・祭法》所謂：「王立七廟，一壇一墠，曰考廟，曰王考廟，曰皇考廟，曰顯考廟，曰祖考廟；皆月祭之。遠廟為祧，有二祧，享嘗乃止」是此之謂也。后稷之廟，即祖考廟，太廟是也。考廟、王考廟、皇考廟、顯考廟，四親廟也。文武之廟，昭穆二祧廟也。諸侯則以太廟、四親廟，合為五廟。《禮記・祭法》所謂：「諸侯立五廟，一壇一墠。曰考廟，曰王考廟，曰皇考廟，皆月祭之；顯考廟，祖考廟，享嘗乃止」是也。天子、諸侯，皆立考廟、王考廟、皇考廟、顯考廟四親廟，顯考以上，太祖以下，除天子文武二祧外別無廟焉，故五世而親盡，當毀其廟。天子昭位之主，廟毀，藏其主於文祧廟之中；穆位之主，廟毀，藏其主於五祧廟之中。諸侯無二祧，五世親盡，毀廟之主藏於太廟之中。而昭穆之位次一經入廟，則永不更動。

茲以諸侯廟制為例，假令一國始封之君為一世，薨而入主太廟之中。其子為二世，薨而入主昭廟一中。孫為三世，薨而入主穆廟一

中。曾孫為四世，薨而入主昭廟二中。玄孫為五世，薨而入主穆廟二中。至此乃滿諸侯五廟之數，得圖表如下：

### 表一　諸侯五廟排序表

| 太廟<br>（一世） ||
|:---:|:---:|
| 穆廟一<br>（三世） | 昭廟一<br>（二世） |
| 穆廟二<br>（五世） | 昭廟二<br>（四世） |

自圖表中可得知，父為昭，子為穆，孫復為昭，孫之子又為穆。則是父子不並座，而祖孫同昭穆。故五廟之數既滿，當六世君主薨亡，當毀昭廟一，遷二世之神主入太廟之中。原四世之主則由昭廟二遷於昭廟一中，虛昭廟二以納六世新神。乃得圖表如下：

### 表二　諸侯五廟祧毀示意其一

| 太廟右夾室 | 太廟 | 太廟左夾室 |
|:---:|:---:|:---:|
| | （一世） | （二世） |
| 穆廟一<br>（三世） || 昭廟一<br>（四世） |
| 穆廟二<br>（五世） || 昭廟二<br>（六世） |

以此類推，當七世君主薨亡，則當毀穆廟一，遷三世之神主入太廟之中。原五世之主則由穆廟二遷於穆廟一中，虛穆廟二以納七世新神。乃得圖表如下：

### 表三　諸侯五廟祧毀示意其二

| 太廟右夾室 | 太廟 | 太廟左夾室 |
|:---:|:---:|:---:|
| （三世） | （一世） | （二世） |
| 穆廟一<br>（五世） | | 昭廟一<br>（四世） |
| 穆廟二<br>（七世） | | 昭廟二<br>（六世） |

從此可見得，於太廟之中，始祖之主居中，左為昭位，右為穆位。當祫祭之時，毀廟之主由左右夾世中取出，列於太祖左右昭穆之位，未毀廟之主，即上表之四世至七世，則升其主於太廟昭穆之位中。太祖居中，東嚮；左為昭位，南嚮；右為穆位，北嚮。乃得祫祭圖表如下：

### 表四　諸侯祫祭神祖排序示意表

| 太廟 | | |
|:---:|:---:|:---:|
| 右穆 | 中 | 左昭 |
| 北嚮 | 東嚮 | 南嚮 |
| | 一世 | |
| 三世（毀廟之主） | | 二世（毀廟之主） |
| 五世 | | 四世 |
| 七世 | | 六世 |

由上表可見，祫祭之時，太祖之主居中，依序以左昭右穆遞相排次，直至萬世而不亂，此《禮記・祭統》所謂：「有事于大廟，則群昭群穆咸在而不失其倫」之義也。此為國中君位皆為父死子繼之尋常狀態，然當君位之承繼除父死子繼以外，最常見的就是兄終弟及。兄終

弟及，先君與後主之關係雖非父子，卻曾為君臣，這就引發了廟制以及昭穆排序的大問題。兄終弟及，兄弟昭穆的排序關係，大抵有兩種說法，一為兄弟異昭穆說，二為兄弟同昭穆說。

## （一）兄弟異昭穆

「躋僖公」，也就是將其父魯僖公的神主排序向前提升，至於提升到多麼前面的位置，古今大抵言置乎閔公之前，唯范寧注《穀梁傳》，以為「親謂僖，祖謂莊」，認為文公乃是將僖公之主置於莊公之先。依照太廟祫祭左昭右穆之制度，莊公為僖公之父，分居昭穆之位，則斷無將僖公之主置於莊公之先的道理，縱然逆祀，也不當「逆」得這麼嚴重。范寧之說，顯然是將兄弟的昭穆排序，比擬為父子之昭穆排序，也就是認為無論先君後主的關係為何，只要有君位承繼之關係，便當分別為一昭一穆。於是自東周魯惠公居昭位以來，隱公為穆，桓公為昭，莊公為穆，閔公為昭，僖公為穆。如是，則莊、僖同居穆位，文公「躋僖公」，便是將僖公之主提升於同為穆位的莊公神主之前。此說早在楊士勛做疏文時便已予以辯駁，楊疏曰：「范氏謂莊公為祖，其理非也。何者？若范云文公偵倒祖考，則是僖在於莊上，謂之夷狄猶自不然，況乎有道之邦，豈其若是？明范說非也」。楊士勛認為范寧的說法不合常理過甚，魯文公「逆祀」，竟然到了「顛倒祖考」的地步，這種狀況縱然是夷狄之國都不該發生，何況魯國為周公之後，更是不該發生這樣的狀況。

然而范寧的理念並非特例，賈公彥疏《周禮》，也有類似觀點，其言曰：

> 兄死弟及俱為君，則以兄弟為昭穆，以其弟已為臣，臣子一列，則如父子，故別昭穆也。必知義然者，案文二年秋八月，

「大事于大廟，躋僖公」，謂以惠公當昭，隱公為穆，桓公為
昭，莊公為穆，閔公為昭，僖公為穆，今升僖公于閔公之上為
昭，閔公為穆，故云逆祀也。知不以兄弟同昭位，升僖公于閔
公之上為逆祀者，案定公八年經云：「從祀先公」，《傳》曰：
「順祀先公而祈焉」。若本同倫，以僖公升于閔公之上，則以
後諸公昭穆不亂，何因至定八年始云順祀乎？明本以僖閔昭穆
別，故于後皆亂也。若然，兄弟相事，後事兄為君，則昭穆易
可知。但置塋以昭穆夾處，與置廟同也。

賈公彥認為如若君位之遞嬗乃由兄終弟及，則應當以兄弟分別昭穆，
蓋因先君後主曾為君臣，而臣與子一例也。故而雖本為兄弟，因為君
臣，如同父子，則當分別昭穆。於是以惠公當昭，隱公為穆，桓公為
昭，莊公為穆，閔公為昭，僖公為穆。范寧以為僖公乃是升於同為穆
位的莊公之前。而賈公彥則以為僖公是升於閔公之上，則《春秋》所
謂「躋僖公」，便是閔僖二公昭穆次序相調換，使僖公為昭，閔公為
穆，故曰「逆祀」。賈公彥又根據定公八年《春秋》經文記載的「從
祀先公」，來推論如若兄弟同昭同穆，則所逆者不過在昭位或穆位之
間而已，對整體的祭祀禮儀並不會造成影響，故而既然有「從祀先
公」的記載，則當可證明僖公與閔公昭穆不同。

　　依照賈公彥兄弟別昭穆之說，顯然會產生廟制與人情上的衝突。
孔穎達疏《左氏春秋》，便提出：「若兄弟相代，即異昭穆，設令兄弟
四人皆立為君，則祖父之廟即已從毀，知其理必不然，故先儒無作此
說。」孔穎達與賈公彥，並為初唐經學之大家，後人並稱為「孔
賈」，孔穎達卒於〔唐〕貞觀二十二年（西元648年），賈公彥則為博
士於高宗永徽之時（西元650-656年），二人並世可知也。孔穎達所謂
「先儒無作此說」者，或因賈說而發。孔穎達的論據無疑是可靠且符

合情理的，孔穎達表示如若兄弟相代為君，便將君臣關係比做父子關係，使昭穆相異。假使兄弟四人相代為君，則以四親廟之數排序，則當季弟為君，其祖父之廟已毀不祀。禮，五世而親盡，祖孫相隔二世而已矣，使祖孫除其親，這顯然是不合情理的。春秋時吳王壽夢有四嫡子，長曰諸樊、次曰餘祭、其次餘眜、末曰季札，又有庶長子州于、又名僚。季札賢，壽夢欲傳位與之，然周代之禮制，繼嗣以嫡長，季札非嫡長子，依禮不得立，乃立吳王諸樊。諸樊薨，欲讓位與季札，不受，乃立吳王餘祭。餘祭薨，欲讓位與季札，不受，乃立吳王餘眜，餘眜有子光。餘眜薨，欲讓位與季札，季札不受逃去，壽夢庶子州于於是即位，是為王僚，王僚有子慶忌。吳王僚即位十一年，餘眜之子公子光譴刺客專諸刺殺王僚，遂自立為君，是為吳王闔閭，闔閭又命刺客要離刺王僚之子慶忌，此為後話，姑且不論。從吳王壽夢開始，吳國君位承繼順序為：諸樊、餘祭、餘眜、州于（僚）。如依諸侯五廟之數，加之以賈公彥兄弟別昭穆之說，則當吳王僚在位之時，吳國宗廟當如下表所示：

### 表五　依賈公彥所言假擬吳王僚在位時吳國五廟情況

| 太廟右夾室 | 太廟<br>（吳太伯） | 太廟左夾室 |
|---|---|---|
| 穆廟一<br>（諸樊） | | 昭廟一<br>（壽夢） |
| 穆廟二<br>（餘眜） | | 昭廟二<br>（餘祭） |

壽夢之父曰去齊，如依賈公彥兄弟別昭穆之說，則當吳王僚在位，祖父去齊之廟已毀、主已祧。而《禮記》載：「諸侯立五廟，一壇一墠。曰考廟，曰王考廟，曰皇考廟，皆月祭之；顯考廟，祖考廟，享

嘗乃止。去祖為壇，去壇為墠。壇墠，有禱焉祭之，無禱乃止。去墠為鬼。」考廟、王考廟、皇考廟，也就是父廟、祖父廟、曾祖父廟，因與自身親緣關係相近，故每月祭祀之。而顯考廟、祖考廟，也就是高祖父廟、太廟，因年代已遠，親緣已隔，則享嘗乃止。享嘗者，春夏秋冬四時之祭也。而祧廟之祖，則不過於有禱時祭之，無禱則不祭，所謂禱者，為每逢禘祫之祭，毀廟之祖陳於太祖時方才祭之而已。依照《禮記・祭法》，天子、諸侯之王考廟，皆月祭之，大夫、適士之王考廟，皆享嘗乃止。使兄弟別昭穆，則吳王僚之王考去齊廟毀主祧，為孫者不僅不月祭其王考，甚至四時亦不祭祀，僅於禘祫之時禱焉祭之。如此禮制，則比大夫、適士還要不如。這也是孔穎達評判到「知其理必不然，故先儒無作此說」的原因所在。可知廟制昭穆之排序，如兄弟相代為君，則同為昭穆。

## （二）兄弟同昭穆

　　孔穎達稱兄弟別昭穆之說，「知其理必不然，故先儒無作此說」，是知有唐以前，諸如皆以為兄弟知昭穆相同。〔漢〕何晏做《春秋公羊解詁》，稱：

> 禮，昭穆指父子，近取法《春秋》，惠公與莊公當同南面西上；隱、桓與閔、僖亦當同北面西上，繼閔者在下。文公緣僖公于閔公為庶兄，置僖公于閔公上，失先後之義，故譏之。傳曰「後祖」者，僖公以臣繼閔公，猶子繼父，故閔公于文公，亦猶祖也。自先君言之，隱、桓及閔、僖各當為兄弟，顧有貴賤耳。自繼代言之，有父子君臣之道，此恩義逆順各有所施也。

何晏直言昭穆指父子，乃是取法於《春秋》之中，而父子昭穆相異，

兄弟之間縱使先後為君，因其同輩同倫，故昭穆亦同。而祭祀之時，大祖東鄉，昭南鄉，穆北鄉。魯國君位自惠公至文公，中夾隱、桓、莊、閔、僖五任國君，當中隱桓、閔僖皆為兄弟相繼，故而惠公為昭南嚮，隱、桓二公為穆北嚮，莊公為昭南嚮，閔、僖二公為穆北嚮。何晏認為魯國祫祭時先君之神主排序應如下表所示（茲僅取惠公至僖公以為說明，魯公伯禽至孝公暫不列出）：

表六　兄弟同昭穆，「躋僖公」前魯國祫祭示意圖

| 太廟 | | |
|---|---|---|
| 右穆 | 中 | 左昭 |
| 北嚮 | 東嚮 | 南嚮 |
| | 周公旦 | |
| 隱公<br>桓公 | | 惠公 |
| 閔公<br>僖公 | | 莊公 |

如上表所示，隱、桓二公，以及閔、僖二公同居穆位，分別對應昭位的惠公與莊公，雖然同居一位，然而排序上畢竟有先後之分，如今文公將其父僖公至於閔公之上，這是紊亂了先後之分，不明僖曾為閔臣的君臣之道，於是文公「躋僖公」以後，魯國祫祭神主排序則如下所示：

自上表可見，祫祭之時自惠公以至於僖公，其昭穆並未有所異動，差別僅僅在於同居穆位的閔、僖二公，其排序由原先的閔先僖後，經由「躋僖公」，變成了僖先閔後。何晏認為魯文公「置僖公于閔公上，失先後之義」，故而《春秋》譏之。何晏「閔、僖二公同居穆

表七　兄弟同昭穆，「躋僖公」後魯國祫祭示意圖

| 太廟 | | |
|---|---|---|
| 右穆 | 中 | 左昭 |
| 北嚮 | 東嚮 | 南嚮 |
| | 周公旦 | |
| 隱公<br>桓公 | | 惠公 |
| 僖公<br>閔公 | | 莊公 |

位」、「置僖公于閔公上」之說，也符合《左傳》、《穀梁》、《公羊》針對躋僖公一事「逆祀」的評價。然而《穀梁傳》所言：「逆祀，則是無昭穆也」，以及《國語》所載宗有司之言：「非昭穆也」，對比表六與表七，可以見得其中差異僅在於閔、僖二公的先後排序，整體的昭穆順序並未發生改變，《穀梁》、《國語》二傳明言「無昭穆」、「非昭穆」，這就與「閔、僖二公同居穆位」的說法產生了矛盾。

　　針對此一矛盾，楊士勛的《穀梁》疏文，以及孔穎達所疏《左傳》，分別給予了相同的解釋，楊士勛稱：「先親而後祖，親謂僖公，祖謂閔公也。僖繼閔而立，猶子之繼父，故《傳》以昭穆祖父為喻。此於傳文不失」，楊士勛說明魯僖公承繼魯閔公之位而立，二人雖為兄弟，但在君位的承繼關係中卻猶如父死子繼的父子關係，故而《穀梁傳》以父子間的昭穆關係來比喻，僖公為文公之父親，僖公繼之於閔公，則閔公之於文公就如同祖之於孫一般。而文公「躋僖公」的「逆祀」行徑，便是「先親而後祖」，猶如「無昭穆」耳。孔穎達則稱：

　　　　禮，父子異昭穆，兄弟昭穆故同。僖、閔不得為父子，同為穆

耳。當閔在僖上，今升僖先閔，故云「逆祀」。二公位次之
逆，非昭穆亂也。《魯語》云：「將躋僖公。宗有司曰：『非昭
穆也』。弗忌曰：『我為宗伯，明者為昭，其次為穆，何常之
有？』」如彼所言，似閔、僖異昭穆者。位次之逆，如昭穆之
亂，假昭穆以言之，非謂異昭穆也。

楊、孔二疏，分別針對《穀梁傳》的「無昭穆」，以及《國語》中
「非昭穆」進行訓解說明。孔穎達首先明言了「父子異昭穆，兄弟昭
穆故同。僖、閔不得為父子，同為穆」的基本觀點，做出了「逆祀」
乃是「二公位次之逆，非昭穆亂」的確切結論。並針對《國語》中
「非昭穆」的異議提出解釋，做出了「位次之逆，如昭穆之亂，假昭
穆以言之，非謂異昭穆也」的說明，表達閔、僖二公雖同居穆位，但
二人位次的逆反卻如同昭穆紊亂一般，故而宗有司藉由昭穆之亂以為
說明，並不代表閔、僖二公分居不同昭穆。

　　孔穎達以及楊士勛之說可謂最得《春秋》之正，也解決了《穀梁
傳》以及《國語》在文辭上所造成的疑義。從表六可知在魯文公「躋
僖公」以前，祫祭時穆行神主的排序依序為隱、桓、閔、僖四公；
「躋僖公」之後，排序則變為隱、桓、僖、閔。這樣的情況除了在廟
祭時有所展現以外，於宗廟的順序上也可見端倪，《春秋・僖公二十
年》載：「五月己巳，西宮災」，在魯僖公二十年五月己巳日，「西
宮」發生了火災。《穀梁傳》釋曰：「謂之新宮，則近為禰宮。以諡言
之，則如疏之然，以是為閔宮也」。《穀梁傳》說明了所謂的西宮，其
實就是魯閔公之廟[9]，魯閔公之廟於魯僖公二十年遭遇火災，災後閔

---

9　所謂宮者，廟也。《穀梁傳》載：「周公，曰大廟；伯禽，曰大室；群公，曰宮」。
　　《春秋》之所以稱閔宮為「西宮」，乃是因為如若稱其為「新宮」，一如成公三年
　　「甲子，新宮災，三日哭」，《穀梁傳》所釋：「新宮者，禰宮也」之例，成公之

宮是否復立不得而知，然此事發生於文公「躋僖公」以前，魯僖公尚
在，此時的閔宮當與同為穆位的桓宮並列。然而《春秋》哀公三年
載：「五月辛卯，桓宮、僖宮災」，《左傳》記載了此次火災發生的緣
故，乃是由於「司鐸火，火踰公宮，桓僖災」[10]，可知司鐸發生火
災，殃及宗廟，火勢延燒，波及桓宮及僖宮。《左傳》載是時也：「孔
子在陳，聞火，曰『其桓、僖乎』。」《孔子家語》對於此事亦有詳細
的記載，曰：

> 孔子在陳，陳侯就之，燕焉。子游行路之人云：「魯司鐸災，
> 及宗廟。」以告孔子。子曰：「所及者其桓、僖之廟。」陳侯
> 曰：「何以知之？」子曰：「禮，祖有功而宗有德，故不毀其廟
> 焉。今桓、僖之親盡矣，又功德不足以存其廟，而魯不毀，是
> 以天災加之。」三日，魯使至。問焉，則桓、僖也。

孔子在陳國，僅僅是聽說司鐸發生火災波及宗廟，便做出了所言及的
乃是「桓、僖之廟」的推斷，去除「魯不毀，是以天災加之」的奇異
色彩，歸本就源，還能能從以下幾點推斷出此結論。一、桓、僖二公
距魯哀公已逾五世之親，而宮廟未毀，應當靠近太廟，位於整體宗廟
之西南隅。二、桓、僖之二者相鄰，是以火勢易於延燒。三、司鐸接

---

　　楣，其父宣公也。如於僖公二十年稱「西宮災」，則將使人誤以為「新宮」指的乃
　　是「楣宮」，也就是僖公之父莊公之廟。而如若以諡號記載，直言「閔宮」，一如哀
　　公三年「五月辛卯，桓宮、僖宮災」之例，則桓、僖之於哀公已為遠祖，閔公卻為
　　僖公之兄弟先君，《穀梁傳》有「迫近不敢稱諡，恭也」之說，直稱諡號則顯疏
　　遠，故不稱「新宮」亦不稱「閔宮」。

10　司鐸者，諸侯小學之學宮也。公宮者，群宮之宮，宗廟是也。《禮記·王制》載：
　　「小學在公宮南之左，大學在郊。天子曰辟癰，諸侯曰頖宮。」宗廟之制，太祖之
　　廟西坐東向，昭行北坐南向，穆行南坐北向。桓、僖同居穆齒，其廟居宗廟之南側
　　也，而「小學在公宮南之左」，左者，佐也，言小學宮在宗廟南側之旁也。

近宗廟南側，與穆廟相鄰。四、隱公被其弟桓公所弒，既未成喪安葬，廟亦當未立。閔公之廟已因災毀，除非僖公親自復立其廟，否則文公「躋僖公」，斷無復立閔宮之理。

綜合上述幾點可以蠡測，孔子此時雖在陳國，然而身為魯國人，對於魯國宗廟宮殿官署等位置必然熟悉，聽聞司鐸發生火災，波及宗廟，自然聯想到最為接近的宗廟建築，親盡應毀而猶存的桓、僖之宮。

桓、僖之宮遭受火災的波及延燒，也說明了在廟制上此二宮同屬昭穆的事實，如依賈公彥惠公當昭，隱公為穆，桓公為昭，莊公為穆，閔公為昭，僖公為穆，的說法，則魯國宗廟昭穆排列當如下所示：

### 表八　依賈公彥所言魯國宗廟昭穆示意

| 太廟 | | |
|---|---|---|
| 右穆 | 中 | 左昭 |
| 北嚮 | 東嚮 | 南嚮 |
| | 周公旦 | |
| 隱公 | | 惠公 |
| 莊公 | | 桓公 |
| 僖公 | | 閔公 |

如上表所示，則桓、僖二公不僅分居左昭右穆，且呈斜對角，並不相列。如依賈公彥之說，則豈有桓、僖二公之廟相距如此之遠而災及之理，故知其為妄說。

## 四　結語

昭穆之序，為周代宗法制度之具象展現。所謂昭穆，乃是用以

「別父子、遠近、長幼、親疏之序」。如依父死子繼之尋常禮制，則宗廟之制，以太祖之廟居中，左為昭，右為穆。父為昭，子為穆，孫復為昭，曾孫次以穆。父子不並坐，祖孫同昭穆，昭者永為昭，穆者永為穆，雖歷百世，而昭穆之序不亂。然而如遇先君無子，大統乏嗣，乃以兄終弟及，甚至以兄繼弟，或為叔姪相繼，則昭穆難序。《春秋》所載文公二年「大事于大廟，躋僖公」便是這類爭議之肇端。《公羊》、《穀梁》、《左氏春秋》、《國語》，謂之「逆祀」，譏之以「無昭穆」。

四傳之說雖有小異而其本大同，後代之史學家、禮學家、經學家所探討之焦點，則主要聚焦於當君位之承繼遭逢兄終弟及的情況，則弟兄二人昭穆之異同的問題如何處理。自唐以前大抵主張兄弟同昭同穆，至唐代賈公彥於《周禮注疏》中提出兄弟二人昭穆相代之說，使得《十三經注疏》中《春秋》與《禮》在昭穆問題上產生了異說。兩派說法爭論不休，遂為千古之聚訟。而通過徵引經傳的交叉對比，愚以為兄弟昭穆相代之說實難立足，當以兄弟同昭同穆，僅於昭穆之間分別前後位次，方符合廟制之本義。

# 三　《左傳》與春秋文化

# 《左傳》所見墨子「明鬼」之底色及其色差

沈凱文[*]

## 摘　要

　　《左傳》所見鬼神觀，是春秋時期傳統鬼神觀的代表。墨子「明鬼」思想的生成，正是在傳統鬼神觀的基礎上有所繼承與發展。繼承主要體現在三方接受，包括墨子「明鬼」與《左傳》所見鬼神的定義、特質以及事鬼神之旨的重合。發展主要表示為五層色差，包括不疑鬼神及論證鬼神之有、強調鬼神之罰的必應性及其不可阻擋性、揭示鬼神無處不在及其明察秋毫的特點、論述事鬼神可以聚集民眾並增進鄉里感情以及指出鬼神與疾病無關等。考察《左傳》所見墨子「明鬼」之底色及其色差，對於理解傳統鬼神觀的嬗變以及春秋戰國之際的社會變化，具有一定的推進意義。

**關鍵字：**《左傳》、鬼神觀、墨子、明鬼、底色、色差

---

* 揚州大學文學院博士研究生。

## 一　前言

「國家淫僻無禮，則語之尊天、事鬼」，係墨子「擇務而從事」的主要手段之一[1]。一般認為，其「明鬼」思想的生成理路，是基於對「古者聖王之事」與「百姓耳目之實」的本原考察以及「國家人民之利」的功用考慮[2]，但不能忽略的是，除「三表法」的立言標準與針對儒家「以鬼為不神」[3]的直接反動外，在墨子濃墨重彩的鬼神暈染之下，還存在一層隱而未彰的文化底色，即盛行於春秋時期的傳統鬼神觀念。墨子曾自言見過百國《春秋》[4]，但在星燧貿遷的歷史長河中，百國史書僅存魯之《春秋》，故在相當程度上，魯之《春秋》及《左傳》則成為系統探討墨子「明鬼」之底色及其色差的重要憑藉。

## 二　墨子「明鬼」之底色：《左傳》所見傳統鬼神觀

釐析《左傳》所見傳統鬼神觀，首先要考察春秋時人對於鬼神的定義。何謂鬼神？魯文公二年（西元前625年），魯國在太廟祭祀，夏父弗忌作為掌禮之官，因其主觀尊崇而將僖公的神位升於閔公之上，並曰：「吾見新鬼大，故鬼小。先大後小，順也。躋聖賢，明也。明、順，禮也。」[5]可見二「鬼」，即指死去的閔公與僖公。魯宣公四年（西元前605年），楚國令尹子文認為其兄弟子良所生之子越椒狀如熊

---

1　孫詒讓：《墨子閒詁》（北京：中華書局，2017年），頁475。

2　孫詒讓：《墨子閒詁》，頁265。

3　孫詒讓：《墨子閒詁》，頁458。

4　孫詒讓：《墨子閒詁》，頁658。

5　楊伯峻：《春秋左傳注》（北京：中華書局，2016年），頁572-573。

虎，聲如豺狼，故欲殺之而不得。等到子文臨死時仍念念不忘，聚其族人曰：「椒也知政，乃速行矣，無及于難。」並哭說：「鬼猶求食，若敖氏之鬼不其餒而！」[6]這裡的「鬼」，即指若敖氏的祖先。魯襄公九年（西元前564年），晉侯率領諸侯圍攻鄭國，鄭國無奈順服而與之結盟，鄭國公子騑在晉國士莊子宣讀盟書完畢之際曰：「天禍鄭國，使介居二大國之間，大國不加德音，而亂以要之，使其鬼神不獲歆其禋祀，其民人不獲享其土利，夫婦辛苦墊隘，無所厎告。」[7]此處之「鬼神」，亦就鄭國的祖先而言。魯襄公二十年（西元前553年），衛國甯惠子因得罪國君而畏懼不安，故命令其子甯喜為其掩蓋曰：「君入，則掩之。若能掩之，則吾子也。若不能，猶有鬼神，吾有餒而已，不來食矣。」[8]這裡的「鬼神」，即甯惠子對於自己死後之代言。魯襄公二十五年（西元前548年），晉國士弱質問子產陳國之罪，子產託辭攻打陳國的正當理由曰：「昔虞閼父為周陶正，以服事我先王。我先王賴其利器用也，與其神明之後也，庸以元女大姬配胡公，而封諸陳，以備三恪。」[9]其中，「神明」二字，楊伯峻先生注曰：「神明指虞舜，與《楚語上》『若武丁之神明也』同義。」[10]可見「神」有古者聖王之義。魯昭公七年（西元前535年），楚王建成章華之臺，希望和諸侯一起舉行落成典禮。楚國大宰薳啟強毛遂自薦，前往魯國邀請昭公曰：「今君若步玉趾，辱見寡君，寵靈楚國，以信蜀之役，致君之嘉惠，是寡君既受貺矣，何蜀之敢望？其先君鬼神實嘉賴之，豈唯寡君？」[11]這裡的「先君鬼神」，當為同義複詞。同年，鄭子產到晉國

6　楊伯峻：《春秋左傳注》，頁742-743。
7　楊伯峻：《春秋左傳注》，頁1063-1064。
8　楊伯峻：《春秋左傳注》，頁1161。
9　楊伯峻：《春秋左傳注》，頁1218。
10　楊伯峻：《春秋左傳注》，頁1218。
11　楊伯峻：《春秋左傳注》，頁1424-1425。

聘問，韓宣子因晉侯生疾而代為接見，並順便為晉侯病因及其夢見黃熊的疑惑詢問子產，子產回答曰：「以君之明，子為大政，其何厲之有？昔堯殛鯀于羽山，其神化為黃熊，以入于羽淵，實為夏郊，三代祀之。晉為盟主，其或者未之祀也乎！」[12]這裡的「神」，即指鯀死後所化的魂靈。又同年，鄭人因夢見已死之伯有披甲而行，並預言將復仇駟帶及公孫段二人，其後預言應驗，二人相繼而死，鄭人更加惶恐。子產便立了公孫洩和良止來安撫國人，並進一步解釋曰：「人生始化曰魄，既生魄，陽曰魂。用物精多，則魂魄強，是以有精爽至于神明。匹夫匹婦強死，其魂魄猶能馮依于人，以為淫厲，況良霄，我先君穆公之胄，子良之孫，子耳之子，敝邑之卿，從政三世矣。鄭雖無腆，抑諺曰『蕞爾國』，而三世執其政柄，其用物也弘矣，其取精也多矣，其族又大，所馮厚矣，而強死，能為鬼，不亦宜乎！」[13]這裡的「鬼」或「神」，即指伯有死後所化的魂魄。魯昭公二十九年（西元前513年），**魏國**獻子疑問古代龍及養龍之官的消失，蔡墨回答曰：「夫物，物有其官，官修其方，朝夕思之。一日失職，則死及之。失官不食，官宿其業，其物乃至。若泯棄之，物乃坻伏，鬱湮不育。故有五行之官，是謂五官，實列受氏姓，封為上公，祀為貴神。社稷五祀，是尊是奉。」[14]這裡的「神」，即指曾經掌管五行的官長。同時，除已死之人或祖先之外，《左傳》所見「鬼神」，也指一些自然神，如魯昭公元年（西元前541年），子產問候晉侯之疾，便說明一些「山川之神」與「日月星辰之神」與人之生病無關[15]。此外，也有一些渺遠而不可指實的神靈，如魯莊公三十二年（西元前662年）發生

---

12　楊伯峻：《春秋左傳注》，頁1429。

13　楊伯峻：《春秋左傳注》，頁1431-1432。

14　楊伯峻：《春秋左傳注》，頁1670-1672。

15　楊伯峻：《春秋左傳注》，頁1346-1349。

的「有神降于莘」之事[16]等。綜上，《左傳》所見「鬼神」，主要是指已死之人或祖先，但也涉及一些自然神或不可名狀的神靈等。

其次，鬼神的特質亦是考察《左傳》所見傳統鬼神觀需要回答的問題。既然春秋時期所謂鬼神，偏重於已死之祖先，故在時人看來，其首要特質，即鬼神往往只接受其後代的祭祀。如魯僖公十年（西元前650年），晉太子申生藉口夷吾無禮，欲將晉國給予秦國，並認為秦國將因其讓國之舉而祭祀自己，而狐突對此勸阻曰：「臣聞之：『神不歆非類，民不祀非族。』君祀無乃殄乎？且民何罪？失刑、乏祀，君其圖之！」[17]又如魯僖公三十一年（西元前629年），衛國因狄人包圍而遷移到帝丘，衛成公因夢見始祖康叔說夏後帝啟之孫相奪走了自己的祭獻，作為補償，成公便轉而命令祭祀相，對此甯武子反對曰：「鬼神非其族類，不歆其祀。相之不享于此久矣，非衛之罪也，不可以間成王、周公之命祀，請改祀命。」[18]而就寬泛意義上的鬼神而言，便無所謂後代與非後代的區別，故其好惡的標準亦決定了它另一個特質，即鬼神之好惡及其禍福以祭祀者的德行為本。如上文已及魯莊公三十二年（西元前662年）發生在虢國莘地的降神事件，內史過在回答周惠王的疑問時曰：「國之將興，明神降之，監其德也；將亡，神又降之，觀其惡也。故有得神以興，亦有以亡，虞、夏、商、周皆有之。」其後，神靈又在莘地住了六個月，虢公便派人祭祀，神靈亦答應賜之土田，而史嚚卻說：「虢其亡乎！吾聞之：國將興，聽于民；將亡，聽于神。神，聰明正直而壹者也，依人而行。虢多涼德，其何土之能得？」[19]據此可見，在春秋時期的進步思想家看來，

---

16 楊伯峻：《春秋左傳注》，頁274-275。

17 楊伯峻：《春秋左傳注》，頁365-366。

18 楊伯峻：《春秋左傳注》，頁532-533。

19 楊伯峻：《春秋左傳注》，頁274-275。

鬼神的好惡及其禍福取決於祭祀者的德行，且鬼神，尤其是神，一定
是明察秋毫而公正無私的。又如魯僖公五年（西元前655年），晉侯第
二次向虞國借路去攻打虢國，宮之奇以「輔車相依，唇亡齒寒」的道
理勸諫虞公，但虞公卻認為晉國與之同宗，且自己「享祀豐絜，神必
據我」而存有相當的僥倖心理，故宮之奇再次苦口婆心，曉之以理，
並引經據典，陳明利害曰：「臣聞之，鬼神非人實親，惟德是依。故
《周書》曰：『皇天無親，惟德是輔。』又曰：『黍稷非馨，明德惟
馨。』又曰：『民不易物，惟德系物。』如是，則非德，民不和，神
不享矣。神所馮依，將在德矣。若晉取虞，而明德以薦馨香，神其吐
之乎？」[20]再如魯僖公十二年（西元前648年），齊侯派管仲讓戎人與
周天子媾和，周天子以上卿之禮宴饗管仲，管仲謙而辭之，受下卿之
禮而還。對此，《左傳》作者引《詩》而評論曰：「管氏之世祀也宜
哉！讓不忘其上。《詩》曰：『愷悌君子，神所勞矣。』」[21]即表明神靈
對於和藹平易的有德之人有所佑助。而有德為善，失德為惡，故鬼神
以德為本特質的進一層表述，即賞善罰惡。如魯成公五年（西元前
586年），晉國趙嬰因與侄媳趙莊姬通姦而被放逐齊國，後夢見天使令
其祭之，並派人詢問士貞伯，士貞伯對人私下曰：「神福仁而禍淫。
淫而無罰，福也。祭，其得亡乎？」[22]可見鬼神福仁而禍淫的特質。
又如魯哀公十四年（西元前481年），宋國桓魋恃寵而驕，勢力逐漸尾
大不掉而危及宋公，宋公令夫人臨時邀請桓魋宴飲，打算乘機討伐，
而桓魋以下犯上，貪得無厭，並意圖先下手為強，宋公告知司馬子
仲，並請其立刻營救，子仲回答曰：「有臣不順，神之所惡也，而況
人乎？」[23]可見在子仲看來，多行不義必自斃，鬼神對於臣下不忠的

---

20　楊伯峻：《春秋左傳注》，頁335-339。

21　楊伯峻：《春秋左傳注》，頁374。

22　楊伯峻：《春秋左傳注》，頁897-898。

23　楊伯峻：《春秋左傳注》，頁1882-1883。

失德行為必當厭惡而有所懲罰。此外，就《左傳》所見，鬼神，特別是神，還具備一種監督、制約以及威懾的效力。而這種作用，尤其在盟誓之際顯得最為突出。如魯僖公二十八年（西元前632年），城濮之戰以晉勝楚敗而告終，為平定晉楚之戰造成各諸侯國的震動與不安，周王命王子虎「盟諸侯于王庭」曰：「皆獎王室，無相害也！有渝此盟，明神殛之，俾隊其師，無克祚國，及而玄孫，無有老幼。」[24]同年六月，衛侯受盟之後，晉人聽其返國，甯武子引以為戒，並與衛人盟於宛濮曰：「天禍衛國，君臣不協，以及此憂也。今天誘其衷，使皆降心以相從也。不有居者，誰守社稷？不有行者，誰扞牧圉？不協之故，用昭乞盟于爾大神以誘天衷。自今日以往，既盟之後，行者無保其力，居者無懼其罪。有渝此盟，以相及也。明神先君，是糾是殛。」正因為神明這種監督、制約以及威懾的效力，才使得「國人聞此盟也，而後不貳」[25]。又如魯成公十二年（西元前579年），宋國華元促成晉、楚兩國的友好關係，其後晉國士燮會見楚國公子罷、許偃，並在宋國西門之外相與盟曰：「凡晉、楚無相加戎，好惡同之，同恤菑危，備救凶患。若有害楚，則晉伐之；在晉，楚亦如之。交贄往來，道路無壅；謀其不協，而討不庭。有渝此盟，明神殛之，俾隊其師，無克胙國。」[26]再如魯襄公十一年（西元前562年），諸侯攻打鄭國，鄭國因害怕而向諸侯求和，其後雙方便在亳地結盟，晉國范宣子為防止諸侯因空手而歸反悔而鄭重盟誓曰：「凡我同盟，毋蘊年，毋壅利，毋保姦，毋留慝，救災患，恤禍亂，同好惡，獎王室。或間茲命，司慎、司盟，名山、名川，群神、群祀，先王、先公，七姓、十二國之祖，明神殛之，俾失其民，隊命亡氏，踣其國家。」[27]不一

---

24　楊伯峻：《春秋左傳注》，頁509-510。
25　楊伯峻：《春秋左傳注》，頁512-513。
26　楊伯峻：《春秋左傳注》，頁935-936。
27　楊伯峻：《春秋左傳注》，頁1087-1088。

而足，皆體現了神明對於保障盟誓信用的監督、制約及其威懾作用。

再者，明晰了鬼神的概念及其特質之後，可以看出，春秋時期事鬼神之風氣盛行，主要是為了祭祀祖先以求福報，並希冀借鬼神賞善罰惡及其監督、制約、威懾等作用，以解決一些人力所不能控制或決定的問題。歸根究柢，這是一種以自我為中心的趨利行為。而就《左傳》所見，春秋時期尚有一些進步思想家往往對於事鬼神的應然之旨有所發明和強調，或謂對於較為狹隘的趨利行為有所昇華和超越。一方面，從祭祀的角度出發，事鬼神不在於形式，而在於誠心敬意。如魯隱公三年（西元前720年），鄭武公、莊公先後擔任周平王的卿士，而平王又同時信任虢公，因此導致鄭莊公的怨恨，故平王與鄭國交換人質以表信義，但在平王死後，周人準備把政權交給虢公，鄭國便和周朝結下了仇恨。對此，《左傳》作者評論曰：「信不由中，質無益也。明恕而行，要之以禮，雖無有質，誰能間之？苟有明信，澗、谿、沼、沚之毛，蘋、蘩、蘊藻之菜，筐、筥、錡、釜之器，潢、汙、行潦之水，可薦于鬼神，可羞于王公，而況君子結二國之信，行之以禮，又焉用質？《風》有《采蘩》、《采蘋》，《雅》有《行葦》、《泂酌》，昭忠信也。」[28]又如魯莊公十年（西元前684年），齊國攻打魯國，曹劌進見莊公而問其廟算，莊公認為自己「犧牲、玉帛，弗敢加也，必以信」，曹劌卻說：「小信未孚，神弗福也。」[29]曹劌表面上聲稱莊公的祭祀屬於小恩小惠且未能周遍，實際上還是為了說明事鬼神不在於祭品的貴重、豐盛等形式，而在於內心虔誠，以獲得百姓的支持。又如魯襄公二十七年（西元前546年），子木向趙孟詢問范武子的德行如何，趙孟回答曰：「夫子之家事治，言于晉國無隱情，其祝史陳信于鬼神無愧辭。」楚王聞後亦云：「尚矣哉！能歆神、人，宜

---

28 楊伯峻：《春秋左傳注》，頁28-30。
29 楊伯峻：《春秋左傳注》，頁199。

其光輔五君以為盟主也。」[30]可見祭祀鬼神應無所保留而忠實不欺。再如魯昭公二十年（西元前522年），齊侯生疾一年有餘，梁丘據和裔款認為齊國事奉鬼神很豐厚，比先君還有所增加，但現在齊侯的病遲遲不能痊癒，這是祝、史祭祀出了問題。而晏子曰：「若有德之君，外內不廢，上下無怨，動無違事，其祝、史薦信，無愧心矣。是以鬼神用饗，國受其福，祝、史與焉。其所以蕃祉老壽者，為信君使也，其言忠信于鬼神。其適遇淫君，外內頗邪，上下怨疾，動作辟違，從欲厭私，高臺深池，撞鐘舞女。斬刈民力，輸掠其聚，以成其違，不恤後人。暴虐淫從，肆行非度，無所還忌，不思謗讟，不憚鬼神。神怒民痛，無悛于心。其祝、史薦信，是言罪也；其蓋失數美，是矯誣也。進退無辭，則虛以求媚。是以鬼神不饗其國以禍之，祝、史與焉。所以夭昏孤疾者，為暴君使也，其言僭嫚于鬼神。」[31]質言之，晏子認為，齊侯之疾拖延不癒是由於鬼神不饗，而鬼神不饗是由於祝、史不信，但祝、史不信是因為齊侯自己有所不善而臣下為之掩飾之故。因此，問題的癥結在於，要想祝、史不違本心而誠心敬意地告祭鬼神，齊侯應當反省自己。另一方面，從事鬼神的目的出發，百姓是鬼神的主人，人民是國家的根本，事鬼神的最終目的是為了百姓和人民的安居樂業，亦是為了國家的繁榮富強。如魯桓公六年（西元前706年），楚武王侵襲隨國，隨少師驕傲無謀，被楚國示敵以弱的假象迷惑，故請求追趕楚軍，季梁對此勸阻曰：「天方授楚，楚之贏，其誘我也。君何急焉？臣聞小之能敵大也，小道大淫。所謂道，忠于民而信于神也。上思利民，忠也；祝史正辭，信也。今民餒而君逞欲，祝史矯舉以祭，臣不知其可也。」而隨侯自認為祭祀豐備，已符合「信」的標準，季梁糾正曰：「夫民，神之主也，是以聖王先成民而

---

30 楊伯峻：《春秋左傳注》，頁1251。
31 楊伯峻：《春秋左傳注》，頁1572-1575。

後致力于神。故奉牲以告曰『博碩肥腯』，謂民力之普存也，謂其畜之碩大蕃滋也，謂其不疾瘯蠡也，謂其備腯咸有也；奉盛以告曰『絜粢豐盛』，謂其三時不害而民和年豐也；奉酒醴以告曰『嘉栗旨酒』，謂其上下皆有嘉德而無違心也。所謂馨香，無讒慝也。故務其三時，修其五教，親其九族，以致其禋祀，於是乎民和而神降之福，故動則有成。今民各有心，而鬼神乏主；君雖獨豐，其何福之有？君姑修政，而親兄弟之國，庶免于難。」所謂「水可載舟，亦可覆舟」，隨侯因此「懼而修政」，而楚亦不敢伐[32]。又如魯僖公十九年（西元前641年），宋公讓邾文公殺死鄫子來祭祀次睢的土地神，欲借此使東夷歸附，司馬子魚批評曰：「古者六畜不相為用，小事不用大牲，而況敢用人乎？祭祀以為人也。民，神之主也。用人，其誰饗之？齊桓公存三亡國以屬諸侯，義士猶曰薄德，今一會而虐二國之君，又用諸淫昏之鬼，將以求霸，不亦難乎？得死為幸。」[33]皆可見祭祀鬼神應當以人為本的旨趣。

最後，對於鬼神的有無以及信與不信的態度，亦是春秋時期傳統鬼神觀的題中之義。就《左傳》所見，大部分人對於鬼神之有表示默認，從而尊信鬼神而有所敬畏，但也多少存在一些對於鬼神之有並不篤定的心理。如襄公十年（西元前563年）晉國荀罃「猶有鬼神」[34]、襄公二十年（西元前551年）衛國甯惠子「猶有鬼神」[35]、昭公二十七年（西元前515年）鄭國子家子「猶有鬼神」[36]等語，均是一種並不完全確定的假設之辭，一如孫立常先生所言：「春秋之世雖然鬼神迷信之風頗為盛行，但是，至少有一部分賢士大夫已經明白是神不可信，

---

32　楊伯峻：《春秋左傳注》，頁118-121。

33　楊伯峻：《春秋左傳注》，頁417-418。

34　楊伯峻：《春秋左傳注》，頁1074。

35　楊伯峻：《春秋左傳注》，頁1161。

36　楊伯峻：《春秋左傳注》，頁1655。

自然現象和人事吉凶並無必然的關係。這就是啟蒙時代的開明思想初露頭角，是無神論和唯物論的萌芽。後來孔子繼承了這個優良傳統，所以《論語》裡說：『子不語怪力亂神。』」[37]

綜上，《左傳》所見傳統鬼神觀大致可以概括為：春秋時人心目中的鬼神，主要是指已死之人或祖先，但也包括一些自然神以及不可名狀的神靈等。析而言之，鬼與神也有一定區別，鬼有屬鬼，故有善有惡，而神一般都是聰明正直而公正無私的。統而言之，鬼神又主要具備以下三種特質。其一，鬼神只接受其後代的祭祀。其二，鬼神的好惡取決於祭祀者的德行。其三，鬼神福仁禍淫而賞善罰惡。同時，事鬼神不在於祭品的內容和形式，而在於誠心敬意。此外，百姓是鬼神的主人，事鬼神的最終旨趣應當落到以德為先、以人為本的理念之上。而上述《左傳》所見傳統鬼神觀，正是春秋戰國之際墨子「明鬼」思想的重要底色。

## 三　三方接受：墨子「明鬼」對《左傳》所見鬼神觀的繼承

無論任何時代，在人們生活的實際世界中，往往存在葛兆光教授再三致意的一般知識、思想與信仰，這是「一種近乎平均值的知識、思想與信仰，作為底色或基石而存在，這種一般的知識、思想與信仰真正在人們判斷、解釋、處理面前的世界中起著作用」[38]。基於此，可以說《左傳》所見鬼神觀正是其後墨子「明鬼」思想的底色或基石，抑或墨子對於春秋時期的傳統鬼神觀有所擷取和接受。就《墨子・明鬼下》所見，墨子「明鬼」對於《左傳》所見傳統鬼神觀，在

---

37 孫立常：〈左傳對鬼神妖異的批判〉，《學習與探索》1981年第6期，頁36。
38 葛兆光：《中國思想史》（上海：復旦大學出版社，2013年），頁11。

鬼神的定義、特質以及事鬼神之旨等方面皆有所繼承。

　　就鬼神的定義而言，墨子曰：「古之今之為鬼，非他也，有天鬼，亦有山水鬼神者，亦有人死而為鬼者。」[39]與《左傳》所見已死之人或祖先為鬼、山川之神與日月星辰之神以及一些不可名狀的神等分類若合符契。就鬼神的特質而言，墨子主要揭示了三點內容。其一，「今若使天下之人偕若信鬼神之能賞賢而罰暴也，則夫天下豈亂哉」[40]，墨子亦認為鬼神具備「賞賢罰暴」的特質，與《左傳》所見鬼神「福仁禍淫」同質。其二，「昔者鄭穆公當晝日中處乎廟，有神入門而左，鳥身，素服三絕，面狀正方。鄭穆公見之，乃恐懼，奔，神曰：『無懼！帝享女明德，使予錫女壽十年有九，使若國家蕃昌，子孫茂，毋失。』鄭穆公再拜稽首曰：『敢問神名？』曰：『予為句芒。』」[41]墨子所引鄭穆公的事蹟，充分顯示出人對神的敬畏以及神之賜福標準完全依據個人德行，這同樣與《左傳》所見鬼神之好惡取決於祭祀者的德行無異。其三，「昔者，武王之攻殷誅紂也，使諸侯分其祭，曰：『使親者受內祀，疏者受外祀。』」[42]墨子借周武王對於祭祀的規定，說明了內祀與外祀的區別。在一定程度上，墨子所謂「內祀」，即與《左傳》中作為祖先之鬼神只接受其後代的祭祀相近。至於「外祀」，讓異姓諸侯掌管山川祭祀，其賜福與否，便取決於祭祀者的德行，亦與《左傳》所見自然之神的受祭標準一致。至於事鬼神之旨，墨子同樣強調誠心敬意的重要性，如「諸不敬慎祭祀者，鬼神之誅至若此其憯遬也」[43]等。要之，雖然墨子的「明鬼」思想並非直

---

39　孫詒讓：《墨子閒詁》，頁247-248。

40　孫詒讓：《墨子閒詁》，頁220。

41　孫詒讓：《墨子閒詁》，頁225-226。

42　孫詒讓：《墨子閒詁》，頁233。

43　孫詒讓：《墨子閒詁》，頁230。

接源出《左傳》，但墨子對於《左傳》所見春秋時期的傳統鬼神觀有所繼承當無疑義。無論是《左傳》所見傳統鬼神觀，還是墨子「明鬼」思想與其重合或繼承的部分，均可視作是一種普遍流行於春秋時期的共同觀念。

## 四 五層色差：墨子「明鬼」對《左傳》所見鬼神觀的發展

相比於孔子述而不作，墨子以為「古之善者則述之，今之善者則作之」，更傾向於述而且作，所謂「欲善之益多也」，較為強調在繼承基礎上的推進與發展[44]。而正是墨子在自主選擇與改造的過程中，其「明鬼」思想在《左傳》所見傳統鬼神觀的「底色」之上又添加了一些新的色彩。這種「色差」，或許也更能體現出春秋戰國之際整個社會過渡階段的思想觀念之變化。

首先，《墨子·明鬼下》的核心即在於強調不疑鬼神，並通過列舉古代傳說、古者聖王之所為以及古籍上的各種記載，層層論證並反覆重申鬼神之實存，這與《左傳》所見對於鬼神之有的默認，在相當程度上，是一種由知其然到知其所以然的推進。同時，對於春秋時期一些賢士大夫不信鬼神的觀念，尤其針對因不信鬼神而產生的種種弊端加以強烈批判。其次，墨子對於鬼神之威，尤其是鬼神之罰的必應性及其不可阻擋性進行了首次論述，如「鬼神之罰，不可為富貴眾強、勇力強武、堅甲利兵，鬼神之罰必勝之」[45]「鬼神之所賞，無小必賞之；鬼神之所罰，無大必罰之」[46]等。再者，墨子著重指出鬼神

---

44 孫詒讓：《墨子閒詁》，頁435。

45 孫詒讓：《墨子閒詁》，頁242-243。

46 孫詒讓：《墨子閒詁》，頁247。

無處不在及其明察秋毫的特性，如「雖有深谿博林、幽澗毋人之所，施行不可以不董，見有鬼神視之」[47]「吏治官府之不絜廉，男女之為無別者，鬼神見之；民之為淫暴寇亂盜賊，以兵刃毒藥水火退無罪人乎道路，奪人車馬衣裘以自利者，有鬼神見之」[48]「鬼神之明，不可為幽閒廣澤、山林深谷，鬼神之明必知之」[49]等，旨在告誡人們舉頭三尺有神明，不能存有僥倖心理，暗室虧心，而應朝乾夕惕，時刻謹守慎獨原則。復次，「自夫費之，非特注之汙壑而棄之也，內者宗族，外者鄉里，皆得如具飲食之。雖使鬼神請亡，此猶可以合驩聚眾，取親于鄉里。」[50]「今吾為祭祀也，非直注之汙壑而棄之也，上以交鬼之福，下以合驩聚眾，取親乎鄉里」[51]，除祈求鬼神賜福之外，墨子基於其「節用」思想，亦首次揭櫫敬事鬼神可以起到聚集民眾和增進鄉里感情的作用，從而消解了花費財物與祭祀鬼神之間的矛盾。最後，值得注意的是，墨子在《明鬼下》中雖未涉及鬼神與疾病的關係，但在《公孟》中卻記載了這麼一段對話，「子墨子有疾，跌鼻進而問曰：『先生以鬼神為明，能為禍福，為善者賞之，為不善者罰之。今先生聖人也，何故有疾？意者，先生之言有不善乎？鬼神不明知乎？』子墨子曰：『雖使我有病，何遽不明？人之所得于病者多方，有得之寒暑，有得之勞苦，百門而閉一門焉，則盜何遽無從入？』」[52]這是墨家後學對於墨子「明鬼」思想的質疑，弟子認為鬼神既然靈驗，那麼就當賞賢罰暴，作為聖人之墨子理應受到鬼神的眷顧，因此疾病就不應降臨到墨子的身上。毋論跌鼻有此認識，在春秋

---

47 孫詒讓：《墨子間詁》，頁232。

48 孫詒讓：《墨子間詁》，頁241-242。

49 孫詒讓：《墨子間詁》，頁242。

50 孫詒讓：《墨子間詁》，頁248-249。

51 孫詒讓：《墨子間詁》，頁249。

52 孫詒讓：《墨子間詁》，頁463。

時期的傳統觀念看來，鬼神與疾病息息相關，賢如晏子，亦與趺鼻的想法如出一轍。而墨子這番「百門一閉」的闡發，雖在一定程度上是為保障「明鬼」之權威而自圓其說，但無疑也彰顯出墨子科學而先進的一面。故而關於鬼神與疾病的認識，作為墨子「明鬼」思想的補充，亦當是墨子對《左傳》所見鬼神觀之發展的題中之義。要之，上述五層色差，不僅是墨子「明鬼」對《左傳》所見鬼神觀的發展，更體現出春秋戰國之際，包括鬼神信仰衰弱在內的禮崩樂壞態勢之嚴峻，因此墨子不得不對此不憚辭費而申之再三，其最終目的即是為「興天下之利，除天下之害」[53]。

## 五　結語

墨子的「明鬼」思想，基於春秋時期的傳統鬼神觀有所繼承與發展，雖非盡善盡美，但無疑起到了一時之用。而所謂「傳統」，在相當程度上，《左傳》所見亦非嚴格意義上的傳統，如《墨子‧明鬼下》所徵引的周之《春秋》、燕之《春秋》、宋之《春秋》、齊之《春秋》以及《詩經》《尚書》等典籍，皆要比《左傳》更為古遠。但在審視傳統的過程中，考察《左傳》所見墨子「明鬼」思想的底色及其色差，也應當是一步必要的推進。而無論《左傳》抑或《墨子》對於傳統的接受，同樣為我們創造性轉化和創新性發展的理路提供了寶貴的借鑑。

---

53　孫詒讓：《墨子閒詁》，頁249。

# 論《左傳》象徵型自然觀

呂　芳<sup>*</sup>

## 摘　要

　　基於「象徵型自然觀」的界定，《左傳》中的「自然觀」不是對客觀外在自然物的認知理念，而是形象化的觀照方式，主要體現在四個方面：一是重視「自然」的神異力量，將其作為「神」的化身；二是將「自然」王權化，成為展示國威的載體；三是出於道德教化，協調社會關係的需要，又將「自然」釋為倫理的象徵；四是「自然」在描寫藝術本身和藝術表現手法上作為媒體或喻體出現。這些「象徵型自然觀」在一定程度上反映出《左傳》「天人合一」的思想觀念，映射出「引譬連類」的文學抒情傳統，且具有美刺諷喻的政治功效。

**關鍵字：**《左傳》、自然、象徵、觀照意義

---

* 　揚州大學文學院博士研究生。

# 一　前言

　　「思維方式是一切文化的主體設計者和承擔者」[1]，與西方通過概念性語言將世界命題化為一種靜止的、規定性的實體不同，中國先哲則通過萬物的表象去感悟其內在的物態、質地、情性，並類比匯總掌握事物的通性與個性，形成「象喻」的思維特徵。在這一運思過程中，人們往往採用象徵思維對一些自然現象進行類比聯想，「將其與人類社會中某些特定事物和觀念意識相聯繫，使得本來具有自然屬性的空間、時間和自然物變成了能夠傳遞信息和表達思想觀念的重要媒介或載體」[2]，從而剝去自然科學意義上的分門別類。如植物界的「石竹」因生長環境險峻卻依然傲然挺立，風姿卓越，文人言其「千磨萬擊還堅勁，任爾東西南北風」，將之視為君子品格的象徵；動物界的「虎」因勇猛威武，氣勢超群，文人有「秦皇掃六合，虎視何雄哉」之言，將其視作帝王儀態不凡，精明強幹的性格象徵。當「自然」成為人類獨立審察的對象時，就已被賦予人類社會的精神與認知，也決定著「自然」在文史藝術中的象徵意義。《左傳》是宗教、歷史、哲學與文學高度統一的先秦文化典籍，其保存著非常寶貴的自然科學方面的材料，如全書記錄了三十七次日食現象，對恆星、彗星的出沒作出觀測，記錄隕石降落，地震發生時間、地點以及水旱蟲災等，然《左傳》對「自然」的認識並非嚴格遵照其自然界生亡屬性和自然界演替邏輯，而是在象喻思維導向下，以社會道德標準，人倫標準等社會屬性的眼光去認識和解釋自然，呈現出多元化自然喻義，尚

---

1　張岱年，成中英：《中國思維偏向》（北京：中國社會科學出版社，1991年），頁18。
2　瞿明安：〈象徵人類學視域中的自然象徵〉，《中南民族大學學報（人文社會科學版）》（2020年1月），頁70。

處於象徵型自然觀階段，同時，這種對自然的觀照方式顯示出一定的價值與意義。

## 二　「象徵型自然觀」解義

　　中國古代文學作品中的一項重要內容是對自然或自然物的描寫，在文學樣式和文學觀念不斷發展過程中，人們觀照自然的角度與方式不盡相同，中國古代的自然觀也呈現出不同特點。揚雄《蜀都賦》云「於汜則注注漾漾，積土崇堤。其淺濕則生蒼葭蔣蒲，藿芋青蘋，草葉蓮藕，茱華菱根。其中則有翡翠鴛鴦，媸鸕鵁鷺，霅鴨鸕鶄。其深則有猵獺沈鱓，水豹蛟蛇，黿鼉鱉龜，眾鱗鰩鱧。」[3]從形式上看，這段賦是對自然界多種植物和動物具體物稱的羅列；從內容上看，這是一種客觀冷靜的記敘式描寫，由於成都地域廣大和物產豐盛，文人對其景觀作出全景式的審視和欣賞，卻缺少遴選剪裁景物的能力和閑情式的審美情志，這種對自然本身進行客觀描繪的觀照模式基本上屬於寫實型自然觀。王粲《七釋》云「清沼澹淡，列植菱荷。芳卉奇草，垂葉布柯。竹木叢生，珍果駢羅。青蔥幽藹，含實吐華。孕鱗群躍，眾鳥喧譁。熙春風而廣望，恣心目之所嘉。」[4]這段賦擺脫羅列具體自然物名稱的寫作模式，以類名代之，如孕鱗，眾鳥。同時，植物、動物的狀態和情狀得到突出，如「草—奇」「葉—垂」「魚—躍」「鳥—喧」，這些對自然景物的剪裁與擬人化的書寫是文人從自身感受出發去鑑賞和寄寓自然，帶有濃厚的個體抒懷與自我意識，屬於審美型自然觀。與寫實型和審美型自然觀相對應的是象徵型自然觀，

---

3　嚴可均：《全上古三代秦漢三國六朝文》（北京：中華書局，1958年），頁402。
4　嚴可均：《全上古三代秦漢三國六朝文》，頁963。

《詩經・小雅・鶴鳴》云「鶴鳴于九皋，聲聞于野。魚潛在淵，或在于渚。」[5]《鄭箋》於「鶴鳴」、「魚潛」兩句之後標注兩語，「興者，喻賢者雖隱居，人咸知之」「喻賢者世亂則隱，治平則出」，「鶴」「魚」兩種自然界生物在《詩經》中既非是對其本身情態的客觀描述，也非是對其情狀的切實欣賞，而是借此喻義人事，帶有一定的內涵與意味，表達賢者在野，統治者應廣納賢才之意，因而「鶴」「魚」成為賢者的象徵。《楚辭・九章・涉江》云「鸞鳥鳳凰，日以遠兮。燕雀烏鵲，巢堂壇兮。」[6]這裡的「鸞鳥鳳凰」、「燕雀烏鵲」是自然界兩種生活方式不同的鳥類，作者並非是純粹展示它們的生活行為，也不是對其性狀和習性富有閑情式的審美觀照，而是將兩者作對比，一方喻示品行高潔的賢臣，一方喻示奸邪讒佞的小人，兩種鳥類被人類社會文化現象所符號化，傳達出作者不同卑俗之人居處的忠貞之志，是一種象徵化的自然認知。班婕妤〈搗素賦〉云「或連躍而更投，或暫舒而長卷。清寡鸞之命群，哀離鶴之歸晚。」[7]此句中的「寡鸞」、「離鶴」非現實自然界中的鳥類，亦非對自然景物本身之美的讚頌，而是作者以豐富的想像力將自然名物比附為人事關係，象徵宮女獨處深宮，悽楚孤獨的心境。總之，「就古典文學知識而言，中國古代的自然觀大致分為象徵型、寫實型、審美型三種」[8]，其中象徵型自然觀不似寫實型自然觀，真實地描摹和指涉自然物，也不似審美型自然觀，以個我情懷鑑賞或寄寓山水自然本身之美，而是運用類比聯想將自然與人類社會相關聯，把「自然」抽離出原本形態和屬

---

5 程俊英，蔣見元：《詩經注析》（北京：中華書局，1999年），頁529。

6 〔宋〕洪興祖撰，白化文，許德楠點校：《楚辭補注》（北京：中華書局，1983年），頁131-132。

7 嚴可均：《全上古三代秦漢三國六朝文》，頁186。

8 蔣寅：《古典詩學的現代詮釋》（北京：中華書局，2001年），頁204。

性，賦予相應的社會人文意義，添加相應的人文觀照視角，使之成為人們表達和傳遞資訊的象徵符號。

## 三　《左傳》象徵型自然觀的類別

基於「象徵型自然觀」的義理審視《左傳》文本內容，其對「自然」的認識摻雜著人類社會的精神理念，「自然」成為人類認知某些社會文化現象的符號代碼，且呈現出多元化的象徵意味。

### （一）神的象徵

在原始社會初期，人類便對宇宙何以形成，萬物如何化生等自然問題展開思考，他們對自然界的解釋與探求帶有神化色彩，如「太陽」有東神君，「雲」有雲中君，「山川湖泊」有山神河伯，自然中的一切被想像成是有生命，有意志的個體，並與人類社會的各項事務與人世間的法律秩序相關聯，擁有至高無上的掌管和監督力量。這種對自然的認知觀念在《左傳》中頻繁出現，在一定程度反映出早期人類以自省方式感悟自然的思維特點。〈昭公四年〉《左傳》曰「大雨雹。季武子問于申豐曰『雹可禦乎？』對曰『聖人在上，無雹，雖有，不為災。古者，日在北陸而藏冰；西陸，朝覿而出之。其藏冰也，深山窮谷，固陰沍寒，於是乎取之。其出之也，朝之祿位，賓食喪祭，於是乎用之。其藏之也，黑牡、秬黍，以享司寒。其出之也，桃弧、棘矢，以除其災。其出入也時。食肉之祿，冰皆與焉。大夫命婦，喪浴用冰。祭寒而藏之，獻羔而啟之，公始用之。火出而畢賦。自命夫、命婦，至於老疾，無不受冰。山人取之，縣人傳之，輿人納之，隸人藏之。夫冰以風壯，而以風出。其藏之也周，其用之也遍，則冬無愆陽，夏無伏陰，春無淒風，秋無苦雨，雷不出震，無菑霜雹，癘疾不

降，民不夭札。今藏川池之冰，棄而不用。風不越而殺，雷不發而震。雹之為菑，誰能禦之？』」[9]這段話是申豐向季武子解釋「天降冰雹」這一自然現象，其並未從自然科學領域進行闡釋，而是將之與「藏冰禮儀」結合起來。太陽在虛宿和危宿的位置時便開始藏冰，在昴宿和畢宿時，早晨就要將冰取出以供朝廷上有祿位之人享用。冰的收藏和取出均需要遵循一定的時令和祭祀禮儀，且惠及人臣妻兒，其收藏周密，使用普遍才使四季分明，風調雨順，疾病不行，然而，魯國現在收藏於河川池塘的冰並未合理使用，所以導致國內冰雹成災。「冰雹」是由於空氣中水分飽和，氣溫驟降形成，且多發於夏季或春夏交替之際，而申豐將這一自然現象視為可以譴告人君，窺測人事，監督政事的神秘力量，藉以諫言政治，勸說君主，使得「自然」蒙上神學主義的面紗，成為超越人類世界以外的「神」的象徵。〈哀公六年〉《左傳》曰「是歲也，有雲如眾赤鳥，夾日以飛，三日。楚子使問諸周大史。周大史曰『其當王身乎！若禜之，可移於令尹、司馬。』王曰『除腹心之疾，而置諸股肱，何益？不穀不有大過，天其夭諸？有罪受罰，又焉移之？』遂弗禜。」[10]這段話講述楚昭王詢問成周太史「雲如眾赤鳥，夾日以飛」現象產生的原因，自然界雲彩的變化受水汽、光照、風向等多種因素影響，而成周的太史卻認為，「日」代表人君，「赤鳥雲」代表妖氣，這是上天警示昭王的信號，將有禍事發生在其身，建議其作禳祭以轉移災禍。這一雲氣自然景觀在當時超出人類的認知範圍，從而被賦予上人類社會活動的意識形態，成為「神化」的對象，以此言談國事，警戒主上，帶有鮮明的神異色彩。諸如

---

9 〔晉〕杜預注，〔唐〕孔穎達正義，〔清〕阮元校刻，方向東點校：《春秋左傳注疏》（北京：中華書局，2021年），頁1917-1922。

10 〔晉〕杜預注，〔唐〕孔穎達正義，〔清〕阮元校刻，方向東點校：《春秋左傳注疏》，頁2623。

此類，《左傳》中將地震、隕星以及風雨洪水等自然現象神化的特點，是人們在自然界面前處於無知或少知的狀態下，對「自然」進行主觀投射的結果，是對「自然」最原始的解釋與象徵性的理解。

## （二）王權化的象徵

在中國古代社會，王權地位的凸顯需要相應的標誌物，如馬車、旗子、玉器、皮革、鐘鼓等，《左傳》中亦有對此的彰顯，〈桓公二年〉有「武王克商，遷九鼎于雒邑」之言，「鼎」是商代王權的標識。〈宣公三年〉記載「昔夏之方有德也，遠方圖物，貢金九牧，鑄鼎象物，百物而為之備，使民知神、奸。」[11]其中的「貢金九枚」、「鑄鼎象物」這些青銅禮器便是夏王朝最高統治者權力與地位的象徵。諸如此類的器物本身並無任何內涵，卻因一些社稷觀念與王室活動附帶上王權色彩，《左傳》中這種王權化的思想模式在自然界事物上也有體現。

首先，《左傳》中自然之景象被賦予上王權興衰的含義。〈昭公十年〉曰「十年春，王正月，有星出于婺女。鄭裨灶言于子產曰『七月戊子，晉君將死。今茲歲在顓頊之虛，姜氏、任氏實守其地。居其維首，而有妖星焉，告邑姜也。邑姜，晉之妣也。天以七紀，戊子，逢公以登，星斯于是乎出，吾是以譏之。』」[12]這段話是鄭國裨灶利用星宿分野和星象變化預測晉平公卒日的論述過程，其將客星出現在玄枵之首的位置與晉國始祖唐叔之母邑姜聯繫起來，婺女宿代指當下晉國國君晉平公，試圖從天體星象中悟出對人事變遷的影響，反映出中國古人在探索宇宙時對自然的崇拜意識，「自然」成為皇權存亡，帝王

---

11　〔晉〕杜預注，〔唐〕孔穎達正義，〔清〕阮元校刻，方向東點校：《春秋左傳注疏》，頁979-980。

12　〔晉〕杜預注，〔唐〕孔穎達正義，〔清〕阮元校刻，方向東點校：《春秋左傳注疏》，頁2048-2049。

迭興的象徵工具。〈昭公十七年〉曰「秋，郯子來朝，公與之宴。昭子問焉，曰『少皞氏鳥名官，何故也？』郯子曰『吾祖也，我知之。昔者黃帝氏以雲紀，故為雲師而雲名；炎帝氏以火紀，故為火師而火名；共工氏以水紀，故為水師而水名；大皞氏以龍紀，故為龍師而龍名。我高祖少皞摯之立也，鳳鳥適至，故紀于鳥，為鳥師而鳥名。』」[13]這段話是郯國君主來魯國朝見，昭公詢問其祖先少皞氏用鳥名作為官名的緣故，郯子的回復是恰好鳳鳥來臨，由此以鳥為名。這一「鳳鳥適至」雖屬於隨機的自然現象，卻被郯國國君始祖賦予上大一統王權的社會屬性，成為帝王登基，百官信服的象徵。另外，郯子還表述出其他先王以自然物為官名和記事的由來，黃帝氏以「雲」為名、紀，炎帝氏以「火」為名、紀，共工氏以「水」為名、紀，大皞氏以「龍」為名、紀，均說明上古時代「自然」在一定程度上被視為王權的信物與標誌，具有神化帝王身分，強化皇權政治的功效。

其次，《左傳》中「自然王權化」的意識還表現在對名山大川的祭祀上。在人類建立宗族和政治合一的社會制度以來，封禪祭祀便作為體現君主權力合理性的一種方式出現，其集中體現在祭祀權上，自然界名山大川則是這一活動的載體，然「卿大夫雖有封邑，卻無社稷之奉，對於土地山川自然不能祭祀。若士庶人則無寸土之封，所以『祭不過祖』」[14]，與之相比，天子諸侯擁有土地，故可以祭天地山川，因而自然山澤成為王權的象徵。《左傳》以記載春秋戰國歷史典事見長，對各諸侯國君祭祀「自然」的行為活動亦頗為詳明。〈昭公十三年〉曰「初，共王無塚適，有寵子五人，無適立焉。乃大有事于群望，而祈曰『請神擇于五人者，使主社稷。』乃遍以璧見于群望，

---

13 〔晉〕杜預注，〔唐〕孔穎達正義，〔清〕阮元校刻，方向東點校：《春秋左傳注疏》，頁2180-2182。

14 瞿同祖：《中國封建社會》（上海：上海人民出版社，2005年），頁2005。

曰『當璧而拜者，神所立也，誰敢違之？』既，乃與巴姬密埋璧于大室之庭，使五人齊，而長入拜。康王跨之，靈王肘加焉，子干、子皙皆遠之。平王弱，抱而入，再拜，皆厭紐。斗韋龜屬成然焉，且曰『棄禮違命，楚其危哉！』」[15]這是楚共王選擇繼承人時的祭祀典禮，楊伯峻先生注「名山大川為群望。大有事，遍祭也。」[16]山川境內有神祇，故楚共王通過祭祀山川擇立繼位國君，以君權神授的方式使自己所立的嗣君合法化，以達到穩定政局，展示權威的目的，雖帶有神化色彩，但因祭祀者的身分及祈願事由均涉及王室，因而以山水自然為王權標誌的象徵自然觀亦與王權的形成或確立相伴而生。〈成公五年〉記載晉國絳城梁山崩塌，晉君傳召宗伯以商討對策，宗伯路遇押載重貨之人，宗伯問其解決方法，押車人有一段話「國主山川。故山崩川竭，君為之不舉，降服，乘縵，徹樂，出次，祝幣，史辭以禮焉。」[17]押車人讓晉君素車素服，減膳撤樂，陳列貢品，祭祀山川，原因是「國主山川」，即山川是國家的根本，從中可以窺測出，國君作為國家繼承人，又是土地山川的占有者，實質擔負著祭司一職，這顯示出自然山水所蘊含的國家概念和王權概念，也代表著君王的統治力量和統治威嚴。諸如此類，《左傳》中對名山大川的祭祀與國家政治和君主權力緊密相連，也能在一定程度上反映出「自然王權化」的思維方式與象徵觀念。

## （三）倫理的象徵

　　將自然釋為王權的象徵，是政治家出於維護統治政權的需要，而

---

15 〔晉〕杜預注，〔唐〕孔穎達正義，〔清〕阮元校刻，方向東點校：《春秋左傳注疏》，頁2112-2113。

16 楊伯峻：《春秋左傳注（第四冊）》（北京：中華書局，2009年），頁1389。

17 〔晉〕杜預注，〔唐〕孔穎達正義，〔清〕阮元校刻，方向東點校：《春秋左傳注疏》，頁1167-1168。

思想家則出於教化和協調社會關係的需要，把大自然的美醜自覺地與人們的精神生活、倫理道德觀點聯繫起來，使自然物「人格化」為具有倫理價值的意象。《論語‧子罕》云「歲寒，然後知松柏之後凋也」[18]，孔子這句話是厄於陳蔡時對子路說的，意在以松柏耐寒比喻他堅守仁義之道，臨難不失其德的品格。《孟子‧離婁下》云「源泉混混，不舍晝夜，盈科而後進，放乎四海。有本者如是，是之取爾。苟為無本，七八月之間雨集，溝澮皆盈，其涸也，可立而待也。故聲聞過情，君子恥之。」[19]孟子以「水」比附君子品格，水之美在於它有不竭的源泉，在於它扎扎實實，循序漸進，正如君子有深厚的道德之本，道德修養循序漸進一樣。《荀子‧堯問》有孔子以「土」比德的記載「孔子曰『為人下者乎？其猶土也？深抇之而得甘泉焉，樹之而五穀蕃焉，草木殖焉，禽獸育焉；生則立焉，死則入焉，多其功而不息。為人下者，其猶土也。』」[20]孔子以「土」比德，要求子貢學習「土」「為人下」「多其功而不德」的道德品格。諸如此類，將自然作為倫理的象徵是諸多思想家們的共識，而《左傳》雖「以史論事」，卻在一定程度上也透露出以自然事物比擬人類主體內在德行的現象，如以下案例：

> 季文子使大史克對曰「先大夫臧文仲教行父事君之禮，行父奉以周旋，弗敢失隊。曰『見有禮于其君者，事之如孝子之養父母也。見無禮于其君者，誅之如鷹鸇之逐鳥雀也。』」
>
> ——〈文公十八年〉

---

18 楊伯峻：《論語譯注》（北京：中華書局，1980年），頁95。

19 楊伯峻：《孟子譯注》（北京：中華書局，1960年），頁190。

20 王先謙撰，沈嘯寰，王星賢點校：《荀子集解》（北京：中華書局，1988年），頁552。

人曰「筮短龜長，不如從長。且其繇曰『專之渝，攘公之羭。一薰一蕕，十年尚猶有臭。』必不可。」

——〈僖公四年〉

雖晉之強，能違天乎？諺曰「高下在心。」川澤納汙，山藪藏疾，瑾瑜匿瑕，國君含垢，天之道也，君其待之。乃止。

——〈宣公十五年〉

晉欒書侵蔡，遂侵楚，獲申驪。楚師之還也，晉侵沈，獲沈子揖初，從知、范、韓也。君子曰「從善如流，宜哉！」

——〈成公八年〉

〈文公八年〉有「鷹鸇之逐鳥雀」之語，此事發生的背景是莒紀公的兒子太子僕殺掉紀公，拿著紀公的寶玉求見魯國國君，季文子讓太史克用以上的話回絕太子僕，只因其是對國君無禮之人，所以將他驅逐。「鷹鸇逐鳥雀」雖是自然界動物的基本習性，卻由於季文子這一社會事件被賦予上政教傳統和倫理道德的內涵，即毀棄禮儀的行為會遭至誅戮。〈僖公四年〉有「一薰一蕕」之語，此是晉獻公欲立驪姬做夫人時得到的卜辭，「薰」和「蕕」指自然界中的香草和臭草，隱喻驪姬和申生，代指善惡、賢愚、好壞等，驪姬陰險狡詐，毒害太子申生，申生則有維護父親的賢行，相比之下，兩者確能以「薰」「蕕」來象徵。〈宣公十五年〉有「川澤納汙，山藪藏疾」之語，此是魯國公孫歸父在宋國會見楚莊王，宋國向晉國求助，晉景公想要救援宋國時，伯宗口中的諺語，借河流湖泊容納汙泥濁水，山林草野暗藏毒蟲猛獸，象徵積識蓄德，隱忍包容的人格特點，這裡是對自然山水人格化和道德化的解讀。〈成公八年〉有「從善如流」之語，「流」即「流水」，這是晉國欒書侵襲蔡國時，又順帶攻打楚國和沈國，功績頗多，原因是聽從了知莊子、范文子、韓獻子等人的建議，自然界

的「流水」被賦予上「善聽人言，便於成功」的道德色彩，有以自然之物象征人的精神品格的意味。由以上看出，《左傳》雖以描寫史實見長，其中卻夾雜以自然事物「比德」的特徵，將之與道德倫理混為一體，超出原有狹隘的自然屬性，呈現出社會道德倫理的社會屬性。

## （四）藝術的象徵

象徵型自然觀作為一種思想形態在《左傳》文章描寫藝術和對藝術的描寫中均有反映，「自然」在藝術中不是直接描寫對象，而是作為所描寫和表現對象的媒體或喻體存在。

首先，《左傳》雖是一部歷史著作，其文學藝術成就亦甚高，以「自然物」為喻的表現手法成為展現文章藝術的重要組成部分。〈隱公元年〉有「鄭伯克段于鄢」一事「祭仲曰『都，城過百雉，國之害也。先王之制：大都，不過參國之一；中，五之一；小，九之一。今京不度，非制也，君將不堪。』公曰「姜氏欲之，焉辟害？」對曰『姜氏何厭之有？不如早為之所，無使滋蔓！蔓，難圖也。蔓草猶不可除，況君之寵弟乎？』公曰『多行不義，必自斃，子姑待之。』」[21]這是《左傳》的經典篇目，共叔段驕奢淫逸，貪心不足，鄭莊公心懷芥蒂，詢問祭仲建議，祭仲將姜氏和共叔段的野心比作「蔓草」，一旦蔓延就難以對付，提示鄭莊公早做打算。這裡的「蔓草」指的是自然界爬蔓的草，以此譬喻共叔段的過分之舉，一方面是基於題旨情景的需要，另一方面是用來說明緣由和強化觀點，增強語言表達效果。另外，共叔段畢竟是鄭莊公的弟弟，祭仲作為大臣參與君上家事，以自然物作為象徵之言，是一種出言委婉，意在言外的勸諫，此是自然物以借喻形式塑造人物語言藝術的呈現。還有關於人物的描寫藝術，

---

21 〔晉〕杜預注，〔唐〕孔穎達正義，〔清〕阮元校刻，方向東點校：《春秋左傳注疏》，頁86

也借助「自然」象徵之法，《宣公四年》曰「初，楚司馬子良生子越椒，子文曰『必殺之。是子也，熊虎之狀，而豺狼之聲，弗殺，必滅若敖氏矣。諺曰『狼子野心』。是乃狼也，其可畜乎？』」[22]楚國司馬子良生下一個孩子越椒，令尹子文建議將其殺掉，因其形狀如熊虎，聲音似豺狼，斷定將來定會使祖先若敖氏滅亡。「熊虎豺狼」是自然界中凶惡的猛獸，以此形容人物，表明其乖張殘暴，爭強霸道的性格特徵，這也是借「自然」為喻體以表現人物性、行的藝術方式。後來，子越掌權，進攻楚莊王，「秋七月戊戌，楚子與若敖氏戰于皋滸」，若敖氏被莊王消滅，正是驗證了當初令尹子文的斷言。總之，在《左傳》諸類描寫藝術上，直接指喻主體的自然物成為其藝術表現中的借助手段。

其次，「自然是打開藝術方向大門的金鑰匙」[23]，從自然觀的角度窺測《左傳》中對樂、舞等藝術活動的創作或欣賞，可以發現「自然」在觀、評藝術本身時的象徵意義。《昭公元年》有「晉侯求醫於秦，秦伯使醫和視之」的事，醫和有言「天有六氣，降生五味，發為五色，徵為五聲。」[24]認為「樂」是由自然界陰、晴、風、雨、夜、晝六種氣候派生出來的。〈昭公二十五年〉有鄭國子大叔引子產之言論及樂之產生「則天之明，因地之性，生其六氣，用其五行。氣為五味，發為五色，章為五聲。」[25]在子產看來，音樂是由自然界之「陰、

---

22 〔晉〕杜預注，〔唐〕孔穎達正義，〔清〕阮元校刻，方向東點校：《春秋左傳注疏》，頁989。

23 陳忠強：〈用隱藏在自然之中的法則繪畫——保羅·克利談藝錄的思考〉，《學海》（2013年6月），頁212。

24 〔晉〕杜預注，〔唐〕孔穎達正義，〔清〕阮元校刻，方向東點校：《春秋左傳注疏》，頁1867-1868。

25 〔晉〕杜預注，〔唐〕孔穎達正義，〔清〕阮元校刻，方向東點校：《春秋左傳注疏》，頁2319-2320。

晴、風、雨、夜、晝」六種氣候和「金、木、水、火、土」五種元素
相雜而來，進一步深化醫和的觀點。古人對音樂的認知來源於現實經
驗層面的積累，山風林溪因氣流的運轉摩擦，速度頻率振動不同，造
成聲音的高低，他們憑藉對原始自然形態的認識來描述和形容音樂，
這就使得音樂藝術本身與「自然」之間建立起類比聯想，「自然」成
為人們介紹和認識藝術活動的工具媒介，體現的是一種象喻思維。
〈襄公二十九年〉有「季札觀周樂」一事「見舞〈韶箾〉者，曰『德
至矣哉！大矣！如天之無不幬也，如地之無不載也，雖甚盛德，其蔑
以加于此矣。觀止矣！若有他樂，吾不敢請已！』」[26]季札用蒼天無所
不覆蓋，大地無所不承載之語讚賞〈韶箾〉之舞所反映出的舜帝功
德，雖是僅與樂舞內容相關，卻也表現出自然物在評賞藝術活動時的
象徵意味。以上均反映的是以自然物比擬藝術本身，以便於加深對藝
術審美理解和藝術價值認知的評賞方式。

## 四　《左傳》象徵型自然觀的意義

《左傳》中的各種自然物是被用來傳遞信息和表達觀念較為普遍
的方式之一，這種象徵型自然觀的生發在一定程度上折射出人類認識
自然，探索自然的思維方式，在《左傳》文本中具有多重價值與意義。

### （一）「天人合一」思想觀念的呈現

在《左傳》中，將「自然」與人間事務相關聯，以人文視角觀照
自然事物，使其象徵化的思考方式，實則體現的是自然規律與人類社
會規律具有融通共處，協調一致的概念，即天道與人道相合的思想理

---

26 〔晉〕杜預注，〔唐〕孔穎達正義，〔清〕阮元校刻，方向東點校：《春秋左傳注疏》，
　　頁1774。

念。〈昭公三年〉記載「張趯曰『善哉』吾得聞此數也。然自今，子其無事矣。譬如火焉，火中，寒暑乃退。此其極也，能無退乎？晉將失諸侯，諸侯求煩不獲。』」[27]鄭國的游吉到晉國去為晉君寵姬少姜送葬，游吉說到以前晉文公、晉襄公稱霸時，國君和士大夫死亡，均由大夫、卿、士參加弔唁，從未在此等事情上勞煩各諸侯，對此表示十分不滿，認為以後還會經常因瑣碎小事拜見晉國。而晉大夫張趯以火星運行規律比附晉國興衰，認為火星每當運行到天空正中位置時，寒氣或暑氣就要消退，晉國這次的召喚已經過分到極點，其國勢就要衰退，將來會失去諸侯的擁護，因此，張趯預判游吉不用再參與晉國類似事務，其雖帶有神秘色彩，但卻是利用自然界火星運轉規律得出的結論，是對人道合於天道的準確解釋。〈昭公七年〉記載「十一月，季武子卒。晉侯謂伯瑕曰『吾所問日食，從矣，可常乎？』對曰『不可。六物不同，民心不一，事序不類，官職不則，同始異終，胡可常也？《詩》曰『或燕燕居息，或憔悴事國』。其異終也如是。』公曰『何謂六物？』對曰『歲、時、日、月、星、辰，是謂也。』」[28]當年四月發生日食，晉平公問士匃原因，士匃言魯國卿士有災難，十一月，魯國季武子果真死亡。晉平公認為這樣預測事物發展的方式可以成為必然規律，而士匃則持反對意見，其認為事物的發展由百姓心志、事情輕重、官員好壞等人為因素與歲星、四時、太陽、月亮、星空、日月自然界六種因素共同決定，這些因素有一處不同，所導致的結果亦不同，因此，預測事物不可一概而論。在士匃眼中，推斷事物不能偏信自然現象或社會現象，而應相互配合，相互考辨，這從側面

---

27 〔晉〕杜預注，〔唐〕孔穎達正義，〔清〕阮元校刻，方向東點校：《春秋左傳注疏》，頁1893。

28 〔晉〕杜預注，〔唐〕孔穎達正義，〔清〕阮元校刻，方向東點校：《春秋左傳注疏》，頁2011-2012。

透露出人類社會與自然世界的和諧統一，彼此協調，融通共處的思想。總之，《左傳》中將人類社會中的特定觀念意識加諸於「自然」，使之成為傳達信息，表述觀念的象徵符號，本質上體現出人道與天道相互統一，和諧共處的哲學理念。

## （二）文學抒情特質的展現

在中國古代文學發展過程中，「抒情性」是文學體裁和文學創作中的重要話題，「雖然抒情性文學作品是以詩歌為主，且成熟較早，然中國古代小說、戲曲等產生較晚的敘事性文學作品也充滿濃厚的抒情氣息，『抒情』與『敘事』之間有著共生、並存、互補、互競的特點」[29]，其中，能體現兩者共生並存的標誌之一便是象徵思維。在詩歌抒情中，審美主體往往將自己的情感傾注於審美對象中，將具體物象轉化為意象，以達認識事物、表達思想的目的，如《詩經·魏風·碩鼠》曰「碩鼠碩鼠，無食我黍！三歲貫女，莫我肯顧。逝將去女，適彼樂土。樂土樂土，爰得我所。」[30]這是以碩大老鼠象徵統治者的貪婪，表達出百姓怨憤和反抗的思想感情。《詩經·小雅·黃鳥》曰「黃鳥黃鳥，無集于穀，無啄我粟。此邦之人，不我肯穀。言旋言歸，復我邦族。」[31]這是以黃鳥食粟象徵自己作為外邦人未受善待，表達出憎惡地主，思念家鄉之情。可見，「象徵」是詩歌抒情中不可或缺的手段，而《左傳》作為敘事性作品，其間對「自然」的人文觀照以及象徵方式實則也參與著抒情傳統的構建。《僖公二十四年》有富辰諫曰「召穆公思周德之不類，故糾合宗族于成周而作詩，曰『棠棣之華，鄂不韡韡，凡今之人，莫如兄弟。』其四章曰『兄弟鬩于牆，

---

29 董乃斌：〈論中國文學史抒情和敘事兩大傳統〉，《社會科學》2010年第3期，頁170。
30 程俊英，蔣見元：《詩經注析》，頁304。
31 程俊英，蔣見元：《詩經注析》，頁537。

外禦其侮。』如是則兄弟雖有小忿，不廢懿親。」[32]鄭軍進攻滑國，周襄王派伯服、游孫伯到鄭國勸阻，鄭文公怨恨襄王偏袒滑國，不聽命令，將襄王使臣逮捕，襄王發怒，準備帶領狄人進攻鄭國，大臣富辰講述召穆公憂慮周德衰微而在成周作詩之事，「棠棣」是一種花開植物，「華」是「花」，「鄂」是萼，大意是棠棣的花開得有光彩，花萼襯托著它十分美麗，花朵、花萼共同生長，用以象徵兄弟之間情誼深厚，富辰的目的在於打消周襄王帶狄人攻打鄭國。《國語·周語》中也有此事「王怒，將以狄伐鄭。富辰諫曰『不可』。古人有言曰『兄弟讒鬩，侮人百里。』周文公之詩曰『兄弟鬩于牆，外禦其侮。……』」[33]這裡沒有「棠棣之華」之語，說明《左傳》中的「棠棣之華」是作者有意加之，它表達的是兄弟和睦，共禦外敵，成就美名的家國情懷。〈昭公二十五年〉有童謠曰「鴝之鵒之，公出辱之。鴝鵒之羽，公在外野，往饋之馬。鴝鵒跦跦，公在乾侯，徵褰與襦。鴝鵒之巢，遠哉遙遙。稠父喪勞，宋父以驕。鴝鵒鴝鵒，往歌來哭。」[34]魯國發生驅逐季平子的運動，原因是其剛愎自用，囂張跋扈，甚至「八佾舞于庭」，蔑視國君權威，然而最後季孫氏與叔孫氏、孟孫氏聯合，將局勢扭轉，魯昭公逃亡齊國，以上童謠便是在此背景下由魯國大夫師己說出，雖是出自「文武之世」，但「鴝鵒」則是象徵漂泊在外，流離失所的魯昭公悲劇命運。作者借師己之口，將自然界鴝鵒的形態、動作、巢穴等隱喻昭公的屈辱經歷，以悲涼的氣氛烘托魯國公室之爭，表達出對昭公的同情以及對季氏家族的批判，具有強烈的抒情色彩。

---

32 〔晉〕杜預注，〔唐〕孔穎達正義，〔清〕阮元校刻，方向東點校：《春秋左傳注疏》，頁684。

33 〔周〕左丘明著，〔三國吳〕韋昭注：《國語》（上海：上海古籍出版社，2015年），頁31。

34 〔晉〕杜預注，〔唐〕孔穎達正義，〔清〕阮元校刻，方向東點校：《春秋左傳注疏》，頁2332。

由此可見，《左傳》雖是歷史敘事作品，但因其以象徵思維觀照「自然」的書寫方式與詩歌體裁中長於抒情的象喻思維一致，故而《左傳》文本亦帶有一定的抒情性，且具備敘事與抒情交融互滲，並存共生的特點。

## （三）美刺諷喻的政治教化功用

《左傳》不但是記載周王室衰微及諸侯爭霸的歷史，而且對禮儀規範、典章制度、社會風俗、民族關係、道德觀念、神話傳說等均有記載和評論，從道德價值判斷的角度出發，《左傳》將情感浸透和寄寓在自然物之中的象徵型方法論，具有美刺諷喻的教化功能。〈昭公元年〉曰「天王使劉定公勞趙孟于潁，館于洛汭。劉子曰『美哉禹功，明德遠矣！微禹，吾其魚乎！吾與子弁冕端委，以治民臨諸侯，禹之力也。子盍亦遠績禹功，而大庇民乎？』」[35]這是周景王派劉定公慰勞晉國趙孟時的讚語，其中劉定亦對上古大禹有所頌揚，認為如果沒有大禹治水，後世人或許早就成為魚蝦和鱉甲了，這裡以假設的手法，將當世之人比作自然界中的「魚」，從反面論證以歌頌大禹功績，同時以達到讚美趙孟出使別國功勞的目的和勸誡其繼承大禹庇護百姓的功績，具有一定的政治教化意味。〈襄公十四年〉，晉國樂師就「衛出其君」回答晉悼公提出的「良君」一說「良君將賞善而刑淫，養民如子，蓋之如天，容之如地。民奉其君，愛之如父母，仰之如日月，敬之如神明，畏之如雷霆，其可出乎？」[36]師曠認為，君主撫育百姓如天地，則百姓敬愛和畏懼君主便如敬畏日月、雷霆，這裡將自

35 〔晉〕杜預注，〔唐〕孔穎達正義，〔清〕阮元校刻，方向東點校：《春秋左傳注疏》，頁1845-1846。

36 〔晉〕杜預注，〔唐〕孔穎達正義，〔清〕阮元校刻，方向東點校：《春秋左傳注疏》，頁1493。

然界事物賦予上君、民如何和諧相處的概念,「自然」成為勸誡君王的工具,帶有美刺諷喻的政教色彩。《文公七年》記載宋昭公杵臼初立迫於公族壓力,準備殺掉群公子,司馬樂豫勸阻,其言曰「不可。公族,公室之枝葉也,若去之則本根無所庇陰矣。葛藟猶能庇其本根,故君子以為比,況國君乎?此諺所謂庇焉而縱尋斧焉者也。必不可,君其圖之。親之以德,皆股肱也,誰敢攜貳?若之何去之?」[37]樂豫用自然界植物「葛藟」以枝葉庇護根莖為喻,藉以聯想,引發所要表達的思想或情感,即公室同族不可自相殘殺的道德倫理觀,以此勸說宋昭公放棄誅殺群公子的想法,這一象徵方式體現出一種厚人倫、美教化的社會政治功能。

## 五　結語

中國古代先民根據自身需要,通過類比聯想的思維方式將自然物賦予不同的象徵意義,形成與寫實型、審美型自然觀相對應的象徵型自然觀,基於此概念審視《左傳》文本內容,其自然物象呈現出多元化喻義。《左傳》中的人們在對自然界無知或少知狀態下,往往將自然現象神學化,使其成為「神」的象徵。另外,《左傳》中王權的興衰伴有自然景象的烘托,君王對名山大川的祭祀又與國家政治和君主權力緊密相連,「自然」便有了王權化的象徵意味。在《左傳》中還存在將人類社會道德倫理規範與自然事物相比類的方式,體現出「自然」倫理化的「比德」認知模式。在《左傳》文章描寫藝術和對樂、舞藝術本身的品評描寫中,「自然」作為媒體或喻體出現,反映出其

---

37 〔晉〕杜預注,〔唐〕孔穎達正義,〔清〕阮元校刻,方向東點校:《春秋左傳注疏》,頁843-844。

在藝術中的象徵性。《左傳》中「象徵型自然觀」的思維方式在一定程度上是「天人合一」思想的呈現，具有濃厚的抒情色彩，並且具有強烈地美刺諷喻的政治教化。

# 《左傳》酒文化探賾

郝梅梅[*]

## 摘　要

　　《左傳》是一部記錄周代文化極為詳盡的百科全書式史傳文學著作，書中多處出現關於飲酒場次的記載，然至今尚未見專文探討。本文擬將其置於廣闊的春秋時代背景下觀照，並與當時代的價值觀念、禮樂文化及社會規範相結合，探尋其在祭祀、朝聘、軍事等諸領域的重要作用。

關鍵字：《左傳》、酒、禮樂、祭祀、朝聘、軍事

---

*　揚州大學文學院博士研究生。

# 一　引言

　　酒作為社會交往活動的媒介，關於其起源史籍中多有記載。如《戰國策》載「昔者，帝女令儀狄作酒而美，進之禹，禹飲而甘之，遂疏儀狄，絕旨酒，曰：『後世必有以酒亡其國者』。」[1]《說文解字今釋》言「杜康作秫酒」[2]；《酒誥》云「酒之所興，肇自上皇，或云儀狄，一曰杜康。有飯不盡，委餘空桑，鬱結成味，久蓄氣芳」[3]等，其中以儀狄作酒及杜康作秫酒二說流傳較廣。隨著農業考古技術的發展及大量酒器、穀粒遺跡、釀酒遺址等發掘與出土，科學家借助現代考古技術及參照古代典籍的記載，現在比較認同「我國穀物釀酒時期（黃酒），大約始於新石器初期，到了夏朝已有了較大發展，而真正蓬勃發展的年代，約始於春秋戰國、秦漢始期。」[4]春秋時期，列國紛爭，群雄競起，西周初年制定的用以團結華夏各族維護周王朝統治的禮樂制度不斷崩塌，而春秋時期釀酒業的蓬勃發展又進一步刺激了西周禮樂制度的崩塌，「酒」與「禮」在春秋特殊的時代背景下發生著激烈衝突，這種衝突賦予此時期酒文化獨特的時代特徵與使命。

---

1　〔西漢〕劉向：《戰國策·魏策二》（上海：上海古籍出版社，1985年），頁847。
2　湯可敬：《說文解字今釋》（長沙：岳麓書社，2001年），頁2146。
3　〔西晉〕江統：《酒誥》，〔清〕陳夢雷原輯：《古今圖書集成·食貨典》（臺灣：中華書局影印，1957年），第276卷。
4　洪光住：《中國釀酒科技發展史》（北京：中國輕工業出版社，2001年），頁12。

## 二 《左傳》中的酒類、酒具、酒禮與酒德

### （一）酒類

隨著農業生產的發展及釀酒技術的進步，春秋時期酒的種類已較為豐富，有不加水的純酒即醇，有用黍釀造且味甘甜的酏，有味苦的醴，同時還有醴、醨、酎、鬯等。《左傳》屬記史文學作品，主要取材於王室檔案、魯史策書、諸侯國史及一些史官的私人筆記等，記述春秋時期各諸侯國及其與周王室及周邊部族之間的政治、軍事、外交等歷史事件（以魯國為主線），日常生活場景少有涉及，因而書中對酒的分類不甚細緻，多數場合以酒統一代稱，明確提及的主要為「醴」與「鬯」。如《左傳・莊公十八年》載：

> 十八年春，虢公、晉侯朝王，王饗醴，命之宥，皆賜玉五瑴，馬三匹，非禮也。王命諸侯，名位不同，禮亦異數，不以禮假人。[5]

又《左傳・哀公十一年》載：

> 夏，陳轅頗出奔鄭。初，轅頗為司徒，賦封田以嫁公女；有餘，以為己大器。國人逐之，故出。道渴，其族轅咺進稻醴、粱糗、腵脯焉。[6]

醴，甘酒也，是一種味道較淡的甜酒，一宿而熟，製作過程較為簡

---

5　楊伯峻：《春秋左傳注》（北京：中華書局，1990年），頁175-176。
6　楊伯峻：《春秋左傳注》（北京：中華書局，1990年），頁1452。

單，且以米蘗為原料，《尚書・說命下》載：「爾惟訓于朕志，若作酒醴，爾惟麴蘗；若作和羹，爾惟鹽梅。」[7]

米蘗即是含有豐富糖化劑的麥芽或穀芽。用其為原料釀出的醴，酒分少而糖分多，是一種味道清甜的薄酒。在各種儀禮中，以醴為尊，多用於祭祀和大型宴飲。毛傳中曾提及饗醴即為天子之飲酒。因此，在古代許多大型典禮宴饗場合，醴是必備之物，《左傳》中記載這類大型典禮宴饗活動較多，因而醴在書中多有提及。

鬯是十分珍貴的醴酒，有秬鬯、鬱鬯兩類。秬在《爾雅》中解釋為黑黍，是黑黍中的精品。秬鬯即是以黑黍為原料釀造的一種醴酒，呈黑色，散發著穀物的清香。《說文解字今釋》曾注「鬯」云：「以秬釀鬱艸，芬芳攸服條暢。」[8]在所有醴酒中地位最尊。「鬱鬯」則是將鬱金香草煮之，調和秬鬯釀製而成，具有濃郁的鬱金香草的香味。秬鬯、鬱鬯皆是周代祭祀禮中最重要的兩種酒類，稀缺珍貴，常被周天子作為賞賜賜與有功諸侯，確定周王與諸侯、群臣的尊卑有序。《周禮》、《左傳》都記載有周天子將秬鬯賞賜有功諸侯之事。如《左傳・僖公二十八年》：

> 己酉，王享醴，命晉侯宥。王命尹氏及王子虎、內史叔興父策命晉侯為侯伯，賜之大輅之服、戎輅之服，彤弓一、彤矢百，玈弓矢千，秬鬯一卣，虎賁三百人。[9]

除了醴、鬯等味道清淡的甜酒外，古人也喜飲酒味醇厚的酎。酎，三重醇酒也，何謂「三重」？段玉裁注引《廣韻》曰：「謂用酒為水釀

---

7　李民，王健撰：《尚書譯注》（上海：上海古籍出版社，2016年），頁176。

8　湯可敬：《說文解字今釋》（長沙：岳麓書社，2001年），頁687。

9　楊伯峻：《春秋左傳注》（北京：中華書局，1990年），頁396-397。

之，再重之酒也；次又用再重之酒為水釀之，是三重之酒也。」[10]可見，釀造酎的工序複雜且時久，因而味道醇厚，亦頗受當時人們的喜愛，如《左傳‧襄公二十二年》中載：「溴梁之明年，子蟜老矣，公孫夏從寡君以朝于君，見于嘗酎，與執燔焉。」[11]

## （二）酒器

商周時期，由於釀酒業的發達及青銅器冶鑄技術的提高，青銅酒器發展迅速，成為夏商周三代青銅文明中最為輝煌的亮點，出現了專門製作酒具的長勺氏和尾勺氏及梓人。酒器主要分為盛酒器與飲酒器兩類，盛酒器主要用於盛酒備飲。《左傳》中的盛酒器與飲酒器主要有尊、櫨、卣、樽、瑤甕、壺、爵、觴、兕等。本文僅以尊、卣、爵為例。

尊是酒器的共稱，其造型頗不固定。尊是一個會意字，甲骨文中類似雙手奉西形，《說文解字今釋》稱：「尊，酒器也。从酋，廾以奉之。」[12]尊大多出現在祭禮、燕饗、鄉飲鄉射禮中，主要供賓客酌酒獻神或互相酬酢之用。如《左傳‧昭公九年》中，「晉侯飲酒，樂。膳宰屠蒯趨入，請佐公使尊，許之。」[13]

卣是一種地位特殊的盛酒器，是專門盛秬鬯的祭器，形制大多精美奢華，有提梁和蓋。盛鬱鬯之器為彝。周王室為了鞏固自身的統治，時常將盛有秬鬯的卣連同金車、鑾勒等作為「九賜」之物由周王犒賞有功之臣或諸侯，因而盛有秬鬯的卣往往成為忠勇之士的身分象徵及王權的最佳代言。如《左傳‧昭公十五年》載：

---

10 湯可敬：《說文解字今釋》（長沙：岳麓書社，2001年），頁2149。
11 楊伯峻：《春秋左傳注》（北京：中華書局，1990年），頁920。
12 湯可敬：《說文解字今釋》（長沙：岳麓書社，2001年），頁2160。
13 楊伯峻：《春秋左傳注》（北京：中華書局，1990年），頁1139-1140。

王曰：「叔氏，而忘諸乎！叔父唐叔，成王之母弟也，其反無
分乎？密須之鼓與其大路，文所以大蒐也。闕鞏之甲，武所以
克商也，唐叔受之，以處參虛，匡有戎狄。其後襄之二路，鏚
鉞、秬鬯，彤弓、虎賁，文公受之，以有南陽之田，撫征東
夏，非分而何？」[14]

爵是古代飲酒器的共名，常為王公貴族做飲用之器，容庚先生認為爵
作為飲酒器不甚合適，更應為溫酒器，因其所藏父乙爵腹下有煙炱
痕。爵，形似翩躚欲飛的鳥雀，有的學者認為是商人玄鳥圖騰的象
徵，形制典雅。爵在《左傳》的酒器中出現頻率最高，如《左傳·莊
公二十一年》中載：「鄭伯之享王也，王以後之鞶鑑予之。虢公請
器，王予之爵。」[15]又《左傳·成公三年》：「晉侯享齊侯。齊侯視韓
厥，韓厥曰：『君知厥也乎？』齊侯曰：『服改矣。』韓厥登，舉爵
曰：『臣之不敢愛死，為兩君之在此堂也。』」[16]

　　《禮記·禮器》云：「禮器，是故大備，大備，盛德也。」[17]《左
傳》中各類酒器的使用都是在酒禮的規則下進行，當人們在酒禮中使
用酒器，酒器便蘊含了深刻的禮義，其不僅僅成為酒器本身，更是
「德」的載體與象徵。

## （三）酒禮

　　《大戴禮記·少閑》云：「桀不率先王之明德，乃荒耽于酒，淫
泆于樂，德昏政亂，作宮室高臺，汙池土察，以民為虐，粒食之民，

---

14　楊伯峻：《春秋左傳注》（北京：中華書局，1990年），頁1194-1195。

15　楊伯峻：《春秋左傳注》（北京：中華書局，1990年），頁184-185。

16　楊伯峻：《春秋左傳注》（北京：中華書局，1990年），頁699。

17　楊天宇：《禮記譯注》（上海：上海古籍出版社，2004年），頁284。

惛焉幾亡。」[18]又云:「武丁卒崩,殷德大破,九世乃有末孫紂即位。紂不率先王之明德,乃上祖夏桀行,荒耽于酒,淫泆于樂,德昏政亂,作宮室高臺,汙池土察,以為民虐,粒食之民,忽然幾亡。」[19]周人認為夏桀與紂因荒耽於酒,淫泆於樂,導致政亂而失國。鑑於夏商兩朝的滅亡教訓,周公制禮樂並頒布《酒誥》,告誡周王朝貴族嚴禁酗酒,以免重蹈前朝覆轍,酒禮於是成為西周時期禮樂制度中的一個重要組成部分。飲酒過程中的酒器、酒類、規格及飲酒人的貴賤、長幼、尊卑有了嚴格的禮儀規範,完備而森嚴,酒開始受到禮樂制度的約束。同時為了保證酒禮的執行,周朝設有酒正專門職掌有關酒的政令,意圖通過行政手段確保飲酒行為合乎禮儀規範,酒禮構成了區別等差尊卑的象徵符號。

　　《左傳》以敘事為主,記載了春秋時期各諸侯國及其與周王室及戎、狄等周邊部族的歷史事件,內容涉及祭祀、朝聘、軍事、外交等諸多禮制內容,飲至禮是書中涉及較多的酒禮。

　　何為飲至?《禮記·曾子問》云:「天子、諸侯將出,必以幣帛皮圭告于祖禰,遂奉以出,載于齊車以行。每舍,奠焉而後就舍。反必告,設奠卒,斂幣玉,藏諸兩階之間,乃出。蓋貴命也。」[20]楊伯峻先生據《禮記·曾子問》及《左傳》釋飲至曰:「諸侯凡朝天子,朝諸侯,或與諸侯盟會,或出師攻伐,行前應親自祭告禰廟,或者並祭告祖廟,又遣祝史祭告其餘宗廟。返,又應親自祭告祖廟,並遣祝史祭告其餘宗廟。祭告後,合群臣飲酒,謂之飲至。」[21]書中亦對飲至禮有多處記載,如《左傳·桓公二年》及《左傳·桓公十六年》皆

---

18　王聘珍撰,王文錦點校:《大戴禮記解詁》(北京:中華書局,1983年),頁218。
19　王聘珍撰,王文錦點校:《大戴禮記解詁》(北京:中華書局,1983年),頁220。
20　楊天宇:《禮記譯注》(上海:上海古籍出版社,2004年),頁232。
21　楊伯峻:《春秋左傳注》(北京:中華書局,1990年),頁78。

云：「凡公行，告于宗廟；反行，飲至、舍爵、策勳焉，禮也。」[22]
「秋七月，公至自伐鄭，以飲至之禮也[23]。」

「《史記》和《漢書》都沒有關於此禮的記載，『飲至禮』應是春秋時期的禮制。」[24]另書中對獻禮等酒禮亦多有著墨，囿於篇幅限制，在此不在贅述。

## （四）酒德

鑑於夏商兩朝的滅亡教訓，周公輔政代成王而作《酒誥》，這是我國最早的禁酒令。《酒誥》令：「文王誥教小子、有正有事，無彝酒；越庶國，維飲祀，德將無罪。」[25]即是告誡子孫及周朝各級官員，飲酒有度，飲酒有德，並從「時、序、數、令」[26]四方面建立了一套嚴格規範的飲酒禮儀。時指飲酒的時間與場合即吉、凶、軍、賓、嘉五禮的場合；序指飲酒時需長幼有序；數指飲酒不可過量，要適量而止，周朝的正式筵宴一般都設酒官專門監督飲酒禮節；令即指在酒宴上要服從酒官監督安排，不能隨意飲酒。周王朝意圖通過內在的道德約束與外在的禮儀加持，在酒德與酒禮的共同作用下約束周朝王公貴族的飲酒行為，做到飲酒有度，因此宴飲之禮中有了「三爵禮」，即君子飲酒，三爵而止。《禮記・玉藻》載：「君子之飲酒也，受一爵而色灑如也，二爵而言言斯，禮已三爵而油油以退。退則坐取屨，隱辟而後屨，坐左納右，坐右納左。」[27]謂人飲過三爵，自覺停

---

22 楊伯峻：《春秋左傳注》（北京：中華書局，1990年），頁78。

23 楊伯峻：《春秋左傳注》（北京：中華書局，1990年），頁123。

24 張君蕊：〈《左傳》禮制與《周禮》合異探析〉，《中州學刊》2014年第12期，頁133-137。

25 李民，王健撰：《尚書譯注》（上海：上海古籍出版社，2016年），頁270。

26 韓禕：〈《說文解字》酉部字的中國古代酒文化內涵〉，《唐山師範學院學報》2005年第6期，頁30-32。

27 楊天宇：《禮記譯注》（上海：上海古籍出版社，2004年），頁367。

杯，繼而退出酒筵。《論語・鄉黨》亦云：「惟酒無量，不及亂。」[28]
如《左傳・宣公二年》記：

> 秋九月，晉侯飲趙盾酒，伏甲，將攻之。其右提彌明知之，趨
> 登，曰：「臣侍君宴，過三爵，非禮也。」遂扶以下。[29]

提彌明察覺晉侯將不利趙盾，以臣侍君宴，不過三爵為由將趙盾扶
下，讓趙盾免於被攻殺。

《說文解字今釋》釋醉曰：「醉，卒也。卒其度量不至于亂也。一
曰：潰也。」[30]其中「酉」字在甲骨文中形似酒壇，是最原始的「酒」
字，「卒」則表示表示終結。古人認為「醉」是每個人所適應的酒量
的終極，不可以越過此量。然春秋時期，隨著生產力的發展及周綱漸
次失序，以飲酒享樂的觀念悄然興起，無節制狂飲至縱酒失德、失序
甚至失命的事件在《左傳》中屢有記載，如《左傳・襄公三十年》：

> 鄭伯有者酒，為窟室，而夜飲酒，擊鐘焉。朝至，未已。朝者
> 曰：「公焉在？」其人曰：「吾公在壑谷。」皆自朝布路而罷。
> 既而朝，則又將使子晳如楚，歸而飲酒。庚子，子晳以駟氏之
> 甲伐而焚之。伯有奔雍梁，醒而後知之，遂奔許。[31]

此記載的是春秋時期鄭國歷史上的良駟之爭。鄭國的伯有（即良霄）
與公孫黑昔日有怨，公孫黑趁伯有醉酒時攻打其家，伯有醒後逃到許

---

28  楊伯峻：《論語譯注》（北京：中華書局，2017年），頁152。

29  楊伯峻：《春秋左傳注》（北京：中華書局，1990年），頁564。

30  湯可敬：《說文解字今釋》（長沙：岳麓書社，2001年），頁2154。

31  楊伯峻：《春秋左傳注》（北京：中華書局，1990年），頁1018。

國，最後身死羊肆。又《左傳‧昭公十年》：

> 齊惠欒、高氏皆者酒，信內，多怨，強于陳、鮑氏而惡之。夏，
> 有告陳桓子曰：「子旗、子良將攻陳、鮑。」亦告鮑氏。桓子
> 授甲而如鮑氏，遭子良醉而騁，遂見文子，則亦授甲矣。使視
> 二子，則皆將飲酒。桓子曰：「彼雖不信，聞我授甲，則必逐
> 我。及其飲酒也，先伐諸？」陳、鮑方睦，遂伐欒、高氏。[32]

陳無宇聯合鮑牽，趁子尾、子雅二人酗酒酩酊大醉之時，攻打二卿。
二人慌亂之下，欲入公宮請命齊景公遭到阻止，成眾矢之的，大敗而
歸。可見，飲酒離不開「禮」與「德」的約束。周代完備而森嚴的酒
禮與酒德，把人們的飲酒活動控制在禮教框架下。通過考察春秋時期
的飲酒活動，並將其置於「禮」與「德」的觀照下，成為後人管窺周
代禮教文化的一扇窗口。

## 三 《左傳》中酒的功能

春秋時代，周人飲酒活動頻繁，酒作為媒介活躍於當時的政治、
經濟、軍事、外交等活動中，發揮著非同尋常的作用。本文擬將以
《左傳》為腳本，從祭祀、朝聘、戰爭等角度試析春秋時期豐富而獨
特的酒文化。

### （一）祭祀功能

甲骨文中「酒」寫作「酉」，呈陶罐形，所記之事則為用酒祭祀

---

32 楊伯峻：《春秋左傳注》（北京：中華書局，1990年），頁1143-1144。

之事。《酒概》曰：「太古無酒，用水行禮謂之玄酒……酒之始為祭祀也。」[33]可見在中國古代，酒最早是用以祭祀神明。又《左傳・成公十三年》載：「國之大事，在祀與戎。」[34]可知祭祀與戰爭是周人社會生活中並舉的兩項重要活動。然周人的祭祀觀與殷商時期有所變化。商代尚鬼神，《禮記・表記》云：「殷人尊神，率民以事神，先鬼而後禮。」[35]酒成為溝通人神的媒介，其祭祀目的是趨利避害，祈福免禍。當然，商人也祭祀自己的祖先，認為他們有超凡的能力，可以護佑自己。周人則提出「敬天保民」觀，崇尚祖先崇拜，希望通過祭祀祖先得到祖先的賜福和佑護，同時希望通過舉行祭祀活動在現實生活中凝聚宗族、篤人倫，酹為其中一種祖先祭祀的形式。《說文解字今釋》曰：「酹，餟祭也。」[36]即將酒倒在地上，表示祭奠或立誓。見《左傳・定公八年》，「子言辨舍爵于季氏之廟而出。陽虎入于讙、陽關以叛。」[37]陽虎發動叛變欲去三桓，失敗，作為陽虎一黨的成員子言（即季寤）在季氏的祖廟裡遍實酒於爵，置於祖禰之前，向祖先斟酒祭告後逃走，這也是古人即將出奔告別之禮。

祭祀用酒的選擇是周人虔誠祭祀的另一表現。《左傳・僖公四年》載：「爾貢包茅不入，王祭不共，無以縮酒，寡人是征；昭王南征而不復，寡人是問。」[38]楊伯峻注：「茅即《禹貢》之菁茅，茅之有毛刺者。古人拔此茅而束之，故曰包茅。縮酒者，一則用所束之茅漉酒去滓；一則當祭神之時，束茅立之，以酒自上澆下，其糟則留在茅

---

33 沈沈：《酒概・續修四庫全書》（上海：上海古籍出版社，1995年），子部，1115冊。

34 楊伯峻：《春秋左傳注》（北京：中華書局，1990年），頁737。

35 楊天宇：《禮記譯注》（上海：上海古籍出版社，2004年），頁724。

36 湯可敬：《說文解字今釋》（長沙：岳麓書社，2001年），頁2159。

37 楊伯峻：《春秋左傳注》（北京：中華書局，1990年），頁1371。

38 楊伯峻：《春秋左傳注》（北京：中華書局，1990年），頁247。

中，酒汁漸漸滲透下流，像神飲之也。」[39]古代釀酒技術並不發達，用過濾的清酒祭祀更可體現出對神祇及祖先的敬畏、懷念之情，從此種祭祀文化也可見其背後所暗含的以神為尊的民族文化心態。縮酒之禮或起自殷商，而周王室的縮酒之禮專用楚國進貢的苞茅來完成，足見周人對酒祭之重視，酒祭成為最具華夏民族文化特色的祭祀禮儀。

## （二）朝聘功能

朝聘是春秋時期重要外交形式之一，也是先秦時盛行的重要禮制之一，對當時社會的政治、經濟、軍事、外交等均產生極大的影響，甚至在一定程度上影響或決定當時的社會局勢。周初建國時，吸收夏商滅亡教訓，實行分封制，大肆分封周姓子弟，同時被分封的還有殷商舊裔（如分封微子啟於宋）及友邦，其目的是「以藩屏周」，鞏固周王室的統治。分封之外，周公制禮，建立了一套完整的禮樂制度及行為規範，以約束王公貴族的行為，加強諸侯之間及諸侯與周王室之間的聯繫，使周天子得以全面掌握天下，維護國家統治，朝聘即是其中的一種。關於朝聘時間、目的、過程、方式等在《周禮》中都有明確的規定。《周禮・大行人》曰：「凡諸侯之邦交，歲相問也，殷相聘也，世相朝也。」[40]「春朝諸侯而圖天下之事，秋覲以比邦國之功，夏宗以陳天下之謨，冬遇以協諸侯之慮，時會以發四方之禁，殷同以施天下之政。」[41]對於朝聘的時間與頻率，《周禮》分天下為六服，根據六服遠近，定朝會之期。「其外方五百里謂之侯服，歲一見。又其外方五百里謂之甸服，二歲一見。又其外方五百里謂之男服，三歲一見。又其外方五百里謂之采服，四歲一見。又其外方五百里謂之衛

---

39 楊伯峻：《春秋左傳注》（北京：中華書局，1990年），頁247。

40 楊天宇：《周禮譯注》（上海：上海古籍出版社，2016年），頁755。

41 楊天宇：《周禮譯注》（上海：上海古籍出版社，2016年），頁746。

服，五歲一見。又其外方五百里謂之要服，六歲一見。」[42]也即六年之內諸侯應遍朝周王。然春秋時期，列國紛爭，王室衰微，秩序失綱，禮崩樂壞，西周時制定的朝聘制度已很難依禮有序進行。考《左傳》記載春秋二百四十二年諸侯朝覲天子的情況可見，「魯君親朝王僅三次，其中只有一次是『如京師』，餘兩次皆是會諸侯而朝王所巡守地，又遣使聘周四次。鄭親朝二次，晉親朝三次、遣使朝一次。諸侯親朝王的次數加在一起也只有九次，而王遣使聘魯就達八次。」[43]

朝聘禮十分莊重，《禮記・昏義》云：「昏禮者，禮之本也。夫禮始于冠，本于昏，重于喪、祭，尊于朝、聘，和于射、鄉：此禮之大體也。」[44]朝聘禮有三個環節組成：使者到被朝聘國時，先於入境接受郊勞，離境時接受饋贈，如《左傳・昭公五年》云：「入有郊勞，出有贈賄，禮之至也。」[45]郊勞與饋贈，這是「禮」。朝聘禮的中間環節為宴饗，這也是朝聘禮的中心環節，如《左傳・昭公五年》中，「設機而不倚，爵盈而不飲；宴有好貨，饗有陪鼎，入有郊勞，出有贈賄，禮之至也。」[46]三個環節依禮完成方為有禮。

饗禮也即享禮，是周天子與諸侯、卿大夫之間以飲食來款待彼此的一種禮儀。饗禮有嚴格的等級規定，《周禮・秋官大行人》載：「上公饗禮九獻，侯伯七獻，子量五獻。」[47]

由於王室衰微，諸侯朝聘王室不似周初，因此春秋時期周天子大饗次數極少，且主要存在於春秋早中期，通常因大諸侯國尊王攘夷而

---

42 楊天宇：《周禮譯注》（上海：上海古籍出版社，2016年），頁752。

43 張君蕊：〈《左傳》禮制與《周禮》合異探析〉，《中州學刊》2014年第12期，頁133-137。

44 楊天宇：《禮記譯注》（上海：上海古籍出版社，2004年），頁817。

45 楊伯峻：《春秋左傳注》（北京：中華書局，1990年），頁1101。

46 楊伯峻：《春秋左傳注》（北京：中華書局，1990年），頁1100-1101。

47 楊天宇：《周禮譯注》（上海：上海古籍出版社，2016年），頁748。

為之的權宜之計。如《左傳‧莊公十八年》載：

> 十八年春，虢公、晉侯朝王，王饗醴，命之宥，皆賜玉五瑴，
> 馬三匹，非禮也。王命諸侯，名位不同，禮亦異數，不以禮假
> 人。[48]

享禮中所用的酒為醴，是一種味道清淡的甜酒。《國語‧周語》在論
述饗禮的作用時說：「無亦擇其柔嘉，選其馨香，潔其酒醴，品其百
籩，修其簠簋，奉其犧象，出其樽彝，陳其鼎俎，淨其巾羃，敬其祓
除，體解節折而共飲食之，於是乎有折俎加豆，酬幣宴貨，以示容合
好。」[49]如《左傳‧僖公二十八年》中周王即用醴享晉侯。

除諸侯對周天子的朝聘外，諸侯間因賀喜、會盟或拜謝征伐等原
因而遣使交往均可稱之為聘。春秋時期，諸侯間聘問活動頻繁，朝聘
亦成為諸侯間的主要外交活動之一，但在次數、禮節上以不復《周
禮》中嚴格、統一的制度。諸侯間的朝聘，有的屬於諸侯之間的友好
交往，但隨著晉、楚、齊、秦之間的爭霸戰爭，群雄競起，此時，小
國對霸主國的朝聘，更多地表現為政治經濟上的不平及依附關係。如
晉文公、齊桓公、楚莊王、秦穆公之時，諸侯國分派使臣相繼「聘
問」，然名為聘問，實則為進獻。如《左傳‧襄公十九年》：

> 公享晉六卿于蒲圃，賜之三命之服。軍尉、司馬、司空、輿
> 尉、候奄皆受一命之服。賄荀偃束錦、加璧、乘馬，先吳壽夢

---

48 楊伯峻：《春秋左傳注》（北京：中華書局，1990年），頁175。

49 徐元誥撰，王叔民，沈長雲點校《國語集解》（北京：中華書局，2002年），頁58-
   59。

之鼎。[50]

晉欒魴帥師從衛孫文子伐齊。季武子如晉拜師，晉侯享之。[51]

此為因晉助魯勝齊，襄公派季武子到晉國聘。諸侯間朝聘的享禮主要
是諸侯間相饗亦或是諸侯享來朝聘的卿大夫，此時的享禮不似諸侯朝
聘周天子的大饗那般恭敬、嚴肅，且春秋時期，諸侯征伐，禮制失
序，很多饗禮刪繁就簡，賓主更享受饗禮後的「宴」，因饗禮需祭
祀，禮酒只能稍稍品嘗，不能盡飲，而饗禮後的「宴」則無此束縛，
可以開懷暢飲，賓主盡歡。如《左傳·昭公元年》載：

> 及享，具五獻之籩豆于幕下。趙孟辭，私于子產曰：「武請于塚
> 宰矣。」乃用一獻。趙孟為客，禮終乃宴。穆叔賦鵲巢。趙孟
> 曰：「武不堪也。」又賦采蘩，曰：「小國為蘩，大國省穡而用
> 之，其何實非命？」子皮賦野有死麕之卒章。趙孟賦常棣，且
> 曰：「吾兄弟比以安，尨也可使無吠。」穆叔、子皮及曹大夫
> 興，拜，舉兕爵，曰：「小國賴子，知免于戾矣。」飲酒樂。
> 趙孟出，曰：「吾不復此矣。」[52]

獻即主人向賓客敬酒，一次為一獻，趙孟不欲禮節繁複，以一獻為
求。宴中賦詩是春秋饗禮的一個特色，在饗禮的過程中，賓主雙方時
常會賦詩應答，所賦之詩主要源自於《詩經》，內容一般也與饗禮有
關。賓主借詩言志，表達自己的志向和願望。賦詩言志增進了賓主之
間的了解，拉近了彼此的距離。從趙孟的「吾不復此矣」可見宴席之

---

50 楊伯峻：《春秋左傳注》（北京：中華書局，1990年），頁901。

51 楊伯峻：《春秋左傳注》（北京：中華書局，1990年），頁902。

52 楊伯峻：《春秋左傳注》（北京：中華書局，1990年），頁1047-1049。

上的溫情歡快，兩國關係往往也在歡樂的宴飲氣氛中不斷鞏固。

又《左傳・昭公二十五年》，「宋公享昭子，賦新宮。昭子賦車轄。明日宴，飲酒，樂。」[53]這種隔日宴較前面的宴飲禮節複雜，或因饗禮禮節的繁複，到了戰國以後，饗禮已很難再見。

## （三）軍事功能

西周時期的戰爭主要是各諸侯國輔佐周王室征討四夷，威服遠方，而春秋時期時因王室衰微，群雄競起，周王室漸漸失去了對諸侯的控制。大國兼併小國，小國之間亦摩擦不斷，戰爭成為春秋最引人注目的社會現象之一。諸侯間為爭做春秋霸主，屢相征伐，乃至此時期的戰爭無論是頻率、規模亦或是時長在古代歷史上都較為罕見。然春秋時期的戰爭不同於西周時王室的征討四夷之戰，亦不同於戰國時期殘酷激烈的兼併之戰，帶有明顯的時代過渡性特徵，即戰爭中頻頻出現的「尊禮」現象，如在戰爭中獻酒及犒師禮等，讓殘酷的戰爭中含有了一絲溫情。如《左傳・成公二年》：

> 韓厥執縶馬前，再拜稽首，奉觴加璧以進，曰：「寡君使群臣為魯、衛請，曰：『無令輿師陷入君地。』下臣不幸，屬當戎行，無所逃隱。且懼奔辟，而忝兩君。臣辱戎士，敢告不敏，攝官承乏。」[54]

晉齊鞌之戰中，韓厥誤把逢醜父當作齊君，在擄獲對方國君前依然奉觴加璧以進，於戰爭中處處顯示出「尊禮」行為。又《左傳・成公十六年》：

---

53 楊伯峻：《春秋左傳注》（北京：中華書局，1990年），頁1270。
54 楊伯峻：《春秋左傳注》（北京：中華書局，1990年），頁680。

> 欒鍼見子重之旌，請曰：「楚人謂夫旌，子重之麾也。彼其子
> 重也。日臣之使于楚也，子重問晉國之勇。臣對曰：『好以眾
> 整。』曰：『又何如？』臣對曰：『好以暇。』今兩國治戎，行
> 人不使，不可謂整。臨事而食言，不可謂暇。請攝飲焉。」公
> 許之。使行人執榼承飲，造于子重，曰：「寡君乏使，使鍼御持
> 矛，是以不得犒從者，使某攝飲。」子重曰：「夫子嘗與吾言
> 于楚，必是故也，不亦識乎！」受而飲之，免使者而復鼓。[55]

鄢陵之戰中，雙方交戰時，欒鍼見子重之旗，因其出使楚國時曾告訴子重晉軍作戰好以暇，按部就班，於是讓使者給子重獻酒。欒鍼信守承若，遵守禮節，子重亦不為難使者，受而飲酒，重新擊鼓而戰。

兩國交戰，必有勝負，然春秋戰爭中的戰敗國往往並不會遭受被滅國或滅宗祀的命運，究其禮戰的原因，一方面或與前朝「貴仁義而賤勇力」的軍禮思想有關，如《禮記·檀弓下》載：「古之侵伐者，不斬祀，不殺厲，不獲二毛。」；[56]另一方面，春秋時的諸侯國基本為周初所分封，彼此之間存在著同宗或姻親等千絲萬縷的聯繫，如魯、齊長期為甥舅之國，彼此之間遵循著「親親」的原則，因此，春秋爭霸戰爭往往更注重這種形式上的勝負。

春秋大變革時期，禮制失序，周初制定的酒禮受到極大衝擊，飲酒、好酒甚至嗜酒的人物及事件層出不窮，這在相關的戰爭中亦產生很大影響，有的甚或可能會影響戰爭的成敗。亦見《左傳·成公十六年》載：

> 王聞之，召子反謀。穀陽豎獻飲于子反，子反醉而不能見。王

---

55 楊伯峻：《春秋左傳注》（北京：中華書局，1990年），頁762。

56 楊天宇：《禮記譯注》（上海：上海古籍出版社，2004年），頁116。

曰：「天敗楚也夫！餘不可以待。」乃宵遁。[57]

戰爭激烈，晉國設計故意放走楚俘虜，共王欲找子反謀，因數反醉而不能，鄢陵之戰敗，子反自殺。雖鄢陵之戰的失敗不能完全歸咎於子反，但作為一國司馬在如此重要的戰事中喝醉確會給戰爭帶來極大影響。

## 四　結語

春秋處於西周向戰國過度的社會大變革時期，宗法制及等級制遭到嚴重破壞，神權逐漸衰落，禮制亦隨之衰落，實證的、理性的、世俗的要求越來越為社會所接受，中國社會由血緣政治向以地緣政治轉變。外在的制度結構的變化不可避免的引起內在的社會思想、社會觀念相應轉變。然從當時社會來看，舊的社會秩序及舊意識形態仍在約束著社會成員的思想並規範他們的言行。新舊觀念的交替，使得處於轉變時期的春秋社會產生了種種奇特甚至矛盾的文化現象，文化面貌更為紛繁複雜。考《左傳》對春秋二百四十二年間的歷史記載可見，酒元素活躍於當時的政治、經濟、軍事、外交等各項社會活動中，飲酒已遠遠超出本身的飲食範疇，並於當時的倫理規範、社會道德緊密聯繫，在祭祀、朝聘、軍事等方面發揮著重要作用。卡西爾・榮格曾言：「當一個字或一個意象所隱含的東西超過明顯的和直接的意義時，就具有了象徵性。」[58]春秋時代的酒亦烙上那個時代的文化印記，展現出豐富的文化意義。

---

57 楊伯峻：《春秋左傳注》（北京：中華書局，1990年），頁763。
58 卡西爾・榮格等著，張舉文，榮文庫譯：《人類及其象徵》（瀋陽：遼寧教育出版社，1988年），頁2。

# 四 《春秋》與經學思想

# 從《春秋左氏傳章句》輯文
# 管窺劉歆《左氏》學<sup>*</sup>

吳智雄<sup>**</sup>

## 摘　要

　　本文以馬國翰《玉函山房輯佚書》「經編・春秋類」所輯劉歆《春秋左氏傳章句》為範圍，試圖從中管窺劉歆《左氏》學面貌的可能呈現。《春秋左氏傳章句》最早由馬國翰所輯得並取名著錄，輯文共計十九節、三三四字，除哀公外，其餘各公輯文由一節至四節不等，輯文來源為《左傳正義》、《禮記正義》、《經典釋文》等典籍。所引諸說，少則為劉歆、賈逵並說，多則為劉歆、賈逵、許淑、潁容、鄭眾、馬融等人共引，此引用情形反映了漢人師法、家法的說經特色。但馬氏以「章句」一詞命名該書，恐不符劉歆批評章句之學「煩言碎辭」的立場，且馬國翰於「春秋類」書目另標《春秋左傳劉氏注》之名，似對書名仍存有疑慮。本文經歸納十九節輯文後，計得「解釋《春秋》屬辭」、「訓詁經傳詞義」、「闡釋《左氏》傳義」、「敘明春秋禮制」等四種解釋視角，呈現了劉歆承繼漢代章句訓詁的注經

* 本文為科技部專題研究計畫「《玉函山房輯佚書》「經編春秋類」研究」（M・ST 110-2410-H-019-021-MY2）之部分研究成果。
** 臺灣海洋大學共同教育中心語文教育組特聘教授、海洋文化研究所合聘特聘教授。

傳統及其引傳文解經以「轉相發明」的特色，其中尤著眼於新「例」新「義」的發明，而呈現接近《公》、《穀》二傳以義解經的傾向，同時也在若干層面呼應了「由是章句義理備焉」的史傳記載。此外，在極其有限的輯佚文獻中，本文認為劉歆有隱公攝位恩淺可忍、明指《春秋》有昭公失權之義、對齊子糾表達憐愍之意以及史有謬誤闕失疑慮等主張，其中對隱公、子糾的評論，在某種程度上比較接近《穀梁傳》的說法，此種解釋立場的偏向，恐怕與其父劉向治《穀梁》的家學背景以及受當時居主流地位的今文學派影響的因素密切相關。

**關鍵字**：劉歆、左傳、馬國翰、玉函山房輯佚書

## 一　前言

　　劉歆（西元前50？-前23年），字子駿，後改名秀，年少時以通《詩》《書》、能屬文，受漢成帝召見，《漢書》本傳載其「講六藝傳記，諸子、詩賦、數術、方技，無所不究」[1]。父親劉向（西元前77-前6年），與子歆皆治《易》學，皆同校中秘書，劉向撰有《別錄》，劉歆著有《七略》，為目錄學之祖。劉歆《七略》並為班固撰〈藝文志〉所承，《漢書‧藝文志》有載：「會向卒，哀帝復使向子侍中奉車都尉歆卒父業。歆於是總群書而奏其〈七略〉，故有輯略，有六藝略，有諸子略，有詩賦略，有兵書略，有術數略，有方技略。今刪其要，以備篇籍。」[2]是以向、歆父子二人皆為漢代重要的目錄學家與經學家。

　　劉向、歆父子亦皆治《春秋》，唯二人所治不同，「宣帝時，詔向受《穀梁春秋》，十餘年，大明習」，劉歆則在校中秘書時見古文《春秋左氏傳》而大好之。哀帝時，劉歆上疏，「欲建立《左氏春秋》及《毛詩》、逸《禮》、《古文尚書》皆列於學官。哀帝令歆與五經博士講論其義，諸博士或不肯置對，歆因移書太常博士，責讓之」[3]。劉歆此次的移書讓太常博士所引起的今古文之爭，程元敏認為有三大影響：「古文四經（《左傳》、《毛詩》、《逸禮》、《尚書》）未幾盡立於學官，此其一；今文師法家法漸壞，及鄭君出，遂混一今古文，此其二；經說之刪繁從簡運動，自是興焉，此其三也。」[4]此三大影響，

---

1　〔漢〕班固：〈楚元王傳〉，《漢書》（北京：中華書局，1962年），卷36，頁1967。

2　〔漢〕班固：〈藝文志〉，《漢書》，卷30，頁1701。

3　本段引文皆見〔漢〕班固：〈楚元王傳〉，《漢書》，卷36，頁1967。

4　程元敏：《漢經學史》（臺北：臺灣商務印書館，2018年），頁234。

除了涉及《左傳》自身的官學發展外，還在相當程度上改變了漢代經學發展的面貌，影響可謂深遠。而此次的論爭，不只為日後另三次與《左傳》有關的論爭揭開了序幕，[5]同時也將《左傳》這部經典從民間傳習的地位提升到中央政治舞臺，所以有學者將劉歆定位為「《左傳》學的創始人」，云：「劉歆是漢人中第一個公然為《左傳》辯護並且加以認真研究的人，從劉歆開始，漢代才正式有了《左傳》學。」[6]或是將劉歆視為漢代《左傳》學發展分界的里程碑式人物，有謂：「考察《左傳》學史，我們可以劉歆為分界點，將漢代《左傳》學分為前後兩個時期，前期不成系統且語焉不詳，後期才得以和今文經學分庭抗禮，留存下來的《左傳》注釋也基本形成於後期。」[7]是以，「劉歆是《左傳》學發展史上的一個里程碑式的人物，《左傳》學至此正式形成」[8]。

　　《漢書・楚元王傳》有載：「時丞相史尹咸以能治《左氏》，與歆共校經傳。歆略從咸及丞相翟方進受，質問大義。初《左氏傳》多古字古言，學者傳訓故而已，及歆治《左氏》，引傳文以解經，轉相發明，由是章句義理備焉。」[9]由於史載劉歆「引傳文以解經，轉相發

5　沈玉成、劉寧說：「可以說，在劉歆以前，《左傳》在經師儒生心目中不占地位，當然談不上研究。從劉歆開始而有了今古文學之爭，一直到漢末，關於《左傳》一共有四次大論爭。第一次是西漢哀帝時劉歆請立《左氏春秋》於學官和太常博士們的論爭；第二次是東漢初期陳元與范升的論爭；第三次是章帝時賈逵和李育的論爭；第四次是鄭玄和何休的論爭。」見沈玉成、劉寧：《春秋左傳學史稿》（南京：江蘇古籍出版社，1992年），頁105。

6　沈玉成、劉寧：《春秋左傳學史稿》，頁106。

7　郭院林：〈漢代《左傳》學的發展與漢注研究〉，收入黃聖松主編：《第二屆《群書治要》國際學術研討會論文集》（臺北：萬卷樓圖書公司，2021年），頁79。

8　郭院林：〈漢代《左傳》學的發展與漢注研究〉，收入黃聖松主編：《第二屆《群書治要》國際學術研討會論文集》，頁81。

9　〔漢〕班固：〈楚元王傳〉，《漢書》，卷36，頁1967。另，程元敏認為劉歆引傳以解經時，經、傳仍是別行未合卷，氏云：「歆引《左傳》文以解《春秋經》，猶費宜引

明，由是章句義理備焉」，故而歷來學者大多認為劉歆撰有《左傳》相關著作，但以現有史料關於劉歆著作的記載而言，恐怕並不盡然。茲考歷代史傳書志著錄情形如下：

《漢書·藝文志》無著錄劉歆著述。

《隋書·經籍志》著錄劉歆《爾雅》三卷、《列女傳頌》一卷、《七略》七卷、《三統曆法》三卷；另有《春秋左氏傳條例》二十五卷，未著撰人。

《舊唐書·經籍志》著錄劉歆《春秋左氏傳條例》二十卷、《七略》七卷、《三統曆》一卷。

《新唐書·藝文志》著錄劉歆《七略》七卷、《三統曆》一卷、《四分曆》一卷。

《宋史·藝文志》無著錄劉歆著述。

劉歆的《左傳》學著述，最早見錄於後晉時期成書的《舊唐書》中，題為《春秋左氏傳條例》二十卷，[10]而且僅此一見。而在其他官修或私家的目錄學著作中，例如《崇文總目》、《郡齋讀書志》、《直齋書錄解題》、《遂初堂書目》等書，亦皆未著錄劉歆《左傳》學相關著述。

至於本文所擬探討的劉歆《春秋左氏傳章句》，官方史志最早且是唯一見錄的是《清史稿·藝文志》，錄有劉歆《春秋左氏傳章句》

---

《翼傳》以解《易經》，未嘗全裁《左傳》文以比附《春秋經》經文下，即《春秋經》、《左傳》分卷仍舊未之變也。」見程元敏：《漢經學史》，頁227。

10 清人姚振宗（1842-1906）於所著錄的《春秋左氏傳條例》下按云：「《漢書·五行志》引劉歆《春秋說》六十餘條，其間或明著歆《左氏說》，其所不著者亦皆歆說《左氏》之文也。馬氏輯本失采此志，遺漏多矣。范書《鄭興傳》『興善《左氏》，天鳳中，將門人從劉歆講正大義，歆美興才，使撰條例、章句、訓詁』，即此章句、條例，復使興為之訓詁也。」見〔清〕姚振宗撰，項永琴整理：《漢書藝文志拾補》，收入於王承略、劉心明主編《二十五史藝文經籍志考補萃編》（北京：清華大學出版社，2011年），卷2，頁227。

一卷。然而《清史稿》成書已在民國時期，在此之前者為清人姚振宗（1842-1906）《漢書藝文志拾補》所著錄的劉歆《春秋左氏傳章句》，無卷數，姚氏同時錄有劉歆《春秋左氏傳條例》二十卷。[11]而在姚振宗之前且為最早者，即是馬國翰（1794-1857）《玉函山房輯佚書》的輯文了。由此可知，劉歆《春秋左氏傳章句》之命名、著錄以及輯文成卷，應該始自馬國翰，且僅存輯文，未見全本。

　　是以，在現今文獻嚴重闕佚的限制下，暫且無法全面探討劉歆《左氏》學的面貌，僅得藉由馬國翰所輯劉歆《春秋左氏傳章句》輯文，管窺一二，尚祈方家不吝指正。

## 二　輯文整理與文獻分析

　　馬國翰於劉歆《春秋左氏傳章句》輯文前有〈序〉云：

> 《春秋左氏傳章句》，一卷，漢劉歆撰。歆有《洪範五行傳》，已著錄。《漢書》本傳云：「及歆校秘書，見古文《春秋左氏傳》，歆大好之。時丞相史尹咸，以能治《左氏》，與歆共校經傳，歆略從咸及丞相翟方進受，質問大義。初，《左氏傳》多古文古言，學者傳訓故而已。及歆治《左氏》，引傳文以解經，轉相發明，由是章句義理備焉。」杜預《集解》序云：「劉子駿創通大義。」然則《左氏》之有章句，自歆始也。隋、唐〈志〉皆不著錄，佚已久。從《正義》釋文輯二十節，其說多與賈逵、穎容、許淑並引，則三家皆祖述劉氏著也。歷城馬國翰竹吾甫。

---

11 〔清〕姚振宗撰，項永琴整理：《漢書藝文志拾補》，收入於王承略、劉心明主編《二十五史藝文經籍志考補萃編》，卷2，頁227。

據上引〈序〉所言，輯文應有二十節，然經筆者再三通檢輯文內容後，僅得十九節，馬氏所謂輯得二十節之說，未詳所以，或為馬氏筆誤。其次，馬國翰將所輯劉歆說解《左傳》文字，以「章句」一詞名之，其所關涉的漢代經注著作形式，以及劉歆本人對章句之作的態度，皆可加以討論。

## （一）輯文整理

馬國翰將所輯文字分列魯公紀年之下，茲依馬氏所輯順序，將十九節輯文內容整理如下。

　一、隱公元年

　　〔傳〕不書即位，攝也。

　　〔劉歆〕恩深不忍，則《傳》言不稱；恩淺可忍，則《傳》言不
　　　　　　書。

　　〔馬注〕孔穎達《正義》引劉、賈、穎。

　二、隱公四年

　　〔經〕夏，公及宋公遇于清。

　　〔劉歆〕遇者，用冬遇之禮。

　　〔馬注〕《正義》引劉、賈。

　三、桓公三年

　　〔經〕有年。

　　〔劉歆〕有年，大有年，有鸜鵒來巢。諸言有，皆不宜有之辭也。

　　〔馬注〕《正義》引劉、賈、許。

　四、桓公十七年

　　〔經〕癸巳，葬蔡桓侯。

　　〔劉歆〕桓卒而季歸，無臣子之辭也。蔡侯無子，以弟承位，群
　　　　　　臣無廢主，社稷不乏祀，故《傳》稱「蔡人嘉之」，非

貶所也。杞伯稱子，《傳》為三發；蔡侯有貶，《傳》亦宜說。史書謬誤，疑有闕文。

〔馬注〕同上。

五、莊公二年

〔傳〕秋，紀季以酅入于齊。

〔劉歆〕紀季以酅奔齊，不言叛，不能專酅也。

〔馬注〕《正義》引劉、賈。

六、莊公九年

〔經〕九月，齊人取子糾殺之。

〔劉歆〕稱子者，愍之。

〔馬注〕《正義》引賈逵云：「劉與賈同。」

七、莊公二十九年

〔傳〕新[12]延廄。

〔劉歆〕言新，有故木。言作，有新木。延[13]廄，不書作，所用之木非公命也。

〔馬注〕《正義》引劉、賈。

八、莊公三十年

〔傳〕齊人降鄣。

〔劉歆〕依二傳，以鄣，紀之遺邑。

〔馬注〕同上。羅泌《路史・國名紀甲》引劉歆。

---

12 據李學勤主編十三經注疏整理本，「新」下脫「作」字，杜預注云：「經無『作』字，蓋闕。」見〔周〕左丘明傳，〔晉〕杜預注，〔唐〕孔穎達正義：〈莊公二十九年〉，《春秋左傳正義》，收入李學勤主編「十三經注疏整理本」（北京：北京大學出版社，2000年），冊16，卷10，頁334。

13 據李學勤主編十三經注疏整理本，依《左傳詁》，「延」當作「言」。見〔周〕左丘明傳，〔晉〕杜預注，〔唐〕孔穎達正義：〈莊公二十九年〉，《春秋左傳正義》，收入李學勤主編「十三經注疏整理本」，冊16，卷10，頁333。

九、閔公二年

〔經〕吉禘于莊公。

〔劉歆〕逸禮云：皆升，合于其祖。

〔馬注〕《禮記・王制》正義引云：「劉歆、賈逵、鄭眾、馬融皆
以為然。」

十、僖公二十六年

〔傳〕凡師能左右之曰以

〔劉歆〕晉人執季孫以歸，劉子、單子以王猛居于皇，尹氏毛伯
以王子朝奔楚。諸稱以，皆小以大，下以上，非其宜也。

〔馬注〕《正義》引劉、賈、穎、許。

十一、文公十八年

〔經〕莒弒其君庶其

〔劉歆〕君惡及國朝，則稱國以弒。惡及國人，則稱人以弒。

〔馬注〕《正義》引劉、賈、許、穎。

十二、宣公七年

〔傳〕凡師出于謀曰及。

〔劉歆〕以經諸及字為義。

〔馬注〕《正義》引劉、賈、許、穎。

十三、宣公十五年

〔經〕冬，螽生。

〔劉歆〕螽，蚍蜉子也。蚍蜉有翅者。

〔馬注〕陸德明《釋文》。《正義》。

十四、成公十七年

〔經〕九月辛丑，用郊。

〔劉歆〕諸言用，皆不宜用，反於禮者也。

〔馬注〕《正義》引劉、賈。

十五、襄公二十一年

　　〔傳〕雖賤必書

　　〔劉歆〕《春秋》之序，三命以上，乃書於經。

　　〔馬注〕《正義》。又昭十二年《正義》並引劉、賈。

十六、襄公二十六年

　　〔傳〕書曰「入于戚以叛」，罪孫氏也。

　　〔劉歆〕三叛人以地來奔，不書叛，謂不能專也，此直外內之
　　　　　辭。[14]

　　〔馬注〕《正義》引劉、賈。

十七、昭公八年

　　〔經〕秋，蒐于紅。

　　〔劉歆〕蒐于紅，不言大者，言公大失，權在三家也。

　　〔馬注〕《正義》引劉、賈、潁。

十八、昭公十一年

　　〔經〕大蒐于蒲。

　　〔劉歆〕書大者，言大眾盡在三家。

　　〔馬注〕同上。

十九、定公八年

　　〔經〕盜竊寶玉、大弓。

　　〔劉歆〕夏后氏之璜，封父之繁弱，王所以分魯者也。[15]

　　〔馬注〕《正義》引劉歆以來說《左氏》者。

---

14 「此直外內之辭」句，李學勤主編十三經注疏整理本未納為劉歆《章句》語。見
　　〔周〕左丘明傳，〔晉〕杜預注，〔唐〕孔穎達正義：〈襄公二十六年〉，《春秋左傳
　　正義》，收入李學勤主編「十三經注疏整理本」，冊18，卷37，頁1188。

15 「王所以分魯者也」句，李學勤主編十三經注疏整理本作「成王所以分魯公也」。
　　見〔周〕左丘明傳，〔晉〕杜預注，〔唐〕孔穎達正義：〈定公八年〉，《春秋左傳正
　　義》，收入李學勤主編「十三經注疏整理本」，冊19，卷55，頁1808。

　　以上共十九節輯文，除哀公外，各公皆有，分為：隱公兩節、桓公兩節、莊公四節、閔公一節、僖公一節、文公一節、宣公兩節、成公一節、襄公兩節、昭公兩節、定公一節，合計三三四字，以史載劉歆「治《左氏》，引傳文以解經，轉相發明，由是章句義理備焉」來看，現有的輯文內容實撐不起所謂的「章句義理備焉」，可見劉歆原解經文字總數勢必遠遠多於輯文數量。

## （二）文獻分析

　　茲從文獻形式的角度，探討馬國翰輯文歸屬何人、馬氏為何以「章句」命劉歆著述之名及其是否合適等問題。

## 1　輯文歸屬

　　馬國翰所輯十九節劉歆說《左傳》文字，計有七種來源，茲依上引輯文編號條列如下：

　　一是輯自孔穎達《左傳正義》引劉歆、賈逵之說，有：2、5、6、7、8（兼錄《路史》引劉歆）、14、15、16，計八節。

　　二是輯自孔穎達《左傳正義》引劉歆、賈逵、許淑之說，有：3、4，計二節。

　　三是輯自孔穎達《左傳正義》引劉歆、賈逵、穎容之說，有：1、17、18，計三節。

　　四是輯自孔穎達《左傳正義》引劉歆、賈逵、許淑、穎容之說，有：10、11、12，計三節。

　　五是輯自孔穎達《左傳正義》引劉歆以來說《左氏》者，有：19，計一節。

　　六是輯自孔穎達《禮記正義》引劉歆、賈逵、鄭眾、馬融之說，有：9，計一節。

　　七是輯自陸德明《經典釋文》，有：13，計一節。

　　對於上列三種輯文來源與七種輯文類別，沈玉成、劉寧說：「他（劉歆）的『章句』早已佚失，隋志不錄，但《經典釋文》、《正義》和《路史》中卻引用了一部分，其所依據，已不得而知。」[16]《經典釋文》等諸書的引文來源確實已不可得知，但陸德明（西元550？-630年）、孔穎達（西元574-648年）二人距劉歆僅約六百年，且其中引用來源的孔穎達《正義》為官修經注，更應無杜撰誤引之可能，故馬國翰所輯諸文當可信為劉歆等人說《左傳》之文字。

　　然而，馬國翰所輯孔穎達等人引用的諸文字，少則為劉歆、賈逵二人同說，多則為劉歆、賈逵、許淑、潁容、鄭眾、馬融等諸人共引，皆非劉歆一人之說，是否可據以斷為劉歆《左氏》學之內容？此問題可從漢人師法、家法的經學傳授源流來討論。

　　《漢書‧儒林傳》載有張蒼→賈誼→貫公、賈嘉→貫長卿→張敞、張禹→尹更始→胡常、尹咸、翟方進→賈護、劉歆的西漢《左傳》學傳授譜系，[17]《漢書‧楚元王傳》亦載：「時丞相史尹咸以能治《左氏》，與歆共校經傳。歆略從咸及丞相翟方進受，質問大義。」[18]

---

16　沈玉成、劉寧：《春秋左傳學史稿》，頁107。

17　班固云：「漢興，北平侯張蒼及梁太傅賈誼、京兆尹張敞、太中大夫劉公子皆修《春秋左氏傳》。誼為《左氏傳》訓故，授趙人貫公，為河間獻王博士，子長卿為蕩陰令，授清河張禹長子。禹與蕭望之同時為御史，數為望之言《左氏》，望之善之，上書數以稱說。後望之為太子太傅，薦禹於宣帝，徵禹待詔，未及問，會疾死。授尹更始，更始傳子咸及翟方進、胡常。常授黎陽賈護季君，哀帝時待詔為郎，授蒼梧陳欽子佚，以《左氏》授王莽，至將軍。而劉歆從尹咸及翟方進受。由是言《左氏》者本之賈護、劉歆。見漢‧班固：〈儒林傳〉，《漢書》，卷88，頁3620。程元敏認為劉歆與翟方進、尹咸二人的關係在師友之間，氏云：「《春秋左氏傳》，在漢，張蒼傳賈誼，誼傳貫公，貫傳子長卿，而下傳張禹、尹更始、翟方進及尹咸等，諸人曾否撰有專書，或僅口傳訓故而已，疑不能定，而歆略從尹、翟問學而已，在師友之間，未稱師弟子。」見程元敏：《漢經學史》，頁227。

18　〔漢〕班固：〈楚元王傳〉，《漢書》，卷36，頁1967。

其後，劉歆授賈徽，賈徽傳子逵。陸德明（西元550？-630年）《經典釋文》總述其傳承曰：「《漢書・儒林傳》云：『漢興，北平侯張蒼及梁太傅賈誼、京兆尹張敞、太中大夫劉公子，皆修《春秋左氏傳》。』始劉歆從尹咸及翟方進受《左氏》，『由是言《左氏》者本之賈護、劉歆』。歆授扶風賈徽，徽傳子逵，逵受詔，列《公羊》、《穀梁》不如《左氏》四十事奏之，名曰《左氏長義》，章帝善之。」[19]此外，《後漢書・賈逵傳》云：「（逵）九世祖誼，文帝時為梁王太傅。曾祖父光，為常山太守……。父徽，從劉歆受《左氏春秋》……，作《左氏條例》二十一篇。逵悉傳父業，弱冠能誦《左氏傳》及五經本文。……尤明《左氏傳》、《國語》，為之《解詁》五十一篇，永平中，上疏獻之。顯宗重其書，寫藏秘館。」[20]《後漢書・鄭興傳》云：「（興）少學《公羊春秋》，晚善《左氏傳》。……天鳳中，將門人從劉歆講正大義，歆美興才，使撰條例、章句、傳詁，及校《三統歷》。」又云：「世言《左氏》者多祖於興，而賈逵自傳其父業，故有鄭、賈之學。」[21]《後漢書》又載鄭興之子鄭眾作《春秋難記條例》；另，據《後漢書・儒林傳》、陸德明《經典釋文》卷一〈序錄〉所載，知太中大夫許淑曾注解《左傳》，陳郡潁容作《春秋條例》，二人《左氏》學亦皆傳自劉歆。

至於劉歆的《左氏》學，除承自前述的傳承譜系外，亦與其家學有關。《漢書・楚元王傳》載劉歆：「字子駿，少以通詩書能屬文召見成帝，待詔宦者署，為黃門郎。河平中，受詔與父向領校秘書，講六

---

19 〔唐〕陸德明撰，張一弓點校：〈序錄〉，《經典釋文》（上海：上海世紀出版公司，2012年），頁18。

20 〔劉宋〕范曄：〈鄭范陳賈張列傳〉，《後漢書》（北京：中華書局，1965年），卷36，頁1234-1235。

21 〔劉宋〕范曄：〈鄭范陳賈張列傳〉，《後漢書》，卷36，頁1217、1223。

藝傳記，諸子、詩賦、數術、方技，無所不究。」[22]知劉歆出自書香世家。桓譚《新論‧正經》云：「劉子政（向）、子駿（歆）、子駿兄弟子伯玉（伋），俱是通人，尤珍重《左氏》，教授子孫，下至婦女，無不讀誦。」[23]土充《論衡‧案書》云：「劉子政玩弄《左氏》，童僕妻子皆呻吟之。」[24]錢穆（1895-1990）云：「桓譚《新論》稱劉子政、子駿、伯玉父子呻吟《左氏》，下至婢僕，皆能諷誦，桓親見二劉，言必可信。向為〈五行志〉，多論及《左氏》事。」[25]知劉向亦治《左傳》，則劉歆的《左傳》學亦必源自家學傳承，所謂「可推知，劉歆的《左傳》之學，雖得之於尹咸、翟方進，但也有家庭中耳濡目染的成分」[26]。

綜上所言，馬國翰輯自孔穎達《正義》等書所引劉歆等人說解《左傳》的文字，皆可視為劉歆一脈相承的主張，是以馬氏〈序〉云：「其說多與賈逵、穎容、許淑並引，則三家皆祖述劉氏著也。」沈玉成、劉寧亦云：「《正義》中引用劉歆之說，往往與賈（逵）、許（淑）、穎（容）合併引用，賈、許、穎都祖述劉歆之學，所以合併引用的文字都可以看作劉歆的意見。」[27]而祖述劉歆之說，即是遵守

---

22 〔漢〕班固：〈楚元王傳〉，《漢書》，卷36，頁1967。

23 〔漢〕桓譚撰，朱謙之校輯：〈正經篇〉，《新輯本桓譚新論》（北京：中華書局，2009年），卷9，頁39。

24 〔漢〕王充撰，黃暉校釋：〈案書篇〉，《論衡校釋》（北京：中華書局，1990年），卷29，頁1164。黃暉於此案云：「子政習《左氏傳》，《漢書‧劉向傳》所不載，唯言向治《穀梁》學而已。恐《漢書》向傳出自其子子駿之意，故削去《左氏》之學。君山之言，或反屬實錄也。」

25 錢穆：〈劉向歆父子年譜〉，收入於《兩漢經學今古文平議》（臺北：東大圖書公司，1989年），頁68。

26 沈玉成、劉寧：《春秋左傳學史稿》，頁107。

27 沈玉成、劉寧：《春秋左傳學史稿》，頁108。同理，馬國翰所輯的佚文，也可視為賈逵、許淑、穎容等人的意見，例如今人葉政欣在《漢儒賈逵之春秋左氏學》（臺北：文史哲出版社，2021年）中，亦將馬國翰的輯文納入賈逵《左傳》學中討論。

師法、家法的表現，如林慶彰說：「章句既是當時經師的一種解經方式，此種詮釋方式是由創立學派的經師所傳，凡是受學於此一學派的經生，代代皆應以此種解釋方式為典範。此種典範，即稱為『師法』或『家法』。不能奉行師法或家法的，可能受到相當嚴厲的制裁。」[28]故而現今可藉馬國翰輯文以探窺劉歆《左氏》學於一二。

## 2 「章句」之名

馬國翰將所輯劉歆說《左傳》文字統以「章句」之名名之，顯是推衍杜預（西元222-285年）說法而來，馬國翰〈序〉云：「杜預《集解》序云『劉子駿創通大義』，然則《左氏》之有章句，自歆始也。」杜預所謂劉歆「創通大義」之說，孔穎達《正義》認為即指《漢書·楚元王傳》所云劉歆「引傳文以解經」，使《左傳》「章句義理備焉」之載，《正義》云：「初《左氏傳》多古字古音，學者傳訓詁而已，及歆治《左氏》，引傳文以解經，經、傳相發明，由是章句義理備焉，是其創通大義也。」[29]今查歷代官方與私家書志，自《漢書·藝文志》之後即無著錄《春秋左氏傳章句》一書，直至馬國翰《玉函山房輯佚書》方得見之；也就是說，以「章句」命名劉歆說解《左傳》文字者，乃始自馬國翰。自此之後，姚振宗（1842-1906）《漢書藝文志拾補》、《清史稿·藝文志》等書才據以著錄，同時後人也才據以認為劉歆有《左傳》章句之作，例如沈玉成、劉寧說：「劉歆可能是第一個為《左傳》作文字『章句』的學者。」[30]程元敏也

---

28 林慶彰：〈兩漢章句之學重探〉，收入林慶彰主編《中國經學史論文選集》（臺北：文史哲出版社，1992年），上冊，頁288。

29 〔周〕左丘明傳，〔晉〕杜預注，〔唐〕孔穎達正義：〈隱公元年〉，《春秋左傳正義》，收入李學勤主編「十三經注疏整理本」，冊16，卷1，頁27。

30 沈玉成、劉寧：《春秋左傳學史稿》，頁107。

說：「歆後自撰《春秋左氏章句》，解《左傳》本文；復作《春秋左氏傳條例》，訂《左傳》義例。」[31]然而，劉歆說解《左傳》的諸多文字，是否適合以「章句」一詞名之？恐怕仍有可斟酌之處。

章句之學起自漢代，為漢人注解經書的諸多形式之一，除了章句之外，尚有傳、注、故、說、微、通、條例、解詁、解誼等名。所謂「章句」，字面意義為離章辨句，指依章分句說解經書內容之意，劉師培（1884-1919）曾說：「『章句』之體，乃分析經文之章節者也。」[32]沈欽韓（1775-1831）則曰：「按章句者，經師指括其文，敷暢其義，以相教授。《宣二年傳》疏，服虔載賈逵、鄭眾、或人三說解『叔牂曰子之馬然也』，此章句之體類然。」[33]林慶彰認為，漢人的章句有「小章句」與「大章句」之分，「小章句」是最早的章句形式，指解釋字詞並疏通文義，「大章句」指經生為鞏固地位，牽引許多相關資料以發展出自身的理論，在日趨推衍下便會增加到數十萬言或百萬言，故而西漢末年以後所要刪削的章句就是這種「大章句」。[34]而據今人張寶三的考證，西漢章句之學乃起自宣帝石渠閣議奏之前，張氏云：「章句之起，乃在於宣帝石渠議奏前，學者為顯門名家，故著章句以自立，其後遂有石渠議奏之分立數家博士。博士分家之後，各依章句教授，因而章句之學乃日盛也。」[35]在博士分家之後，章句之學的由簡轉繁，張寶三認為大約是從夏侯建開始，張氏云：「由『訓詁舉大誼』之說經著作，到夏侯建時為應敵而編次之章句，章句

31 程元敏：《漢經學史》，頁227。

32 〔清〕劉師培：《國學發微（外五種）》（揚州：廣陵書社，2017年），頁11。

33 〔清〕沈欽韓撰，尹承整理：《漢書藝文志疏證》，收入王承略、劉心明主編：《二十五史藝文經籍志考補萃編》，卷2，頁15。

34 所引林慶彰主張，詳見氏著〈兩漢章句之學重探〉，收入林慶彰主編：《中國經學史論文選集・上冊》，頁277-297。

35 張寶三：〈漢代章句之學論考〉，《臺大中文學報》第14期（2001年5月），頁46。

之內容乃由簡而逐漸增繁。」[36]《漢書‧眭兩夏侯京翼李傳》載曰「（夏侯）勝從父子建字長卿，自師事勝及歐陽高，左右采獲，又從五經諸儒問與《尚書》相出入者，牽引以次章句，具文飾說。勝非之曰：『建所謂章句小儒，破碎大道。』建亦非勝為學疏略，難以應敵。」[37]傳中所謂「具文飾說」，張寶三認為：「『具文飾說』者，蓋指具備各種相關之言論、材料，以繁飾其說，後世變本加厲，即成所謂章句之『浮辭』、『繁辭』也。」[38]夏侯建為應敵而探具文飾說，牽引以次章句的解經方式，被夏侯勝評為「章句小儒，破碎大道」，可見《漢書‧藝文志》所著錄的《尚書小夏侯章句》已開後世章句之學繁辭冗瑣之弊。此後，章句之學在博士學官祿利的驅使之下，繁瑣之風日趨盛行，最後甚而出現了「一經說至百餘萬言」的現象，如《漢書‧儒林傳》贊曰：「自武帝立五經博士，開弟子員，設科射策，勸以官祿，訖於元始，百有餘年，傳業者浸盛，支葉蕃滋，一經說至百餘萬言，大師眾至千餘人，蓋祿利之路然也。」[39]故而到了西漢末年，便有改革章句學風之弊的運動興起，如沈欽韓有云：「秦恭增師法至百萬言，桓榮受朱普學章句四十萬言，榮減為二十三萬言，子復刪省成十二萬言是也。」[40]張寶三亦云：「章句之學興起之後，內容日繁，『一經說至百餘萬言』、『說五字之文至於二、三萬言』，故自新莽以迄漢末，屢見朝廷下詔刪減章句，今文學者亦有所自省而刪減章句。至東漢末葉古學逐漸凌駕今學，章句之學亦隨之式微，章句之作

---

36 張寶三：〈漢代章句之學論考〉，頁50。

37 〔漢〕班固：〈眭兩夏侯京翼李傳〉，《漢書》，卷75，頁3159。

38 張寶三：〈漢代章句之學論考〉，頁52。

39 〔漢〕班固：〈儒林傳〉，《漢書》，卷88，頁3620。

40 〔清〕沈欽韓撰，尹承整理：《漢書藝文志疏證》，收入王承略、劉心明主編：《二十五史藝文經籍志考補萃編》，卷2，頁16。

乃有與傳注合流之現象。」[41]

　　劉歆主要活動的時期，大約從成帝（西元前33-前7年在位）起，歷哀（西元前7-前1年在位）、平（西元前1-6年在位）二帝而到新莽時代（西元9-23年在位），[42]差不多是西漢章句繁瑣之風最盛且出現改革之聲的時期，所以劉歆大約在哀帝建平元年（西元前6年）上〈移讓太常博士書〉時，[43]對當時說經「煩言碎辭」的現象，便有著極其強烈的批評，劉歆云：

> 往者綴學之士不思廢絕之闕，苟因陋就寡，分文析字，煩言碎辭，學者罷老且不能究其一藝。信口說而背傳記，是末師而非往古，至於國家將有大事，若立辟雍封禪巡狩之儀，則幽冥而莫知其原。猶欲保殘守缺，挾恐見破之私意，而無從善服義之公心，或懷妬嫉，不考情實，雷同相從，隨聲是非。[44]

而承自劉歆《七略》的《漢書·藝文志》，[45]也對當時的章句之學，有著「說五字之文，至於二三萬言」的評論，《漢書·藝文志》云：「古

---

41 張寶三：〈漢代章句之學論考〉，頁71。

42 錢穆云：「歆生年無考。成帝初即位，歆蓋弱冠，其年當較王莽稍長。又揚雄生年，劉向二十七歲，距成帝即位二十一年。雄歆年蓋相若，子雲猶或稍長。」見錢穆：〈劉向歆父子年譜〉，收錄於《兩漢經學今古文平議》，頁30。

43 錢穆將劉歆上〈移讓太常博士書〉的時間訂為哀帝建平元年（西元前6年），並注云：「歆移書未定在何時，師丹為大司空，至今年九月即免，則歆移書及求出補吏均在九月前，其白哀帝請立《左氏》諸書，則猶在前。」見錢穆：〈劉向歆父子年譜〉，收錄於《兩漢經學今古文平議》，頁62-64。

44 〔漢〕班固：〈楚元王傳〉，《漢書》，卷36，頁1970。

45 班固云：「歆於是總群書而奏其《七略》，故有〈輯略〉，有〈六藝略〉，有〈諸子略〉，有〈詩賦略〉，有〈兵書略〉，有〈術數略〉，有〈方技略〉。今刪其要，以備篇籍。」見〔漢〕班固：〈藝文志〉，《漢書》，卷75，頁1701。張寶三亦云：「〈藝文志〉此論蓋即承自劉歆《七略》之文也。」見張寶三：〈漢代章句之學論考〉，頁63。

之學者耕且養，三年而通一藝，存其大體，玩經文而已，是故用日少而畜德多，三十而五經立也。後世經傳既已乖離，博學者又不思多聞闕疑之義，而務碎義逃難，便辭巧說，破壞形體；說五字之文，至於二三萬言。後進彌以馳逐，故幼童而守一藝，白首而後能言；安其所習，毀所不見，終以自蔽。」顏師古注曰：「言其煩妄也。桓譚《新論》云『秦近君能說〈堯典〉，篇目兩字之說至十餘萬言，但說『曰若稽古』三萬言。」[46]由上述種種記載來看，對一個強烈批評當時太常博士以章句說經之弊的人而言，是否會將其說解《左傳》的文字著述取名為「章句」？[47]恐怕要打上一個問號。

再者，馬國翰對所輯劉歆佚文著述該取何名？似乎也仍未確定。因在《玉函山房輯佚書》的〈春秋類書目〉中，馬氏將所輯劉歆佚文取名為《春秋左傳劉氏注》，不同於內文的《春秋左氏傳章句》。而在《玉函山房輯佚書》中，〈書目〉與內文書名不一致的情形雖非僅此一見，例如服虔說《左傳》佚文，〈書目〉作《春秋左傳解誼》，內文

---

46 〔漢〕班固：〈藝文志〉，《漢書》，卷75，頁1723-1724。

47 〔清〕人姚振宗《漢書藝文志拾補》在著錄劉歆《春秋左氏傳條例》二十卷下，有案語云：「《漢書·五行志》引劉歆《春秋說》六十餘條，其間或明著歆《左氏說》，其所不著者亦皆歆說《左氏》之文也。馬氏輯本失采此志，遺漏多矣。范書《鄭興傳》『興善《左氏》，天鳳中，將門人從劉歆講正大義，歆美興才，使撰條例、章句、訓詁』，即此章句、條例，復使興為之訓詁也。」見〔清〕姚振宗撰，項永琴整理：《漢書藝文志拾補》，收入王承略、劉心明主編《二十五史藝文經籍志考補萃編》，卷2，頁227。見者或以《後漢書·鄭興傳》所載劉歆使鄭興撰《左傳》條例、章句、訓詁之文以及姚氏的解釋，便認為劉歆有自撰《左傳章句》之可能。筆者認為，自撰章句與使弟子撰章句畢竟有所不同，且鄭興從劉歆講正《左傳》大義，已在新莽天鳳年間（西元14-19年），距劉歆自殺於新莽地皇四年（西元23年）僅有數年之差，劉歆縱有說解《左傳》之作，也當不在此間，而應在從尹咸、翟方進質問大義之後。此外，「章句」與「注」、「傳」、「故」、「說」……等等雖皆同具說解經書之意，但名稱畢竟有所不同，且西漢末年朝繁辭方向發展的章句，容易與破碎小儒畫上等號，不甚符合〈劉歆傳〉所載「章句義理備焉」的評論，故而劉歆以「章句」自名其作的可能性甚低

作《春秋左氏傳解誼》；服虔說《春秋》佚文，〈書目〉作《春秋成長義》，內文作《春秋成長說》。此種前後書名不一致的情形，約占全書的三分之一，但普遍而言，兩者的差異基本不太大，例如魏人董遇的《春秋左氏傳章句》與《春秋左氏經傳章句》、晉人徐邈的《春秋穀梁傳義注》與《春秋穀梁傳注義》……等等。其中，差異最大者即是劉歆的《春秋左傳劉氏注》與《春秋左氏傳章句》二名，其最大差異顯現在「注」與「章句」的不同。雖然「注」與「章句」在形式上皆是為經書作注，[48]但在內涵的特徵方面畢竟仍有所不同，不宜混而為一。可見，在無前人著錄且史傳亦闕載的情形下，馬國翰對劉歆說解《左傳》輯文的著述名稱，恐仍存有無法確定的疑慮。

## 三　解釋視角與義理要義

從輯佚文獻探討原作者的解釋視角及其義理，會深受引用者引用需求及其觀點的影響，同時也有輯文數量必然遠遠少於全文內容的限制，以致無法賴以見得全貌，如同以管窺豹般，僅能窺得一隅；但即使如此，在文獻不足徵的限制之下，仍可在輯文的吉光片羽中，見出其中某種現象或特色；也就是說，研究輯佚文獻最後所得到的結果，對該文獻著作而言，「必然」會有著這樣的現象，但非「全然」就是這樣的面貌。

在此前提下，本文試圖在有限的輯佚文獻中，分從解釋視角與義理要義兩方面解析馬國翰所輯劉歆《春秋左氏傳章句》內容。

---

48 如林慶彰說：「這些經師所作的注解，或稱傳、說、故，或稱章句，名稱雖不同，其為經書作注，則並無二致。」見林慶彰：〈兩漢章句之學重探〉，收入林慶彰主編《中國經學史論文選集‧上冊》，頁283-284。

## （一）解釋視角釐探

本文歸納馬國翰所輯十九節輯文之後，認為劉歆主要從以下四個視角予以解釋《左氏》經傳文。

## 1 解釋《春秋》屬辭

一是解「有、用、大」，計四節，皆是從字義的角度，訓解《春秋》用字的深意。〈桓公三年〉，《春秋》載：「有年。」劉歆曰：「有年，大有年，有鸜鵒來巢。諸言有，皆不宜有之辭也。」〈成公十七年〉，《春秋》載：「九月辛丑，用郊。」劉歆曰：「諸言用，皆不宜用，反於禮者也。」〈昭公八年〉，《春秋》載：「秋，蒐于紅。」劉歆曰：「蒐于紅，不言大者，言公大失，權在三家也。」〈昭公十一年〉，《春秋》載：「大蒐于蒲。」劉歆曰：「書大者，言大眾盡在三家。」劉歆認為〈桓公三年〉「有年」、〈宣公十六年〉「大有年」、〈昭公二十五年〉「有鸜鵒來巢」的經文書「有」，皆為「不宜有之辭」。《左傳》對「有年」、「大有年」皆無傳，對「有鸜鵒來巢」則有「書所無也」及引師己「異哉」之說，劉歆「不宜有」之說似可呼應此傳文之意，但說「（大）有年」為「不宜有之辭」，則不知何故。另，劉歆在〈昭公八年〉、〈昭公十一年〉以經文有無書「大」，表示昭公時期大權盡在三家，具微言大義之意。

二是釋「稱人、稱國、稱子」，計三節，皆是從稱謂的書法角度，訓解《春秋》書法用意。〈桓公十七年〉，《春秋》載：「癸巳，葬蔡桓侯。」劉歆曰：「桓卒而季歸，無臣子之辭也。蔡侯無子，以弟承位，群臣無廢主，社稷不乏祀，故《傳》稱『蔡人嘉之』，非貶所也。杞伯稱子，《傳》為三發，蔡侯有貶，《傳》亦宜說。史書謬誤，疑有闕文。」〈文公十八年〉，《春秋》載：「莒弒其君庶其。」劉歆

曰：「君惡及國朝，則稱國以弒。惡及國人，則稱人以弒。」[49]〈莊公九年〉，《春秋》載：「九月，齊人取子糾殺之。」劉歆曰：「稱子者，愍之。」

## 2 訓詁經傳詞義

在十九節輯文中，計有四節係訓釋經傳的字詞義，此點是漢人注解經傳傳統的顯現。分為：〈宣公十五年〉，《春秋》載：「冬，蝝生。」劉歆曰：「蝝，蚍蜉子也。」〈定公八年〉，《春秋》載：「盜竊寶玉、大弓。」劉歆曰：「夏后氏之璜，封父之繁弱，王所以分魯者也。」以上兩節解釋《春秋》經文所使用的字詞。

〈莊公三十年〉，《左傳》曰：「齊人降鄣。」劉歆曰：「依二傳，以鄣，紀之遺邑。」劉歆採《公》、《穀》二傳解釋《左傳》所載鄣邑，沈玉成、劉寧云：「這條經文《左傳》無傳，從中可以窺見劉歆的《左傳》之學脫胎於《公》、《穀》的痕跡。孔穎達〈春秋正義序〉批評劉歆、賈逵、服虔等雜取《公》、《穀》釋《左傳》，從上面舉出的例子來看，情況確實如此。」[50]另一節則為〈宣公七年〉，《左傳》曰：「凡師出于謀曰及。」劉歆曰：「以經諸及字為義。」

## 3 闡釋《左氏》傳義

馬國翰對劉歆著述的輯文既以《左傳章句》之名名之，則輯文中自有闡釋《左傳》傳義之處，計有六節，分為：

〈隱公元年〉，《左傳》曰：「不書即位，攝也。」劉歆曰：「恩深

---

49 葉政欣認為此節輯文所謂稱國、稱人例，是劉、賈等人師《公羊傳》之意，於傳無確證，恐不足據。詳見葉政欣：《漢儒賈逵之春秋左氏學》（臺北：文史哲出版社，1983年1月），頁77。

50 沈玉成、劉寧：《春秋左傳學史稿》，頁109。

不忍，則《傳》言不稱；恩淺可忍，則《傳》言不書。」劉歆從傳文書「不稱」與「不書」的不同，區別二者意義的差異。

〈莊公二十九年〉，《左傳》曰：「新延廄。」劉歆曰：「言新，有故木。言作，有新木。延廄，不書作，所用之木非公命也。」〈莊公二年〉，《左傳》曰：「秋，紀季以酅入于齊。」劉歆曰：「紀季以酅奔齊，不言叛，不能專酅也。」劉歆認為《傳》不言叛，因不能專酅；反之，如言叛，即有專某地之意，此節輯文可與下列輯文合觀。

〈襄公二十六年〉，《左傳》曰：「書曰『入于戚以叛』，罪孫氏也。」劉歆曰：「三叛人以地來奔，不書叛，謂不能專也，此直外內之辭。」兩輯文皆以不言（書）叛，謂不能專某地之意。〈僖公二十六年〉，《左傳》曰：「凡師能左右之曰以」劉歆曰：「晉人執季孫以歸，劉子、單子以王猛居于皇，尹氏毛伯以王子朝奔楚。諸稱以，皆小以大，下以上，非其宜也。」〈襄公二十一年〉，《左傳》曰：「雖賤必書。」劉歆曰：「《春秋》之序，三命以上，乃書於經。」劉歆解釋傳文「雖賤必書」之因。

## 4　敘明春秋禮制

《春秋》經文多有記載春秋行禮行為，劉歆輯文亦有涉及禮制的解釋，計有兩節，分為：〈隱公四年〉，《春秋》載：「夏，公及宋公遇於清。」劉歆曰：「遇者，用冬遇之禮。」〈閔公二年〉，《春秋》載：「吉禘于莊公。」劉歆曰：「逸禮云：皆升，合于其祖。」

沈玉成、劉寧曾說：「〈劉歆傳〉說他引傳文以解經，杜預〈春秋序〉說『劉子駿創通大義』，可見劉歆雖然提倡古文，但仍然一本今文家深求大義的學風。」[51]若從上述四種解釋視角來看，前兩種是對

---

51 沈玉成、劉寧：《春秋左傳學史稿》，頁107。

經傳語詞的訓詁解釋，第三種是闡發《左傳》大義，第四種是相關禮制的說明。在第三種視角中即已涉及《左傳》義理的探求，而在前兩種解釋視角中，劉歆除了訓詁字詞義之外，還會進一步探討其中所可能寄寓的經傳大義。由此可見，史傳關於劉歆引傳文以解經，轉相發明而具章句義理的記載，似乎可在輯文所呈現的解釋視角中得到某種程度的印證。

## （二）義理要義舉例

現今所能見到劉歆解《左氏》的輯文僅十九節，所輯數量不多，每節輯文亦大多止於三言兩語，文字量不豐，故而僅能從有限的字裡行間，尋繹劉歆在解經釋傳中所可能涵蘊的義理要義。本文探討其中五節輯文，大抵梳理出以下四點義理內涵。

## 1 主張隱公攝位恩淺可忍

孔穎達《左傳正義》於〈隱公元年〉傳文「不書即位，攝也」下，書曰：

> 劉、賈、穎為傳文生例云「恩深不忍，則《傳》言不稱；恩淺可忍，則《傳》言不書」。博據傳辭，殊多不通。[52]

上引孔疏之文，意即劉歆等人從傳例的角度，認為《左傳》以「不書」發文，其意乃指對隱公的攝位表達「恩淺可忍」的主張。孔穎達《正義》不贊成此種無端生例以解傳意的方法，並引杜預《釋例》為證。《正義》云：「《傳》於隱、閔云『不書即位』，於莊、僖云『不稱

---

52 〔周〕左丘明傳，〔晉〕杜預注，〔唐〕孔穎達正義：〈隱公元年〉，《春秋左傳正義》，收入李學勤主編「十三經注疏整理本」，冊16，卷2，頁55。

即位』者,《釋例》曰『丘明於四公發傳,以「不書」「不稱」起文,其義一也』。……《傳》本意在解經,非曲文以生例,是言『不書』『不稱』義同之意也。」[53]從《左傳》文意來看,其重點確實在於經文是否記載「即位」,而非「不書」與「不稱」的差別;也就是說,重點應在於《春秋》有沒有記載「即位」,而非《左傳》認為《春秋》是以什麼書例不記載即位。至於劉歆等人是否「曲文以生例」?以及由此例所闡釋的義是否得當?則有待進一步探討。[54]但可確定的是,劉歆確實有意識地以「不書」與「不稱」的用語差別,對傳主下以不同的歷史價值評斷。在此節輯文中,即是對《左傳》的隱公攝位說,表達「恩淺可忍」的主張。

魯隱公的即位,牽涉到政權正當性的問題。《左傳》僅對《春秋》經文未記載「即位」的情形,直接下以「攝也」的判斷,未解釋隱公攝位的原因,但至少表明了隱公「假攝君政」(杜預注語)的立場,而《公》、《穀》二傳也都有類似的看法,但對隱公的正當性問題,則各有不同的主張。《公羊》認為《春秋》不書隱公即位乃因「反桓」,主張「桓幼而貴」而具正當性,傳云:「公何以不言即位?成公意也。何成乎公之意?公將平國而反之桓。曷為反之桓?桓幼而貴,隱長而卑。」[55]也就是說,《公羊》主張桓正隱不正。《穀梁》則

---

53 〔周〕左丘明傳,〔晉〕杜預注,〔唐〕孔穎達正義:〈隱公元年〉,《春秋左傳正義》,收入李學勤主編「十三經注疏整理本」,冊16,卷2,頁55。

54 沈玉成、劉寧說:「傳文用語雖有『不書』、『不稱』之別,但實際是一個意思。劉歆用《公》、《穀》解經的方法來釋《左傳》,這種探求微言大義的思維定勢常常會造成明顯的主觀隨意性。」見沈玉成、劉寧:《春秋左傳學史稿》,頁108。沈、劉二氏認為劉歆以「不書」、「不稱」的用語差異解釋《左傳》,是採用《公》、《穀》二傳的解經方法,並認為此方法帶有明顯的主觀隨意性。對於沈、劉二人所謂的「帶有明顯的主觀隨意性」之說,本文暫持保留態度。

55 〔漢〕何休解詁,〔唐〕徐彥疏:〈隱公元年〉,《春秋公羊傳注疏》,收入李學勤主編「十三經注疏整理本」,冊20,卷1,頁12-16。

認為《春秋》不書隱公即位乃因「讓桓」以「惡桓」，主張隱公讓桓之舉不正，傳云：「公何以不言即位？成公志也。焉成之？言君之不取為公也。君之不取為公何也？將以讓桓也。讓桓正乎？不正。」[56]也就是說，《穀梁》主張隱正桓不正。

對此問題，劉歆認為《左傳》以「不書」表達對隱公的「恩淺可忍」。所謂「恩淺可忍」，由於文獻的不足，無法得知其確實所指，但或許可從與其相對的「恩深不忍」推測之。如將「恩深不忍」解為因對某人之恩深而不忍心，則「恩淺可忍」或可解為對某人之恩淺而可忍心。以此而言，劉歆認為《左傳》對《春秋》未記載隱公即位，乃對隱公的即位表達「恩淺可忍」的立場；也就是說，惠公對隱公為恩淺可忍，使得隱公以攝位之姿居之。如是，現在對劉歆以「恩淺可忍」解隱公元年《春秋》未書即位之義，雖未能得知其對隱公政權正當性的態度為何，但劉歆以隱公先君心志的角度著眼以解傳義，或許受其父劉向《穀梁》學的家學影響，而在某種程度上接近《穀梁》「先君之欲桓」、「探先君之邪志」的解經主張。

## 2 明指昭公失權的《春秋》義

在十九節輯文中，有兩節輯文都是從相同的角度表達同一種現象。《春秋‧昭公八年》載：「秋，蒐于紅。」劉歆曰：

蒐于紅，不言大者，言公大失，權在三家也。

〈昭公十一年〉，《春秋》載：「大蒐于蒲。」劉歆曰：

---

56 〔晉〕范甯集解，〔唐〕楊士勛疏：〈隱公元年〉，《春秋穀梁傳注疏》，收入李學勤主編「十三經注疏整理本」，冊22，卷1，頁2。

　　書大者，言大眾盡在三家。

馬國翰將上引兩節輯文分屬於昭公八年與十一年，唯查今本《正義》，皆列於昭公八年經云「秋，蒐于紅」下孔氏所引。此兩節輯文，劉歆都是從用字例的角度，解釋其中蘊涵昭公時代大權盡在三桓的《春秋》大義。孔穎達云：「隨文造意，以非例為例，不復知其自違也。」[57]沈玉成、劉寧遂據而評之曰：「劉歆的解釋肯定是『隨文造意，以非例為例，不復知其自違也』（《正義》）。孔穎達的批評是有理由的，即便經文『蒐』與『大蒐』不誤，也未必有什麼深文奧義，至多不過表示搜獵規模的大小而已。」[58]對此兩節輯文，本文認為應從兩層面論之。一是劉歆從《春秋》書不書「大」的角度解經是否得當？此可另作討論。二是就輯文所呈現的文字意義而言，劉歆個人確實有意識地從經文書不書「大」的「例」，闡釋出其中暗含魯昭公失權而權在三家的《春秋》大義。[59]

　　若結合前述「解釋《春秋》屬辭」七節輯文的解釋視角來看，劉歆似乎具有從《春秋》字詞書例中挖拙《春秋》微言大義的傾向。這種解經特徵雖是三傳所共通，因《公》、《穀》二傳有義例之別，《左氏》則有五十凡例之說。但從輯文中所設之「例」的特徵來看，劉歆的說法無寧更偏向於《公》、《穀》二傳的解經方式。假設如此，劉歆

---

57　〔周〕左丘明傳，〔晉〕杜預注，〔唐〕孔穎達正義：〈昭公八年〉，《春秋左傳正義》，收入李學勤主編「十三經注疏整理本」，冊19，卷44，頁1447。

58　沈玉成、劉寧：《春秋左傳學史稿》，頁108。

59　前人就此兩節輯文已有討論，亦是分而言之，如葉政欣云：「言公室卑弱，三家專權則是，然謂經以書『大』示義，則失之迂曲，不可從也。」又云：「言公之失權則是，然謂經以不書『大』示義則非也。夫所謂大者，但就其規模之大而言之，其為蒐無異也。且何者為大，何者非大，亦無一定之標準。則稱大與否，自是記事者斟酌事實，以意而言，豈必有深意存乎其間哉？」見葉政欣：《漢儒賈逵之春秋左氏學》，頁91、146。

依例解經以得義的解釋方法，與其父劉向所傳《穀梁》學的家學背景恐怕仍有不小的關聯性。

## 3 對齊子糾表達憐愍之意

《春秋・莊公九年》載曰：「九月，齊人取子糾殺之。」劉歆曰：

稱子者，愍之。

劉歆認為經於糾名前書「子」，乃指《春秋》暗含對糾的憐愍大義，孔穎達對此不表認同，《正義》駁之曰：「案定本上『納子糾』已稱子，則此言子，非愍之也。沈云：齊人稱子糾，故魯史從其所稱，而經書子糾，知者，傳云『子糾，親也，請君討之』，豈復是愍之乎！劉與賈同。」[60]今人葉政欣云：「《正義》謂，劉與賈同，則劉歆所見本亦無子字也。唐定本乃後人所改，與劉、賈所見本異。」故而在歷引清人洪亮吉（1746-1809）、李貽德（1783-1832）、劉文淇（1789-1854）等人說法後，葉氏認為：「諸說皆謂《正義》未可執唐定本以非賈說，是也。至傳稱子糾，蓋沿經書子糾之稱，子糾偶詞，於行文為便也。……《公》《穀》皆以為稱子貴之，說雖異於《左氏》，要以書子為異則同也。」[61]依此，劉歆以經文書「子」的用字例角度論《春秋》之義，似有其本。

其實本節輯文同於前引言不言「大」的輯文，皆應分從用字例與大義兩層面來看。用字例的層面，本文暫不討論，僅就大義層面說之，劉歆認為經文稱「子」暗寓著《春秋》愍子糾之義。據《史記・

---

60 〔周〕左丘明傳，〔晉〕杜預注，〔唐〕孔穎達正義：〈莊公九年〉，《春秋左傳正義》，收入李學勤主編「十三經注疏整理本」，冊16，卷8，頁270。
61 葉政欣：《漢儒賈逵之春秋左氏學》，頁194-195。

齊世家》所載，齊襄公（約西元前729-前686年）「醉殺魯桓公，通其夫人，殺誅數不當，淫於婦人，數欺大臣，群弟恐禍及，故次弟糾奔魯，其母魯女也，管仲、召忽傅之；次弟小白奔莒，鮑叔傅之，小白母，衛女也」[62]。其後襄公被弒，齊國陷入無君的混亂之中，子糾與小白分自魯、莒入齊爭立。後小白得先入立，即位為桓公，發兵距魯，並遺魯書，請魯殺子糾，魯人患之，遂殺子糾。可知對爭立齊君一事，因子糾為魯出，有血緣關係，魯國自然站在子糾這一邊，甚而發兵送子糾入齊，而後來子糾被魯所殺，也是魯在齊的脅迫下不得已所為，所以對於子糾的失挫與死亡，魯人應懷有極深的愧疚感。在此背景下，劉歆認為魯史《春秋》在記載上，藉由書「子」的用字例，表達對子糾的憐愍之意。

三《傳》當中，《左傳》對子糾之死僅記其史實經過，未下以價值判斷或揭示《春秋》大義，《公》、《穀》二傳則有之。在〈莊公九年〉「九月，齊人取子糾殺之」經文下，《公羊傳》云：「其言取之何？內辭也。脅我，使我殺之也。其稱子糾何？貴也。其貴奈何？宜為君者也。」[63]《公羊》同時從用字例與稱謂例的視角解經，所論為子糾的死因及其繼位的正當性。《穀梁傳》則云：「外不言取，言取，病內也。取，易辭也，猶曰取其子糾而殺之云爾。十室之邑可以逃難，百室之邑可以隱死。以千乘之魯而不能存子糾，以公為病矣。」《穀梁》先從用字例的視角闡釋《春秋》書「取」字的用意，再論魯不能存子糾為莊公之恥，在字面上怪罪魯莊公之餘，對子糾之死似乎暗寓惋惜遺憾之意。[64]由此而言，劉歆對子糾的憐愍之意，在三傳之

---

62 〔漢〕司馬遷：〈齊世家〉，《史記》（北京，中華書局，1997年），卷32，頁1485。

63 〔漢〕何休解詁，〔唐〕徐彥疏：〈莊公九年〉，《春秋公羊傳注疏》，收入李學勤主編「十三經注疏整理本」，冊20，卷7，頁163-164。

64 《公羊》為齊學，《穀梁》為魯學，向來是經學史的普遍認知。在此條經文中，《公

中最接近《穀梁》之義，而此現象是否又與其父劉向的《穀梁》學背景有關？亦可值得留意。

## 4 提出史有謬誤闕失疑慮

《春秋·桓公十七年》云：「癸巳，葬蔡桓侯。」劉歆曰：

> 桓卒而季歸，無臣子之辭也。蔡侯無子，以弟承位，群臣無廢主，社稷不乏祀，故《傳》稱「蔡人嘉之」，非貶所也。杞伯稱子，《傳》為三發；蔡侯有貶，《傳》亦宜說。史書謬誤，疑有闕文。

「史書謬誤，疑有闕文」，是劉歆輯文的結論，也就是對《春秋》經文記載的正確性存疑。此結論為杜、孔所承，所以杜預注曰：「無傳，稱侯，蓋謬誤。」孔穎達《正義》則云：「五等諸侯卒，則各書其爵，葬則舉諡稱公，禮之常也，此無貶責而獨稱侯，故云蓋謬誤也。」[65] 杜、孔皆以《春秋》稱蔡君為侯而未稱公為謬誤之處，但劉歆並未指明此點，而是另有所陳。

劉歆認為蔡桓侯無子，蔡季以弟繼位，可使「群臣無廢主，社稷不乏祀」，所以《左傳》書「蔡人嘉之」，杜注云：「嘉之，故以字告。」又云：「桓侯無子，故召季而立之。季內得國人之望，外有諸

---

羊》注重的是子糾繼位的正當性，這種解經角度似乎是站在齊國須擇立新君的立場所發；而《穀梁》則是以魯莊公不能保存子糾為病，則容易讓人連結到子糾為魯女所生，在血脈相連的關係下因而產生了憐愍之情。如果此番推測合理，則《公》、《穀》二傳對此條傳文的解釋偏向，可謂分別展現了各自齊、魯之學的特色。

65 〔周〕左丘明傳，〔晉〕杜預注，〔唐〕孔穎達正義：〈桓公十七年〉，《春秋左傳正義》，收入李學勤主編「十三經注疏整理本」，冊16，卷7，頁240。

侯之助，故書字以善得眾。稱歸，以明外納。」[66]也就是說，劉歆對蔡季繼位的評價同於《左傳》「嘉之」而非貶之的立場。以此，劉歆輯文中所謂「蔡侯有貶」的說法，並非如杜、孔所云因《春秋》書侯，而是基於「桓卒而季歸，無臣子之辭」的書法而來。據《春秋》所載，蔡侯封人於六月丁丑卒，蔡季於八月便自陳歸于蔡，《左傳》曰：「蔡人召蔡季于陳。」又曰：「秋，蔡季自陳歸于蔡，蔡人嘉之也。」劉歆認為《春秋》於桓侯卒後即書季歸的書法形式，乃桓侯無臣子的表示，無臣子可能表示桓侯未得臣民之心，故而寓有貶責桓侯之義。如再據《公羊》「君前臣名」（〈莊公九年〉）以及《穀梁》「州不如國，國不如名，名不如字」（〈莊公十四年〉）的主張，則《春秋》對繼位之君書「字」（季）而非「名」（獻舞），對桓侯似亦暗有貶責之義。

劉歆認為，《春秋》中有三次特別將杞伯稱為杞子，不同於杞伯的正常稱謂，對此《左傳》皆有發傳說明其緣由，分為：

> 〈僖公二十三年〉，《春秋》：「冬，十有一月，杞子卒。」《左傳》：「十一月，杞成公卒。書曰『子』，杞，夷也。不書名，未同盟也。凡諸侯同盟，死則赴以名，禮也。赴以名，則亦書之，不然則否，辟不敏也。」[67]
> 〈僖公二十七年〉，《春秋》：「春，杞子來朝。」《左傳》：「春，杞桓公來朝，用夷禮，故曰『子』。」[68]

---

66 〔周〕左丘明傳，〔晉〕杜預注，〔唐〕孔穎達正義：〈桓公十七年〉，《春秋左傳正義》，收入李學勤主編「十三經注疏整理本」，冊16，卷7，頁241。

67 〔周〕左丘明傳，〔晉〕杜預注，〔唐〕孔穎達正義：〈僖公二十三年〉，《春秋左傳正義》，收入李學勤主編「十三經注疏整理本」，冊17，卷15，頁468-469。

68 〔周〕左丘明傳，〔晉〕杜預注，〔唐〕孔穎達正義：〈僖公二十七年〉，《春秋左傳正義》，收入李學勤主編「十三經注疏整理本」，冊17，卷16，頁499。

〈襄公二十九年〉，《春秋》：「杞子來盟。」《左傳》：「杞文公來盟，書曰『子』，賤之也。」[69]

上引三條《左傳》對《春秋》稱杞伯為杞子的傳文解釋，即是劉歆所謂的「杞伯稱子，《傳》為三發」。劉歆認為《春秋》對蔡桓侯既有貶義，屬特殊書法，《左傳》便應比照杞伯稱杞子之例，發傳加以說明，但《左傳》卻未發傳，可見其中應有未知的問題，劉歆懷疑此問題可能是史書闕佚所造成的謬誤。

劉歆所謂「史書謬誤，疑有闕文」，當中的「史書」，究竟是泛指春秋時的史書？或是直指《春秋》？如果是《春秋》，則是原魯史《春秋》？或是經孔子刪修後的《春秋》經文？目前無從得知。[70]但有一點可以確認，劉歆對《左傳》體例的信任度大於史書；也就是說，當《左傳》未依書中相關體例發傳時，劉歆選擇相信《左傳》，不質疑《左傳》是否有闕漏，而是懷疑史書可能有闕佚而造成謬誤。此種對《左傳》的喜好與肯定，在某種程度上呼應了「及歆校秘書，見古文《春秋左氏傳》，歆大好之」的史傳記載。

## 四 結論

劉歆是一位在漢代學術史中占有舉足輕重地位的人物。

他與父親劉向共校中秘書，在父撰《別錄》後，續作《七略》，後為班固《漢書·藝文志》所承，是中國目錄學之祖。而在校中秘書

---

69 〔周〕左丘明傳，〔晉〕杜預注，〔唐〕孔穎達正義：〈襄公二十九年〉，《春秋左傳正義》，收入李學勤主編「十三經注疏整理本」，冊18，卷39，頁1258。

70 如據《漢書》劉歆本傳「歆以為左丘明好惡與聖人同，親見夫子」所載，則劉歆所謂「史書謬誤」中的史書，如指《春秋》，當非孔子刪修後的《春秋》。

時，劉歆發現了《左傳》，大好之，為幫《左傳》等古文經爭立學官，劉歆在哀帝時上了一篇對漢代經學史有重大影響的奏疏──責讓太常博士書。此篇具有歷史意義的疏文，不僅將《左傳》從此推上中央政治舞臺，更開啟了日後漢代長達二百年左右經今古文之爭的序幕，同時也改變了日後漢代甚而歷代經學史發展的面貌。

如此重要的一位目錄學家與經學家，其相關著述竟然都沒有全本傳世，不僅如此，連史書的記載，也晚至《隋書・經籍志》才開始見到著錄，而與《左傳》學相關的著錄，則是要再晚到《舊唐書・經籍志》才出現。至於本文所論《春秋左氏傳章句》，更是到了馬國翰《玉函山房輯佚書》從孔穎達《春秋左傳正義》、《禮記正義》以及陸德明《經典釋文》等典籍中輯出若干佚文並予以命名，今人才得藉以略窺一二，隨後姚振宗《漢書藝文志拾補》、《清史稿・藝文志》也才據以著錄之。

馬國翰所輯劉歆說解《左傳》的文字，共計十九節、三三四字，除哀公外，其餘各公輯文從一節至四節都有。所輯文字，從劉歆、賈逵二人同有，到劉歆、賈逵、許淑、潁容、鄭眾、馬融等諸人共引，要皆非劉歆一人所說，反映了漢代師法、家法經說經之時代特色，自亦可視為劉歆《左氏》學觀點的呈現。再者，馬國翰將所輯文字集結命名為《春秋左氏傳章句》，應是受杜預「劉子駿創通大義」之說的影響，而有「然則《左氏》之有章句，自歆始也」的看法。但若從劉歆在讓太常博士書中大加批評當時章句小儒「分文析字，煩言碎辭」的治學「歪風」來看，也就是所謂的「往者綴學之士不思廢絕之闕，苟因陋就寡，分文析字，煩言碎辭，學者罷老且不能究其一藝」，劉歆恐怕不屑以「章句」為其書名，況且馬國翰在「春秋類書目」中另標以《春秋左傳劉氏注》一名，此種前後書名不一的現象，似乎也反映馬國翰對這些輯文集結後如何取名，仍存有不確定的疑慮。

　　在十九節輯文的隻字片語中，總共呈現了「解釋《春秋》屬辭」、「訓詁經傳詞義」、「闡釋《左氏》傳義」、「敘明春秋禮制」等四種解釋視角。在這四種視角中，有字詞義、名物制度的說明，也有經傳義理的闡發。前者承繼了漢代章句訓詁的經注傳統，後者則展現了劉歆「轉相發明」的用力所在。尤其在義理闡發方面，劉歆從書法例推衍經傳大義的解釋手法，具有偏向《公》、《穀》以義解經的特色。而這種特色，其實在史傳中即有所表露。《漢書》劉歆本傳曾云：「初《左氏傳》多古字古言，學者傳訓故而已，及歆治《左氏》，引傳文以解經，轉相發明，由是章句義理備焉。」劉歆不滿當時學者僅是傳訓故而已，所以特地引傳文以解經，藉轉相發明的方法，發揮章句訓詁之外的義理；也就是說，除了章句裡的訓詁之外，劉歆更重視的是章句裡的義理。而劉歆所能「轉相發明」者，在不可能是字詞新義的情形下，自然就容易偏向新「例」與新「義」的發明，因此也就容易呈現出偏向《公》、《穀》以義解經的特色。

　　在具有偏向《公》、《穀》以義解經的特色之外，劉歆所闡釋的經傳義理，似乎比較傾斜於《穀梁傳》的主張。在極其有限的輯佚文獻中，本文分析了五節輯文，並指出劉歆有隱公攝位恩淺可忍、明指《春秋》有昭公失權之義、對齊子糾表達憐愍之意以及史有謬誤闕失疑慮等主張。其中，劉歆主張隱公攝位恩淺可忍，在某種程度上接近《穀梁》「先君之欲桓」、「探先君之邪志」的解經主張。而在〈莊公九年〉對齊子糾所表達的憐愍之意，於《春秋》三傳之中，也最接近《穀梁》對子糾之死暗寓惋惜遺憾之義。劉歆對某些經傳義理的解釋偏向《穀梁傳》的現象，恐怕與其父劉向治《穀梁》的家學背景以及當時興盛的今文學派有著密切的關係。

　　由輯佚文獻以探討某人某書的原貌，猶如以管窺天。以管窺天所窺到的天，雖不是天的全貌，但這一部分的天仍是真實的天，有助於

理解天的樣貌；同樣的，探討輯佚文獻所得到的結果，雖不是該文獻內容的全貌，但卻也是該文獻真實內容的一部分，有助於理解該文獻的樣貌。是以，本文在分析馬國翰《玉函山房輯佚書》所錄劉歆《春秋左氏傳章句》輯文的吉光片羽後，雖無法盡見劉歆《左氏》學之全貌，但至少能賴以窺得其全貌於一二，對劉歆《左氏》學面貌之認識或建構，或可略盡棉薄之力。

# 稱國以殺／稱人以殺：

## 論蘇轍《春秋集解》對書「殺」的解釋及其思想意義

湯青妹[*]

## 摘　要

　　書「殺」、書「弒」作為《春秋》學的重要議題，歷來受到研究者關注。不過，就過往的研究來看，有關於書「弒」的討論成果已較為豐富，相較之下，書「殺」則仍有一定的討論空間。而在歷代學者對《春秋》書「殺」的相關解釋中，蘇轍《春秋集解》一書的解釋有其特殊性。蘇轍《春秋集解》論《春秋》書「殺」，其經說之中，又尤以對稱國以殺、稱人以殺的解釋頗具代表性。因此，本文聚焦於蘇轍《春秋集解》對稱國以殺、稱人以殺的解釋，在將蘇轍《集解》與《春秋》學經注成果相比較的基礎上，首先指出蘇轍的解釋有何特點？其解釋來源又為何？其次，尋繹蘇轍相關經說背後有何思想意義？

**關鍵字：**蘇轍、《春秋集解》、稱國以殺、稱人以殺、北宋《春秋》學

---

* 　日本九州大學人文科學府博士研究生。

# 一　前言

　　學者論及北宋《春秋》學史，往往很難忽略蘇轍《春秋集解》，則知此書之重要性。[1]回顧與蘇轍（1039-1112）《春秋集解》有關之前人研究，則大致可將學者的研究進路歸納為：其一，以經學史為進路，學者指出蘇轍《春秋集解》具有「以史傳經」等解經特色。[2]其二，以思想史為進路，學者從政治、倫理、史學等角度討論蘇轍《集解》中的思想意義，[3]或如學者指出蘇轍對政權合法性的認識乃是以民心向背為依據。[4]由此可見，關於蘇轍《春秋集解》此書，學界已形成一定的研究基礎以及整體性認識。然關於此書之諸多細節問題，仍存在一定的研究空間。譬如，蘇轍對《春秋》書「殺」、書「弒」的討論就頗有特色。針對此，就曾有學者指出蘇轍對《春秋》弒殺例的解釋值得

---

1　近十年左右，茲可舉出北宋《春秋》學相關之博士論文以證明：侯步雲：《北宋《春秋》學研究》（西安：西北大學歷史學博士論文，2009年），頁67-85；姜義泰：《北宋《春秋》學的詮釋進路》（臺北：國立臺灣大學中國文學系博士論文，2013年），頁339-384。

2　關於蘇轍《春秋集解》之解經特色，於此舉出較有代表性的相關成果：葛煥禮：〈論蘇轍《春秋》學的特點〉，《孔子研究》第6期（2005年），頁89-97；張高評：〈蘇轍《春秋集解》以史傳經初探〉，《南京師範大學文學院學報》第3期（2007年），頁12-35；陳念先：《蘇轍《春秋集解》研究》（臺北：國立政治大學中國文學系博士論文，2014年）；劉茜：〈論蘇洵的經史觀及蘇轍《春秋集解》的闡釋特徵〉，《哲學研究》第3期（2017年），頁48-55。又，劉茜有多篇論文論及蘇轍《春秋集解》，可一併參考，且相關論文已收入氏著：《蘇轍《春秋集解》與《詩集傳》研究》（北京：商務印書館，2022年）。

3　文廷海、丁光洋：〈蘇轍《春秋集解》思想解讀〉，《求索》第7期（2008年），頁226-229。

4　江湄：〈北宋諸家《春秋》學的「王道」論述及其論辯關係〉，收入江湄、徐松巍、侯雲灝主編：《時代‧師承‧史學：瞿林東教授八秩祝壽文集》（北京：社會科學文獻出版社，2016年），頁46-65。

注意。[5]從相關研究成果來看，學者已嘗試整理出弒殺類相關經說，由此為深入研究奠定較好的材料基礎。而在研究方法上，學者亦嘗試將蘇轍之經說與宋代其他學者進行比較，從而試圖歸納出蘇轍的解釋特色，可見學者對蘇轍《集解》弒殺例的解釋已投注一定心力。不過，由於學者對於稱國以殺及稱人以殺的討論散見於其學位論文多處，考慮到學者可能為遷就論文寫作體例，其討論時稍顯細碎，故於讀者而言，較難全面把握蘇轍的解釋特色。且在材料的使用上，學者可能為避免行文繁瑣，故而不得已採取節引《集解》原文的做法，但也因此遺漏了一些重要信息點。最後，在研究方法上，學者雖論及蘇轍的諸多經說源自於三《傳》，但尚未從方法論層面整體反思蘇轍的解釋特點。基於此，本文擬以經學史為研究進路，聚焦於《春秋集解》對稱國以殺及稱人以殺的解釋，並在結合三《傳》及《春秋》學相關經注成果之基礎上，以此討論蘇轍解釋的特殊性、解釋來源，繼而尋繹蘇轍的解釋有何思想意義。

在此須說明的是，本文何以聚焦於稱國以殺及稱人以殺？第一，基於《春秋》本身的特點而言，《春秋》書「殺」實包含多種情形。就殺者而言，有稱國、稱人、稱盜，稱具體人名如僖公九年「晉里克殺其君之子奚齊」，亦有稱國君如僖公五年「晉侯殺其世子申生」等；就被殺者而言，《春秋》有稱大夫、稱世子、稱公子、稱其君之子、稱具體人名等。由此可見，《春秋》書「殺」所牽涉之情況相當複雜。因此，為求在有限的篇幅內論述清晰，則有必要尋找出較有代表性的例子。而若以稱國以殺及稱人以殺為切入口，基本能夠囊括《春秋》書「殺」之絕大多數經文。故筆者認為，藉由稱國以殺及稱人以殺得出對《春秋》書「殺」的一些認識，應當也不至失於偏頗。第

---

5　陳念先：《蘇轍《春秋集解》研究》（臺北：國立政治大學中國文學系博士論文，2014　年），頁124-126、217-218、238-246、315-317、360-366。

二，基於蘇轍《集解》本身的特點而言，檢閱《集解》一書，不難發現在蘇轍解經的字裡行間，其對稱國以殺及稱人以殺的解釋著墨甚多。故對蘇轍本人來說，稱國以殺、稱人以殺也是一組具有意義的議題。基於以上兩點之考量，本文則聚焦於蘇轍《集解》對稱國以殺及稱人以殺的解釋。

至於在行文上，本文首先聚焦於稱國以殺，討論蘇轍《集解》的解釋特色及其思想意義。其次，圍繞著稱人以殺，尋繹蘇轍《集解》的解釋特色及其意義。此外，本文亦嘗試歸納蘇轍《集解》的基本原則與解釋來源。最後，本文亦會將某些不能被容納於《集解》基本解釋原則之內的例子帶入討論，以此究明蘇轍對相關問題的看法。

## 二 《春秋集解》所見稱國以殺的解釋與思想意義

本節聚焦於蘇轍《集解》所見稱國以殺的解釋進行討論。蘇轍《集解》所見稱國以殺，其解釋重點在於兩點：第一，為何稱國以殺？第二，被殺者是否稱名以及各自有何意義？以下則舉出代表性例子逐一討論。

### （一）被殺者無罪

### 1 被殺者不名

關於被殺者不名，如莊公二十六年，《春秋》經載「曹殺其大夫」，[6]蘇轍《集解》解釋道：

> 稱國以殺而大夫不名，殺無罪也。《公羊》曰：「大夫之不名，

---

6 按：本文所錄經文，一律依蘇轍《春秋集解》。為避免行文繁瑣，故不再一一出注。

眾也。」晉殺其大夫郤錡、郤犨、郤至，亦眾矣。而名之，何
也？[7]

蘇轍首先闡明其解釋的基本原則乃是：稱國以殺且被殺的大夫不名，
則表明其大夫無罪。此外，蘇轍質疑《公羊傳》認為因眾人而不名這
一說法，其判斷依據是：成公十七年「晉殺其大夫郤錡、郤犨、郤
至」之例，其中被殺的大夫有三位，但《春秋》經將此三人的名字全
部載入，可見《公羊傳》認為因被殺者是眾人而不名的說法是存在問
題的。

再如僖公二十五年，《春秋》經載「宋殺其大夫」，蘇轍《集解》
提出：

> 稱國以殺而不名其大夫，殺無罪也。《公羊》曰：「宋三世無大
> 夫，三世內娶也。」使宋誠三世內娶乎，禮未有不臣妻之父者
> 從而不名其大夫，是許之也。《穀梁》曰：「不書名姓，以其在
> 祖之位，尊之也。」《春秋》豈為孔氏作歟？而尊其祖以及其
> 大夫也。[8]

蘇轍於此處亦重申其解釋原則，其主張稱國以殺大夫，若大夫不稱名
則示其無罪。此外，《公羊》認為被殺的大夫不名，則表示貶大夫之
義，蘇轍從禮的角度對此說法予以反駁。又，《穀梁傳》基於《春
秋》為孔子所作的這一基本認識，提出此處乃是孔子為避祖諱故不稱
名，蘇轍亦對《穀梁傳》之說提出質疑。

---

7　〔宋〕蘇轍：《春秋集解》，景印文淵閣《四庫全書》經部（臺北：臺灣商務印書館，
　　1986年），冊148，卷3，頁19a。
8　〔宋〕蘇轍：《春秋集解》，卷5，頁22b。

## 2 被殺者稱名

在蘇轍的理解中，既然被殺者不稱名即無罪，那反過來說，是否意味著凡被殺者稱名便有罪呢？蒐檢蘇轍《集解》，可發現情況也未必如此。以下則聚焦於在稱名情況下，《春秋》稱國以殺以示被殺者無罪或非其罪之例。

比如僖公七年，《春秋》經載「鄭殺其大夫申侯」，蘇轍《集解》則說：

> 陳轅濤塗怨鄭申侯之反〔己〕（已）於召陵也，故勸之城其賜邑，遂譖諸鄭伯曰：「美城其賜邑，將以叛也。」及齊人伐鄭，鄭殺申侯以說。<u>故稱國以殺，言非其罪也</u>。[9]

蘇轍首先引用《左傳》僖公五年之傳文，繼而指出《春秋》經既然稱國以殺，則說明申侯無罪。但推敲《左傳》對申侯的態度，《左傳》先是引用楚文王臨死前對申侯所言：「唯我知女，女<u>專利而不厭</u>……」，[10]又引子文之語：「古人有言曰：『知臣莫若君』，弗可改也」。可見《左傳》對申侯持批評態度。杜預《集解》亦提出：「申侯鄭卿，專利而不厭，故稱名以殺，罪之也。例在文六年」，[11]則可推知蘇轍認為申侯無罪的這一想法，並非來自於《左傳》。

可資注意的是《穀梁傳》和《公羊傳》的說法。《公羊傳》言「其

9　〔宋〕蘇轍：《春秋集解》，卷5，頁8b-9a。按：阮元《校勘記》已針對僖公五年《左傳》傳文之「已」字指出：「石經、宋本、岳本『已』作『己』不誤」。見〔晉〕杜預注，〔唐〕孔穎達疏：《重刊宋本左傳注疏附校勘記》（臺北：藝文印書館，2001年，據清嘉慶二十年江西南昌府學版），卷12，頁213c。

10　〔晉〕杜預注，〔唐〕孔穎達疏：《重刊宋本左傳注疏附校勘記》，卷13，頁215a-215b。

11　〔晉〕杜預注，〔唐〕孔穎達疏：《重刊宋本左傳注疏附校勘記》，卷13，頁215c。

稱國以殺何？稱國以殺者，君殺大夫之辭也」，[12]可見《公羊傳》在此注意到稱國以殺。而《穀梁傳》則提出：「稱國以殺大夫，殺無罪也。」[13]則《穀梁傳》不僅注意到稱國以殺，亦主張被殺的申侯無罪。如前所述，蘇轍亦認為此處稱國以殺乃示非其罪，則可見蘇轍雖然以《左傳》之史事為基礎，但其解釋方向卻更接近於《穀梁傳》。

不過，申侯究竟有沒有罪？其實是一值得討論的問題。如杜預即認為申侯有罪，再如胡安國即言：「稱國以殺者，罪累上」，[14]雖然胡安國明言鄭文公有過，但其也同時指出申侯亦有罪。相較之下，蘇轍為何認為申侯無罪呢？為釐清此問題，還須結合蘇轍對僖公四年《春秋》經載「齊人執陳轅濤塗」的解釋，針對經文之書法，蘇轍認為：「書曰『齊人執轅濤塗』，執有罪也」，[15]則可見蘇轍認為濤塗有罪。又，僖公四年秋《春秋》書「及江人、黃人伐陳」，十二月又書「公孫茲帥師會齊人、宋人、衛人、鄭人、許人、曹人侵陳」，蘇轍則說：「伐陳、侵陳皆討濤塗之不忠也，前曰『伐』，當其罪也；後曰『侵』，已甚也。」[16]則又可見蘇轍明言轅濤塗有罪。但從情理層面而言，即便轅濤塗有罪，也難以認定申侯違背與轅濤塗之約定這一行為是無罪的。蘇轍既然認為僖公七年《春秋》書「鄭殺其大夫申侯」具有宣告申侯無罪的意義，那麼則可從中推知一個信息，即蘇轍應當認為申侯不建議齊桓公由東海回國這一舉措不存在太大問題。事實上，

---

12 〔漢〕何休注，〔唐〕徐彥疏：《重刊宋本公羊注疏附校勘記》（臺北：藝文印書館，2001年，據清嘉慶二十年江西南昌府學版），卷10，頁129b。

13 〔晉〕范甯集解，〔唐〕楊士勛疏：《重刊宋本穀梁注疏附校勘記》（臺北：藝文印書館，2001年，據清嘉慶二十年江西南昌府學版），卷8，頁78b。

14 胡安國曰：「稱國以殺者，罪累上也。不知自反，內忌聽讒，而擅殺其大夫，信失刑矣。如申侯者，其見殺何也？專利而不厭，則足以殺其身而已矣。」〔宋〕胡安國著，錢偉彊點校：《春秋胡氏傳》（杭州：浙江古籍出版社，2010年），卷11，頁157。

15 〔宋〕蘇轍：《春秋集解》，卷5，頁6a。

16 〔宋〕蘇轍：《春秋集解》，卷5，頁6a。

從建議的有效性來說，申侯建議齊桓公不從東海而可經由鄭、陳回
國，這一建議於齊桓公而言確實更為中肯。且如學者已指出，蘇轍本
身是懷有「是霸思想」的，[17]且其對齊桓公往往持維護或較寬容之態
度。[18]如此一來，蘇轍確實較有可能不傾向於責備給予齊桓公建議的
申侯。

再如襄公二十年，《春秋》經載「蔡殺其大夫公子燮」，蘇轍認為：

> 蔡文侯欲事晉，畏楚不能行而卒。楚人使蔡無常，公子燮求從
> 先君以利蔡，蔡人殺之。<u>稱國以殺，非其罪也</u>。[19]

蘇轍先依《左傳》之傳文交代公子燮被殺一事之經緯，繼而提出經文
稱國以殺，則示公子燮無罪。但事實上，《左傳》明言其態度：「書曰
『蔡殺其大夫公子燮』，言不與民同欲也。」[20]則表明《左傳》傾向於
責備公子燮。杜預《注》則補充公子燮的罪責是：「罪其違眾」，[21]則
杜預認為公子燮請求蔡國背楚事晉，這在當時違背了蔡國多數人的意
願。對比之下，可見蘇轍的解釋重點其實在公子燮之請求也是蔡文侯
生前的心願，因此亦不能歸罪於公子燮。

最後須補充的是，同樣都是稱國以殺以示殺無罪的情形，究竟有
又有何分別呢？此則可引用一例以作說明。宣公九年，《春秋》經載

---

17 陳念先：《蘇轍《春秋集解》研究》，頁233-235。

18 陳念先認為蘇轍曾「刻意美化」、「迴護」齊桓公，詳參氏著：《蘇轍《春秋集解》研
究》，頁233-235。劉德明則從程頤學派與蘇轍對齊桓公的不同評價出發，提出蘇轍
對齊桓公是較為寬容的。詳參劉德明：〈程頤學派對齊桓公的評價──以程頤、謝湜
與胡安國為核心〉，《成大中文學報》第56期（2017年3月），頁29。

19 〔宋〕蘇轍：《春秋集解》，卷9，頁15b。

20 〔晉〕杜預注，〔唐〕孔穎達疏：《重刊宋本左傳注疏附校勘記》，卷34，頁588c。

21 同上注，頁588c。

「陳殺其大夫洩冶」，蘇轍《集解》云：

> 陳靈公與孔寧、儀行父通於夏姬，衷其衵服以戲于朝。洩冶
> 諫，二子謀殺之，公不禁。故稱國以殺，殺無罪也。洩冶強諫
> 以死，疑若可賢也，而不免於名，何也？正言於昏亂，以陷於
> 死。雖無罪，而君子不貴也。[22]

蘇轍於此結合《左傳》所提供的史事，繼而點出「稱國以殺，殺無
罪」的觀點。洩冶因直諫而被殺，似乎可稱得上是賢者。如若此，則
《春秋》經應書為：「陳殺其大夫」。然而蘇轍認為洩冶在國家昏亂時
諫言，實為不智之舉，故《春秋》不以其為賢而稱其名。由此可見，
在被殺者確定是無罪的情況下，蘇轍《集解》的看法則是：被殺者若
不稱名，則其是為賢者；被殺者若稱名，《春秋》並不認為其為賢
者。針對洩冶明明無罪，但《春秋》仍書名這一點，筆者以為蘇轍較
有可能是受到了《左傳》及杜預《注》之影響。《左傳》的態度可從
傳文引孔子子之言窺見，其云：「孔子曰：《詩》云：『民之多辟，無
自立辟。』其洩冶之謂乎！」[23]則《左傳》認為洩冶不應於國君無道
之際直諫。杜預解「陳殺其大夫洩冶」即言：「洩冶直諫於淫亂之朝
以取死，故不為《春秋》所貴而書名。」[24]不過，《左傳》與杜預
《注》其實在此都沒有回答為何會稱國的問題，而蘇轍則正面回答了
稱國之問題。又，《穀梁傳》針對同一事提出：「稱國以殺其大夫，殺
無罪也」，[25]則《穀梁傳》認為稱國以殺以示被殺者無罪。不過，相較

---

22　〔宋〕蘇轍：《春秋集解》，卷7，頁7b。
23　〔晉〕杜預注，〔唐〕孔穎達疏：《重刊宋本左傳注疏附校勘記》，卷22，頁380d。
24　〔晉〕杜預注，〔唐〕孔穎達疏：《重刊宋本左傳注疏附校勘記》，卷22，頁380b。
25　〔晉〕范甯集解，〔唐〕楊士勛疏：《重刊宋本穀梁注疏附校勘記》，卷12，頁119d-
　　120c。

於《穀梁傳》，蘇轍《集解》則注意到洩冶稱名的問題，由此主張：《春秋》稱國以殺以示洩冶無罪，但由於洩冶直諫於昏亂之朝而被殺，則《春秋》書名以表示不以之為賢。

## （二）雖被殺者有罪，然罪不至死／君亦有過／罪累上

如前所述，蘇轍《春秋集解》認為在稱國以殺且被殺者稱名的前提下，存在被殺者無罪的情形。但若檢閱蘇轍《春秋集解》全書，可發現同樣都是稱國以殺且被殺者稱名，被殺者無罪的例子只占少數，而絕大部分的例子顯示出被殺者有罪。針對被殺者有罪之情形，蘇轍又提出了何種解釋呢？其解釋背後又有何思想意義呢？以下則按照蘇轍的解釋方向之差異，分別舉例討論。

## 1 罪不至死／刑之過也

此小節聚焦於蘇轍《集解》中提及稱國以殺以示罪不至死或用刑過甚的例子。如宣公十三年，《春秋》經載「晉殺其大夫先縠」，蘇轍《集解》云：

> 邲之役，晉三帥皆不欲戰，先縠不可，故敗誅之，固其宜也。然先縠，先軫之後。先軫，晉之舊勳也。晉人誅縠而盡滅其族。稱國以殺，言刑之過也。[26]

先縠一意孤行，而導致晉國在邲之戰中大敗。蘇轍認為，從用刑角度而言，誅殺先縠是適當的。然晉國並不顧及先縠是先軫之後，不僅誅殺先縠，且滅其全族，對此蘇轍則認為刑罰過甚。可資注意的是，蘇

---

26　〔宋〕蘇轍：《春秋集解》，卷7，10b。

轍所依據的史事乃是《左傳》，然而《左傳》的解釋重點其實與蘇轍
有所區別。《左傳》提及：

> 冬，晉人討邲之敗，與清之師，歸罪於先縠而殺之，盡滅其族。
> 君子曰：「惡之來也，〔己〕（已）則取之。」其先縠之謂乎！[27]

《左傳》以「君子曰」之形式，闡明先縠乃是自招罪過，則可見《左
傳》的重點在於批評先縠。而杜預《注》解云「晉殺其大夫先縠」亦
言：「書名以罪討」。[28]儘管《左傳》經師也在注解傳文時注意到此處
存在用刑過甚之問題，如杜預《注》云：「盡滅其族，為誅已甚，故
曰『惡之來也』」。[29]孔穎達《正義》則說：

> 先縠之罪，不合滅族，盡滅其族，為誅已甚，亦是晉刑大過，
> 是為大惡。君子既嫌晉行大過，又尤先縠自招，故曰：「惡之
> 來也，己自取之」。「惡之來也」，言大惡之事來先縠之家。[30]

《左傳正義》雖提出晉國施刑過重，但其解釋重點仍是責備先縠自己
招來這般禍事。綜合前述可見，蘇轍《集解》雖依據《左傳》所提供
的史事進行解釋，也亦認為誅殺先縠為宜，但其解釋的重點在於：藉
由指出稱國以殺，從而批評晉國對先縠一族施刑過重。

再如成公十七年，《春秋》經載：「晉殺其大夫郤錡、郤犨、郤
至」，蘇轍《集解》則說：

---

27　〔晉〕杜預注，〔唐〕孔穎達疏：《重刊宋本左傳注疏附校勘記》，卷24，頁404b。
28　同上注，頁404a。
29　同上注，頁404b。
30　同上注，頁404b。

晉厲公俶，反自鄢陵，將盡去諸大夫而立其左右。三郤族大而多怨，謀先誅之。郤氏知之，郤錡欲攻公，郤至止之，皆靖以待命。公使長魚矯殺之。<u>郤氏雖多怨於民，而公殺之不以其罪，故稱國以殺，言刑之過也。</u>[31]

蘇轍的解釋中有三個重點值得注意：其一，從整一事件的起因或動機來看，首先是晉厲公先有清洗晉國政治集團的打算，而欲將三郤除之而后快。如此一來，三郤的反映實屬於應對性的、後發性的。換言之，三郤並沒有主動圖謀對晉厲公不利。其二，三郤在得知晉厲公的想法後，郤錡打算反擊，但郤至則進行阻止，三郤家族最終並沒有採取實際行動。因此以結果而論，三郤實際上沒有對鄭厲公採取不利行為。其三，從罪行的輕重程度來看，三郤素日與晉國內部不和，但這並不足以構成晉厲公可以殺三郤的罪名，因此蘇轍認為《春秋》稱國以殺以示用刑過甚。

可資注意的是，蘇轍解說的史事基礎雖來自於《左傳》，但《左傳》在成公十七年最後，曾表達其對三郤及胥童被殺的批評。《左傳》認為：

欒書、中行偃殺胥童，民不與郤氏，胥童道君為亂，故皆書曰「晉殺其大夫」。[32]

---

31　〔宋〕蘇轍：《春秋集解》，卷8，頁14b。
32　〔晉〕杜預注，〔唐〕孔穎達疏：《重刊宋本左傳注疏附校勘記》，卷28，頁484d-485a。

則可見《左傳》認為經文稱國乃是責備三郤及胥童。對此，杜預《注》
雖然注意到晉厲公以「私欲」殺三郤，中行偃亦以「家怨」殺胥童，
但其仍依《左傳》提及「民不與郤氏，胥童道君為亂」，進而主張《春
秋》經文稱國意在討三郤和胥童之罪。[33]可見，杜預之說仍是以維護
《左傳》為主。要言之，蘇轍並不重在責備三郤，而杜預則重在責備
三郤，二者雖然同樣都是以《左傳》為重要的解釋基礎，但以上清楚
可見二者的解釋方向是有明顯區別的。

　　如襄公二年，《春秋》經載「楚殺其大夫公子申」，蘇轍《集解》
云：

> 申為右司馬，多受小國之賂，以偪子重、子辛。罪不至死，而
> 楚人殺之，故稱國以殺。[34]

蘇轍《集解》在解說時仍首先依據《左傳》史事，[35]但若對照《左
傳》又可發現一處不同點，即《左傳》並沒有提及公子申罪不至死才
會稱國以殺。而杜預《注》解傳文則提出：「言所以致國討之文」，[36]
則杜預認為此處稱國乃是在責備公子申。相較之下，蘇轍《集解》在
《左傳》所補充的史事基礎上，反而認為稱國以殺乃是說明公子申罪
不至死。

---

33 杜預曰：「厲公以私欲殺三郤，而三郤死不以無罪書。偃以家怨害胥童，而胥童受
　國討文，明郤氏失民，胥童道亂，宜其為國戮。」見〔晉〕杜預注，〔唐〕孔穎達
　疏：《重刊宋本左傳注疏附校勘記》，卷28，頁485a。
34 〔宋〕蘇轍：《春秋集解》，卷9，2b。
35 《左傳》曰：「楚公子申為右司馬，多受小國之賂，以偪子重、子辛，楚人殺之，故
　書曰『楚殺其大夫公子申。』」見〔晉〕杜預注，〔唐〕孔穎達疏：《重刊宋本左傳注
　疏附校勘記》，卷29，頁499c。
36 〔晉〕杜預注，〔唐〕孔穎達疏：《重刊宋本左傳注疏附校勘記》，卷29，頁499c。

如襄公五年，《春秋》經載「楚殺其大夫公子壬夫」，《左傳》認為楚國殺公子壬夫，乃說明楚共王不得用刑之道，可見《左傳》對楚共王濫刑是持批評態度的。[37]杜預《注》解《春秋》經「楚殺其大夫公子壬夫」即言：「書名，罪其貪」。[38]相較於杜預關注被殺者稱名，蘇轍《集解》則更關注於稱國以殺。蘇轍云：

> 楚人討陳叛故，曰：「由壬夫實貪欲焉」，殺之。壬夫則有罪矣，廢而勿用也。殺之過矣，故稱國以殺。[39]

蘇轍則認為，雖然壬夫確實有罪，但卻罪不至死。就其處置手段來說，大可以將其棄用。然其最後仍被殺害，可謂是刑罰過甚。因此，就經義層面而言，蘇轍的理解與《左傳》責備楚共王用刑失當的態度基本一致。但是，就書法層面而言，為何稱國以殺並不是《左傳》所關心的問題，亦不是杜預在此所關注的問題。相較之下，蘇轍顯然對為何稱國以殺這一問題相當看重。且其認為《春秋》於此稱國以殺，具有闡明被殺者罪不至死的意義。

如此一來，再來看成公十六年，《春秋》經載：「楚殺其大夫公子側」，蘇轍《集解》云：

> 鄢陵之敗也。楚以一敗殺之，故稱國以殺。[40]

---

37 《左傳》曰：「楚人討陳叛故，曰：『由令尹子辛實侵欲焉。』乃殺之。書曰『楚殺其大夫公子壬夫』，貪也。君子謂：『楚共王於是不刑。』《詩》曰：『周道挺挺，我心扃扃，講事不定，集人已定。』已則無信，而殺人以逞，不亦難乎？《夏書》曰：『成允成功。』」見〔晉〕杜預注，〔唐〕孔穎達疏：《重刊宋本左傳注疏附校勘記》，卷30，頁515a-515b。
38 〔晉〕杜預注，〔唐〕孔穎達疏：《重刊宋本左傳注疏附校勘記》，卷30，頁514b。
39 〔宋〕蘇轍：《春秋集解》，卷9，4a-4b。
40 〔宋〕蘇轍：《春秋集解》，卷8，11b。

假若孤立地推究此句解釋，其實是較難確切掌握蘇轍如此解釋的用意。然而，若是在分析以上數例之後，再來看蘇轍對於此處經文的解釋，則大致可推論出：楚因敗於鄢陵之戰而殺公子側，蘇轍認為《春秋》經之所以稱國以殺，乃是因為楚國施刑過重。

## 2　君亦有過

接下來則聚焦於蘇轍《集解》中提及稱國以殺以示國君亦有過的例子。如僖公十一年，《春秋》經載「晉殺其大夫丕鄭父」，《穀梁傳》提出：「稱國以殺，罪累上也。」[41]蘇轍《集解》則說：

> 丕鄭，里克之黨也。惠公既殺里克，丕鄭言於秦伯，請出晉君而納重耳，鄭則有罪矣。然鄭之謀，由殺里克致之也。<u>故稱國以殺，言君亦過也</u>。[42]

蘇轍認為丕鄭雖有罪責，但其之所以有「出晉君而納重耳」的圖謀，乃是因為晉惠公先殺里克所致。因此，蘇轍亦責備晉惠公有過。

又如僖公二十八年，《春秋》經載「楚殺其大夫得臣」，杜預《注》解此經文時說「子玉違其君命以取敗，稱名以殺，罪之」。[43]亦可見杜預更看重被殺者稱名這一點。蘇轍《集解》則認為：

> 文公既克曹、衛，楚子入居于申，使申叔去穀，使得臣去宋。得臣使伯棼請戰，楚子怒之而不止也。及其從晉師也，晉師退三舍避之，楚眾欲止得臣，不可，故敗，得臣則有罪矣。<u>而楚</u>

---

41　〔晉〕范甯集解，〔唐〕楊士勛疏：《重刊宋本穀梁注疏附校勘記》，卷8，頁81d。

42　〔宋〕蘇轍：《春秋集解》，卷5，頁12a。

43　〔晉〕杜預注，〔唐〕孔穎達疏：《重刊宋本左傳注疏附校勘記》，卷16，頁268d。

> 以一敗殺之，故稱國以殺，言君亦過也。得臣之不氏，以特書
> 故也。[44]

蘇轍基於《左傳》所敘寫的史事，繼而指出兩點：第一，當初得臣請
戰之時，楚成王雖有怒，但並沒有真正阻止得臣。第二，縱然得臣敗
於城濮之戰，但因一次敗績而被殺。據此蘇轍認為《春秋》稱國以
殺，旨在點明楚成王亦有過錯。

再如僖公三十年，《春秋》經載「衛殺其大夫元咺及公子瑕」，針
對此次事件，《左傳》的重點在於補充史事，敘述在外的衛侯賄賂周
歂殺元咺及公子瑕，以待能入衛國。[45]《公羊傳》則說：「衛侯未至，
其稱國以殺何？道殺也。」[46]亦可見《公羊傳》在此注意到《春秋》
經稱國以殺。《穀梁傳》則提出：「稱國以殺，罪累上也，以是為訟君
也。衛侯在外，其以累上之辭言之何也？待其殺而後入也。」[47]則見
《穀梁傳》認為元咺負有訟國君之罪，而衛成公則待殺元咺及公子瑕
而後入衛國，則君臣都有不可推卸的罪責，故云「罪累上」。蘇轍
《集解》針對《春秋》為何稱國以殺，其云：

> 王釋衛侯，衛侯使周歂、冶廑，殺元咺及瑕而後入。稱國以
> 殺，咺、瑕雖有罪，而君亦有過也。[48]

由此可見，蘇轍在解釋時所根據的乃是《左傳》所提供的史事，但

---

44 〔宋〕蘇轍：《春秋集解》，卷5，頁26a。

45 〔晉〕杜預注，〔唐〕孔穎達疏：《重刊宋本左傳注疏附校勘記》，卷17，頁284c-
   284d。

46 〔漢〕何休注，〔唐〕徐彥疏：《重刊宋本公羊注疏附校勘記》，卷12，155d-156a。

47 〔晉〕范甯集解，〔唐〕楊士勛疏：《重刊宋本穀梁注疏附校勘記》，卷9，頁94c。

48 〔宋〕蘇轍：《春秋集解》，卷5，頁29a-29b。

《左傳》並沒有在此提及稱國以殺的問題，反觀《穀梁傳》則重在說明稱國以殺的目的在於「罪累上」。蘇轍雖沒有在此言及「罪累上」，但其既言「君亦有過矣」，則其亦認為臣有罪，而君亦有過。就其本質而言，蘇轍的解釋基本接近於《穀梁傳》。只是相較於《穀梁傳》，蘇轍先以《左傳》所敘寫的史事為基礎，繼而為說明衛侯亦有過錯提供事實依據。

## 3 罪累上

最後則聚焦於蘇轍《集解》提及稱國以殺以示罪累上的例子。比如，宣公十四年，《春秋》經載「衛殺其大夫孔達」，蘇轍提出：

> 十二年陳貳于楚，宋以清丘之盟故，伐陳。衛孔達曰：「先君有約言焉，不可不救也。若大國討，我則死之。」衛人救陳，既而晉人來討，於是殺孔達以說。孔達則有罪矣，而衛人用其言以干盟主。故稱國以殺，罪累上也。[49]

蘇轍於此處首先引《左傳》宣公十二年、十三年及十四年傳文所敘寫之史事，繼而提出孔達有罪，但其亦指出：《春秋》經稱國以殺，則有責備衛國之義。又，杜預《注》解此經則說「書名，背盟于大國，罪之。」[50]可見杜預的立場是責備孔達，而蘇轍《集解》雖然以《左傳》為依託，但其解經方向與《左傳》經師實有差異。

再如成公十八年，《春秋》經載「齊殺其大夫國佐」，《集解》云：

---

49 〔宋〕蘇轍：《春秋集解》，卷7，頁10b-11a。
50 〔晉〕杜預注，〔唐〕孔穎達疏：《重刊宋本左傳注疏附校勘記》，卷24，頁404c。

> 齊以高弱之叛，使崔杼、慶克圍盧，國佐從諸侯圍鄭，以難請
> 而歸。遂如盧師，殺慶克，以穀叛，齊侯殺之。<u>佐雖以專殺、
> 叛君為罪，然其咎發於慶克。齊人右慶克而殺佐，故稱國以
> 殺，罪累上也</u>。[51]

蘇轍於此處仍先依《左傳》所提供之史事，繼而提出國佐叛亂一事實
因慶克與聲孟子私通而起，但齊人偏袒慶克而殺國佐。故蘇轍認為《春
秋》經於此稱國以殺，乃是責備齊國上下失道。然《左傳》對《春秋》
書「齊殺其大夫國佐」的看法是：

> 書曰「齊殺其大夫國佐」，棄命、專殺、以穀叛故也。[52]

則可見《左傳》的態度應是責備國佐為主。又，杜預《注》提及：
「國佐本疾淫亂，殺慶克，齊以是討之。嫌其罪不及死，故《傳》明
言其三，罪之。」[53]則可見杜預注意到，如果從國佐殺慶克的動機來
說，國佐似有罪不至死的嫌疑。但由於《左傳》的態度主要是責備國
佐，故而杜預最終的解釋立場還是以維護《左傳》為主。相較之下，
蘇轍《集解》承認慶克有罪，但亦藉由稱國以殺指出齊國在上位者亦
有罪，則可見蘇轍解經與《左傳》經師有別。

　　綜上所述，可見蘇轍《春秋集解》一書中所見的稱國以殺實際上
包含著多種情形，由此則可說蘇轍對於《春秋》經稱國以殺的理解是
較為多元的。於此可追問的是，蘇轍認為稱國以殺包含多種情形，此
一思考方式究竟來自於何處呢？

---

51 〔宋〕蘇轍：《春秋集解》，卷8，頁15a-15b。
52 〔晉〕杜預注，〔唐〕孔穎達疏：《重刊宋本左傳注疏附校勘記》，卷28，頁486a。
53 同上注，頁486a。

筆者認為蘇轍這一思考方式，乃是來自《穀梁傳》、《公羊傳》。《穀梁傳》、《公羊傳》都注意到稱國以殺的問題，但也必須指出的是，雖然《公羊傳》亦有對稱國以殺的討論，可見於僖公七年「鄭殺其大夫申侯」，《公羊傳》言「其稱國以殺何？稱國以殺者，君殺大夫之辭也。」[54]再如僖公三十年，「衛殺其大夫元咺及公子瑕」，《公羊傳》言「衛侯未至，其稱國以殺何？道殺也。」[55]如此一來，蘇轍的解釋方向與《公羊》實際上存在一定差距。

相較之下，蘇轍《集解》的解釋方向與《穀梁傳》更為貼近。事實上，范甯在解《穀梁傳》時，就已注意《穀梁傳》所見的稱國以殺包含兩種不同的情形。范甯《集解》云：

> 元咺訟君之罪于伯者，君忌之，使人殺之而後入。案宣九年「陳殺其大夫泄冶」，《傳》曰：「稱國以殺其大夫，殺無罪也。」此《傳》曰：「稱國以殺，罪累上也。」凡稱國以殺大夫，或殺無罪，或罪累上，參互不同，略當近半。然則稱國以殺有二義，泄冶忠賢而君殺之，是君無道也；衛侯雖有不德，臣無訟君之道，元咺之罪亦已重矣。然君子之道，譬之于射，失諸正鵠，反求諸身。衛侯不思致訟之愆，躬自厚之義。過而不改，而又怨忌，上下皆失，故曰「罪累上」。[56]

范甯指出《穀梁傳》所見的稱國以殺，包含殺無罪和罪累上這兩種意義。具體來說，《穀梁傳》認為若《春秋》經稱國以殺有示被殺者無罪的意義，則罪責歸之於君。此外，《穀梁傳》也主張《春秋》經稱

---

54 〔漢〕何休注，〔唐〕徐彥疏：《重刊宋本公羊注疏附校勘記》，卷10，頁129b。

55 〔漢〕何休注，〔唐〕徐彥疏：《重刊宋本公羊注疏附校勘記》，卷155d-156a。

56 〔晉〕范甯集解，〔唐〕楊士勛疏：《重刊宋本穀梁注疏附校勘記》，卷9，頁94c。

國以殺有示罪累上的意義，則君臣雙方都有過錯，亦即范甯所說的「上下皆失」。

可見蘇轍注意到稱國以殺，主要來自於《穀梁傳》之影響。不過，除繼承《穀梁傳》對稱國以殺的解釋思路，也可注意到蘇轍在解釋上克服了《穀梁傳》在解釋上的不周全之處。具體來說，《穀梁傳》並不在意被殺者是否稱名，關於此點則有待下文詳談。相對於《穀梁傳》，蘇轍在解釋上積極處理了被殺者是否稱名的問題。且其解釋上，蘇轍也指出：同樣都是稱國以殺，被殺者不稱名乃說明《春秋》經示被殺者無罪；而被殺者若稱名，則須視具體情況討論。一方面，被殺者無罪而稱名，則說明《春秋》不以之為賢。另一方面，被殺者稱名往往指的是被殺者有罪。而在被殺者有罪的情況下，較之於《穀梁傳》主張罪累上，蘇轍進一步提出罪不至死、君亦有過、罪累上等說法，則蘇轍對《春秋》經稱國以殺的解釋顯得更加豐富與細膩。

此外，蘇轍何以注意到稱名與否這一問題？筆者以為，此則應是受到《左傳》經師如杜預的影響。如在前文所舉出的例子中，可發現杜預在解經時，多次言及《春秋》書名以示被殺者有罪，故杜預認為《春秋》經書名的意義在於責備被殺者。但就以上的討論可見，蘇轍雖也在意《春秋》書名的問題，且其亦肯定書名在多數情況下代表被殺者有罪，但蘇轍在解釋上也往往更強調稱國以殺，其主張《春秋》經並不過於責備被殺者，並提醒君亦有過、刑罰過重等。

## 三　《春秋集解》所見稱人以殺的解釋與思想意義

本節則聚焦於蘇轍《集解》所見稱人以殺的解釋進行討論。據蘇轍《集解》所見，蘇轍對稱人以殺的解釋主要集中於兩點：第一，為何稱人以殺？第二，被殺者是否稱名及其各自意義為何？由於被殺者

之身分不同，則導致稱人以殺的解釋亦有所不同，因此以下則依照不同身分，逐一進行討論。

## （一）被殺者為篡位而不能和其民的國君

《春秋》經之中，被殺者藉由篡位而得位，最終又被國人殺死的事件可見於隱公四年「衛人殺州吁于濮」、桓公六年「蔡人殺陳佗」、莊公九年「齊人殺無知」。首先是隱公四年，《春秋》經載「衛人殺州吁于濮」，蘇轍《集解》云：

> 州吁未能和其民，使石厚求定於石碏。石碏教之朝陳而求覲於王，厚從州吁如陳。石碏告陳人圖之，陳人執之而請涖於衛，衛人殺之于濮。<u>稱人以殺，眾詞也，言衛人皆欲殺之也。州吁既為君矣，其曰「殺州吁」，何也？不能君也</u>。[57]

蘇轍認為《春秋》經稱人以殺，則說明是衛國人都想殺死衛州吁。此處關於書法層面不難理解，但州吁既為君，為國人所殺為何稱殺而不稱弒？此則牽涉到蘇轍對於《春秋》之中何人能為君的理解。

蘇轍對何人能為君的說法，可見於桓公十二年，《春秋》經云：「丙戌，公會鄭伯，盟于武父」，針對其中的「鄭伯」一詞，三《傳》均無解釋，然而蘇轍《集解》卻特別有所發揮：

> 鄭伯，突也。突篡其兄而立，《春秋》以君許之，何也？諸侯雖以篡得，苟能和其民而親諸侯，內外君之，則以君書之，不沒其實也。雖君而實篡，雖篡而實君，皆因其實而已。不然則

---

57 〔宋〕蘇轍：《春秋集解》，卷1，頁10a-10b。

否，不能君也，衛州吁、陳佗是也。[58]

在蘇轍看來，即便鄭突的國君之位乃是篡位而來，但如果其在為政期間能夠對內做到順應民心，對外能夠親和諸侯，意即在內政與外交方面都能妥善行使為君者之責任，則《春秋》書之以君。因此，《春秋》既用「鄭伯」來指稱鄭突，便說明《春秋》接受鄭突成為鄭國國君這一既定事實。反過來說，既然鄭突成為國君已是事實，那麼《春秋》書之以「鄭伯」，則是為其正名。順著蘇轍《集解》的解釋脈絡，如此一來，相對於被《春秋》稱為君的鄭突，那麼州吁因其不能和其民之作為，則不被《春秋》稱為國君。而在引文中，確實也可見蘇轍責備不能為君的州吁及陳佗。又，蘇轍雖然沒有解釋桓公六年「蔡人殺陳佗」，但其對陳佗的態度已可從其對桓公十二年《春秋》經的解釋中窺見。

再如莊公九年，《春秋》經載「齊人殺無知」，蘇轍《集解》提出：

> 齊雍廩殺無知，而稱人以殺，言齊人皆欲殺之也。不稱君，不能君也。[59]

《左傳》言「雍廩殺無知」，蘇轍據《左傳》史事進而提出《春秋》稱人以殺，則代表齊國人都想將無知殺死。而蘇轍於此亦主張無知不能為君，其解釋思路則同於州吁、陳佗。

綜合上述，可見蘇轍《集解》主張當被殺者是篡位而不能和其民的國君，則《春秋》不稱其為君，至於《春秋》稱人以殺，則表明被殺者乃是國人皆欲殺之。

---

58 〔宋〕蘇轍：《春秋集解》，卷2，頁8b。
59 〔宋〕蘇轍：《春秋集解》，卷3，頁7a。

## （二）被殺者為大夫

當被殺者為大夫時，蘇轍《集解》論《春秋》稱人以殺，亦注意到被殺者可分為不稱名和稱名兩種情形。以下則針對這兩種情況分別舉例討論。

### 1　被殺者不稱名

首先是文公七年，《春秋》經載「宋人殺其大夫」，蘇轍《集解》云：

> 宋昭公將去群公子，穆、襄之族帥國人以攻公，殺公孫固、公孫鄭于公宮。書曰「宋人殺其大夫」，非君命也。大夫不名，非其罪也。夫君殺之而非其罪，則書曰「宋殺其大夫公孫固、公孫鄭」可也。宋人殺之而非其君，若又名之，則不見其非罪也。[60]

此處蘇轍先引《左傳》文公七年所敘寫之史事，即宋昭公打算去公族而引起穆、襄二族之反擊，最終二族率領國人殺公孫固、公孫鄭。其次，蘇轍認為經文稱人以殺乃是因為非出自於昭公之命，且《春秋》經不稱公孫固與公孫鄭之名，則表明此二位大夫無罪。針對此事，《左傳》提出：「不稱名，眾也，且言非其罪也」，[61]則可見蘇轍《集解》與《左傳》均主張此處經文不稱大夫之名具有表示大夫無罪之意義。但在解釋重點上，二者實有一定差異。據杜預《注》所說：「不稱

---

60　〔宋〕蘇轍：《春秋集解》，卷6，頁8a-8b。
61　〔晉〕杜預注，〔唐〕孔穎達疏：《重刊宋本左傳注疏附校勘記》，卷19（上年），頁317a。

殺者及其死者名，殺者眾，故名不可知；死者無罪，則例不稱名」，[62]
則杜預認為《左傳》在此不稱名氏乃是兼言殺者和被殺者，而非其罪
所指的對象是被殺者。實際上，無論《左傳》所言不稱名的對象是兼
言殺者和被殺者，還是其所針對的對象只有被殺者，其實都指向一
點：即是《左傳》關心的是為何不稱名。而蘇轍《集解》則認為稱
「宋人」乃是因為非出於君命，且不稱名則說明大夫無罪，則可見蘇
轍既關注稱人以殺與稱國以殺之不同及其意義，也關注為何被殺者不
稱名及其意義。

在第二部分中，筆者曾指出蘇轍注重稱國以殺，應主要是受到
《穀梁傳》之影響。而蘇轍注重對稱人以殺的解釋，這一解釋思路又
來自於何處呢？可資注意者，仍是《穀梁傳》之說法。《穀梁傳》
言：「稱人以殺，誅有罪也」，[63]則《穀梁傳》認為由於《春秋》經書
「宋人」，則說明被殺的大夫有罪。聚焦於被殺者是否有罪這一問
題，表面看起來蘇轍《集解》與《穀梁傳》的說法似乎完全相反，但
實際上就《集解》全書來看，蘇轍也並不否認存在稱人以殺以示殺有
罪的情形，但在蘇轍看來，稱人以殺必須在死者稱名的情形之下才能
表明死者有罪，而文公七年「宋人殺其大夫」，《春秋》經既不稱名則
示死者無罪。不過，儘管二者說法存在區別，但《蘇轍》在此注意到
稱人以殺且對之加以仔細區分，確實乃受到《穀梁傳》之影響。

再如文公八年，《春秋》經載「宋人殺其大夫司馬，宋司城來奔」，
《集解》則說：

> 宋襄夫人，襄王之姊也。昭公不禮焉，夫人因戴氏之族，以殺
> 襄王之孫孔叔、公孫鍾離及大司馬公子卬，皆昭公之黨也。司

---

62 同上注，頁317a。
63 〔晉〕范甯集解，〔唐〕楊士勛疏：《重刊宋本穀梁注疏附校勘記》，卷10，頁103a。

> 馬握節以死，故書以官。書曰「宋人殺其大夫」，非君命也。
> 司城蕩意諸來奔，效節於府人而出，公以其官逆之，亦書以
> 官，皆貴之也。[64]

蘇轍首先根據《左傳》文公八年之傳文，指出宋昭公因不禮而得罪宋
襄夫人，故襄公夫人借助戴族之力殺死宋昭公的黨羽。針對公子印，
蘇轍認為《春秋》書「司馬」這一官職而不稱公子印之名，則說明
《春秋》以之為貴。此外，蘇轍認為《春秋》於此處稱人以殺，則說
明並非出自於君命。就蘇轍所依據的史事來看，則下達殺令的確實不
出自於君，而出自於宋襄公夫人。如此來看，蘇轍這一說法於此可自
圓其說。

## 2 被殺者稱名

莊公二十二年，《春秋》經載「陳人殺其公子御寇」，蘇轍於《集
解》中交代其基本解釋原則：

> 凡殺其臣，惟世子、母弟稱君，以為人君之尊。殺一大夫，得
> 失未可以斥之也。故稱人以殺，殺有罪也，以為國人殺之也。
> 稱國以殺，殺無罪也，以為國君殺之也。其曰「殺其大夫云
> 者」，雖殺有罪，猶以殺大夫為惡也，殺其公子則又甚矣。凡
> 殺大夫皆稱名，大夫生名，殺而名之，正也；殺而不名，賢之
> 也。[65]

此條解釋可與文公七年「宋人殺其大夫」的解釋相互映照，綜合可見

---

64 〔宋〕蘇轍：《春秋集解》，卷6，頁10a。
65 〔宋〕蘇轍：《春秋集解》，卷3，頁15a-15b。

蘇轍的基本解釋原則是：同樣都是稱人以殺，若被殺者稱名，則被殺者有罪；若被殺者不稱名，則是《春秋》以被殺者為賢。

再如文公九年，《春秋》經載：「晉人殺其大夫先都」，蘇轍《集解》云：

> 夷之蒐，晉侯將登箕鄭父、先都，而使士縠、梁益耳將中軍。先克曰：「狐、趙之勳，不可廢也。」從之。先克奪蒯得田于董陰，故箕鄭父、先都、士縠、梁益耳、蒯得作亂，使賊殺先克，晉人誅之。故皆書曰「晉人殺其大夫先都」，殺有罪也。[66]

蘇轍首先依據文公八年《左傳》所載史事，指出晉國五將作亂之經緯。繼而指出由於是先都作亂，則《春秋》稱人以殺以示先都有罪。

最後，則針對蘇轍《集解》與《穀梁傳》對稱人以殺的解釋差異進行補充說明。如前文所述，蘇轍注意到稱人以殺，主要來自於《穀梁傳》之影響。不過，較之於《穀梁傳》，蘇轍在解經時又作出何種調整呢？首先，《穀梁傳》認為只要是稱人以殺即表明被殺者有罪，換言之，在《穀梁傳》看來，稱人以殺是證明被殺者有罪的充分條件。因此《穀梁傳》解隱公四年「衛人殺祝吁于濮」則說：「稱人以殺，誅有罪也」；其解莊公九年「齊人殺無知」亦說「稱人以殺大夫，殺有罪也」；[67]解文公九年「晉人殺其大夫士縠及箕鄭父」則說「稱人以殺，誅有罪也，鄭父累也」。[68]若按照《穀梁傳》的解釋方法，則在稱人以殺的前提下，被殺者稱名或不稱名都不影響被殺者有罪這一命題

---

66 〔宋〕蘇轍：《春秋集解》，卷6，頁10b-11a。

67 〔晉〕范甯集解，〔唐〕楊士勛疏：《重刊宋本穀梁注疏附校勘記》，卷5，頁50a。此處經文依《穀梁傳》所據《春秋》經文，下同。

68 〔晉〕范甯集解，〔唐〕楊士勛疏：《重刊宋本穀梁注疏附校勘記》，卷11，頁107c。

的成立。然在稱人以殺的情況下，《春秋》經確實有稱名以及不稱名的現象，顯然這二者之間是存在區別的。如此，則可見《穀梁傳》其實無法解釋被殺者為何稱名或不稱名這一問題。事實上，楊士勛《疏》就已指出《穀梁傳》在解釋上存在問題，其《疏》云：

> 《公羊》以為三世內娶，使若無大夫，故不書名。《左氏》以為無罪，故不書名。今此《傳》直云「稱人以殺，誅有罪也」，則謂此被殺者為有罪，<u>故稱人以殺，仍未解不稱名所由</u>。[69]

則可見楊《疏》注意到《公羊傳》和《左傳》均對為何不稱名予以回答。相較之下，《穀梁傳》卻沒有回答為何不稱名。

　　對比之下，蘇轍主張稱人以殺或表示國人所殺，或表示不出自於君命。至於被殺者究竟有沒有罪，還要視被殺者是否稱名再論。若被殺者不稱名，則《春秋》以之為賢；若稱人以殺且被殺者稱名，則意味被殺者有罪。可見蘇轍對於稱人以殺的區分與解釋，較之於《穀梁傳》其實更為細緻。此外，蘇轍何以注意到稱名的問題？結合文公七年「宋人殺其大夫」之例來看，《左傳》頗在意是否稱名，而楊士疏亦指出《公》、《左》二家皆討論過稱名，則可見蘇轍對稱人以殺的解釋確實是融合了三《傳》各自在解釋上的優點，也在某種程度上克服了三《傳》的局限。

## 四　原則之外的例外：《春秋集解》對《春秋》兩處經文稱國以殺／稱人以殺的質疑

　　以上圍繞著稱國以殺以及稱人以殺，分別舉出相應的例子進行討

---

69　〔晉〕范甯集解，〔唐〕楊士勛疏：《重刊宋本穀梁注疏附校勘記》，卷10，頁103a。

論。然也須指出，前文所歸納出的原則是蘇轍在解釋時所秉承的基本原則，由此不妨可試想：是否《春秋》經之所有相關經文都可套用蘇轍的基本原則來進行解釋呢？難道全然沒有例外嗎？事實上，蘇轍顯然注意到這一問題。

　　文公十年，《春秋》經載：「楚殺其大夫宜申」，蘇轍《集解》則說：

> 宜申與仲歸謀弒楚穆王而誅，當書曰「楚人殺大夫」，蓋以簡文也。[70]

針對宜申被殺一事，《春秋》經既稱國以殺，又書被殺者名。如果按照蘇轍的基本原則，則《春秋》經之意並不在於責備宜申。但是，蘇轍提醒宜申分明有謀弒國君之罪，故蘇轍認為《春秋》經於此處應當稱人以殺，更能表明殺有罪之義。此亦反過來證明，蘇轍對稱人以殺且稱被殺者之名，則示被殺者有罪這一基本原則的認定。相比較之下，胡安國就認為經文此處稱國以殺乃是有深意的。其《春秋胡氏傳》曰：

> 按左氏「宜申與仲歸謀弒穆王而誅」，則是討弒君之賊也。曷為稱國以殺，又書其官，而不曰「楚人殺宜申」乎？曰：穆王者，即楚世子商臣也，而《春秋》之義微矣。[71]

在胡安國看來，宜申、仲歸顯然是有謀弒國君之罪，如此一來，《春

---

70　〔宋〕蘇轍：《春秋集解》，卷6，頁12b。

71　〔宋〕胡安國著，錢偉彊點校：《春秋胡氏傳》（杭州：浙江古籍出版社，2010年），卷15，頁230-231。

秋》又為何稱國以殺且稱大夫呢？胡安國之所以提出楚穆王是「楚世子商臣」，筆者認為乃是因為文公元年，《春秋》經載「楚世子商臣弒其君頵」，[72]則胡安國意在提醒讀者：楚穆王自己也是藉由弒君方式而得位。據此胡安國認為《春秋》實則暗藏貶斥楚穆王之意。相較之下，蘇轍則認為此處應稱國人亦宜，甚至於認為經文存在簡稱之情形，從中或可推知蘇轍並不認為因楚穆王也曾弒君而可以讓宜申、仲歸免罪。此外，蘇轍不主張此處稱國以殺的可能原因是：蘇轍並不認為此處有歸罪楚穆王的理由。如前文所述，在蘇轍的理解中，藉由弒君而得位的君主，若能和其民而親於諸侯，《春秋》仍會承認該國君的政權合法性。事實上，楚穆王在任國君的十年中，其具有較為積極的政治作為。因此，置入此句的脈絡中，既然楚穆王的政權具有合法性，那麼臣子謀弒就應歸罪於臣子。

　　蘇轍對於稱國以殺及稱人以殺的分辨，還見於哀公四年之例。《春秋》經云：「蔡殺其大夫公孫姓、公孫霍」，《集解》則解釋為：

　　當書蔡人殺其大夫，不言人，闕文也。[73]

可見蘇轍認為此處應該書為：「蔡人殺其大夫公孫姓、公孫書」。至於公孫姓、公孫霍有何罪？結合《左傳》可知，公孫姓、公孫霍二人應該是與公孫翩的同黨，故此二人亦有圖謀弒君之罪。按照蘇轍的理解，則此處《春秋》應該書稱人以殺而表明公孫姓、公孫霍有罪。

　　但蘇轍如此解釋，亦有其問題。假若《春秋》被古人認為是寓含微言大義的經，則蘇轍認為《春秋》經存在闕文或簡文之情況，這樣

---

72　〔晉〕杜預注，〔唐〕孔穎達疏：《重刊宋本左傳注疏附校勘記》，卷18，頁297c。
73　〔宋〕蘇轍：《春秋集解》，卷12，頁3b。

的說法實存在疑義。譬如胡安國的看法就不同於蘇轍，其《春秋胡氏傳》曰：

> 翩弑君而署其名氏，姓與霍皆翩之黨，<u>稱國以殺而不去其官者，二公孫蓋嘗謀國，不使其君至於是而弗見庸者也，其書法如此。</u>[74]

胡氏認為，此處經文本就應稱國以殺，原因在於，蔡侯乃是無道之君，因此即便公孫姓、公孫霍二人有嫌疑，《春秋》仍然稱國以殺且書官名，以此彰顯蔡侯的昏庸無道。對比來說，雖然胡安國也注意到稱國，但其與蘇轍在為何稱國這一問題上的認識是有很大出入的，胡《傳》恰恰是映射蘇轍《集解》解釋特色與思想的一面鏡子。胡安國會因為國君本身得位不正或為君無道而認為稱國為宜，而蘇轍則認為即便國君得位不正，但其若能和其民，則其政權亦具有合法性，亦或是已為國君者即便在言行上存在問題，但既然其政權具有合法性，則臣子謀弑其君便是有罪的，如此一來，《春秋》則應稱人以殺以示責備。

## 五　結語

本文指出，蘇轍頗為看重對稱國以殺及稱人以殺的解釋。在解釋思路上，蘇轍《集解》往往首先依據《左傳》所提供之史事，並結合《穀梁傳》所提供的稱國以殺／稱人以殺這一解釋方向，繼而再進一步提出自己的理解。其次，蘇轍在解釋時也頗為看重被殺者是否稱名，而這應當來自於《左傳》和《公羊傳》之影響，其中尤以《左

---

74 〔宋〕胡安國著，錢偉彊點校：《春秋胡氏傳》，卷29，頁487。

傳》影響較大。要言之，蘇轍《春秋集解》對稱國以殺及稱人以殺的解釋，乃是在蘇轍在充分掌握三《傳》各自優缺點的基礎上，繼而提出的個人見解。

　　早在南宋時，陳振孫就曾評價此書：「專本《左氏》，不得已乃取二《傳》、啖、趙。蓋以一時談經者不復信史，或失事實故也。」[75]而就過往的前人研究來看，學者亦大多主張蘇轍《集解》以《左傳》為主而兼採《公》、《穀》。[76]事實上，蘇轍在解經時確實主要依據《左傳》而補充史事，然而若將其解釋與其餘《春秋》學經注比較，則又可發現蘇轍的解釋與思想往往與《左傳》有較大差異。就以蘇轍《集解》特別看重的稱國以殺來說，蘇轍對於稱國以殺的解釋實際上更多來自於《穀梁傳》之影響。此外，過往研究似乎也忽略了一個重要的信息點，即蘇轍《春秋集解》所依之經文，止於哀公十四年「西狩獲麟」。而《左傳》經文止於哀公十六年，則顯然蘇轍在經文起止時間上與《左傳》存在一定差異，而接近於《公》、《穀》二家。那麼，蘇轍是否真的以《左氏》為主？則是一個有待於進一步深究的問題。

　　最後，由本文之討論亦可見，蘇轍的解釋方法有其特色，亦有其自身缺陷。但若從《春秋》學史流變的角度而言，蘇轍實則為當時及後世的讀者示範一種如何兼採三《傳》而接近《春秋》的進路。那麼，吾人如若要理解《春秋》，又應當採取何種方式為宜呢？

---

75　〔宋〕陳振孫撰，徐小蠻、顧美華點校：《直齋書錄解題》（上海：上海古籍出版社，2015年），卷3，頁61。

76　此說法可詳參：宋鼎宗：《春秋宋學發微》（臺北：文史哲出版社，1986年），頁54-55。姜義泰：《北宋《春秋》學的詮釋進路》，頁341-344。陳念先：《蘇轍《春秋集解》研究》，頁145-164。

# 五　《春秋》、《左傳》與文獻學

# 兩漢迄唐正史書志、補志「春秋類」著錄情形探析

李侑儒*

## 摘　要

　　《漢書・藝文志》、《隋書・經籍志》、《舊唐書・經籍志》、《新唐書・藝文志》為正史中最早的四部書志，其所著錄，與學術史的發展息息相關。《春秋》三傳自漢至唐，因學術風氣的改變，在正史書志中，一定程度展現了此時期的細微變化。本文擬以目錄學的角度，利用二十五史中可得之正史書志，輔以清人補志成果，分別從數量，與著錄書籍的性質，初步檢視唐代以前的《春秋》學流變概況。大致可知《春秋》學的著述中，《左傳》學的著作在東漢後，一直是穩定的正成長；而《公羊》學、《穀梁》學分別曾於兩漢、兩晉一時著述量倍增，但並沒有持續至後世，甚至《公羊》學著述在唐代還有所減少。就性質而言，傳注、釋義、集解等經傳注釋作品，本就為經學類的大宗，然而到了魏晉時期，其他專題類的著作開始增加，到了唐代，其成長的幅度甚至超越三傳內部的數量增幅，是這時其發展的一大特色。

---

* 成功大學中國文學系博士研究生。

**關鍵字**：《春秋》目錄學、《漢書藝文志》、《隋書經籍志》、《舊唐書經籍志》、《新唐書藝文志》、正史補志

## 一　前言

《漢書‧藝文志》、《隋書‧經籍志》、《舊唐書‧經籍志》、《新唐書‧藝文志》等史志目錄，記錄了當時官方所存的藏書，一定程度的反映了該時代的學術成果。又《漢書‧藝文志》、《隋書‧經籍志》之間的空缺，清人多有考證，並撰為補志。

歷代書志的纂輯與當時的學術潮流密切相關，舉例而言，經學的發展由漢至唐，分別歷經今古文之爭、鄭王之爭、注經方式改變，與義疏體大盛。第一次及第二次今古文之爭均有《春秋》作品《左氏春秋》在列，而曾於漢光武帝時一度立李封為《左氏春秋》博士官，但並未久任，李氏歿後又廢。其後章帝時曾調和今、古文爭，令眾儒皆讀今、古文經。又魏晉時人注經方式改變，攘善與捨經作文為此時的特色；而南北朝迄隋唐之際，欲突破傳注的局限，改以義疏方式注解《春秋》經與三傳。[1]

《春秋》學史領域的相關研究成果，多為斷代史志的考索；[2]而目錄與《春秋》學／學術史的關聯，則多集中於目錄的研究，少數通論性概說則以時間為軸，臚舉各時代傳世文獻，簡述各代的《春秋》

---

1　羅聯添、戴景賢、張蓓蓓、方介：《國學導讀》（臺北：巨流圖書公司，2005年），頁61-78。

2　此類研究目前多見於大陸的學位論文，且以斷代為主，如：王曉敏：《唐代《左傳》學研究》（開封：河南大學中國古代文學專業碩士論文，2005年）；李衛軍：《兩漢《左傳》學發微》（開封：河南大學中國古代文學專業碩士論文，2005年）；李飛：《魏晉《春秋》學研究》（蕪湖：安徽師範大學中國古典文獻學專業碩士論文，2007年）；劉宗棠：《清代《左傳》文獻研究》（濟南：山東大學中國古典文獻學專業博士論文，2008年）；李娟：《元代《春秋左傳》學研究》（漢中：陝西理工大學中國古代文學專業碩士論文，2019年），其中僅李飛：《魏晉《春秋》學研究》曾探考史志目錄的著錄，但未參酌後世補志的價值，殊為可惜。

學術史。[3]本文擬以目錄學的角度，以二十五史中之正史書志為研究對象，採「史志目錄」定義中之狹者，僅用正史中的《藝文》、《經籍》志書，加入清人補志之精者，並不論《通志‧藝文略》、《文獻通考‧經籍考》等政書中之目錄。一方面聚焦於唐以前的著錄情況，一方面正史書志皆從官方而來，不再分神處理私家藏書的概況，將公、私藏書的問題降到最低，期能以此重新檢視唐代以前的《春秋》學學術的傾向變化。

## 二　兩漢迄唐正史書志概述

劉兆祐《中國目錄學》論史志之所以為學者所重視，乃由於數項原因：一、史志多據前代官府藏書目錄彙集而成。二、比較前後不同朝代史志，可以了解圖書之亡佚情形及一書篇卷之多寡改變情形。三、除《漢書‧藝文志》以外，從《隋書‧經籍志》開始，都以四部分類，從每一史志之類目增損情形，可以探究每一時代之學術風尚與趨勢。四、部分史志有小序或總序，部分史志則有簡短之注釋，可藉以了解學術流變及一書之內容。[4]本文以官修正史《藝文志》、《經籍志》為中心，所關涉者，包含《漢書‧藝文志》[5]（下稱《漢志》）、

---

3　如張海亮：《〈漢書‧藝文志〉與〈隋書‧經籍志〉編纂思想比較研究》（開封：河南大學古典文獻學專業碩士論文，2009年）；劉克樂：《補〈後漢書〉藝文志五家考論》（濟南：山東大學中國古典文獻學專業碩士論文，2009年）；張婷：《中國史志目錄研究》（廣州：廣州大學人文學院中國古典文獻學專業碩士論文，2012年）；岳英：《由〈漢書藝文志〉到〈隋書經籍志〉目錄變化窺探學術變遷之大略》（煙臺：魯東大學專門史碩士論文，2014年）；韓李良：《清代史志目錄專題研究》（濟南：山東大學中國古典文獻學專業博士論文，2017年）；舒大剛主編：《儒學文獻通論》（福州：福建人民出版社，2012年）。

4　劉兆祐：《中國目錄學》（臺北：五南圖書出版公司，2002年），頁120。

5　〔漢〕班固撰、〔唐〕顏師古注：《前漢書藝文志》（北京：中華書局，1985年，《叢書集成初編》據《八史經籍志》本排印）。

《隋書·經籍志》[6]（下稱《隋志》）、《舊唐書·經籍志》[7]（下稱《舊唐志》）、《新唐書·藝文志》[8]（下稱《新唐志》）等四種，輔以清人姚振宗（1842-1906）《漢書》、《後漢書》、《三國志》，及丁國鈞（？-1919）《補晉書藝文志》等補志作品，以探討唐代以前《春秋》學類目中的著錄情形，了解其時《春秋》學之學術趨勢。

## （一）《漢書·藝文志》

《漢書》一百二十卷，〔東漢〕班固（西元32-92年）撰。班固字孟堅，扶風安陵人。幼能屬文、誦詩書，長而博通經籍，明帝時除蘭臺令史，後遷為校書郎，職點校秘書。建初中（約西元76-84年），依《史記》內容及格式，成《漢書》一百卷，唐代顏師古（西元581-645年）重釐為今日所見一百二十卷。

《漢書》宏篇巨製，《藝文志》著錄六略、三十八類、五九六家、一三二六九卷典籍，應不是班固一人能獨力完成。《漢志·序》云：

> ……至成帝時，以書頗散亡，使謁者陳農求遺書於天下。詔光祿大夫劉向校經傳諸子詩賦，……每一書已，向輒條其篇目，撮其指意，錄而奏之。會向卒，哀帝復使向子侍中奉車都尉歆卒父業。歆於是總群書而奏其《七略》，故有〈輯略〉，有〈六藝略〉，有〈諸子略〉，有〈詩賦略〉，有〈兵書略〉，有〈術數

---

6 〔唐〕長孫無忌等撰：《隋書經籍志》（北京：中華書局，1985年，《叢書集成初編》據《八史經籍志》本排印）。

7 〔宋〕劉昫等修：《舊唐書經籍志》（北京：中華書局，1985年，《叢書集成初編》據《八史經籍志》本排印）。

8 〔宋〕歐陽修等撰：《唐書藝文志》（北京：中華書局，1985年，《叢書集成初編》據《八史經籍志》本排印）。

略〉，有〈方技略〉。今刪其要，以備篇籍。[9]

據〈序〉言，可知劉向首先於整理官方所收天下遺書時，每校一書「輒條其篇目，撮其指意，錄而奏之」，此所錄者即《別錄》；向子劉歆在此基礎上總理群書，條別為《七略》，《漢書》即據以充《藝文志》，改為六藝略，實與《七略》大同小異。[10]故而知曉《漢志》所載，為西漢末至東漢班固刪度時的官方藏書情形。

## （二）《隋書・經籍志》

《隋書》八十五卷，〔唐〕魏徵（西元580-643年）等撰。傳本《隋書》題長孫無忌（西元594-659年）等奉敕撰，乃因唐太宗貞觀三年（西元629年），詔群臣修《隋書》及合梁、陳、北齊、北周、隋五朝之《五代史志》，秘書監魏徵亦在修《隋書》之列。高宗顯慶元年（西元652年）書成，太尉長孫無忌奏上二者合行，《五代史志》之〈經籍志〉即成《隋書・經籍志》。

東漢以降，《隋志》之前，官方藏書多有專門的藏書目錄，如〔魏〕鄭默《中經》、〔晉〕荀勖《中經新簿》，甚或南北朝時期各種四部目錄，以及〔南朝宋〕王儉《七志》與〔南朝梁〕阮孝緒的《七錄》。《隋志・序》云：

……遠覽馬《史》、班《書》，近觀王、阮《志》、《錄》，挹其

---

9 〔東漢〕班固撰、〔唐〕顏師古注：《前漢書藝文志》，頁1-2。

10 昌彼得、潘美月《中國目錄學》：「兩漢之目錄，以劉向《別錄》、劉歆《七略》、班固《漢書藝文志》為極則。《別錄》既已不傳，據《漢志》所稱向校書時，皆由專家分任校讎。已有六藝、諸子、詩賦、兵書、數術、方技諸目。則向之別，已開七略之先。班《志》雖取六略以誌藝文，大體亦沿襲《七略》之分類。因此兩漢目錄雖多，皆可以《七略》統轄之。」（臺北：文史哲出版社，1986年），頁102-103。

風流體制，削其浮雜鄙俚，離其疏遠，合其近密，約文緒義，凡五十五篇，各列本條之下，以備《經籍志》。[11]

《隋志》凡四部四十類，並道佛二部合為五十五類。除仿班固《漢志》例，載書名、卷數，再敘作者，亦採其時主流分部四部，直用經、史、子、集為名。復如用「梁有若干卷」、「《七略》有九編，梁有《七錄》十卷亡」之語，以及將正史、古史、雜史獨立於春秋類之外，均是參考王儉《七志》與阮孝緒《七錄》著錄或分類而成。

　　《隋志》在前人的基礎上，大致總結魏晉南北朝迄唐初之官方貯藏狀況，雖不免缺漏，但仍為今所能見較完整之史志目錄。

## （三）《舊唐書・經籍志》及《新唐書・藝文志》

　　《舊唐書》二百卷，〔五代〕劉昫（西元888-947年）監修，〔後晉〕張昭（西元894-972年）、賈緯（西元？-952年）等撰。《舊唐志・序》云：

> （開元九年，西元721年）殷踐猷、王愜、韋述、余欽、毋煚、劉彥真、王灣、劉仲等重修成《群書四部錄》二百卷，……自後毋煚又略為四十卷，名為《古今書錄》，大凡五萬一千八百五十二卷。祿山之亂，兩都覆沒，乾元舊籍，亡散殆盡。……及廣明初，黃巢干紀，再陷兩京，……及行在朝諸儒購輯，所傳無幾。……今錄開元盛時四部諸書，以表藝文之盛。[12]

在《舊唐志》之前，唐代藏書經兵燹後僅存一萬八千餘卷，相較開元

---

11　〔唐〕長孫無忌等撰：《隋書經籍志》，頁5。

12　〔宋〕劉昫等修：《舊唐書經籍志》，頁1-2。

時群書大備的年代，僅存約三分之一。《舊唐志》在《古今書錄》的基礎上，刪略整理，並不多加增補。考之兩者，除書前小序與撰人姓氏、書末〈釋氏經律論疏〉、〈道家經戒符錄〉外，其餘全然相合。

然《舊唐志》雖名曰唐，實際上依《古今書錄》成書時間，僅收錄唐朝開國以來，迄玄宗開元年間的官藏情形，故不免失之疏漏。宋代歐陽修（1007-1072）、宋祁（西元998-1061年）等撰《新唐書》，時歐陽修已佐王堯臣（1003-1058）修《崇文總目》。今人馬楠考察《新唐志》的修訂來源，認為《新唐志》除《舊唐志》以外，仍有《隋志》（貞觀見存書）、《崇文總目》（北宋見存書），以及其他史傳文獻。[13]故兩志所提供的官藏訊息，時間斷限大致為唐代至宋初。

## （四）補志

現有研究論述探討正史書志時，多將清人的補史藝文志摒除在外，或因其多從現存志書擷取而來，如從《隋志》拾補後漢、魏晉、南北朝時期的著述。然而清代補史之作，至少仍有二種可資補闕的特點：一、斷代，二、補史志所無，見於史傳或其他文獻者。

清人補史，是為補正史之不足，而從相關的文獻內，找出共時性之著錄作品。如姚振宗《漢書》[14]、《後漢書》[15]、《三國志》[16]俱有補志作品，其立基於侯康（1554-1613）、錢大昭（1744-1813）等補志之

---

13 馬楠：〈《新唐書‧藝文志》增補修訂《舊唐書‧經籍志》的三種文獻來源〉，《中國典籍與文化》2018年第1期（2018年1月），頁4-5。

14 〔清〕姚振宗：《漢書藝文志拾補》（臺北：臺灣開明書店，1936年，《二十五史補編》據《快閣師石山房稿本》排印）。

15 〔清〕姚振宗：《後漢藝文志》（臺北：臺灣開明書店，1936年，《二十五史補編》據《快閣師石山房稿本》排印）。

16 〔清〕姚振宗：《三國藝文志》（臺北：臺灣開明書店，1936年，《二十五史補編》據《快閣師石山房稿本》排印）。

功，廣徵博引，著錄各書時均載出處，存輯本、後人批評、有疑慮處皆存而示之。其於春秋一類的發揮，更是一改前人慣例，有意識的將《國語》別之於史部，更集中了春秋學的關注主體。

　　以下以《漢志》、《隋志》、兩《唐志》為主要比較對象，清人補志之作為輔，分析兩漢迄唐正史「春秋類」著錄的情形。

## 三　四志「春秋類」著述著錄情形

　　如果依《漢志》、《隋志》、《舊唐志》、《新唐志》原志書內所載著錄數量，與實際著錄書目比勘，可知四志於最後總結的計算是存在問題的。如《漢志》於「春秋類」末載二十三家、九四八篇，然實際可得三十種書（《春秋古經》一條並有《經》十一卷，當與《古經》有別）；又《隋志》記九十七部九八三卷，實際整理後應有一〇四部方是。其後《舊唐志》、《新唐志》亦有類似情況，實際計算與書志所載不相符合，故四志之數可予以酌參，但以下討論仍以重新序列過後之數量為主。

　　《漢志》「春秋類」總三十種書，統計如下：

### 表一　《漢書‧藝文志》「春秋類」著錄數量統計表

| 分類 | 數量 | 占比 | 說明 |
|---|---|---|---|
| 《春秋經》 | 2 | 7% | 指著錄時僅有《經》，而別於三傳者。《漢志》載「經」有「《春秋古經》十二篇，經十一卷」，前者與後者如視為二種不同的著述，則《漢志》所載應為三十種。 |
| 《左傳》 | 1 | 3% | 《漢志》記載為「左氏傳」，即今所指《左傳》。故以下所稱俱書為《左傳》。 |

| 分類 | 數量 | 占比 | 說明 |
|---|---|---|---|
| 《公羊傳》 | 6 | 20% | |
| 《穀梁傳》 | 3 | 10% | |
| 其他《春秋》傳 | 6 | 20% | 《鄒氏傳》、《夾氏傳》、《左氏微》、《鐸氏微》、《張氏微》、《虞氏微傳》等六種，其中《左氏微》未知是否等同於《左傳》，故此處先行分列。 |
| 史書、官書 | 12 | 40% | 包含《國語》、《戰國策》、《史記》、《議奏》、《世本》……等十二種史書與官書。 |
| 總計 | 30 | 100% | |

表一統計《漢志》「春秋類」所載三十種著述，與嚴格經學定義上《春秋》經相關者，實際占全數的六成，有四成書目所載，以今人分類觀點判別的話，實應分入史部書籍。可說此時六藝略對「春秋」的定義，乃承襲先秦對「春秋」為史書的概念而來，並非後世經部觀念以《春秋》三傳為主的經學標準為區分。其次，就《漢志》排序而言，西漢時《公羊傳》、《穀梁傳》均立為學官，尤其研治公羊學為西漢的學風潮流，故《公羊傳》的著作在此目中數量最多，但或許由於向、歆父子對《左傳》之推崇，《左傳》在《漢志》內的順序僅次於《春秋古經》，致使《公羊傳》、《穀梁傳》在次序上仍較《左傳》為低。

若根據《漢書·儒林傳》記載，《左傳》傳承自漢初的張蒼（西元前253-西元前152年）及賈誼（西元前200-西元前168年）始。漢武帝時，河間獻王劉德（西元前160-西元前129年）修學好古，廣求天下善書，曾一度設立《左傳》博士，故清人姚振宗《漢書藝文志拾補》，考得西漢時期的《左傳》學作品至少還有八種。《漢志》所載《左傳》與其他學派的作品，在數量上僅及公羊學著作的一半或不到。《左傳》

直到東漢才勉設一官，其他《春秋傳》學派更不用提，縱使可從其他著作得知時人著述的線索，就《漢志》而言，其所反映的仍是《公羊》學在西漢時的流傳盛況。

到了東漢，姚振宗《後漢藝文志》從史書或其他文獻考出屬《左傳》學的作品有三十四種，較班固以前，多至四倍餘；相較之下，《公羊》學的著作十七種，《穀梁》學著作僅得三種，和《左傳》的成長情況相比，可以看出《公羊》、《穀梁》的發展在東漢是相對趨緩的，值得一提的是，由於此時的古文經學者多兼治今文經，如賈逵（西元174-228年）、馬融（西元79-166年）、鄭玄（西元127-200年）等，書志上即載如賈逵《春秋三家經本訓詁》，與馬融的《春秋三傳異同說》等兼有三傳合說性質的著作。

綜合觀之，從西漢至東漢間，曾存的《左傳》學著作便逾四十種，而《公羊》學則介於二十種左右，《穀梁》學有四種，如果沒有因為官方的推崇起到大行其世的作用，那麼便是由於文獻本身讓人接受、易於親近，才有可能得到廣為流傳的結果。《左傳》以記事為主，相較另外二傳闡發微言大義的說解經文，有敘事、有情節的形式，自然容易引發讀者的共鳴，也較能有效的保留各家，傳播諸說。

再看《隋志》春秋類著述的統計：

### 表二　《隋書·經籍志》「春秋類」著錄數量統計表

| 分類 | 數量 | 占比 | 說明 |
|---|---|---|---|
| 《春秋》 | 18 | 17% | 包含書名用《春秋》為題，屬總經衍生著作者；或即便以作者學術歸屬，亦無法辨別其釋經對象者。 |
| 《左傳》 | 38 | 37% | |
| 《公羊傳》 | 22 | 21% | |

| 分類 | 數量 | 占比 | 說明 |
|---|---|---|---|
| 《穀梁傳》 | 14 | 13% | |
| 合三傳者<br>（含合二傳者） | 6 | 6% | 合《公羊》、《穀梁》一傳者。 |
| 《國語》 | 6 | 6% | |
| 總計 | 103 | 100% | |

《隋志》一共著錄一〇四種書，《左傳》學的著作在此時期一躍而為書志中的大宗，也取代《公羊》學轉為學術的主流；此外，和《後漢藝文志》相比較，可以看出《穀梁傳》的著作是三傳之中發展最顯著的。與《漢志》不同的是，此時期對於史部書的觀念更為集中，《漢志》納入《史記》、古代官書，《隋志》中除了被稱為「左氏外傳」的《國語》仍在同類外，其「春秋類」的收錄標準顯然更為單純，即為解《春秋》經、與《春秋》經密切相關者方能列入。

進一步將姚振宗《三國藝文志》、清末丁國鈞的《補晉書藝文志》[17] 與《隋志》做著錄差異的比對，《三國藝文志》於《左傳》學、《公羊》學、《穀梁》學、《春秋經》、三傳合寫的著錄情況依序是十五種、四種、二種、一種、二種（共二十四種書），《補晉書藝文志》則是十五種、十一種、十九種、十二種、五種，另有《國語》類的一種（共六十三種書）。從著錄數量的變化來看，《左傳》學從三國時期開始，即逐漸占據《春秋》學研究的主角位置，到了晉代，則是開啟了一波《穀梁傳》研究的復興。

《隋志》總結漢末至隋的藏書發展，基本上可以看做魏晉南北朝《春秋》學研究的比較終點。三國、魏、晉兵馬倥傯，南北朝時官方

---

17 〔清〕丁國鈞：《補〔晉〕書藝文志》（北京：中華書局，1985，《叢書集成初編》據《史學叢書》本排印）。

固然屢有重振藏書的企圖，但依當時的條件、天然災害與人為的毀滅，留存至《隋志》尚存的書目，可視為當時學界較為重要的論著。另透過補志與正史書志相互比勘，由於補志是從經眼書志、史書、歷代文獻中，以斷代擷取符合條件的書籍，收入補志之中，故補志可以協助判定每個時代著作的流傳概況。交叉比對後，可知《隋志》中記載漢人著作約二十四種，三國人著作約十四種，兩晉人著作約二十七種，南北朝至隋人著作約十種，另有不著撰人、不明朝代者約二十九種。詳見下表：

表三　《隋書・經籍志》各朝著作數量表

| 朝代<br>春秋類著作 | 兩漢 | 三國<br>（含魏） | 兩晉 | 南北朝<br>（含隋） | 不知<br>朝代 | 合計 |
|---|---|---|---|---|---|---|
| 《左傳》 | 9 | 5 | 10 | 7 | 7 | 38 |
| 《公羊傳》 | 13 | 1 | 2 | 0 | 6 | 22 |
| 《穀梁傳》 | 0 | 2 | 9 | 0 | 3 | 14 |
| 《春秋》 | 0 | 1 | 3 | 3 | 11 | 18 |
| 合三傳者<br>（含合二傳者） | 1 | 1 | 2 | 0 | 2 | 6 |
| 《國語》 | 1 | 4 | 1 | 0 | 0 | 6 |
| 總計 | 24 | 14 | 27 | 10 | 29 | 104 |

將《漢志》、《三國藝文志》、《補晉書藝文志》、《隋志》交互參照，可以發現《左傳》學的著作，自東漢以後，著述，相較其他經傳的發展，呈現相對穩定的狀態。而《穀梁》學在兩晉也一度復興，但與曾於兩漢蓬勃發展的《公羊》學一樣，著作量僅在一個朝代就停滯不前。

到了《隋志》的朝代，《左傳》學的發展已趨穩定，研究重心逐

漸向其他對象轉移。以表三、表四綜合觀之，不再拘泥於一家之言，橫向納入三傳為著述對象者，其數量是成長的。

### 表四　兩《唐志》「春秋類」著錄數量統計表

| 分類 | 舊唐志數量 | 占比 | 新唐志數量 | 占比 | 說明 |
|---|---|---|---|---|---|
| 《春秋經》 | 18 | 17% | 35 | 27% | 包含書名用「春秋」為題，屬總經衍生著作者，亦非三傳；或即便以作者學術歸屬，亦無法辨別其釋經對象者。 |
| 《左傳》 | 39 | 38% | 47 | 36% | |
| 《公羊傳》 | 15 | 14% | 12 | 9% | |
| 《穀梁傳》 | 17 | 16% | 16 | 12% | |
| 合三傳者（含合二傳者） | 9 | 9% | 14 | 11% | |
| 《國語》 | 6 | 6% | 7 | 5% | |
| 總計 | 104 | 100% | 131 | 100% | |

　　唐初以前，《左傳》學的研究仍有近四成之多，到了《舊唐志》的時代，可以看出《左傳》學的著作數量稍微停滯，但在《新唐志》又增加了八部著作，而《穀梁》學著述則是沒有太多的起伏。三傳中數量唯一減少的，僅有《公羊》學一家，其他類（含總經）與合傳的研究在此時期卻較前代略為成長。合傳類的著作單是在自唐初編《隋志》始，至《舊唐志》的時代，約一百年間，即增加三部著作；《新唐志》與《舊唐志》所載相隔約三百年，又增加了五部合傳類著作，較之魏晉南北朝約四百年間僅六部合傳類著作的情況，此時期合傳的

論述比起其他家占比略降的趨勢，顯然關注度有所提升。

　　值得一提的是，《新唐志》在編次上，與《漢志》、《隋志》、《舊唐志》都不同，《漢志》、《隋志》、《舊唐志》以《左傳》為先，次《公羊傳》，再次《穀梁傳》。《新唐志》則依作品可考的作者時間先後，首列左丘明《春秋外傳國語》二十卷，次董仲舒《春秋繁露》、尹更始《春秋穀梁傳》、嚴彭祖《春秋公羊傳》、賈逵《春秋左氏長經章句》……，其後由古至近，依序列舉共一百三十一種書。

　　綜上所述，從西漢末《左傳》由向、歆父子重現於世以來，幾經爭立為學官，但除東漢初一度立為博士外，《左氏》學一直處於非官方正式學術的研究。至章帝李育、賈逵以《公羊》、《左傳》進行激烈的辯論後方得認可，而令儒者兼習今、古文經，間接提升了古文經的地位。從東漢時人的著述中，的確可印證此時的《左傳》學大幅成長，並一直延續到兩晉時期，甚至是《新唐志》所著錄的時代。而屬今文經的《公羊》、《穀梁》二傳，《公羊》學的研究呈現與日俱減的情況，反而同為今文經的《穀梁》傳曾在晉代重新得到關注，只是這樣的發展隨著唐代將《左傳》定為官方《五經正義》的底本，便只能看到二傳維持基本古人著述的現象。

## 四　四志「春秋類」著述性質析論

　　從各朝書志的數量損益，吾人可知一代學術之關注焦點，與書籍存佚的概況；但是如果要知曉各朝學術主體的趨向，可再進一步釐析其所著錄的文獻種類，從而了解該時代所謂的顯學實際上是落在何處。歷代著述題名繁多，原則上均能從書名窺知著作的性質或詮解的對象。而經學著作多以解經為主，故本文從解經方式分門別類，分為第一階的傳注類，第二階的釋義類（含義疏、義略、正義類解義

者）；或集結眾說注釋的集解類，以經傳單句為解釋單位的章句類，以訓解、音聲為主的訓詁類，以《春秋》例為主的例說類，還有闡發己說的論議類（含論、說、議等），與其他研究對象的其他類（如：地理、譜牒、圖等），作為以下比較的分類依據。

以《漢志》而言，著錄所能呈現的現象，即大多為傳注、章句、發微等注釋著作，偶有特殊者如嚴彭祖《春秋盟會地圖》、董仲舒《春秋災異占》等，著眼於其他方面的研究。而從姚《後漢書藝文志》、《三國藝文志》來看，也多為傳注、訓詁、章句一類的解經著述，其中比較特別者有三：一、出現了訓音類的著作，且僅分布於《左傳》學著作；二、議論類著作等出於闡發己見、攻訐他人者，數量較諸其他分類特為大宗；三、於《左傳》例說類闡釋者數量增加。

到了《隋志》所著錄的時代，各種著述的分布狀況如下：

### 表五　《隋書‧經籍志》「春秋類」著述性質統計表

| 分類 | 數量 | 占比 | 說明 |
|---|---|---|---|
| 傳注 | 21 | 20% | |
| 釋義 | 15 | 14% | |
| 集解 | 6 | 6% | |
| 章句 | 3 | 3% | |
| 訓詁（含音韻） | 8 | 8% | |
| 例說 | 10 | 10% | |
| 論議 | 27 | 26% | 含「說（序）」「議」「論」等闡發己見或攻訐他者之著述。 |
| 其他 | 14 | 13% | 凡不屬於前述者，均計入此類中，包含輯要、比較、圖、辭苑……等。 |
| 總計 | 104 | 100% | |

　　如果將傳注、釋義等解經著述綜合起來視為一類，與論議類書籍
的出現，應作為學術發展過程中的常態表現。從性質統計表來看，
《春秋》學的例說是屬於研治《春秋》十分重要的一種類別，其肇因
於諸加大治認為《春秋》的微言大義，透過一則則的「例」來展現，
而爭於對《春秋》例進行多方又深入的探討，以致例說一類在《隋
志》《春秋》學的論著裡，獨立成帙的多達一成。

　　另外值得注意的是，儒者基本的解經、論經仍是這個時期的主流
研究，但是在解經百家爭鳴、眾說紛紜的現實狀況底下，已經開始出
現專題類的著作或比較。例如注解音韻、評書、春秋地、文辭、世
譜、三傳比較，如《春秋左氏傳音》（嵇康、李軌、徐邈各一）、《春
秋公羊穀梁二傳評》（不著撰人）、《春秋土地名》（裴秀客、京相璠等
撰）、《春秋文苑》（不著撰人）、《春秋大夫辭》（不著撰人）、《春秋左
氏諸大夫世譜》（不著撰人）等，就可以說是這個階段《春秋學》研
究所表現的特殊樣貌。

　　兩《唐志》時的統計變化如下：

### 表六　兩《唐志》「春秋類」著述性質統計表

| 分類 | 舊唐志數量 | 占比 | 新唐志數量 | 占比 | 說明 |
|---|---|---|---|---|---|
| 傳注 | 18 | 17% | 15 | 11% | 含《國語》。 |
| 釋義 | 13 | 13% | 19 | 15% | |
| 集解（含集注） | 7 | 7% | 8 | 6% | |
| 章句 | 5 | 5% | 4 | 3% | 含《國語》。 |
| 訓詁（含音韻） | 13 | 13% | 15 | 11% | |

| 分類 | 舊唐志數量 | 占比 | 新唐志數量 | 占比 | 說明 |
|------|-----------|------|-----------|------|------|
| 例說 | 9 | 9% | 15 | 11% | |
| 論議 | 22 | 21% | 28 | 21% | 含「說（序）」「議」「論」等闡發己見或攻評他者之著述。 |
| 其他 | 17 | 16% | 27 | 21% | 凡不屬於前述者，均計入此類中，包含輯要、比較、圖、辭苑……等。其中署劉寔《左氏牒例》、李氏《三傳異同例》二者為特殊主題的例說，此處歸入例說計算。 |
| 總計 | 104 | 100% | 131 | 100% | |

從《舊唐志》到《新唐志》，除了傳注類、章句類減少外，其他的類別的著述量都有或多或少的增幅，尤以其他類成長最豐，也說明了此時期的研究關注轉移至其他專題上；而原本僅《左傳》有音韻類著述，《公羊》與《穀梁》也都增加了訓音的作品。再對照前一節《公羊》、《穀梁》著作的數量，其實《公羊》學、《穀梁》學於這個階段雖然稍顯沉寂，說不上是如《左傳》的顯學，但不至於乏人問津、無人聞問。

又以現今學術流變史而言，吾人了解的隋唐義疏之學，應是在傳注無所發力的情況下，產生的新解經方式，按理義疏類著述應於隋唐之際有所成長；然觀察實際的情形，在《隋志》到兩《唐志》之間，並不如其他類著述突出，反而和論議類的增幅相同，呈現出此期間《春秋》學質與量穩定發展的概況。三傳的傳述於唐代大致底定，官方有所揀別的同時，影響的並非研究內容的偏重，而是研究主體的趨向。

# 五　結語

　　劉兆祐在其《中國目錄學》指出目錄有八個功用：明治學之途徑、考典籍之存佚、辨古籍之真偽、考典籍之篇卷、審一書之性質、知一籍之梗概、知典籍之版刻、考學術之源流。[18]本文聚焦於兩漢迄唐的正史書志《春秋》類文獻著錄情形，分別從文獻的數量與性質，探析《漢志》、《隋志》、《舊唐志》、《新唐志》《春秋》類文獻的分布，並以清人補志的斷代《藝文志》作為輔助，比較後得出幾個特點：

（一）自《春秋左氏傳》公諸於世後，《左氏》學至東漢才引發相
　　　當程度的研究風潮，至兩晉時著述量比例達到巔峰。

（二）《公羊》學的研究盛行於兩漢，但東漢開始轉向停滯；《穀
　　　梁》學的研究則是從原本的穩健發展，到了兩晉時突一枝獨
　　　秀，復又歸於平淡。

（三）在唐迄宋間，研究對象從原本的三傳各自鑽研，轉移至三傳
　　　合讀、合傳甚或比較上。

（四）漢時著作多以傳注類為主，偶有占異、地圖等特殊作品；魏
　　　晉南北朝時出現大量其他的專題類作品（包含音韻、文苑、
　　　世譜、土地、地圖等），但音韻類作品僅限《左傳》；唐代出
　　　現《公羊》、《穀梁》訓音類作品，其他類別著作則呈穩定少
　　　量增加的現象。

　　唐代以前，文獻的傳播技術屬於開創階段，以《漢志》「春秋類」著述量三十部到《新唐志》一百三十一部來看，兩漢至唐已有長足的進步，數量與質量之間的交互參照亦仍有研究空間；後世宋代迄清印刷技術進步、經濟大致穩定，著述量更是與時俱增，尚有比較公私藏書的議題可待開發，更待來日再進行深入的歷時性與共時性考索。

---

18 劉兆祐：《中國目錄學》，頁5-20。

# 《春秋左傳注》對王引之《左傳述聞》中校勘說法的採用與辨證

魏慈德*

## 摘　要

　　《春秋左傳注》是目前研讀《左傳》者最常利用的入門學習用書，其書也是至目前為止在版本校勘上堪稱精良的古籍今註之書，作者楊伯峻即曾指出是書以阮刻本底本，以其有〈校勘記〉可以利用，復取其〈校勘記〉所未見者加以校補，包括敦煌殘卷本、六朝手寫殘本、隋唐時寫本等，皆是目前能見到的《左傳》最早寫本。而清人王引之著有《經義述聞‧左傳述聞》，其中對《左傳》文本的校勘就有四十條劄記，有他校法所得者，也有理校法所得者，由於王氏未及見後世的敦煌殘卷本、六朝手寫殘本及隋唐時寫本等，故可用楊書檢視《左傳述聞》中校勘說法的正誤。但王引之大都以理校為主，許多意見是靠推理而得，且若《左傳》文本的訛誤是發生在六朝、隋唐以前，也無更早的文本可資對校取證，此時便可見楊氏對《左傳述聞》的取信態度，是接受者多，還是存疑者多；是錄而見存者者多；還是略而不論者多。本文針對《春秋左傳注》對《左傳述聞》中校勘說法的採錄加以分析，見王說在楊書中的接受程度。整體而言，在四十則王氏

---

\* 東華大學中國語文學系教授。

校勘劄記中，楊氏僅採信十一則，可見其對王說認可的謹慎態度。

**關鍵字：**春秋左傳注、經義述聞、左傳述聞、王引之、校勘

## 一　前言

　　楊伯峻《春秋左傳注》是目前研讀《左傳》者較為普遍採用的參考用書，也是市面上較為流通的《左傳》教材，其更是總結古今《左傳》注疏學的集大成之作，資料豐富、考核精審，具有很高的學術價值。一九八一年出版後，即受學術界普遍重視，一九九〇年作者對注文重作修訂，掃除訛脫、改正誤注、補入新資料，使注文更加完備。[1]其除了注解詳盡，引據詳贍外，版本文字方面也集歷來版本校勘之大成。書中提及「經、傳都以阮元刻本為底本，一則以其流通廣，影響大；二者以其有〈校勘記〉，可以利用。復取〈校勘記〉所未見者補校，其中有敦煌各種殘卷，除據前人各家題記外，復取北京圖書館所藏照片覆校。有楊守敬所藏所謂六朝人手寫殘本，據有正書局石印本。楊守敬跋六朝人手書本記日本石山寺藏本三條，亦採入。而最可貴者，為日本卷子本，以其曾有『金澤文庫』圖章，今稱金澤文庫本。皆能於阮本有所校正。」[2]說明楊氏對自己所著的《春秋左傳注》一書，在文字校勘上，有相當的信心。而其所提及的最可貴的金澤文庫本，當即竹添光鴻《左傳會箋》所據的隋唐寫本，由清原氏世

---

1　楊伯峻：《春秋左傳注》（臺北：洪葉文化事業公司，2015年）繁體字版由中華書局（北京）授權出版。陳恩林：〈《春秋左傳注》辨正六則〉，《古籍整理研究學刊》第5期（2005年9月），頁1。

2　楊伯峻：《春秋左傳注‧凡例》，頁1。其在〈我和《左傳》〉中也提到「我大致對《春秋經》和《左氏傳》的撰寫體例理解了，然後做第二步工作。這便是訪求各種版本，除阮元作〈校勘記〉已採取的版本外，我還得了楊守敬在日本所見的版本，又得了日本的金澤文庫本。金澤文庫本是六朝人手寫的，而且首尾完具，可說是最具有參考價值的版本。用來互相校勘，並且參考各種類書和其他唐宋以前文史哲各種書籍的引文，取長舍短，作為定本。」楊伯峻：〈我和《左傳》〉，收入於張世林編：《學林春秋：著名學者自序集》（北京：中華書局，1998年），頁192。

世相傳，後來授於北條氏的本子。[3]

　　除了考究版本用字外，楊氏作《春秋左傳注》所徵引的書目繁多，依作者自述可分為：關於春秋的專書、春秋左傳類、其它經書類、史書類、子書類、考證筆記之屬、天文曆法類、地理類、甲骨鐘鼎古物之屬、小學字書及語法修辭之屬、姓氏世族之屬，共計十一類（參〈引用書目〉內容）。其中又以考證筆記類所列參考書目最多，蓋《左傳》在漢初由張蒼所獻，藏諸秘府，後經劉歆整理而傳世，歷經轉寫、轉抄、刊刻等過程，文字難免有誤，故歷來以此類考證之書居多。而楊氏因據阮本、敦煌殘卷、六朝人手寫殘本及金澤文庫本，用以對校《左傳》文本，自認在文字校勘上有相當的信心，欲據善本以正歷來誤說，這可能也是此類的書會被楊氏引錄較多的原因。

　　考證筆記類的參考書中，過半數以上都是清代學者的著作，符合清代樸學蓬勃發展的現象，當時學者們好對古籍文字加以校勘考訂的風氣也由此可見。其中王念孫及其子引之，可說是當時影響力最大的學者，梁啟超就曾譽其為清代考證學正統派的中堅，為最能光大正統派的學者。[4]而二王著作中與校勘古籍有關者，包括《讀書雜志》、《經義述聞》二書，王念孫的《讀書雜志》雖未專門針對《左傳》校訂，但其意見都被收錄在王引之的《經義述聞》之《左傳述聞》中。在《春秋左傳注》的引用書目中，《讀書雜志》列於考證筆記之屬；《左傳述聞》列於春秋左傳類，實則兩者皆可視為考證之屬。下面就針對清人王引之《左傳述聞》中的校勘劄記說法加以歸類，並對楊伯峻《春秋左傳注》中是否引錄王說及對王說的見解取捨加以分析。

---

3　〔周〕左丘明著，〔日〕竹添光鴻箋：《左傳會箋》（臺北：天工書局，1993年），頁1。

4　梁啟超：《清代學術概論》（上海：上海古籍出版社，2011年），頁5。

## 二　王引之《左傳述聞》中校勘劄記內容

王引之《經義述聞・自序》言及其作是書乃緣於其父（念孫）語其「訓詁之指，存乎聲音，字之聲同聲近者，經傳往往假借。學者以聲求義，破其假借之字而讀以本字，則渙然冰釋；如其假借之字而強為之解，則詰鞫為病矣。」以及「說經者期於得經意而已，前人傳注不皆合於經，則擇其合經者從之，其皆不合，則以己意逆經意，而參之他經，證以成訓，雖別為之說，亦無不可。必欲專守一家，無少出入，則何邵公之《墨守》見伐於康成者矣。」的治經心得，一主破讀；一主通經，故將傳注諸說並列以求其是；遇字有假借者則改其讀。既又由大人之說觸類推之，而見古人之訓詁有後人所未能發明者，亦有必當補正者，其字之假借有必當改讀者，取一隅之見，附於卷中，命曰《經義述聞》，以志義方之訓。[5]

知《經義述聞》一書以破讀、明訓詁為主旨，而其中明訓詁之道在於「以己意逆經意，而參之他經，證以成訓，雖別為之說，亦無不可」，因此為了通讀經書，王引之改動了不少經文，在《左傳述聞》中（下文簡稱《述聞》），其對《左傳》文本用字作了不少推斷，或以誤；或以缺等，這類皆屬校勘學的範疇，而下面將先對《述聞》中屬於校勘的意見加以歸類，所言校勘意見者主要指《左傳》文本用字的訛、衍、脫、倒現象。接著視楊伯峻在《春秋左傳注》中對其說法的取捨，以推知楊氏對二王校勘意見的接受與辨證。《述聞》中屬於文字校勘的劄記，包括有以下：（為行文方便將《述聞》中的說法總括其意，以某字為某字之訛、衍、脫等方式表示。每則末括弧內為上海

---

5　〔清〕王引之撰，虞思徵、馬濤、徐煒君等校點：《經義述聞・一・自序》（上海：上海古籍出版社，2016年），頁1-2。

古籍出版社，二〇一六年校點本《經義述聞》中的頁碼。文字並據
《十三經注疏・春秋左傳正義》校正）[6]

1　《隱公五年傳》「鳥獸之肉不登於俎」。《述聞》：「之」為「其」
　　之譌。（967）

2　《隱公六年傳》「從自及也」。《述聞》：「從」疑當作「徒」。
　　（968）

3　《桓公五年傳》「王亦能軍」。《述聞》：「亦」為「不」之譌。
　　（976）

4　《莊公八年傳》「徒人費」。《述聞》：「徒」為「侍」之譌。
　　（980）

5　《莊公十八年傳》「馬三匹」。《述聞》：「三」為「四」之譌。
　　（983）

6　《莊公廿八年傳》「東關嬖五」。《述聞》：「嬖」為衍文。（984）

7　《僖公四年傳》「漢水以為池」。《述聞》：「水」為衍文。（986）

8　《僖公九年傳》「不可以貳」。《述聞》：「貳」當為「貣」。（991）

9　《僖公十五年傳》「其卜貳圉也」。《述聞》：「貳」為「貣」之
　　譌。（994）

10　《僖公廿四年傳》「臣之罪甚多矣」。《述聞》：「甚」當作
　　「其」。（999）

11　《僖公廿八年傳》「聽輿人之謀，曰稱舍於墓」。《述聞》：
　　「曰」字涉下文而衍。（1005）

12　《僖公廿八年傳》「轠靷鞅靽」。《述聞》：「靷」當為「靳」。
　　（1008）

---

6　〔清〕王引之撰，虞思徵等校點：《經義述聞・三》（上海：上海古籍出版社，2016
　　年），《左傳述聞》為卷17-19，頁967-1158。

13 《僖公廿八年傳》「以相及也」。《述聞》:「及」當為「反」。
（1008）

14 《僖公卅年傳》「昌歜」。《述聞》:「歜」當作「歠」。（1009）

15 《僖公卅一年傳》「必親其共」。《述聞》:「共」當是「先」之
誤。（1011）

16 《文公元年傳》「殺女而立職」。《述聞》:「殺」當是「廢」之
訛。（1018）

17 《文公三年傳》「秦穆公」。《述聞》:「公」為衍文。（1019）

18 《文公十五年傳》「無能為故也」。《述聞》:「故」字涉下文而
衍。（1023）

19 《宣公二年傳》「攻靈公」。《述聞》:「攻」本作「殺」。（1027）

20 《宣公四年傳》「食大夫黿」。《述聞》:「黿」下當有「羹」
字。（1029）

21 《宣公四年傳》「鬥穀於菟」。《述聞》:「鬮」字涉他篇「鬥穀
於菟」而衍。（1030）

22 《成公十六年傳》「三軍萃於王卒」。《述聞》:「三」皆當為
「三」。（1046）

23 《襄公十三年傳》「荀偃將中軍」。《述聞》:「荀偃」上當有
「使」字。（1054）

24 《襄公十九年傳》「其為未卒事於齊故也乎」。《述聞》:「乎」
字為後人所加。（1061）

25 《襄公廿九年傳》「其有陶唐氏之遺民乎」。《述聞》:「遺民」
本作「遺風」。（1077）

26 《襄公卅年傳》「過諸廷」。《述聞》:「過」當為「遇」，字之誤
也。（1080）

27 《襄公卅一年傳》「北宮文子見令尹圍之威儀」。《述聞》:「威」
字衍。（1089）

28 《昭公元年傳》「是謂近女室疾如蠱」。《述聞》：「室」當為「生」，字之誤也。（1093）

29 《昭公三年傳》「且諺曰」。《述聞》：「且諺曰」本作「曰諺曰」。（1095）

30 《昭公七年傳》「不能相禮。」《述聞》：「相」字亦後人所增。（1109）

31 《昭公十一年傳》「貌不道容」。《述聞》：「貌」當為「視」，誤。（1114）

32 《昭公十二年傳》「是四國者」。《述聞》：「四」當為「三」，涉上文而誤。（1114）

33 《昭公十五年傳》「曰義也夫」。《述聞》：「曰」當為「由」，字之誤。（1119）

34 《昭公廿年傳》「棠君尚」。《述聞》：「君」當作「尹」。（1123）

35 《昭公廿年傳》「偪介之關」。《述聞》：本當作「尒」，誤為「介」。（1128）

36 《昭公廿四年傳》「問於介眾」。《述聞》：「介」疑當作「亓」。（1131）

37 《昭公廿四年傳》「用成周之寶珪于河」。《述聞》：「于河」上缺「沈」字。（1132）

38 《哀公六年傳》「潛師閉塗」。《述聞》：「塗」當為「壁」字。（1152）

39 《哀公十三年傳》「有事於上帝先王」。《述聞》：「先王」當作「先公」。（1153）

40 《哀公十六年傳》「使處吳境」。《述聞》：「吳」字涉上文而衍。（1156）

以上四十則，若分析其校勘方法，可分為利用對校法（不同《左傳》版本對校）、他校法（以他書引《左傳》文句者校《左傳》）與理校法（以理據推論）三種方式來校勘。[7]

校勘貴能得善本，若有善本可據，則校勘可不辯自明。而《左傳》一書今所能見最早的完本，在阮元的《十三經注疏》（嘉慶廿年江西南昌府學開雕〈重刊宋本左傳注疏附挍勘記〉）之前，還有隋唐時期的寫本金澤文庫本，故金澤文庫本是現今見存最早的完本，在校勘的價值上不言可喻。然而雖說其抄寫時間早於阮元的十三經注疏本，但因阮書以多本宋版及明刊注疏本（閩、監、毛）進行對校，又以《經典釋文》、唐宋石經以及各經注本作為經注文字的校勘材料，故其整體價值也不在金澤文庫本之下。而王引之《經義述聞》（二刻）卷首有阮元的序（嘉慶廿二年），知其成書較阮元的〈重刊宋本左傳注疏附挍勘記〉晚，[8]故或當時王引之已能利用阮刊本中的材料來作校勘，或者說阮刻本中的材料，王引之也當有所關注才是，尤其是異文等與校勘有直接關係者。[9]

---

7　校勘方法可參陳垣：《校勘學釋例》（上海：上海書店出版社，1997年），頁118-122。

8　《經義述聞》在王引之生前共歷三版，分別是嘉慶二年初刻、嘉慶廿一年重刻與道光七年三刻。首刻不分卷，重刻分十五卷，三刻補入《春秋名字解詁》、《爾雅》及《太歲考》，增至卅二卷。

9　〔清〕阮元《經義述聞・序》提及「嘉慶二十年，南昌盧氏宣旬讀其書（案：指《經義述聞》）而慕之。既而伯申又從京師以手訂全帙寄余，余授之盧氏。盧氏於刻《十三經注疏》之暇，付之刻工。伯申亦請余序言之。」〔清〕王引之撰，虞思徵等校點：《經義述聞・一》序，頁1。知負責定稿《十三經注疏》的盧宣旬不僅讀過《經義述聞》，也是催生該書，使之付梓的人。又嘉慶十二年，王引之任河南學政，曾與阮元共同出資，購《十三經注疏》百餘部，分置各屬學官，俾諸生抄讀（王壽昌等《伯申府君行狀・傳狀・卷五》），參王章濤：《王念孫王引之年譜》（揚州：廣陵書社，2006年），頁162。亦可想見阮刻本中的材料，引之當也不陌生。

## 三 王引之《左傳述聞》中校勘劄記分類與驗證

下文將針對上舉四十例加以分類，分類原則為據王氏所用的校勘方法，茲分為利用對校法所得推論者、利用他校法所得推論者及利用理校法所得推論者三類。

### （一）利用對校法所得推論者（編號沿用上舉四十則之號，下同）

利用對校法所得推論者，即王氏以《左傳》另本文字來校勘，另本包括《釋文》、石經等所載的《左傳》異文。每則於《左傳》原文後附帶說明王氏校改的理由。

1　《隱公五年傳》「鳥獸之〈其〉（在《述聞》認定的訛字後，隨注其所言正字，外加〈 〉。下同）肉不登於俎」。《述聞》：據《釋文》一本作「其」。

10　《僖公廿四年傳》「臣之罪甚〈其〉多矣」。《述聞》：據《釋文》曰「一本甚作其」。

17　《文公三年傳》「秦穆〔公〕（在《述聞》認定的衍字上，以〔 〕括注，下同）」。《述聞》：《校勘記》曰：「《石經》無「公」字，足利本亦無。」

34　《昭公廿年傳》「棠君〈尹〉尚」。《述聞》：《釋文》：「君或作尹」。

37　《昭公廿四年傳》「用成周之寶珪【沈】于河（在《述聞》認定的缺字上，以【 】括注，下同）」。《述聞》：《釋文》云「于河，本或作沈于河」。《白帖》六七兩卷並引作「沈于河」，與《史記正義》同。

以上五例中，有四例是根據《釋文》所載的異文資料；一例是據《石經》的資料作推論。上舉第37則，除了有《釋文》的異文，還有《白帖》及《史記正義》的引文證據。

這些《釋文》所保留的異文，其實是阮元、盧宣旬等人勘定〈重刊宋本左傳注疏附校勘記〉時，根據諸多版本所整理出的異文資料，也可以說是當初校勘比較《左傳》異本時，不被採用的說法。

若比對金澤文庫本，則第17則《文公三年傳》「秦穆〔公〕」，金澤文庫本確實無「公」字，同於《石經》與足利本。第37則《昭公廿四年傳》「用成周之寶珪【沈】于河」，金澤文庫本有「沈」字，同於《釋文》異文及《白帖》與《史記正義》所引。在楊伯峻的《春秋左傳注》中對此二則，完全接受。[10]其餘三則，第1則，《春秋左傳注》未錄；第10則，楊氏言不確；第34則，以為未必確。「不確」與「未必確」的差別，當在於前者可確定其誤；後者仍持疑。

以第1則「鳥獸之〈其〉肉不登於俎」則來看，此則楊氏不錄，其原文為「鳥獸之肉不登於俎，皮革、齒牙、骨角、毛羽不登於器，則公不射，古之制也。」前句「鳥獸」為主詞，後句省略主詞（承前省），而巡言「皮革、齒牙、骨角、毛羽」，本清楚易懂，王引之見《釋文》一本「之」字的異文作「其」，而好奇改文，將全句改讀為「鳥獸，其肉不登於俎，皮革、齒牙、骨角、毛羽不登於器」。理由是「其肉」二字不能包含下面的「皮革、齒牙、骨角、毛羽」。[11]實則後句承前省略主詞，「皮革、齒牙、骨角、毛羽」的主語也是「鳥獸」（案即「鳥獸之肉不登於俎，（鳥獸之）皮革、齒牙、骨角、毛羽不登於器」）。「之」與「其」異文的產生當是義同互用，阮刻本取「之」不取

---

10 第17則見楊伯峻：《春秋左傳注》，頁530；37則見同書，頁1452。

11 〔清〕王引之撰，虞思徵等校點：《經義述聞・三》，頁967。

「其」，或認為「之」才是原文，王氏求之過深。或許因之而《春秋左傳注》不錄。

作代詞的「之」可與「其」互換，如《呂氏春秋・音初》「之子是必大吉」，高誘注「之，其。」清華簡〈天下之道〉簡5「昔三王者之所以取之之器，一曰歸之以中以安其邦，一曰歸之謀人以悅之心，一曰戾其脩以離其眾。」其中「安其邦」「悅之心」「離其眾」並舉，「之」亦「其」也。[12]

## （二）利用他校法所得推論者

他校法指非用另本《左傳》文本來對校，而以他書來與《左傳》文字校勘。主要是指他書中曾引用《左傳》文句者。《述聞》中的例子有：

16　《文公元年傳》「殺〈廢〉女而立職」。《述聞》：《韓非子》及《史通》並引作「廢」是也。

19　《宣公二年傳》「攻〈殺〉靈公」。《述聞》：《北堂書鈔・政術部十一》引此正作「趙穿煞靈公於桃園」，「煞」即「殺」字；《史記・十二諸侯年表》「晉靈公十四年，趙穿殺靈公」，亦皆言「殺」。

20　《宣公四年傳》「食大夫黿【羹】」。《述聞》：《北堂書鈔・酒食部三・羹篇》出「黿羹」二字，注引《左傳》「食大夫黿羹」，《初學記・服食部・羹篇》引同。《白帖》十六〈羹篇〉出「黿羹」二字，注所引亦同。

---

12 暨慧琳：《先秦兩漢典籍類出土文獻特殊文例整理與研究——結合《古書疑義舉例》看出土文獻中的相關問題》（上海：復旦大學博士學位論文，2021年），頁84。

24 《襄公十九年傳》「其為未卒事於齊故也〔乎〕」。《述聞》：家
大人曰：「乎」字為後人所加，也與邪同。後人不知古字之假
借，故又加「乎」字耳。《後漢書・袁譚傳》注、《太平御覽・
人事部七》、《禮儀部二十八》引此皆無「乎」字。

27 《襄公卅一年傳》「北宮文子見令尹圍之〔威〕儀」。《述聞》：
家大人曰：「令尹圍之威儀」本作「令尹圍之儀」，其「威」字
則涉下文「威儀」而衍。案《漢書・五行志》引此無「威」
字。

29 《昭公三年傳》「且〈曰〉諺曰」。《述聞》：家大人曰：「且諺
曰」本作「曰諺曰」。《初學記・居處部》、《太平御覽・州郡部
三》引此並作「曰諺曰」。

30 《昭公七年傳》「不能〔相〕禮。」《述聞》：「相」字乃後人據
俗本《左傳》增之也，《藝文類聚・人事部六》引傳文作「病
不能禮」，無「相」字。

33 《昭公十五年傳》「曰〈由〉義也夫」。《述聞》：「曰」當為
「由」，字之脫誤也。「猶」讀為「由」，字之假借也。《家語・
正論篇》載此「猶」正作「由」，則「曰」字亦當作「由」，寫
者脫一直畫耳。

39 《哀公十三年傳》「有事於上帝先王〈公〉」。《述聞》：家大人
曰：作「先公」者是也。今本作「先王」者，後人依《家語》
（〈辯物篇〉）改之耳。《桓五年》正義引此正作「先公」。
　（1153）

上引九則，乃王氏據他校法所得，所利用之書包括《韓非子》、《北堂
書鈔》、《漢書》、《後漢書》注、《太平御覽》、《初學記》、《白孔六
帖》、《藝文類聚》、《孔子家語》等中的引文。此九則中，可進一步利

用金澤文庫本加以證成者，僅第19則《宣公二年傳》「攻〈殺〉靈公」，文庫本作「趙穿煞靈公」，「煞」即「殺」。第29則《昭公三年傳》「且〈曰〉諺曰」，文庫本正作「曰諺曰」。這兩則《春秋左傳注》亦據止、據改。[13]

而第16則「殺〈廢〉女而立職」，楊氏以為未必為誤字；第24則「其為未卒事於齊故也〔乎〕」，楊氏不從；第39則「有事於上帝先王〈公〉」，楊氏以為不足信。第20則「食大夫黿【羹】」、第27則「令尹圍之〔威〕儀」、第30則「不能〔相〕禮。」、第33則「曰〈由〉義也夫」，楊氏在《春秋左傳注》中皆僅錄其說而不加以評論。

## （三）利用理校法所得推論者

依校者的理據來推論以定其是非的校勘法為理校法，在諸多校勘法中這種方法最難，而也最危險。《左傳述聞》中據這種方法來論斷者，在數量上最多。有以下：

2　《隱公六年傳》「長惡不悛，從〈徒〉自及也」。《述聞》：杜注曰「從，隨也。」引之謹案：「隨自及也」，殊為不詞。「從」疑當作「徒」。隸書「從」與「徒」形相似，故「徒」訛作「從」。

3　《桓公五年傳》「王亦〈不〉能軍」。《述聞》：杜注曰：「雖軍敗身傷，猶殿而不奔，故言能軍」。引之謹案：王已傷矣，尚安能殿？自古軍敗而殿，皆群臣為之，不聞王侯身自為殿也。「亦」當為「不」，字形相似而誤。

4　《莊公八年傳》「徒〈侍〉人費」。《述聞》：「徒」當為「侍」，字之誤也。侍人，即寺人。遍考書傳，豈有徒人之官乎？

---

5　《莊公十八年傳》「皆賜玉五瑴，馬三〈四〉匹，非禮也。」《述聞》：古無以三馬賜人者。「三」當為「三」，古「四」字，脫去一畫耳。

6　《莊公廿八年傳》「驪姬嬖，欲立其子，賂外嬖梁五與東關〔嬖〕五」。《述聞》：驪姬，內嬖也；二五，外嬖也。「外嬖」二字，統二五言之，「東關」下不當復有「嬖」字。

7　《僖公四年傳》「楚國方城以為城，漢〔水〕以為池」。《述聞》：《商頌・殷武》正義引服《注》云：「方城，山名。漢，水名」。若《傳》文本作漢水，則服《注》為贅語矣。

8　《僖公九年傳》「吾與先君言矣，不可以貳〈貳〉」。《述聞》：「貳」當為「貳」。「貳」者，「忒」之借字。《大雅・瞻卬》傳曰「忒，變也。」言不濟則以死繼之。

9　《僖公十五年傳》「其卜貳〈貳〉圉也」。《述聞》：杜注曰：「貳，代也」。引之謹案：古無訓「貳」為代者。「貳」當為「貳」。「貳」與「代」古同聲。

11　《僖公廿八年傳》「聽輿人之謀，〔曰〕稱舍於墓」。《述聞》：正義曰此「謀」字或作「誦」，涉下文而誤耳。家大人曰「曰」字亦涉下文而衍。輿人之謀言舍於墓也，「稱」上不當復有「曰」字。

12.《僖公廿八年傳》「轙靷〈靳〉鞅鞀」。《述聞》：杜注曰：「在胸曰靷」。釋文：「靷，以刃反。《說文》云『引軸也』。」正義曰：「此注與《說文》不同，蓋以時驗為解也。」家大人曰：「靷」當為「靳」。《說文》「靳，當膺也」，與杜氏「在胸」之訓正合。「靳」「靷」草書相似，易以譌溷，故「靳」誤作「靷」。

13　《僖公廿八年傳》「有渝此盟以相及〈反〉也」。《述聞》：杜注

曰：「以惡相及」。引之謹案：「及」字之義不明，故杜增成其義曰「以惡相及」。然傳文但言「相及」，不言「以惡」也。今案：「及」當為「反」，字之誤也。「相反」，謂相違。

14　《僖公卅年傳》「饗有昌歜〈歜〉」。《述聞》：杜注曰：「昌歜，昌蒲菹」。《杜解補正》「顧氏《玉篇》有「歜」字，徂敢切。昌蒲菹也。然則《傳》之『昌歜』正合此字，而唐人已誤為『歜』，《廣韻》亦誤。」引之謹案：「歜」字或省作從黽從欠，「黽」字隸書與「蜀」相似，故傳寫者誤作「歜」。

15　《僖公卅一年傳》「晉新得諸侯，必親其共〈先〉，不速行，將無及也。」《述聞》：家大人曰：「必親其共」，「共」字義不可曉，當是「先」字之誤。

18　《文公十五年傳》「無能為〔故〕也」。《述聞》：家大人曰：「故」字涉下文「王故也」而衍，云「書曰：諸侯盟于扈，無能為也」者，不書晉侯、宋公云云，而總之曰「諸侯」，言其無能為也。

21　《宣公四年傳》「楚人謂乳穀，謂虎於菟，故命之曰〔鬥〕穀於菟。」《述聞》：《傳》凡言「命之曰某」者，皆名也。未有連姓言之者。「鬥」字蓋涉他篇「鬥穀於菟」而衍。

22　《成公十六年傳》「楚之良，在其中軍王族而已，請分良以擊其左右，而三〈四〉軍萃於王卒，必大敗之。」《述聞》：「三軍萃於王卒」、「三萃以攻其王族」，「三」皆當為「三」。晉之四軍，合而攻楚之中軍，故曰「四軍萃於王卒」。

23　《襄公十三年傳》「請從伯游，【使】荀偃將中軍，士匄佐之。」《述聞》：家大人曰：「荀偃」上當有「使」字。晉侯使士匄將中軍，而士匄辭以荀偃，故使荀偃將中軍，士匄佐之。脫去「使」字，則文義不明。

25　《襄公廿九年傳》「其有陶唐氏之遺民〈風〉乎？不然何憂之
　　遠也」。《述聞》：家大人曰：「遺民」本作「遺風」，此涉下文
　　「猶有先王之遺民而誤」。案：杜注云「晉本唐國，故有堯之
　　遺風」，則《傳》文之作「遺風」甚明。

26　《襄公卅年傳》「王儋季卒，其子括將見王而歎，單公子愆期
　　為靈王御士，過〈遇〉諸廷，聞其歎。」《述聞》：杜解「過諸
　　廷」曰：「愆期行過王庭」。家大人曰：「過」當為「遇」，字之
　　誤也。儋括入朝，而愆期遇之於廷，故曰遇諸廷，猶《論語》
　　言「遇諸塗」也。

28　《昭公元年傳》「是謂近女室〈生〉疾如蠱」。《述聞》：家大人
　　曰：晉侯以近女而生疾，不言「近女」而言「近女室」，於義
　　轉迂。案：「室」當為「生」，字之誤也。是謂「近女」為句，
　　「生疾如蠱」為句。

31　《昭公十一年傳》「今單子為王官伯而命事於會，視不登帶，
　　言不過步，貌〈視〉不道容，而言不昭矣」。《述聞》：「貌不道
　　容」，「貌」當為「視」，此涉上文「容貌」而誤。上下文皆以
　　言、視對文，今本「視」作「貌」，則與上文不合。

32　《昭公十二年傳》「是四〈三〉國者，專足畏也。」《述聞》：
　　陳、蔡、不羹實三國，故《楚語》既言「三國」又言「三
　　城」，而此言「四國」者，涉上文兩「四國」字而誤。

35　《昭公廿年傳》「縣鄙之人，入從其政，偪介〈尔〉之關，暴
　　征其私」。《述聞》：引之謹案：「偪介」本作「偪尔」，「尔」即
　　「邇」字也，「偪」「尔」二字義本相近。《晏子春秋・外篇》作
　　「偪介之關」，亦後人依《左傳》改之。晏子書言「偪邇」者多
　　矣，唯此一處作「偪介」，與本書不合，故知為後人所改也。

36　《昭公廿四年傳》「士伯立于乾祭而問於介〈亣〉眾」。《述

聞》：杜注曰：「介，大也。」言眾則周之國人胥在是矣，無取更言大也。書傳亦無謂國人為介眾者。「介」疑當作「亓」。「亓」古「其」字。「問於其眾」者，問於周之眾庶也。

38　《哀公六年傳》「潛師閉塗〈壁〉，逆越女之子章立之而後還」。《述聞》：「壁塗」二字文不成義。塗非門關之類，不可得而閉也。且是時方將迎惠王於國中，而先絕其往來之塗，則惠王無由至軍中矣。「塗」當為「壁」，字相似而誤也。蓋楚之諸臣恐昭王之死為鄰國所知，故作為伏師閉壘之狀，使人莫測其意也。

40　《哀公十六年傳》「使處〔吳〕境，為白公」。《述聞》：家大人曰：子西召勝歸楚，則當使處楚竟，不當使處吳竟。且吳為敵國，子西安能使勝處吳竟乎？予謂「吳」字乃涉上文「在吳」而衍。

以上廿六則中，訛字例有十九則；衍字例有六則；脫字例有一則。比校金澤文庫本，可以證成其說者，僅第11則「稱舍於墓」，金澤本「稱」上無「曰」字。而有七則被楊氏《春秋左傳注》採信；以為不確者（或不可從者）有十二則（2、6、7、8、9、15、23、25、32、36、38、40）；未必確者（含無據、恐不可信、恐不合傳者）有五則（3、13、18、21、31）；第28則僅錄出，不予評論；第26則不錄。

## 四　楊伯峻《春秋左傳注》對《左傳述聞》中校勘說法的引錄探討

上舉廿六則乃《述聞》運用理校法所得者，在《春秋左傳注》中僅有七則被楊氏所接受，分別是：

　　《莊公八年傳》「徒〈侍〉人費」、《莊公十八年傳》「馬三〈四〉匹」、《僖公廿八年傳》「〔曰〕稱舍於墓」、《僖公廿八年傳》「轈靷〈靳〉鞅靽」、《僖公卅年傳》「饗有昌歜〈歠〉」、《成公十六年傳》「三〈四〉軍萃於王卒」、《昭公廿年傳》「偪介〈尔〉之關」。

　　上舉七則除「〔曰〕稱舍於墓」一則，已證成於金澤文庫本外，餘六則皆屬理據較強者，[14] 如「寺人費」，楊注以為「《漢書·古今人表》作寺人費，是其明證」；「轈靷〈靳〉鞅靽」，楊注以為「轈、靳、鞅、靽，言其車馬之裝備齊全也。」「三〈四〉軍萃於王卒」，楊注「（襄公廿六年傳）『……，吾乃四萃於其王族，必大敗之。』晉人從之。較此為詳」。[15]

　　楊氏對上引王引之說法也見有批評之處，如：第2則「從自及也」，《述聞》以為不詞，主「從」當作「徒」，言長惡不悛，無害於人，徒自害而已。劉文淇的《春秋左氏傳舊注疏證》，也批評王說以為「鄭箋云：『從，隨也。』傳意以有惡而不知悛止，則害隨之至，從之訓隨，本自可通，無所不辭」，[16] 故楊伯峻以為其說不可從，「從自及也」謂跟著，接著自及於禍害。[17] 第25則「其有陶唐氏之遺民乎？」王念孫以為「『遺民』本作『遺風』，涉下文而誤」，楊以下文

---

14　于鬯以為「王引之《述聞》誤從孔義之說，又謂曰字亦涉下文而衍。然以文義論，謂曰字衍卻可，謂誦誦字誤不可也。上文云『謂楚人曰：不卒戍也。』，阮元〈校勘記〉引石經宋本無曰字。竊謂此文曰字本在上文，即由彼脫而誤入於此，則其衍也不必涉下文而衍也。今本兩有曰字，乃不得不謂涉下文而衍矣。」〔清〕于鬯：《香草校書·下》（北京：中華書局，2006年），頁772。

15　楊伯峻：《春秋左傳注》，頁175、460、885。

16　〔清〕劉文淇：《春秋左氏傳舊注疏證》（京都：中文出版社，1979年），頁39。

17　楊伯峻：《春秋左傳注》，頁50。虞萬里在〈《經義述聞》整理本序〉中，曾引此條作為王氏研究方法的代表，其言「讀前段，引之證『從』為『徒』後，復又連舉六例『從』『徒』異文，證據亦可謂充足矣」。〔清〕王引之撰，虞思徵等校點：《經義述聞·一》，頁40。

云「非令德之後」，則作「民」是。[18]第32則《昭公十二年傳》「是四國者」，杜注「四國，陳、蔡、二不羹。」王引之主張「四」為「三」之誤。楊伯峻則以贊同杜說的閻若璩、汪中說法為據，認為王說不確。[19]第38則《哀公六年傳》「潛師閉塗」，《述聞》以為「壁塗」文不成義。「塗」當為「壁」，字相似而誤也。楊伯峻則以為「閉塗」即封閉有關道路，不使己情外洩。王說不可信。[20]

以上楊氏的說法皆中肯，校勘在沒有文本異文的情況下，若非有十足的把握，改字是下下策，故《僖公廿八年傳》「有渝此盟以相及也」（第13則），王引之以為「及」當為「反」，字之誤也。章太炎則指出「王說雖是，終嫌改字」。並以《荀子・儒效篇》「周公屏成王而及武王」，楊倞「及，繼也」為解，反對王說。楊伯峻則主張「及本有及於禍害之義」，並言「章說失之牽強，王說改字無據」，對王說抱以持疑未必確的看法，較為公允。[21]

若進一步來分析王氏理校法的例子，如第6則「略外嬖梁五與東關〔嬖〕五」、第7則「楚國方城以為城，漢〔水〕以為池」二則，似都可視為欲使文句對稱而足字者，「外嬖梁五」與「東關嬖五」；「方城」與「漢水」，皆字數對稱。王引之以義求之，認為「外嬖」二字，已統梁五與東關五，故下文不當再有「嬖」字，而楊伯峻則舉《昭公九年傳》的「外嬖嬖叔」反證之，可見王氏求之過深。

而第8則「吾與先君言矣，不可以貳〈貳〉」與第9則「其卜貳〈貳〉圉也」兩處的「貳」字，王引之都認為是「貳」之訛，前者訓為變，後者訓為代。實則《左傳》一書中「貳」字常見，「國不堪

18 楊伯峻：《春秋左傳注》，頁1163。
19 楊伯峻：《春秋左傳注》，頁1340。
20 楊伯峻：《春秋左傳注》，頁1635。
21 楊伯峻：《春秋左傳注》，頁469。

貳」、「大叔命西鄙北鄙貳於己」（隱公元年傳）、「大夫有貳宗」（桓公二年傳）、「因重固，間攜貳」（閔公元年）、「貳偷之不暇」（昭公十三年傳）等等，有作名詞者，也有作動詞者。有當「貳心」訓者，也有作「次第」義解者，更有引申為「不一者」也。[22]故《左傳會箋》以為「不可以貳」的「貳」可訓變，亦通。實則視為由「貳」的不專一義，輾轉引申為改變義（即不守承諾），亦未嘗不可。

而「其卜貳圉也」，楊伯峻《春秋左傳注》則引《晉語一》「夫太子，君之貳也」作解，訓為卜立其子圉為國君也，[23]說亦中肯。王氏囿於杜注的「貳，代也」之說，而欲改「貳」為「貳」，亦過矣。「卜貳圉」乃卜日立子圉為國君，並非卜取代子圉為國君。王氏改為「貳」，則與句義不合矣。

還有一些是王氏僅憑常理推斷者，如第3則「王亦〈不〉能軍」。《述聞》：杜注曰：「雖軍敗身傷，猶殿而不奔，故言能軍」。引之謹案：「王已傷矣，尚安能殿？自古軍敗而殿，皆群臣為之，不聞王侯身自為殿也。」此想當然爾之說，而楊氏指出「無據」，對此說持疑。

第26則《襄公卅年傳》「王儋季卒，其子括將見王而歎，單公子愆期為靈王御士，過〈遇〉諸廷，聞其歎。」。《述聞》以為「過」當為「遇」，儋括入朝，而愆期遇之於廷，猶如《論語》言「遇諸塗」也。然而當先有「過」才能「遇」，杜解「過諸廷」為「愆期行過王

---

22 「貳偷之不暇，何暇討。」杜注「貳，不一；偷，苟且。」孔疏「政出多門則其情不一，情既不一則各懷苟且，各自苟且免於目前。無人為國遠慮也。」楊伯峻注「貳偷之不暇」為晉政不一致而苟且，如是則無閒暇，更無暇出兵。〔晉〕杜預集解，〔唐〕孔穎達正義：《春秋左傳正義》（臺北：藝文印書館，1997年），頁813；及楊伯峻：《春秋左傳注》，頁1395。

23 楊伯峻：《春秋左傳注》，頁360。劉文淇以為「洪亮吉云：鄭司農《周禮注》『貳，副也』，杜訓貳為代，非。《晉世家》晉侯亦使呂省等報國人曰『孤雖得歸，毋面目見社稷，卜日立子圉。』亦以卜貳圉為立世子圉。《禮》疏謂卜副貳之子圉，確不可易。」《春秋左氏傳舊注疏證》，頁323。

廷」，強調悆期正好行過王廷，故能適聞儋括之嘆，悆期不過廷，如何能聞儋括之嘆。《左傳》此語重在「過」，而上引《論語》則重在「遇」，對文有別，散文則通，王氏欲改「過」為「遇」，亦求之過深。《春秋左傳注》不錄此則。

而為楊氏所不取，但未能加以辯明其理者，有時也是王引之的誤說。如第36則《昭公廿四年傳》「士伯立于乾祭而問於介〈亓〉眾」。王氏從杜注：「介，大也。」起疑，以為言眾則周之國人胥在是矣，無取更言大也。書傳亦無謂國人為介眾（大眾）者，「介」疑當作「亓」。「亓」古「其」字。亓與介字形相似，誤為介，杜所見本已然。而楊氏《春秋左傳注》言「不取」，但未說明其因。[24]實則一是亓、介兩字形體並不接近；再者，古書中不乏「大眾」之語，如《禮記・月令》「毋聚大眾」，《荀子・議兵》「不足以合大眾」。[25]

## 五 結論

以上將王引之《左傳述聞》中屬於校勘內容的四十則劄記加以分類，依對校者、他校者、理校者分為三，復輔以金澤文庫本驗之，可確定者有對校二則（17、37）；他校二則（19、29）；理校一則（11）。而楊伯峻《春秋左傳注》中接受王說者僅十一則（4、5、11、12、14、17、19、22、29、35、37）；餘則言不確，或未必確，或僅附見或者不錄。

總而言之，《春秋左傳注》對《左傳述聞》中的意見，若是能透過更早文本用字加以勘正者，如金澤文庫本等，則皆表贊同，如上舉

---

24 楊伯峻：《春秋左傳注》，頁1451。

25 孫飈：《《經義述聞》辨正舉要——以出土文獻為依據》（上海：復旦大學碩士學位論文，2021年），頁33。

王氏利用對校可證的第17則（「秦穆〔公〕」）、第37則（「用成周之寶珪【沈】于河」）；以及利用他校法可證的第19則（「攻〈殺〉靈公」）、第29則（「且〈曰〉諺曰」）；利用理校法可證的第11則（「聽輿人之謀，〔曰〕稱舍於墓」）。

再者，對於理據勝者亦取。如第4則（「徒〈侍〉人費」）、第5則（「馬三〈四〉匹」）、第12則（「鞿靷〈靳〉靮鞁」）、第14則（「饗有昌歜〈歞〉」）、第22則（「三〈四〉軍萃於王卒」）、第35則（「偪介〈尒〉之關」）亦從。

而僅附注出而不予評論者，如第20則（「食大夫黿【羹】」）、第27則（「令尹圍之〔威〕儀」）、第28則（「是謂近女室〈生〉疾如蠱」）、第30則（「不能〔相〕禮」）、第33則（「曰〈由〉義也夫」）。不下評論乃欲交予讀者判定。[26]其餘則皆採謹慎的態度言其不確，並辨正其說；或言未必確，以持疑，可見其不盲從王說。

---

26 劉澤琳以為，楊伯峻採納《述聞》的徒人費、鞿靷靮鞁、昌歜、必親其共、攻靈公、曰義也夫、且諺曰、偪介之關、潛師閉塗、先王（以上誤字例）、曰稱舍於墓、秦穆公、鬥穀於菟（以上衍文例）諸說，實則必親其共、潛師閉塗、先王、鬥穀於菟四例，《春秋左傳注》不取。參劉澤琳：《《經義述聞》中的《春秋》三傳研究》（濟南：山東師範大學碩士學位論文，2020年），頁34、39。以及《春秋左傳注》，頁485、1635、1678、683。

# 清華簡六《子儀》篇文本釋讀及相關史事再討論

張博倫<sup>*</sup>

## 摘　要

　　清華簡六的《子儀》篇是有關於秦穆公晚期殽之戰後的重要史料。依馬楠先生意見，竹簡的編聯順序除第15支簡應提前到1、2簡之間外，其餘應保持整理者在整理報告中公布的順序。對於篇章中的一些疑難字詞，我們將「棠」釋讀為「嘗祭」之「嘗」；「弋」讀為「任」；「▨」讀為「灶」；「敽而畏」讀為「惰而困」。殽之戰並未給秦國造成致命的打擊，通過秦穆公主導的各項政策，穩定人心，化解困境，秦國國力很快得到恢復甚至超過戰前的水準。秦穆公放歸子儀應是在秦穆公三十九年，即秦穆公過世之年。放歸子儀是秦穆公深思熟慮的結果，不僅有利於秦、楚兩國關係的改善，同時或許也有秦穆公對人才珍視的情節寓之其中。

**關鍵字：**清華簡、秦穆公、子儀、殽之戰

---

\* 首都師範大學歷史學院碩士研究生。

# 一　前言

　　《清華大學藏戰國竹簡（陸）》中有《子儀》一篇，該篇文本記錄殽之戰後，秦穆公為謀求穩定與發展，向楚國媾和並主動歸還多年前俘獲的楚國貴族申公子儀一事。整理報告共包含二十支簡，無殘損文字簡況較好，全文大體上分為三個部分，首先介紹殽之戰後秦國的社會背景，接著敘述秦公與子儀燕饗、賦詩，最後是二人的「翌日之別」。其中秦穆公和子儀二人的對話占據了該篇的較大篇幅，且大多晦澀難懂，整理者趙平安先生曾說道：「本篇簡文對話多用隱語，由於缺乏具體背景資料，難於準確把握」[1]，因此進一步研究這篇珍貴的出土文獻，對其文本的釋讀及相關史事的把握梳理至關重要。

　　竹簡類出土文獻不同於以往甲骨、金石類文獻的突出一點是語句的前後關係難以確定，簡之間的編繩幾乎腐朽殆盡，如果簡序排列出問題，對於篇章的理解定然會產生錯誤。《子儀》篇的簡序除整理報告中公布的次序外，朱忠恆、何家興等先生認同網友「子居」的編聯意見認為簡序應當為「1+15+2+3+4+5+6+7+8+9+10+11+17+18+19+16+12+13+14+20」[2]，而馬楠先生認為除第15支簡應提前到1、2兩支簡間外，其餘簡序應保持整理者趙平安先生的整理意見[3]。我們認為馬楠先生的意見較為合理，編聯意見及原因馬楠先生在文中論之甚

---

1　李學勤主編：《清華大學藏戰國竹簡（陸）》（上海：中西書局，2016年），頁127。

2　朱忠恆：《清華大學藏戰國竹簡（陸）》集釋（武漢：武漢大學碩士論文，2018年），頁107；何家興：〈清華簡《子儀》辭令研究〉，《中國文學研究（輯刊）》（2019年），頁16-27。文中轉引網友「子居」的觀點皆來自子居：〈清華簡《子儀》解析〉，中國先秦史網站，網址：http://xianqin.byeth · st10.c · m/2016/05/11/333?i=1，後文不另出注。

3　馬楠：〈清華簡《子儀》相關史事與簡文編連釋讀〉，《簡帛》2020年第1期，頁31-38。

詳，不再贅述。為行文方便，根據馬楠先生的簡序將釋文列於其下，文字釋讀博採眾家觀點並參以拙見，除個別後文討論所涉及之字外，釋文一律採用寬式隸定：

既敗於殽，恐民之大病，移易故職。欲民所安，其亶不更。公益急，三謀輔之，靡土不飭，耄幼【一】在公。陰者思陽，陽者思陰，民恆不實，乃毀棠（嘗）各（格）務。降上品之辨，官相弋（任）乃有見功。公及三【一五】謀慶而賞之。乃簡冊秦邦之賢餘，自蠶月至于秋令備焉。取及七年，車逸於舊數三百，【二】徒逸于舊典六百，以視楚子儀於杏會。

公曰：「儀父！不穀繻左右絚，繻右左絚，如權之【三】有加榬也。君及不穀專心戮力以左右諸侯，則何為而不可？」乃張大灰（灰-灶？）於東奇之外，豐。【四】子儀無豐，賄貨以贛。公命窮韋、升琴、奏鏞，歌曰：「迆迆兮逶逶兮。徒僧（會？）所遊，又步里謰。」【五】應也和歌，曰：「漳水兮遠望，逆視達化。洿兮靡靡，渭兮滔滔，楊柳兮依依，其下之浩浩。此慍之傷痛，【六】是不攻而猶，僮是尚求。慼惕之怍，處吾以休，賴子是救。」乃命升琴歌於子儀，楚樂和【七】之曰：「鳥飛兮愭永，余何繪以就之？遠人兮麗宿，君有尋言，餘誰使于告之？強弓可挽其絕【八】也，繪追而及之；莫往兮可以實音。余畏其惑而不信，余誰思于脅之。昔之編兮余不與，今茲【九】之編余或不與，奪之績可而奮之。織紝之不成，吾何以祭稷。」

翌明，公送子儀。公曰：「儀【一○】父！以不穀之修遠於君，何爭而不好？譬之如兩犬夾河敡（隋-惰）而羉（困），豈畏不足，心則不【一一】屬？救兄弟以見東方之諸侯，豈曰奉

晉軍以相南面之事？先人有言曰：『咎者不元。』昔羈【一二】之來也，不穀宿之靈陰，期年而見之，亦唯咎之故。」公曰：「儀父！嬴氏多絲，緡而不續。【一三】給織不能，官居占夢，漸永不休。臺上有兔，葵枝當原，埃客而翦之。」子儀曰：「君欲乞丹【一四】方，諸任君不瞻彼沮漳之川，開而不闔，抑虜夷之楷也。」公曰：「儀父！昔羈之行，不穀欲【一六】裕。我無反（飯）副（福），尚端項瞻遊目以盽我秦邦。不穀敢愛糧？」公曰：「儀父！歸汝其何言？」子儀【一七】曰：「臣觀于潍溢，見屬壑待濟，不終濡壑，臣其歸而言之；臣見二人仇競，一人至辭于儷，獄【一八】乃成，臣其歸而言之；臣見遺者弗複，翌明而返之，臣其歸而言之；公曰『君不尚荒隔』，【一九】王之北沒，通之于穀道，豈于子孫若？臣其歸而言之。」【二〇】

## 二 《子儀》篇疑難字考釋及相關文本釋讀

下面我們將對《子儀》篇中一些存在爭議的字詞進行討論，進而對文本釋讀提出意見。

### （一）毀棠（嘗）各（格）務

簡15中有「棠」字，可以隸定為「棠」，整理者及諸學者多釋讀為「常」，但前後句的句讀各家的意見不盡相同，對文義理解也較為模糊，所以我們不妨換一個思路重新理解一下這段文字。「棠」字在出土文獻中並不少見，除可以讀為「常」外，還有一種特殊的用法，讀為「嘗」，即《禮記‧祭統》中所謂「秋祭曰嘗」，這種用法最早發

現於楚王酓（熊）腫鼎（集成[4]2623）、楚王酓（熊）腫盤（集成10100），銘文作「以共（供）畞（烝）棠」，郭沫若、唐蘭[5]等先生提出此處「棠」字即讀為嘗祭之「嘗」，已得到學界認同；後來發現的望山楚簡中亦出現此字，簡文作「棠晉（巫）甲戌」，朱德熙等先生讀「棠」為「嘗」[6]，上海博物館藏戰國楚竹書《莊王既成》篇又見「以共（供）春秋之棠」，整理者亦將此字讀為「嘗」[7]。由此可見從文字學的角度，我們將此處的「棠」釋讀為「嘗」是可行的。從文意上講，下文言「自蠶月至于秋令」，可以看出穆公等人所制定的戰後舉措是以秋季為節點的，嘗祭恰為秋祭，這也為我們讀「棠」為「嘗」提供了有利的支撐。以往學者多讀此句為「乃毀常各務」，解釋為「毀壞了日常各自所作的事務」，可是這貌似並不太符合常見的先秦語法規範，《論語・先進》「亦各言其志也」[8]，《禮記・禮運》「故人不獨親其親，不獨子其子」[9]，句式結構為狀語（副詞）＋動詞＋定語（形容詞／代詞）＋名詞，就這一點來看，按照以往對該句的理解，簡文若作「乃各毀常務」則更為貼切些。

綜合上述討論，我們認為「毀棠各務」應該讀為「毀嘗格務」。古文字中「各」讀為「格」非常常見，甲骨文中「各」幾乎全部用為本義即「至、來到」，後來有引申為「致力於……」之義，如「格物

---

4 「集成」為簡稱，即中國社會科學院考古研究所編：《殷周金文集成》（北京：中華書局，2009年），下同。

5 郭沫若：《郭沫若全集・考古編（5）》（北京：科學出版社，2002年），頁416；唐蘭：《唐蘭先生金文論集》（北京：紫禁城出版社，1995年），頁23。

6 湖北省考古研究所主編，《望山楚簡》（北京：中華書局，1995年），頁101。

7 馬承源主編：《上海博物館藏戰國楚竹書（六）》（上海：上海古籍出版社，2007年），頁243。

8 楊伯峻：《論語譯注》（北京：中華書局，2009年），頁118。

9 〔東漢〕鄭玄注，〔唐〕孔穎達正義：《十三經注疏・禮記正義》（北京：中華書局，2009年，清嘉慶刊本），第三冊，頁3062。

致知」，「各自」之「各」則為假借義。那麼「毀嘗格務」則可以釋讀為「（百姓）毀棄秋天的嘗祭，從事農務」。

### （二）降上品之辨，官相弌（任）乃有見功

該句的句讀上存在很大爭議，整理者趙平安先生讀為「降上品之辨，官相弌（代）乃有見功」[10]，陳美蘭先生讀「各務降上，品之，辨官相弌（試），乃有見功」[11]，馬楠先生則讀「降上品之，辨官相弌（代），乃有見功」[12]。我們採取趙平安先生的斷句意見，但是「弌」字的讀法仍值得商榷。「弌」字我們試讀為「任」，兩字音近可通，白於藍先生在討論郭店簡「譽毀在旁，聽之弌之」時指出，「弌」可以讀為「任」[13]，可從。此前學者們解釋「官相弌」時，多將「相弌」連讀，故讀為「相代」或「相試」，其實不然，「官相」在古書中亦可連用，《史記·五帝本紀》有虞舜之言，曰「有能奮庸美堯之事者，使居官相事？」[14]此處「官相」即連用為名詞。此外，在語義連貫上「弌」讀為「任」似也更為合適，「乃有見功」後接「公及三謀慶而賞之」，「相代」、「相試」都不能很好的表達封賞之意，而「官相任」則充分體現了賞賜的內容。

### （三）乃張大 （戻-灶？）於東奇之外

簡4敘述秦公於子儀的「杏會之宴」時，有「乃張大 於東奇之外」的描述，「」字多釋讀為「侯」，認為這是在為子儀舉行賓射禮的情節。但是蘇建洲先生指出：「此字實從『交』，字形已見於《包

---

10 李學勤主編：《清華大學藏戰國竹簡（陸）》，頁128。

11 陳美蘭：〈清華簡《子儀》劄記〉，《古文字研究》（2018年），頁355-360。

12 馬楠：〈清華簡《子儀》相關史事與簡文編連釋讀〉，頁35。

13 白於藍：〈讀郭店簡瑣記（三篇）〉，《古文字研究》（2006年），頁308-313。

14 〔西漢〕司馬遷：《史記》（北京：中華書局，1982年），頁38。

山》189作，作人名用。《子儀》如何釋讀，待考」[15]，蘇先生的意見確實值得我們去注意，《子儀》篇「侯」字兩見：簡4作「」，簡12作「」，與我們所討論的「」絕不相同，參閱楚簡中已經確釋為「侯」的字，所从之「矢」皆作「」形，並無从「」者，由此可知，對於「」字的考釋不能簡單與「侯」直接聯繫起來；且聯繫前後文義，似乎只提到了秦公及子儀燕饗的場景，絲毫沒有關於射禮的情節；地點「東奇之外」彷彿也不能與在室內舉行的常見賓射禮相聯繫，可見釋「侯」不可信。最近，范常喜先生採取此字从「交」的觀點，釋讀為「校」，認為「大校」與《左傳》中常見的「大蒐」相類似[16]，可備一說。我們認為釋讀為「校」仍有可以討論的空間：首先《左傳》中所記載的大蒐一般是國君及「卿」一級的權貴所牽頭的田獵活動兼軍事演習，那麼重點自然在「蒐」本身，而不是燕饗，《子儀》一篇著力描繪子儀與秦穆公賦詩和歌的情節，對大蒐相關事宜隻字未提，不免令人懷疑；其次，子儀身居秦國多年，對秦國的狀況一定有所了解，穆公三十六年戰勝晉國為殽之戰雪恥、穆公三十七年霸西戎、周天子賀以金鼓，這等大事子儀不可能渾然不知，那麼秦穆公是否還有必要大張旗鼓向子儀展示國力呢？此外該字是否从「交」也值得商榷，「交」作「」形在楚簡中鮮見，就現有材料而言，僅見於清華簡六《鄭武夫人規孺子》簡14、清華簡七《晉文公入於晉》簡6、清華簡七《越公其事》簡5等幾處，或與書手書寫習慣有關，但楚系簡帛文字中常見的「交」字大多作「」形，中部為兩道交叉，从「交」之字亦是如此，如上博簡三《周易》簡11「洨」作

---

15 蘇建洲：〈《清華六》文字補釋〉，簡帛網，網址：http://www.bsm.．rg.cn/?chujian/6684.html，發布日期：2016年4月19日。

16 范常喜：〈清華簡《子儀》所記「大蒐」事考析〉，《出土文獻》2020年第4期，頁68-71。

「![字]」、清華簡八《邦家處位》簡5「迲」作「![字]」、清華簡九《廼命一》簡12「閔」作「![字]」等，所以我們將「![字]」釋讀為「戾」僅為權宜之計，尚需更多材料證明方可確信。假設此字從「交」得聲，我們試讀此字為「灶」，《說文解字》「窔，窅窔，突也」[17]，《經典釋文》云：「窔，《說文》云深。魏本或作窅，又作窔，同。」[18]是窅、窔可通，「窅」在影母幽部，「交」在見母宵部，「灶」在精母幽部，宵幽旁轉，見母、精母一在牙音、一在齒音，且均為全清音，亦相近可通；《爾雅・釋宮》「西南隅謂之奧，西北隅謂之屋漏，東北隅謂之宦，東南隅謂之窔」[19]，室之東南角稱「窔」（與「窔」通），從考古發現上看「窔」與「灶」也很有可能存在聯繫，楊鴻勳先生指出：「在半坡原始聚落住房遺跡中，進門後的右手東南隅，多發現炊具雜物，如 F6、F11、F13、F19等都在此處發現陶器，F38在此稍偏北處並有糧食窖藏，可知這一位置習慣作為食物、用具等存放之用。這正是後來所謂『掃室聚窔』的「窔」位。」[20]《論語》言「與其媚於奧，寧媚於灶」[21]，此處之「灶」多視作灶神之意[22]，其實未嘗不可以理解成方位之「窔」，若此說不誤，則我們將從「交」得聲的「戾」字釋讀為「灶」當為可信；《史記・孫子吳起列傳》記載：「使齊軍入魏地為十萬灶，明日為五萬灶，又明日為三萬灶」[23]，可見「灶」之多少

---

17 〔東漢〕許慎撰，〔清〕段玉裁注：《說文解字注》（北京：國家圖書館出版社，2022年），頁1398。

18 〔唐〕陸德明：《經典釋文》（北京：中華書局，1983年），頁415。

19 〔晉〕郭璞注，〔北宋〕邢昺疏：《十三經注疏・爾雅注疏》（北京：中華書局，2009年，清嘉慶刊本），第五冊，頁5649。

20 楊鴻勳：《中國古代居住文化圖典》（昆明：雲南人民出版社，2007年），頁47。

21 楊伯峻：《論語譯注》，頁27。

22 如楊伯峻《論語譯注》、黃克劍《《論語》解讀》（北京：中國人民大學出版社，2009年）等，皆以「灶」為「灶神」解。

23 〔西漢〕司馬遷：《史記》，頁2164。

能暗指飲食之規模，那麼「張大灶」即可理解為「給子儀的燕饗置辦盛大的酒席」，這與下文的情節發展是可以講通的。

## （四）譬之如兩犬夾河敳（隋-惰）而畏（困）

全文最後一部分是秦公與子儀告別的對話，秦公對子儀說：「以不穀之脩遠於君，何爭而不好？譬之如兩犬夾河敳而畏，豈畏不足，心則不屬？」其中「敳」和「畏」兩字始終沒有得到很好的解釋。「敳」字多從趙平安先生之說讀為「啜」[24]，這種釋讀是將「叕」理解成了該字的聲符，仔細查看《子儀》篇「敳」字作「　」（紅外字形見下圖），左上所從之「叕」似是四個「又」的組合，並非常見古文字中「叕」的寫法（《說文》「叕」作「　」，非四手（又）之形），清華簡一《金縢》篇10有從「叕」的「綴」字作「　」（放大圖見下），

「敳」字紅外放大圖[25]「綴」字放大圖

二者差異一目了然。因此我們認為「　」當為該字的形符，而剩下的「土＋攴」才是聲符；《子儀》篇簡5有「橤」字作「　」，馬楠先生釋「隋」讀「賄」[26]，可從；縱使我們仍把「　」當作普通的「叕」形，將「　」與「　」這兩種不同的寫法視作不同書手的書寫風格

24  李學勤主編：《清華大學藏戰國竹簡（陸）》，頁133。

25  李學勤主編：《清華大學藏戰國竹簡（陸）》，頁168。

26  馬楠：〈清華簡《子儀》相關史事與簡文編連釋讀〉，頁34。

差異，「叕」亦可成為該字的聲符，「叕」在知母月部，「隋」在定母歌部，二者音近，若此，「數」字則可視為一個兩聲字；由此，我們認為「數」字讀音亦與「隋」相近，可讀為「惰」。出土文獻中不乏「隋」字聲系讀為「惰」的例子：郭店簡《唐虞之道》「四肢倦陸」，「陸」字整理者依裘錫圭先生讀為「惰」[27]、睡虎地秦簡《語書》「偷隨疾事」，「隨」讀為「惰」[28]，可見「數」字讀「惰」可行。至於「㽞」字，我們認為直接讀為「困」即可，前文提到「兩犬夾河」，此字從二「犬」，可以視為犬困之專字，古文字中這種專字現象很常見，如郭店簡中《成之聞之》簡16從馬之御作「」、《尊德義》簡7作「」，《老子·甲》簡32從蟲之為作「」、《唐虞之道》簡21作「」，這些字的用法都與其本字的用法無別，或直接表示本字的含義，或用來表示本字的引申及假借義。「困」、「惰」二字意義相近，雖然在較早的古書中我們還未發現二者連用的例子，但是我們在《周易恒解》中發現了這樣一段話「人事困極而必變，志氣惰安而必警」[29]。所以我們姑且讀「如兩犬夾河數而㽞」為「如兩犬夾河惰而困」，其意不難理解：像兩犬隔河惰怠且疲困，這是在形容秦、楚兩國面對共同強敵晉國的窘迫之境。

## 三　從《子儀》篇看殽之戰後的秦國

　　出土文獻除了推動古文字考釋的發展，更重要的是為我們對古史

---

27 武漢大學簡帛研究中心，荊門市博物館：《楚地出土戰國簡冊合集·郭店楚墓竹書》（北京：文物出版社，2011年），第一冊，頁61。

28 陳偉主編：《秦簡牘合集（壹）·睡虎地秦墓簡牘》（武漢：武漢大學出版社，2014年），頁34。

29 〔清〕劉沅：《十三經恒解·周易恒解》（成都：巴蜀書社，2016年），頁160。

的研究提供了新的材料。據何家興先生研究《子儀》篇屬於先秦時期的語類文獻[30]，並且以往的文獻中也有相關史料的記載，那麼這一篇的價值就顯得更加珍貴。下面我們就該篇所反映的相關史事進行一下分析與討論。

據《左傳》記載殽之戰發生在魯僖公三十三年，《史記·秦本紀》在秦穆公三十三年處亦有記載，二者記載內容類似，在這次戰鬥中秦國投入了大量兵力，《左傳》云秦軍「超乘者三百乘」[31]，關於春秋時期軍隊的編制，黃聖松先生作過細緻的整理分析，他指出春秋時一「軍」為三百乘，每一乘除戰車上的車左、禦者和車右，還配有徒兵十人、役人二十人[32]，如此一乘的總兵力則為三十三人。按照這種計算方法，此次秦國出動了一個軍的兵力，換算具體人數則為九千九百人，然而最終這支近萬人的大軍幾乎全軍覆沒，僅三位被俘將領放還。在《左傳》、《史記》等史書中並未記載秦國戰前的總兵力情況，但是我們可以通過一些其他的相關記載推算出大致數量。《周禮》記載：「大國三軍，次國二軍，小國一軍」[33]，《左傳·僖公二十八年》有言曰：「宋人使門尹般如晉師告急。公曰：『宋人告急，舍之則絕，告楚不許。我欲戰矣，齊、秦未可，若之何？』先軫曰：『使宋舍我而賂齊、秦，藉之告楚。我執曹君，而分曹、衛之田以賜宋人。』」[34]《左傳》這段記載表面上看是宋國謀求化解危機的方案，實則是晉、楚兩

---

30 何家興：〈清華簡《子儀》辭令研究〉，頁25-27。

31 楊伯峻：《春秋左傳注》（北京：中華書局，2009年），頁494。

32 黃聖松：〈童書業《春秋左傳研究》軍事類詞條考訂〉，《屏東教育大學學報》（人文社會類）2009年第33期，頁67-88；又黃聖松：《《左傳》後勤制度考辨》（臺北：臺灣學生書局，2016年），頁169-176。

33 〔東漢〕鄭玄注，〔唐〕賈公彥疏：《十三經注疏·周禮注疏》（北京：中華書局，2009年，清嘉慶刊本），第二冊，頁1792。

34 楊伯峻：《春秋左傳注》，頁455。

國的博弈，這場矛盾也導致了城濮之戰的爆發。晉、楚兩國的兵力我們是可以知道的，《左傳‧僖公二十七年》載晉國「作三軍」[35]；《左傳‧僖公二十八年》載楚國子玉的軍隊分為左、中、右三軍，雖然右軍主要由陳、蔡兩國組成，楚國實際的作戰部隊只有左、中兩軍，但是楚王並沒有將全國的軍隊派出，而是「少與之師」[36]，因此算上留守的部隊楚國當時的總兵力至少也有三軍的編制。根據《周禮》的說法，晉、楚兩國可以算是名副其實的大國，而在晉國人眼中能夠借助力量牽制楚國的是秦、齊兩國，齊國誕生了春秋早期著名的霸主齊桓公，桓公過世後公室內亂無力延續霸業，但大國的身分始終沒有動搖，晉人將秦與齊並舉，可想而知秦國亦當屬大國之列，那麼我們便可以推斷出秦國在殽之戰前的總兵力也應有三軍之數。那麼戰後三分之一的戰力損失，對秦國的打擊是慘痛的，因此也就有《子儀》篇首的那句「既敗於殽，恐民之大病」，古人耕戰合一，男子不僅作為國家戰時的兵力，更是從事農業生產的重要勞動力。按照《左傳》的紀年，秦軍戰敗發生在魯僖公三十三年夏四月，而大軍開拔是在前一年的冬天晉文公逝世後就展開了行動，前後歷經了近半年的時間，古人云「兵馬未動，糧草先行」，戰爭對糧食的消耗是十分巨大的，更何況是如此曠日持久的戰爭；除此之外我們更應該注意到，因為戰爭秦國諸多勞動力無法投入到春耕的生產活動中，這就意味著該年的糧食必定減產，如此入不敷出，秦國在殽之戰後的困境可想而知。

上文提到我們將「毀裳各務」讀為「毀嘗格務」，關於四時之祭《禮記‧祭統》中有是記載：「凡祭有四時。春祭曰礿，夏祭曰禘，秋祭曰嘗，冬祭曰烝。礿、禘，陽義也。嘗、烝，陰義也。禘者，陽之盛也；嘗者，陰之盛也。故曰：『莫重於禘、嘗』。古者於禘也，發

---

35 楊伯峻：《春秋左傳注》，頁445。
36 楊伯峻：《春秋左傳注》，頁457。

爵賜服，順陽義也；於嘗也，出田邑，發秋政，順陰義也。故記曰：『嘗之日，發公室，示賞也。』草艾則墨，未發秋政，則民弗敢草也。」[37]就秦國當年的情況，恐怕是人心惶惶，全國上下糧食吃緊，四時之祭想要辦好需當風調雨順、國泰民安之時，殽之戰敗正處於夏秋兩季，而夏之禘祭、秋之嘗祭分別一年中最重要的兩個時點，分別代表「陽」與「陰」，想必這一年的夏秋兩祭或是沒有進行，或是草草了事，《子儀》中「陰者思陽，陽者思陰」就是最好的證明。國庫空虛，在嘗之日「發公室」以賞百姓更是成了泡影，為了恢復國力，放棄秋祭，讓百姓從事生產活動才是當務之急。

秦國面臨這種困境，我們也看到了秦穆公作為政治家卓越的領導才能，國家有難，統治者最需要比任何人都保持清醒的頭腦，除了國家財力的虧空外，秦國面臨的更大的挑戰就是人才流失。春秋時期除役人（即後勤人員）外直接參與戰爭的皆是士以上階層的人，戰死之人高達一個軍的規模，已經死難的人才再也無法挽回；國內的生者也是人心惶惶，隨時可能奔走他國，這也就是《子儀》篇首所講「恐民之大病，移易故職」，一個國家如果沒有賢人治政，那麼覆滅之日也就不遠了。從後文的描述中，我們可以看到秦穆公的選官政策：「降上品之辨，官相任乃有見功。公及三謀慶而賞之。乃簡冊秦邦之賢餘，自蠶月至于秋令備焉」；首先就是打破階級束縛，這也是秦穆公能夠成為春秋五霸的重要原因，「降上品之辨」並不是在戰敗後才設置的舉措，秦穆公的兩大重要謀臣，百里奚與蹇叔的任用也可以說是「降上品之辨」的成果，凡是有才能的人，不看出身皆可任官；其次就是對全國範圍內徵集人才，一定不能有遺漏。這樣一深一廣，很快秦穆公就建立起了一支新的人才集團，「自蠶月至于秋令」，也就是在

---

37 〔東漢〕鄭玄注，〔唐〕孔穎達正義：《十三經注疏‧禮記正義》，第三冊，頁3485-3486。

殽之戰慘敗的同一年的秋天，這項重要的工作就已經完成。在這裡我
們需要指出的是，殽之戰的損失對於秦國來說是沉痛的打擊，然而並
不是致命的，僅兩年後（魯文公二年、秦穆公三十五年）秦國就又主
動向晉國發起了戰爭，雖然仍以失敗告終，但足以說明兩點：其一，
經過穆公等人的治理，秦國國力得到了迅速的恢復；其二，損失一軍
的戰力後，在短時間內可以再次主動發動戰爭，證明殽之戰的戰敗沒
有傷及秦國根基。《史記》記載秦穆公「報殽之役」是在穆公三十六
年、「霸西戎」是在穆公三十七年，這距離在殽之戰的慘敗不過三、
四年而已，《子儀》篇記錄治理七年之後「車逸於舊數三百，徒逸于
舊典六百」，「舊數」、「舊典」當指戰敗前的統計數據，前文已經提及
一軍為三百乘，也就是說到此時秦國不僅恢復到戰前的水準，還擴充
近一個軍的兵力（滿配兵力「徒」應為三千）。以往的史書鮮有記載
秦穆公是如何從戰敗再次走向崛起，《子儀》中相關的記載恰恰可以
彌補這段缺失的歷史史料。

## 四　子儀放歸相關問題補論

關於子儀本人的放歸是《子儀》一篇中敘述的重點，對子儀放歸
的時間及影響，學者們做了很細緻的探討，我們在這裡做一下簡要回
顧。爭議較大的是子儀放歸與秦楚結盟的具體時間：李學勤先生認為
放歸時間當在殽之戰後且楚成王尚在世時，至遲不會超過穆公三十四
年十月[38]；趙平安先生認為，根據文句前後邏輯理解，子儀的放歸應
該就是殽之戰後的七年，也就是穆公三十九年，而秦楚會盟當有兩次

---

38　李學勤：〈有關春秋史事的清華簡五種綜述〉，《文物》2016年第03期，頁79-83、
　　97。

不可混為一談[39]；馬楠先生則認為「秦穆公送子儀歸楚，據《左傳》等書在秦穆公三十四年十月之前，即殽之戰次年；據簡文在秦穆公三十九年，即殽之戰後第七年。二者不可強和」[40]。我們認為趙平安先生的意見大致是正確的，理由如下：

首先，除《子儀》篇外，其他諸篇文獻描述子儀放歸的時間皆很模糊，《左傳・文公十四年》「初，鬥克囚于秦，秦有殽之敗，而使歸求成」[41]，清華簡二《繫年》也有類似的記述「（晉）襄公親率師禦秦師於殽，大敗之。秦穆公欲與楚人為好，焉脫申公儀，使歸求成」[42]。對於這兩條史料，我們只能得到「放歸子儀」與秦敗於殽需要和楚國結盟兩事的因果關係，並不能直接得出子儀放歸的具體時間。而且清華簡《繫年》的這則史料出現在《繫年》篇第八章的末尾，下章的開頭為「晉襄公卒」[43]，據《左傳》記載晉襄公與秦穆公皆在魯文公六年過世，根據《繫年》我們可以得出子儀的放歸一定是在晉襄公去世之前，但是這和我們認為秦穆公三十九年放歸子儀並不衝突。《左傳・文公四年》云「楚人滅江，秦伯為之降服」[44]，江為秦同姓之國，若此時秦、楚已經結盟，楚國當不該做出此等破壞合作的行為，所以此前所反駁秦穆公三十九年放歸子儀的證據並不是十分可靠。

接下來我們補充幾條可以證明放歸子儀是在秦穆公三十九年的證據。最關鍵的就是篇頭「取及七年」一句，「取」有學者認為是假借字，其實讀本字即可，古書中有「取」訓「治」的例子，《老子》四

---

39 趙平安：〈秦穆公放歸子儀考〉，收入氏著《新出簡帛與古文字古文獻研究續集》（北京：商務印書館，2018年），頁295-305。

40 馬楠：〈清華簡《子儀》相關史事與簡文編連釋讀〉，頁34。

41 楊伯峻：《春秋左傳注》，頁605。

42 李學勤主編：《清華大學藏戰國竹簡（貳）》（上海：中西書局，2011年），頁63。

43 李學勤主編：《清華大學藏戰國竹簡（貳）》，頁64。

44 楊伯峻：《春秋左傳注》，頁534。

十八章「取天下常以無事」[45]，《尸子》卷下「從天下之順，天下不足取也」[46]是為例證。殽之戰後秦穆公在全國推行恢復國力的治理工作，「治及七年」正是指秦穆公三十九年。此外，我們還可以在秦穆公和子儀的對話中發現一些端倪。我們通過《左傳》等史書可以知道秦穆公在魯文公六年的夏天過世，此時恰是秦穆公三十九年，《史記》記載穆公的父親秦德公過世時言：「德公生三十三歲而立，立兩年卒。生子三人：長子宣公，中子成公，少子穆公」[47]，可見穆公在德公逝世前就已出生，並非遺腹子；宣公在位十二年，成公在位四年，穆公在位三十九年，由此可以得知穆公過世時至少是一位年逾五十的老人。那麼我們再看《子儀》中的這段話：「公曰：『儀父！昔羇之行，不穀欲裕。我無反副，尚端項瞻遊目以盰我秦邦。不穀敢愛糧？』公曰：『儀父！歸汝其何言？』」我們認為「反副」可以讀為「飯福」，武威漢簡《服傳》乙本有「[始食]菜果，反素食」一句，「反」即讀為「飯」[48]；「福」、「副」皆从「畐」得聲，嶽麓秦簡「禍與畐鄰」，「畐」讀為「福」[49]。「飯福」可以理解為「吃飯的福氣」，也就是指「活著」，「我無飯福」即是秦穆公自言「我命不久矣」之意。帶著這樣的一種情感基調去理解秦穆公與子儀的對話，彷彿可以看到一位行將就木的老者在向人交代後事的情景。「尚端項瞻遊目以盰我秦邦」是說秦穆公留戀自己國土的大好河山，還想在離去之前再多看幾眼；「不穀敢愛糧」則有「廉頗老矣，尚能飯否」的意味，對即將故去表

---

45 朱謙之撰：《老子校釋》（北京：中華書局，1984年），頁193。

46 〔戰國〕尸佼著，〔清〕汪繼培輯，朱海雷撰：《尸子譯注》（上海：上海古籍出版社，2006年），頁60。

47 〔西漢〕司馬遷：《史記》，頁184。

48 田河：《武威漢簡集釋》（蘭州：甘肅文化出版社，2020年），頁23。

49 朱漢民、陳松長主編：《嶽麓書院藏秦簡‧壹》（上海：上海辭書出版社，2010年），頁34。

示不捨與無奈。而這樣的話只能出現在秦穆公的最後時光，也就是穆公三十九年，因此我們認為穆公放歸子儀當是在此年無誤。

下面我們簡要談談秦穆公放歸子儀的原因，這個問題包含兩層含義：一是放歸子儀的動機，其二為什麼放歸的人是子儀。前面學者大多集中討論了放歸子儀的動機是為了與楚國謀和，我們上面也提到放歸子儀是秦穆公臨近過世前所為，可以看作是為秦國繼續發展所制定的「遺策」，圖謀東進是秦國長久以來的目標，晉國的不斷強大以及秦、晉的決裂，不由得使秦穆公需要尋找新的盟友，而同樣苦於與晉國爭奪中原霸權的楚國也就成為了結盟的最佳選擇，秦穆公拉攏子儀結盟時分析局勢時說：「如兩犬夾河惰而困」，正是指秦、楚兩國的現狀，這一部分茲不贅述。我們在這裡主要談談第二層原因，也就是為什麼選擇子儀這個人放歸楚國，《左傳·僖公二十五年》載：「秦師囚申公子儀、息公子邊以歸。」[50]由此可知，楚國囚禁在秦國的人並不只有子儀一人。我們認為選擇子儀放歸大致主要有以下兩個原因：

其一是子儀獨特的貴族身分，子儀名為鬥克，鬥氏在當時的楚國權傾朝野，楚國在楚莊王之前一直處於若敖家族掌權的狀態，甚至已經到了架空王權的地步，而若敖家族的兩個分支即為鬥氏和成氏，兩個氏族都有重要成員擔任過楚國的執政卿「令尹」一職，因此子儀作為鬥氏的一員，回到楚國謀求官職非常容易，事實也是如此，回到楚國後的子儀最高曾被任命為「師」，這樣的一位人物對於秦楚兩國的關係能夠起到關鍵作用，所以選擇放歸子儀是秦穆公的最佳選擇。

其二或是與秦穆公惜才、愛才的性格有關，秦穆公提拔百里奚與蹇叔、赦免食馬者、寬恕並繼續重用孟明視等人皆是表現，從簡文中秦穆公與子儀賦詩、對話的諸多情節可以看出秦穆公對子儀的欣賞，

---

50 楊伯峻：《春秋左傳注》，頁435。

而子儀回復穆公的話中稱自己為「臣」，不能排除子儀曾在秦國有臣
服、被秦穆公任用過的可能。秦國國君死後多有殉葬，據《史記》記
載武公死後殉葬有六十六人，穆公死後史是殉葬有一百七十七人之
多，近年來發掘的秦墓也發現了殉人的現象，馬格俠先生認為殉葬在
秦國是一種制度化的行為[51]，梁雲先生亦指出：「穆公葬雍，從死者
眾，三良亦在其中，遭時人詬病，這也是穆公被史家改稱為『繆公』
的由來。《秦本紀》中『君子』，應為東方國家士大夫，不了解從死乃
秦國由來已久的習俗，無關乎君主私德。」[52]從考古資料及文獻材料
來看，秦人的很多習俗與制度都和商文化關係密切，清水李崖遺址出
土了一批商式風格的陶器，據發掘者分析當是早期秦人嬴姓宗族的遺
存[53]，這又為秦人作為商文化圈的一支族群提供了有利的證據。殉葬
與使用人牲便是商人最突出的特點之一，由商人後裔建立起的宋國，
甚至到春秋時期，仍然還保留著用人牲祭祀的習俗，《左傳・僖公十
九年》記載：「宋公使邾文公用鄫子于次睢之社，欲以屬東夷」[54]，宋
襄公以被執的鄫子作為人牲進行社祀，可以看作是繼承了殷墟甲骨文
中常見的將敵對方國首領用於「伐」祭（砍下人牲的頭顱）的傳統。
在南方的楚國也有著用俘虜當作人牲祭祀的記載，《左傳・昭公十一
年》「楚子滅蔡，用隱大子于岡山」[55]，由此觀之，在宋、秦、楚這些
不與周族同源的民族，即使到春秋時期依然保留了很多殷商時期的風
俗。這不由得讓我們聯想到楊寬先生提出的古代民族東西兩系說，他

---

51　馬格俠：〈秦人從死芻議〉，《西安財經學院學報》2013年第5期，頁104-108。

52　梁雲：《西垂有聲：《史記・秦本紀》的考古學解讀》（上海：三聯書店，2020年），
　　頁184-185。

53　早期秦文化聯合考古隊：〈甘肅清水李崖遺址考古發掘獲重大突破〉，《中國文物
　　報》2012年1月20日。

54　楊伯峻：《春秋左傳注》，頁381。

55　楊伯峻：《春秋左傳注》，頁1327。

將殷、秦、楚等歸為東夷族，而將周、羌、戎等歸為西戎族，[56]現如今我們習慣從考古學的視角去分析族群的起源與歸屬問題，認為這一學說的結論存在著紕漏，但是從文化特徵上講，楊先生的說法仍然有一定的合理性。既然秦人將殉葬制度化且極有可能也有著用人牲祭祀的風俗，那麼放歸子儀或許是秦穆公為子儀設計的一種保命手段。《左傳》云「秦伯任好卒，以子車氏之三子奄息、仲行、鍼虎為殉，皆秦之良也」[57]，可見殉葬者不僅有地位低下的奴僕，也會有上層次的近臣，我們姑且不論子儀是否真的在秦國出仕，就但只一個戰俘的身分，子儀也很容易被列為殉葬者或是人牲。與子儀同時被俘的息公子邊，自被俘之後史書中再無記載，不能排除有被作為殉葬者或人牲而死在了秦國的可能。秦穆公對人才的重視與仁厚的性格，應當不願子儀在秦國以悲慘的命運結束一生，我們認為也是放歸子儀的一個原因。

## 五　結論

　　本文對《子儀》一篇中的部分疑難字詞進行了考釋，將「棠」釋讀為「嘗祭」之「嘗」，「毀嘗格務」即為「（百姓）毀棄秋天的嘗祭，從事農務」；「弋」讀為「任」，相較此前讀「代」、「試」等意見更能表現出封賞之意；「⿰交⿱」若從「交」得聲可讀為「灶」，「張大灶」即理解為「給子儀的燕饗置辦盛大的酒席」；「數而罷」讀為「惰而困」，形容秦、楚兩國面對共同強敵晉國的窘迫之境。

　　根據文獻的記載可以推斷出殽之戰使秦國損失了約三分之一的兵力，但並未給秦國造成致命的打擊，秦穆公通過廢棄當年秋季的「嘗

---

56 楊寬：《中國上古史導論》（上海：上海人民出版社，2016年），頁21。

57 楊伯峻：《春秋左傳注》，頁546-547。

祭」以加速恢復生產，並在全國範圍內不分出身、任人唯賢，僅用半
年時間重新組織起了新的人才集團，穩定人心，化解困境，秦國國力
很快得到恢復甚至超過戰前的水準；《左傳・文公二年》載「孟明增
修國政，重施於民」[58]，傳世史書中鮮有記載秦穆公從戰敗再次走向
崛起的過程，《子儀》這段描述恰好可以視作穆公「初修國政」的內
容。秦穆公放歸子儀應是在秦穆公三十九年，即秦穆公過世之年。放
歸子儀是秦穆公深思熟慮的結果，不僅可以通過子儀身為若敖家族成
員的身分促進於秦、楚兩國關係的改善，同時或許也有對人才珍視的
情節寓之其中，秦穆公擔心自己過世後子儀在秦國難以善終，因好生
之德而將其放歸。

近年來出土文獻的研究迎來了熱潮，我們要同等重視《左傳》等
傳世文獻與出土文獻的價值，綜合、系統的分析兩種不同性質的史
料，相信未來先秦古史定會更加清晰的展現在我們眼前。

## 附記

本文的寫作過程中及宣讀後得到諸位師友啟發，期間黃聖松先
生、魏慈德先生、劉偉師、馬保春師、王寶妮博士、劉勇江博士都曾
提出寶貴意見，在此一並致以謝意。

---

58 楊伯峻：《春秋左傳注》，頁521。

# 以應用導向提升《左傳》
# 教學成效之研究

蔡妙真[*]

## 摘要

　　「通經致用」原是「經家本事」，但習經者身分已由以從政為目標乃至修身正己的古士人，轉變成面向大數據、浮游於網路世界的學子，如果單單只將「經學」當成學問來教來讀，除了與經學致用要旨大有違礙，也不符合學習者的期待與學習模式；以是，目下的《左傳》教學目標，必須不斷思考傳統如何與時代接壤，摸索教學設計如何在「經學深度與內化」與「學生的實用期待」中取得平衡；教學取得成效，才有「文化傳承」可言。學生的創發能力正是下一世代「通經致用」的曙光，因而本研究之教學設計以「實作」帶動學習興趣，以「作品」建立學生成就感以及接壤就業能力，運用實作導向（Project-Based Instruction）概念，讓學習從「被動」變成「主動」──學生為了完成自己的創意，除了課堂所學，尚須主動探索《左傳》、動用工具（比如《左傳》相關工具書）以及解決問題（作品想對觀眾呈現甚麼議題？甚至是否能解決當下某些社會議題？）。課程設計核心是以創新的作業帶動學生主動求知的熱情，形成「做→學→做→學」的動態

---

* 　中興大學中國文學系副教授。

循環。這種以實作帶動學習的課程設計，可以增強「帶得走的能力」，落實杜威（John Dewey, 1859-1952）主張教育應當結合「生活經驗」、「親身探究」及「反省思考」三面向。這種將經學結合現實與創作的操作不只有效推動《左傳》的傳承與推廣，證成古今不二、經學不古的理念，同時也探討翻轉經學課堂操作模式的可能性。

# 一 緒論

## （一）研究動機與目的

一部經學史，大約就是歷代儒者在舊典籍中尋找新方略的歷史，而新與舊銜接之可能，就在學者孜孜矻矻的闡釋裡，因之這闡釋，就不完全是「回頭看」的姿勢，反而「向前指」的眺望之姿急切些，因之，即便是以考據研故為主的探索，仍是存有著「明往古乃係為救當世、垂後訓」的想望的。[1]

以「通經致用」的角度來看，經學創新原是經家本事，但習經者身分已由古時以從政為目標乃至修身正己的士人，轉變成面向大數據、浮游於網路世界、且有就業需求的學子，如果單單只將「經學」當成學問來教來讀，除了與經學要旨大有違礙，也不符合學習者的期待與學習模式；如果教學設計食古不化，面對大環境的改變，很容易有「一傅眾咻」的無力感，對教學成效其實是不小的挫力。近年來，隨著中學文史相關課程大量刪除古文與古典知識，大學中文系古典課程教師面對的第一問題是，學生的古典文本閱讀能力下降以及對文學或哲學所涉歷史背景闕如；其次是對「古典文本」認知有誤，尤其「經學」領域，更被視同枯燥、充滿道德仁義教訓的腐學，以致學生往往看到「課目」是板重大經就畏難，連嘗試都不敢；第三，隨著外在社會環境變化以及閱聽媒介的快閃刺激，對傳統經典感興趣的學生

---

1 清代樸學先師顧炎武即曾云：「窮經待後王，到死終黽勉。」（《亭林詩集》卷5〈春雨〉，收錄於王雲五編：《四部叢刊正編》〔臺北：臺灣商務印書館，1979年〕，第77冊，頁60。）亭林先生講授《易經》之後也強調「憂患自古然，守之俟來哲」（《亭林文集》卷4〈德州講易畢奉東諸君〉，頁51）。在在強調其「窮經」、「守經」為的都是當下現實乃至往後的實用性。

越來越少，願意靜心費時閱讀長文閎論的學生更少。有數年因無本系畢業生留讀研究所，本人在研究所開授的「春秋研究」普查學生大學時期是否曾修讀《左傳》，竟有數年全班無一學生曾修讀過，亦即來自各方學校的優秀學生，在各自的大學母校，大多沒有《左傳》課可供選修，或學生「沒有膽量敢修」。[2]基於個人對《左傳》的熱愛以及「為往聖繼絕學」的使命感，鳥瞰上述教育現場走向，總有推廣不夠之憾，不免有經典正「命懸一線」之懼。[3]

總而言之，目下開設經學課程面對的挑戰有三大端：

1　生閱讀古文的能力下降，課程時間若用來彌補此項落差，則課程形同古文翻譯課，無法引起學生興趣。

2　教師盡心分析文本美學與與價值觀，或許能吸引學生深度思考，但依然難以從而建立學生的成就感。

3　文學美學與經學化成等教育目標，無法即時解答學生內心最迫切的疑問：「我學這幾千年前的東西，將來能做什麼？」

面對上述導致學生學習動機薄弱的現實，如何扭轉學生「經書無趣」、「作業是苦差事」的刻板印象，是本人二十年來不斷更新課程設計的用心所在，除了不許經典向黃昏，也不願學生修完課程卻依然有前途迷茫之慨，故而前述課堂問題之解決，其重要性有超乎單單一門課程之成效者。

「老師再不改變，恐被 YouTube 取代！」[4]如果 YouTube 能吸引

---

2　引用學生用語。

3　蒙季甫兄〈文通先兄論經學〉：「經學作為一門學科，自五四新文化運動以來，已漸漸要退出歷史舞臺了。」詳《蒙文通學記》（北京：生活・讀書・新知三聯書店，2006年），頁69。

4　林秀姿：〈柏格曼：老師再不變，恐被Y・uTube取代〉，「聯合報系／願景工程」報導，網址：https://sdgs.udn.com/sdgs/story/8278/1636367，發布日期：2016年4月18日。

學生、觸動學子的學習興趣,則師者何需懼怕被取代?杜尚(Henri-Robert-Marcel Duchamp, 1887-1968)說:「我總是由『好玩』的想法導致自己做事的。」[5]可見「好玩」是觸動「興趣」的要素之一,興趣又是促鬢學習的主因,因此本課程設計目的不在於仿效潮流或免於「被取代」;而是在文化傳遞的迫切需求下,思考如何以「有趣」提升「教學效能」?以及「怎樣的教學設計對教學品質與學生的學習最有效」?考鑑前賢,其著書選文、立館興學者,莫不以修身習文為階,而且注治國實用之資,此乃歷來傳統文化傳播的主要方式。比如康熙(1654-1722)選編《古文淵鑑》志在治國,故屢屢督促諸臣研讀,書名「淵鑑」就直接點出實用目的,序言也稱:「聖作賢述,非文不著,其為用也大矣……夫帝王之道,質文互用而大化以成;聖賢之業,博約並施而性功以備。」[6]不斷強調「用」、「業」、「功」,《古文淵鑑》選錄《左傳》的文章主題包含三類:君子修身教民、君臣之道、國君為政之道。[7]皆點出編書標旨在修身之餘更側重「實用」。以是本研究以「應用導向」為原則,不斷摸索教學設計如何在「經學深度與內化」與「學生的實用期待」中取得平衡。授課模式由單向「教師授課、學生聽講」隨時代而變化,漸步兼顧學生「活用經典」、「創意作品」等實作方向;評量則由「期中、期末考」與「論文撰寫」等傳統論述考評,遞次納入須融通文本的創作。二十年授課期間,在時間有限、學生基礎知識不足等等的局限中,逐步在講課及作業指導中加入應用面向,由近年學生繳出的優秀作品,深覺學生的創發能力正是下一世代「通經致用」的曙光,將之隱埋在作業堆中殊為可惜,因

---

5 王瑞芸:《語錄杜尚》(廣西:廣西師範大學出版社,2013年)。

6 〔清〕聖祖御選,〔清〕徐乾學等奉敕編注:《御製古文淵鑒‧序》,收入《景印文淵閣四庫全書‧集部‧總集類》(臺北:臺灣商務印書館,1986年)。

7 朱金水:《《古文淵鑑》選評《左傳》研究》(開封:河南大學中國古代文學碩士論文,2020年6月),頁44-45。

而希望透過講課連結時事與學生生活、舉辦相關業界實務演講，落實輔導學生作業成為作品等等課程規劃，提升學生學習興趣與教學成效，並建立學生成就感以及接壤就業能力，冀能證成「古今不二，經學不古」的理念，也嘗試翻轉經學課堂操作模式的可能性。

本課程設計運用實作導向（Project-Based Instruction，以下簡稱PBI）概念，讓學習從「被動」變成「主動」，學生不只是「聽」，而且要「說」；不只是「讀」，而且要「寫」，以作業的創新設計結合學生的興趣，帶動學生主動求知的熱情，形成「做→學→做→學」的動態循環。在 PBI 的理念底下，學生為了完成自己的創意，除了課堂所學，尚須主動探索《左傳》、動用工具（《左傳》相關工具書、編輯剪輯等相關出版工具、影音平臺及相關軟體……）以及解決問題——作品想對觀眾呈現甚麼議題？能否解決當下某些社會議題？凡此，豈非已觸及孔子作《春秋》的用心？這種以實作帶動學習的課程設計，可以增強「帶得走的能力」，落實杜威（John Dewey, 1859-1952）主張教育應當結合「生活經驗」、「親身探究」及「反省思考」的三個面向。[8]「經學教育是那個逝去年代關注的焦點，同樣也是當下不應漠視的問題。」[9]本計畫的教學操作，冀能拋磚引玉，闢出二十一世紀經學教育「通經致用」的門徑之一。

## （二）文獻探討

當前大學教育的困境主要在於「知識」與「生命」和「社會」隔

---

8 杜威「教育即生活」教育哲學反對填鴨式機械灌輸，強調學習應當自然發展：用心於「生活」、「經驗」本身。詳參約翰·杜威著，呂金燮、吳毓瑩譯：《明日學校：杜威論學校教育》（*Schools of Tomorrow*）（臺北：商周出版社，2018年）。

9 王應憲：〈民國時期大學經學教育檢視〉，《中國學術年刊》第35期（秋季號）（臺北：國立臺灣師範大學國文學系，2013年9月），頁126。

絕，[10]尤其經學教育，如果仍然扛出「修身、齊家、治國、平天下」
的招牌，對迫切面臨規畫未來、展開獨立人生的大三、大四學生來
說，是沒有說服力以及吸引力的。大學教育雖非等於職業訓練，但二
千年的經學教育與科考職場關係密切是不爭的事實，如何到了二十世
紀、二十一世紀就避談知識的實用性乃至與就業的關係？「後經學時
代的最明顯的標誌，是經學從獨尊的、可以提供政治合法性和價值有
效性論證的意識形態一變而僅僅為知識的一個特殊門類，而且還是一
個日漸冷落的門類。」[11]王應憲檢視民國時期大學經學教育，點出大
學裡經學教育與現實脫節的隱憂：「經學教育在大學得到相當程度的
推行，但其社會影響卻未可高估。」[12]他山之石可以攻錯，陳亦伶探
討韓國經學教育式微原因，也指出經學與時代脫鉤的問題：「科舉考
試既已廢除，熟讀通透經書內容，無法再如以往帶來財富利祿，那麼
為何還要學習經書內容？」「地方書堂的漢文教育亦側重《擊蒙要
訣》、《正蒙類語》、《幼學字聚》等基礎漢字漢文的閱讀學習，不復已
往對經書典籍與朱子思想的深究探討。」[13]兩篇大作所述教育實況，
雖有時地之異，卻與目下臺灣經學教育的狀況若合符節。但這種與現
實脫鉤的現象，或是教學浮於字詞解釋，未能深化典籍意涵等等，並
非經學內容的原罪，而是教育認知與教學方法偏差造成的。

　　因此打破「《左傳》僅僅只是一門歷史知識」的意識形態，透過

---

10 李丁讚：〈「實作」怎麼「做」？〉，清華大學通識教育中心「通識兩三事」專欄，
　　網址：http://cge.nthu.edu.tw/cgenews032/，發布日期：2017年8月3日。

11 高瑞泉：〈後經學時代的來臨〉，尹繼佐主編：《二十世紀中國社會科學·哲學卷》
　　（上海：上海人民出版社，2005年），頁10。

12 王應憲：〈民國時期大學經學教育檢視〉，《中國學術年刊》第35期（秋季號）（臺
　　北：國立臺灣師範大學國文學系，2013年9月），頁129。

13 詳參陳亦伶：〈韓國經學教育式微原因發覆〉，《人文中國學報》第24期（香港：香
　　港浸會大學，2017年6月），頁451。

課程整體設計，讓「知識」與「生活」、「生命」產生連結，讓學生在「做－學」中習得的，非僅止於古史知識、文章美學，更能在反芻中建構價值觀乃至興起扛負社會責任之思。

　　準此，所謂「創新」的教學方法並非只是引入新潮工具等皮毛，更非「立異」；「走向創新」也不意味是「背離傳統」；創新的精神在於「學習須與社會脈動結合」，也就是孔子一直強調的「時」義；課程的「時」義在於教育內容沒有脫離社會及學生的生活情境，教學目標沒有巨大學用落差的矛盾。創新教學旨在知識的實踐，游柱然與胡英姿研究當代美國高校實踐教學時，就指出教學的目標應當是「讓學生接觸現實世界的複雜問題，並且學會運用理論來解決實際問題，讓學生能認識所學知識相關性與現實意義，並發現自身的不足，從而激發學習的動機。」[14]

　　以下文獻，或觸及大學《左傳》課程或經學教育現況，或探討經學通俗化的先例，或爬梳儒學的現代性，皆提供本計畫不少釐清時代問題的視角：

> 黃聖松：〈成大中文系《左傳》課程之回顧與展望〉，《中國文哲研究通訊》（臺北：中央研究院中國文哲研究所）28期（2018年12月），頁43-70。
>
> 許子濱：〈從《左傳》、《列國志傳》及《新列國志》鄭伯克段故事看經學通俗化的進程〉，《清華中文學報》16期（2016年12月），頁5-66。
>
> 王應憲：〈民國時期大學經學教育檢視〉，《中國學術年刊》（臺

---

14 詳參游柱然，胡英姿：《體驗與建構──當代美國高校實踐教學研究》（北京：中國社會科學出版社，2014年），第三章第二節。

北：國立臺灣師範大學國文學系）第35期（秋季號）
（2013年9月），頁109-130。

陳亦伶：〈韓國經學教育式微原因發覆〉，《人文中國學報》，24
期（2017年6月），頁451-467。

畢　苑：〈經學教育的淡出與近代知識體系的轉移：以修身和
國語教科書為中心的分析〉，《人文雜誌》（中國社會
科學院近代史所）2007年第2期。

房德鄰：〈西學東漸與經學的終結〉，收入朱誠如等主編：《明
清論叢》（北京：紫禁城出版社）第2輯（2001年4
月），頁328-351。

張亞群：《科舉革廢與近代中國高等教育的轉型》，武漢：華中
師範大學出版社，2005年。

以下文獻則對達致本計畫上述「做中學」、PBI 教學模式標的提
供理論根據以及實際操作參考：

LEARNING BY DOING: WHAT YOU NEED TO KNOW: https://
www.the-learning-agency-lab.com/the-learning-curve/le
arning-by-doing

Applying 'Learning by doing' and group work in class:https://
www.crissh2020.eu/applying-learning-group-work-class/

約翰‧杜威（John Dewey）：《明日學校：杜威論學校教育》
（*Schools of Tomorrow*），臺北：商周出版社，2018年。

游柱然，胡英姿：《體驗與建構──當代美國高校實踐教學研究》，
北京：中國社會科學出版社，2014年。

許媛翔：〈Dr. Clifton F. Conrad：強調學生學習的形成性新興

評鑑法躍居評鑑主流〉，《評鑑雙月刊》第4期（2006年11月），頁44-45。

吳政達：《教育政策分析：概念、方法與應用》（*Educational Policy Analysis: Concepts, Methods, and Applications*），臺北：高等教育文化事業公司，2008年。

林存華、張麗娜：《參與教學》，福州：福建教育出版社，2005年。

Robert Eaker, Rebecca DuFour, Richard DuFour, "Getting Started: Reculturing Schools to Become Professional Learning Communities", *Solution Tree*. Retrieved 2019.

Richard DuFour, Rebecca DuFour, Robert Eaker, Thomas W. Many, Mike Mattos: *Learning by Doing: A Handbook for Professional Learning Communities at Work*, 2016, *Solution Tree*.

Lonnie Melvin: *How to Keep Good Teachers and Principals: Practical Solutions to Today's Classroom Problems*, R&L Education, 2011.

Richard Dufour, Robert Eaker: *Professional Learning Communities at Work: Best Practices for Enhancing Student Achievement* (English), 1998, Solution Tree.

## 二 課程設計與方法

### （一）課程設計理念

《左傳》蘊藏豐富的知識與人生導引，但看著甚有創意的孩子，不敢入寶山挖寶，總憾嘆自己不能當個神燈巨人，傳給學生一句「芝

麻開門」咒語，就此成就寶庫與新世代的橋梁。經學真實面貌就是「多面向知識的集合」，經學原本就是全人之學，教師從事學術研究時常是「鑽研」，但經學授課需要的卻是「廣延」——盡展《左傳》通識的面向，以揭除「經學朽邁」的錯誤認知。宇文所安（Stephen Owen, 1946-）談傳統時提到：

> 傳統不僅僅意味著對過去的保存，它還是連接起過去和現在的一種方式。傳統總是在變動當中，總是在尋找新的方法來理解過去，使得過去的思考仍然可以觸動現在的神經。如果我們做不到這一點，那麼傳統就只會變成老古董，只對一個小圈子裡面的學者、專家以及越來越少的學生才有興趣。[15]

本著「連接起過去和現在」的精神，本課程主要目標是呈現「《左傳》雖古老卻仍具現代性」，並利用教學設計提升學生學習興趣、點燃學生自主學習動機、以此提升《左傳》教學成效。具體的成果表現在強化學生古文閱讀能力、就業自信與競爭力、整合聽說讀寫表述力以及思判自省等價值內化。

《左傳》內容兼具文學與思想兩領域，以這樣的課程特質，「做中學」的「做」包含聽說讀寫等面向：在聽、讀能力方面，學生必須有了解文本文字與掌握文本意義及文章美學的基礎能力；在說寫能力方面，學生必須有因應不同聽眾而合宜述說文本的能力、有思辨文本意涵以及與他人論理的能力。以上目標化為課程操作，就是各式課程活動的設計：課堂與線上聽講、預習（閱讀文本與思考老師的提

---

15 〔美〕宇文所安著，田曉菲譯：《他山的石頭記：宇文所安自選集》（*Borrowed Stone: Stephen Owen's Selected Essays*）（北京：生活‧讀書‧新知三聯書店出版，2019年），頁3。

問）、課堂辯論以及作業創作等。「做中學」將往昔以傳授知識為主的教學方式，調整為激發學生潛在的創造力及培養獨立思考解決問題的能力；在 PBI 原則下，從解決教學現場的問題出發，以回應學生需求為導向，透過歷史事件的價值澄清、議題討論乃至移時觀察、作業中的角色扮演、合作學習與發表觀摩等多元活動，促進學生參與學習，並引導學生進行詮解、分析、應用、創造等多層次思考，培育學生具備知識應用與整合能力；教學成效的副產品則是透過作業的製作，建構學生評估產業需求之知能，從而強化學生就業力。在老師結合現實的講解與學生各式改寫創作中，誘發學生自主學習的興趣，彌補第一項「講解課文」占據大量時間的問題；其次，透過作業設計，讓學生化「作業」為「作品」，建立成就感；其次，引入業界實作知識與管道，彌補授課教師在新媒體認識上或有不足之處，也透過作品實作點醒學生「有用無用存乎一心」。

## （二）課程操作方法

思新不必來自棄舊，「做中學」（Learning by doing）教學設計如何讓《左傳》課程實踐上述「提升學習興趣」、「主動學習」與「結合現實」等目標？首先是教師端必須跳脫「講課局限於文字詮解」的模式，而添入開拓經學內涵與現實多元領域結合。本課程教學現場有執守傳統的部分，比如學生必須使用十三經雕版經傳作為閱讀文本，必須練習句讀。不論學習或教學都有需與時代脈動共震之處，此孔子盛稱「時」義之因。故本課程亦隨社會環境加入創新的部分，比如重要篇章之後，皆會舉社會實例引證今事之與古史相合，或編輯手法與《左傳》微言類似之處。其次需通盤了解學生的學習困境，由學生迫切的需求入手；需要為發明之母，也是學習觸角伸探的契機，所以教師須先按捺「修身齊家」等等高調，以學習者的興趣與需求為課程操

作導向，讓學生從被動的「受教」轉為主動發掘問題，建構《左傳》文史哲知識，並活用所學化作業成為未來職場可運用的作品，因此，在學生端，課程作業選選項在傳統論文寫作之外，另分出「剪報比附」，學生須運用課堂學到的《左傳》敘事構篇諸法，觀察報刊編輯新聞版面時可能含帶的「意在言外之旨」。但隨著紙本報刊漸漸，有必要另拓課程比附對象，所幸本人在參與出版界實務時得知童書出版趨勢仍持續增長，[16]乃又開發「青少年《左傳》」作業選項；課程亦因應新媒體的誕生而續添「有聲書」、「Podcast」及「桌遊」等作業，引導學生更全面運用所學成為創作的核心文本。

　　具體實施程序是將學習流程以四個部分環狀相扣：「預習→測驗／討論→講解→習作」。提問、討論等活動隨課文主題與時間安插，

---

16　「去年出版量下滑，童書逆勢成長」，《聯合報》，刊登日期：2016年3月1日。
　　「從中央政府的文化部、勞動部、警政署、營建署、環保署、農委會等6個部會，到包括臺北市在內的6都，以及新竹縣等的14個縣市政府都投入童書出版，當然其中也包括各該縣市轄內的大中小學。其中以臺南市和屏東縣的出版量遠遠超出其他縣市。2016年各級政府的童書出版量有108種，這也遠遠超出2015年的45種。」詳邱各容：〈2016年臺灣童書出版觀察報告〉，《全國新書資訊月刊》218期（2017年2月），頁29。
　　「2017年的童書出版並沒有因為景氣的緣故而萎縮，相反的，倒有逆勢上揚的趨勢。」詳邱各容：〈2017年臺灣童書出版觀察報告〉，《臺灣出與閱讀》107年第1期（總號第1期）（臺北：國家圖書館，2018年3月），頁39。
　　「2018年對臺灣兒童文學作家而言，不僅創作量遠超過2017年，就連文字作家和圖畫書作家的人數都有上揚的趨勢，2本以上的作家2017年有36位，2018年有53位……2018年各級政府單位、學校、民間社團與基金會越來越重視童書，尤其是精裝本圖畫書。從2016年的108本，到2017年的126本，2018年更提高到217本，可說是年年增加。特別是教育部一口氣出版31本從生活取材的圖畫書，更是前所未有。」詳邱各容：〈2018年臺灣童書出版觀察報告〉，《臺灣出與閱讀》108年第1期（總號第5期）（臺北：國家圖書館，2019年4月），頁116-118。
　　根據國家圖書館統計，「2019年出版新書中……依據主題類型分析，出版量最高的是『人文史地』類新書，計有4269種，占新書總數11.60%，其次為『兒童讀物』、『社會科學』、『小說』及『藝術』。」詳中央廣播電臺，網址：https://www.rti.·rg.tw/news/view/id/2054439，發布日期：2020年3月7日。

議題盡量涵納《左傳》的多元知識，比如「故事情節」（有沒有哪裡不合情理？比如刺客鉏麑自盡前的獨白）、「文學技巧」（比如前後對照、相反映襯）、「義理主題」（晏嬰不死君難究竟要說什麼？）、「社會文化」（先秦宴會唱詩的功能？）實際操作是先於課堂進行討論作為「起始式」，帶起學生辯論的熱情之後，課後利用網路平臺持續進行，主要是因應授課時間有限，同時也考量不慣於公開表示意見的學生也有機會透過平臺表達意見，此外，也讓學生學習「表達意見並非想到什麼就『噴發』」，醞釀想法與蒐集證據補充立場也是讓意見熟成的重要過程。課程文本解讀之前或之後皆可以進行「討論」。比如在講解〈秦晉殽之戰〉前，可以先進行下列討論：

一、請學生發表對〈燭之武退秦師〉成功原因的分析。預期學生會回答「用到威脅、利誘、離間等話術」，因為絕大多數的高中教案是這樣「創新教學」的。

二、提出本周討論主題：你曾被威脅、利誘或離間而服從對方嗎？你聽過賽局理論嗎？聽過「囚徒困境」嗎？

三、請現在再思考一下你之前這樣被說服的真正原因；或被威脅、利誘或離間而服從後的心情。

四、你若認同燭之武「用到威脅、利誘、離間等話術」而成功，則如何理解「巧言令色鮮矣仁」？

五、將學生分析的原因分成兩大陣營，請學生課後預習〈秦晉殽之戰〉全文，並提出對自己先前認知有無修訂之處，預告將於下周進行討論。透過討論的設計，既可召喚學生已知的知識，同時敦促學生預習新知，透過老師的層層反問，學生可以習得分析與反思，深刻體會到「溫故而知新」的喜悅；討論過程不僅可以讓學生思考自己為何會被說服？也可以對「說服」一事有不同角度的思考。

　　既然是採用 PBI 理念，課程的另一重點是作業的設計，第一學期作業偏向觀摩學習，比如論文摘要以及報刊編輯或影視剪輯手法觀察；第二學期學生習得的文本多了，對《左傳》掌握較深入了，因此可以開始整合所學進行創作。作業選項有：

一、學術類——上學期十篇學術論文摘要，下學期論文計畫書撰寫。透過逐步練習，引導學生認識學術論文的格式、如何蒐集資料、評價文獻，最後凝聚問題意識成為論文題目，並將對論文議題的處理撰寫成計畫大綱。此項作業適合具有學術研究興趣的學生，成品亦可作為學生申請國科會大專生計畫或研究所推甄之用。

二、文創類——上學期「敘事比附」（報刊或敘事文學與《左傳》屬辭比事的比附）；下學期有青少年《左傳》改寫、有聲書、Podcast 及桌遊等綜合創作的選項，目的在於讓學生由單篇、數篇改寫，而至群體合作（有聲書需要劇本撰寫、分鏡、過場、無視覺輔助時的轉場與人物交代，甚至配上背景聲效等等），進一步挑戰更多文本與歷史背景需求的桌遊設計。課程會在期中之後盡量靠攏學生的作業需求：除了安排相關講座，學生在上課過程中應當已逐漸凝聚自己的學術興趣或創作興趣，先與老師討論作業可能撰寫的主題，授課教師再將相關文本或議題適度排入講授文本之中，以協助學生自主學習與創作；學期中、末段會有三四周各花十至二十分鐘舉辦作業觀摩，讓同儕激盪彼此的創意。

　　此外，為了落實學生的作業為更成型的作品，本課程邀請了相關業界人員蒞臨演講，因此而擠壓到的授課時間，則透過線上平臺以及課前預習等方式消化。

　　本課程安排在中文系大三專業選修課，修課學生主要是大三、大

四的學生。但如前所述，目前的學生古文閱讀能力與興趣嚴重不足，即便已是中文系高年級的學生，要求學生課前仔細預習文本，是太過理想化的期待，因此節課堂的概介設計就很重要，除了摘要史事，也要對古文句法略作講解，更須設計能誘讀的文本問題，透過種種課前爬梳與基礎講解，降低學生預習的難度，相信累以時日，學生古文閱讀能力的提升可睹，對春秋歷史社會背景掌握更多，則預習與自主學習的疊合面積將更大，授課進度自可加快，勻出的時間恰好可提供作業引導、講座與觀摩。

其次，臺灣學生通常慣於沉默，不論提問或回答，非不得已絕不開口，往往一下課才單獨蹭到老師面前提問，因此佐以 iLearning 等數位教學平臺，以調配彌補課程時間不足、提供學生發表意見、以及同儕合作及觀摩學習之用。根據本人先前使用線上教學平臺的經驗，學生沒了與群體直面相對的壓力後，即時提問或其他互動與回饋的情形變多了，課堂氣氛明顯放鬆與熱絡不少。因此使用數位平臺輔助檢驗學生預習成效，除了增加課程趣味、減少紙筆測驗的分數量化負壓，主要也是為了減少學生面對群眾的壓力，以收活潑課堂氣氛、拉近師生距離之效。

## 三 教學暨研究成果

### （一）教學過程與成果

「傳統」有賴「保持」乃有所謂「傳其統」可言，但若死守而未見新血的注入，總難免河涸江滯，乾枯消停，「人們不斷給知識的大廈添磚加瓦，但是這座大廈是建立在太多的被不假思索地接受下來的論斷上的……但即使這些論斷是好的，我們也只有依靠『娛樂』不同

的想法才能重新發現這一事實。」[17]本課程教學過程努力「娛樂」不同的教學方式及想法，目標有二，一是《左傳》現代性之展現，二是學生學習興趣與自主學習力之提升，主要體現在「古文閱讀力」、「文學賞析與義理理解力」、「批判思考及國際化」、「統整與創作能力」等四方面。為了獲致上述成果，教學時會以當下社會議題作為引言，舉凡與課程核心議題相關的報刊內容或編輯手法、國際情勢或其他朝代歷史，都可作為課堂「引發階段」的素材，這樣的設計，除了發揮定場作用沈澱學習心緒、引起學習動機，也示範了《左傳》內容不僅不古，甚且常見於現實生活。另亦以其他類型敘事作品類比深化《左傳》的各式敘事技巧與微言大義，課堂舉過電影運鏡、樂曲結構、名畫隱喻、心理學實驗與即時社會新聞等等各式素材來說明何謂《左傳》「屬辭比事」，培養敘事力與創作時創新轉移的各種可能性，以此教學示範作為課堂「發展階段」。

　　發展階段還可跳脫單篇敘事，探討更深廣的議題，形成漣漪式的學習。比如教師的教學目標為講授《左傳》「其失也巫」的核心議題時，可串聯相關記事，以討論「歷史暴力學」的議題起始：

> 相傳遠古時代有一種怪獸名叫「檮杌」。這種怪獸外表怪誕，好鬥不懈，且有預知吉凶的能力。隨著時間流變，檮杌的形象逐漸由怪獸轉為有魔性的惡人。更耐人尋思的是，檮杌也被視為歷史的代稱，擔負「紀惡以為戒」的功能……有鑑於歷史中

---

17　〔美〕宇文所安著，田曉菲譯：《他山的石頭記：宇文所安自選集》（*Borrowed Stone: Stephen Owen's Selected Essays*）（北京：生活・讀書・新知三聯書店，2019年），頁2。文中「娛樂」指「entertain an idea」，宇文所安認為我們對新想法，應當如對待來訪客人般的「熱情地款待」，「專注地傾聽他們的高談闊論」，且稱「學術傳統需要保持，但是它需要補充，需要一個開放的空間，一個歡迎來訪的想法的接待站。」詳參該書〈自敘〉，頁2。

的暴力層出不窮，我們必須尋思：歷史是對怪獸也似的暴力的
記錄，或者竟是其體現？我們對歷史與怪獸的關聯，是戒慎恐
懼，還是視而不見？[18]

要求學生思考「紀惡以為戒」的史心與「歷史暴力效應」的權衡時，
可以時下新聞現象，帶入新聞仿效效應作為討論之資，從而引導學生
深思「懲惡而勸善，求名而亡，欲蓋而章，書齊豹盜，三叛人名之
類」的《春秋》筆法；或以此角度思考何以《左傳》不載齊桓公死後
蟲流、伍子胥掘棺剚目鞭屍等更具閃光效應（Flashbulb Effect）的傳
說（或史實）；或以瓦倫達效應（Karl Wallenda Effect）等案例，引導
學生重新審視《左傳》裡諸多預言、卜筮乃或精準的預告式評論等材
料。東京大學石橋健太郎（?-, 2010年起任教於東京大學）及岡田猛
（?-, 2005年起任教於東京大學）教授在探討認知心理學與藝術創造
力的研究中指出：「我們的研究結果表明，通過複製他人的藝術作品
與他人的想法進行積極互動具有促進學生藝術創作的巨大潛力。」[19]
由課程發展階段的「示範」教學，延伸至相當於臨摹、欣賞學習法的
「剪報比附」及「改寫」等作業設計，本研究得到的成效結果與前述
石橋健太郎等教授的結果相合，說詳下節。

　　學生學習力的訓練除了原文閱讀及句讀檢測，主要是透過作業設
計，因此得由學生作業檢測。上學期作業屬於「觀察」與「臨摹」類
型，學生必須比較並說明報紙、雜誌、影視、藝術作品的「取材、編
輯、敘事手法」等等與《左傳》「屬辭比事」相類者，藉由作業深入

---

18 王德威：《歷史與怪獸：歷史，暴力，敘事》（*The Monster That Is History: History,*
　　*Violence, Narrative*）（臺北：麥田出版社，2011年），頁9。
19 石橋健太郎、岡田猛：〈他者作品の模写による描画創造の促進〉，《認知科學》第
　　17期（2010年3月），頁196-223。

了解《左傳》撰輯義法乃至覺察其微言大義；學術類類型的作業為十篇學術論文摘要。第二學期作業屬於「整合所學」並進行創作，選項有青少年《左傳》改寫、有聲書、桌遊等綜合創作；改寫作業之所以局限讀者群為青少年，除了前述提到出版市場的考量，主要是利用「預想讀者」的限制，讓學生審慎斟酌選材與用語，從而體會到史官筆法或春秋書法「屬辭比事」之心。比如兄妹亂倫、父子相殺乃至申生自殺等材料，可能對青少年就不適宜，此時在作業指導時，也可引入心理學維特效應（The Werther Effect）等理論，或連結課程發展階段提到的歷史暴力學議題，再一次闡解《左傳》「微而顯，志而晦，婉而成章，盡而不汙，懲惡而勸善」書法五例，等於讓學生「穿上《左傳》作者的鞋子」去體察其墨水心，而且相當於對《春秋》與《左傳》的核心議題再三致意，達到強調且深化的效果。有聲書的設計構想亦是利用「局限」激發細察力與敘事力——少了視覺（包括文字）的輔助，如何說清楚故事？學生作業成品類別如表一：

### 表一　學生作業類別統計

| 學期別 | 作業選項 | 細類說明 | 數量 |
|---|---|---|---|
| 上學期 | 取材與編輯手法 | 以報刊作品為比附對象 | 5 |
| | | 以影視（含動畫）作品為比附對象 | 16 |
| | | 以中外小說為比附對象 | 3 |
| | | 以音樂結構或影視配樂為比附對象 | 2 |
| | | 以繪畫構圖為比附對象 | 1 |
| | 敘事內容相仿 | 以社會事件為比附對象 | 6 |
| | | 以歷史事件為比附對象 | 6 |
| | | 以其他子史書籍敘事為比附對象 | 3 |
| | 論文摘要 | | 12 |

| 學期別 | 作業選項 | 細類說明 | 數量 |
|---|---|---|---|
| 下學期（多為小組合作） | 青少年讀物改寫 | 其中一分將春秋背景改為青少年校園生活，一分改為非洲生態，一份改為繪本 | 13 |
| | 桌遊 | | 8 |
| | 有聲書 | 其中一分強調配樂的反襯性，一分為音樂劇，一分為廣播劇 | 8 |
| | 電影、5D遊樂場企畫案 | | 1 |

　　學生作業觸角多元，第一學期用來比附《左傳》的觀察對象有雜誌、報紙、電影、電視戲劇、動漫、社會新聞、其他古籍，甚至有電影配樂、古典樂曲結構以及國畫構圖。觀察的角度除了諸多對比、反襯、反轉、細節及結構等敘事美學，尚有古今時事之雷同與省思，以及微言大義之發掘。撰寫論文摘要者，也在觀摩與退回修訂等操作下，掌握了論文格式與略窺《左傳》學術研究概況。

　　第二學期作品更是繽紛多彩，選擇「改寫」的作業，除了緊扣《左傳》內容者，亦有跨大矩度，取其神而不受文字內容所限，改寫為青少年校園生活，或為了吸引兒童讀者兒改寫成如伊索寓言之動物故事，乃至繪本、音樂劇、廣播劇等等；桌遊有移仿現有桌遊者，亦有全新自創者。從學生對作業企畫的說明，可以看出學生除了對文化傳承、媒體、讀者特性，甚至市場需求等多方面皆有所考量，更可以感受到他們樂在其中的興奮。所有作業與考試（包含句讀與申論）皆能具體呈現學生的「古文閱讀力」、「文學欣賞與義理理解力」、「統整與創作能力」與「批判思考」能力；最明顯的則可由「讀中文系有沒有用，誰說的算」及「不要寵壞了孩子」及「瑪莎拉蒂惡少」……等作業見到學生懂得挪移《左傳》義理去批判現實，並具有獨立思考的

能力；「國際化」目標可由「普丁後悔了」、「萬國博覽會」……等作業見到成效。學生作業舉隅請詳附件一「學生作業企畫動機」，著作權歸學生所有，請勿引用。

　　本課程共舉辦了兩場配合作業設計的專題演講，第一場演講主題為：記者、編輯、出版獵人及敘事角度，講者除了任職天下雜誌記者與出版部編輯，亦曾參與電視臺編劇相關實習與工作。第二場演講主題為：桌遊與 Youtuber，內容涵蓋：桌遊遊戲設計、桌遊趨勢、實體桌遊與線上桌遊吸引力差別或設計考量點差別、當前桌遊遊戲者年齡趨勢、桌遊店經營、如何成為 Youtuber……等等。講者為 YouTube「桌遊小教室」頻道主持人兼桌遊店店長及桌遊講師，專職於桌遊行業的經歷近十年。學生對兩場演講的提問皆相當踴躍，事後也回饋表示能在《左傳》課程連結這樣的實際講座，很驚艷也很受用。學生對演講的提問請見附件二「專題演講學生提問集」。

　　當演講者於他的桌遊臉書專頁分享受邀來校演講的訊息時，不少讀者留言：「好奇為什麼《左傳》會跟桌遊有關？」「這課上起來肯定有趣！」「我大學怎麼沒這種課可以聽 QQ」「真不錯，我們以前都沒這種課可以上！」等等，[20]這樣的驚奇正是本計畫課程設計的核心之一：利用衝突與疑問引發一探究竟的動機，以「有趣」帶出學習興趣。學生往往於下課後有類似的回饋：「我沒想到《左傳》可以跟西洋名畫有共通點。」「今天以音樂開講好有趣哦。」「原來這個社會新聞在《左傳》時代就『發生過』了。」「原來《左傳》這則故事可以這樣想。」當學習時的認知處於放鬆時，反而更容易獲致新見解，[21]岡田

---

20　https://www.facebook.com/gameurlife/posts/pfbid02LdT1PL5ThNE9ZkRs57hRrzCg85v
　　AioAC7zi2uECUKJyWLfXSdzKF2nSNpgm6qxa3l

21　"Participants' cognitive constraints became relaxed, and new perspectives were formed
　　from copying another's artwork." Takeshiokada, Kentaro Ishibashi (Graduate School of

猛教授也曾在演講中為其「認知與創作力」的研究撮出四個要點：放
鬆、新視角的產生、經驗累積、互動。簡單說來就是一個人的認知限
制通過遇到別人的藝術品而變得放鬆；認知放鬆有助創造並產生新視
角、累積上述經驗（放鬆認知與創造新視角）又能建構個人的創造視
野；通過自己的創作視野與他人作品的互動，形成新的藝術理念並創
作出新的作品。[22]這種良性的循環都來自「模仿、觀摩」等學習方式。
〈學記〉提到教學需「善喻」：「君子之教喻也，道而弗牽，強而弗
抑，開而弗達……可謂善喻矣。」[23]因此教師在授課過程努力「能近取
譬」「博約連類」就成了重要功課。

　　本研究動機在於打破「《左傳》僅僅只是一門歷史知識」的意識
形態，透過課程整體設計，讓「知識」與「生活」、「生命」產生連
結，此項教學成果由學生在課程第一堂課與最後一堂課所填問卷的差
異可以看出成效：學期初始的問卷，針對「你對《左傳》的印象是什
麼」的開放答案填答，有百分之四十六點四三的學生認為《左傳》是
「很多故事的史書」，百分之四十三點四的學生認識的《左傳》「只是
經書」；課程結束時的問卷，同樣的問題，對《左傳》的描述就多元
了，歸類為「敘事有趣、精妙」者有百分之三十三點三三；歸類為
「引發思考、博大閎深」者有百分之三十點三。

　　至於學生學習力目標——「古文閱讀力」、「文學賞析與義理理解

---

Education, The University of Tokyo), "Imitation, Inspiration, and Creation: Cognitive
Process of Creative Drawing by Copying Others Artworks", *Cognitive Science Society*
(2016), pp1804-1837/p1829.

22  Hong Kong Shue Yan University Talk March 16th, 2016 The role of inspiration in artistic
creation,岡田猛Takeshiokada (University of Tokyo), https://ids.hksyu.edu/ assets/event/
20160316_takeshi-okada_the-role-of-inspiration-in-artistic-creation/ev ent-material/20160
316_handout.pdf

23  〔清〕阮元審定，盧宣旬校：《重刊宋本十三經注疏‧禮記‧學記》（臺北：藝文印
書館，1965年），頁653。

力」，除了可由期末申論考試檢得，還可由課程初始與課程結束最後一堂課的句讀測驗看出學生的能力增長幅度不小。兩次句讀文本皆是學生未曾上過課的內容，第一次有百分之五十三學生及格，全班平均五十六分；整學年課程結束時施測的句讀篇幅更長更難，但及格人數為百分之九十四（其中百分之七十六在九十分以上），全班平均八十八分。具體分數百分比請詳附件四「句讀測驗」圖。

## （二）教師教學反思

石橋健太郎與岡田猛教授將藝術創作的學習分成「臨摹（Copy Abstract）、欣賞（View Abstract）、口頭建議（Verbal suggestion）及控制組（Control）」等四種狀況，研究顯示「練習法對創造力（Creativity）高低影響甚巨」，「臨摹與欣賞」不僅讓學習者創造力遙遙領先，即使在技巧與吸引力等方面的表現也優於其他兩種，詳見下表（深色為筆者所加）。[24]

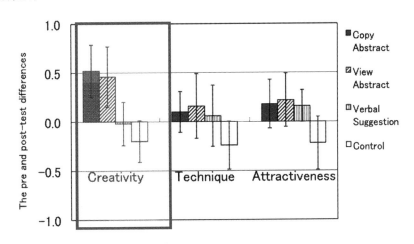

---

24 Takeshiokada, Kentaro Ishibashi (Graduate School of Education, The University of Tokyo), "Imitation, Inspiration, and Creation: Cognitive Process of Creative Drawing by Copying Others' Artworks", *Cognitive Science Society* (2016), pp1804-1837/p1829.

　　岡田猛教授等人這一系列的研究為本課程的設計提供了教學現場實際操作成果的前例，雖然《左傳》不是藝品，但吾人對經典的詮解與活用，與藝術創造相去並不遠。由前節表一「學生作業類別統計」可以看出學生創新的觸角與課堂授課教師舉例說明的範疇相似，比如課程規畫有「角色扮演（代入）」，學生作業就有以第一人稱改寫衛靈公好鶴亡國者；課堂曾以電影配樂說明「反襯」敘事手法，學生作業有聲書就用到類似配樂手法；[25]課堂以 Podcast 為例說明古史今用，也提到出版趨勢的觀察，學生作業有聲書或 Podcast 就提到對目下大眾閱聽習慣的觀察；[26]很明顯的，透過作業的製作，學生的確建立了評估產業需求之知能，從而強化就業力。以上作業觀察，證明只要課程設計得宜，不論多古老而被認為失去生活實用性的文本，都可以有現代性。

　　但統觀作業取材的狀況，也可看出生長於聲光刺激講究速率的年輕世代，接觸較多的文本是有聲有色的影視作品，因此拿來作為比附對象的比例高於報刊與書籍，影音與紙本資料的比例是十八比八（「影視16＋配樂2」：「報刊5＋小說3」），差距超過二倍。下學期作業選項表面上文字改寫的數量（13）與其他選項（8+8+1）差不多，但由於其他選項多是小組作品，因此以人次計算的話，桌遊與有聲書等非文字類型的創作仍是文字類型的兩倍有餘。此外，由上學期「論文摘要」作業發展成下學期「論文寫作計劃」者闕如，除了不少學生因下學期撞課而不得已停修等因素，太過嚴肅沈重的作業，仍難以吸引學生投入。

　　另外，本學年課程因疫情干擾，接近三分之一的授課時間採用遠

---

25 詳參附件一「學生作業企畫動機」〈繼承者們〉篇。

26 詳參附件一「學生作業企畫動機」〈有聲書〉郭Ｘ妤、莊Ｘ庭、曾Ｘ辰、林Ｘ嬋等人的說明。

距教學,多少打亂了課堂同儕辯論、討論的設計,所幸也因少了面對群眾的壓力,學生在個別提問方面表現踴躍,也因能及時提問與得到解答,課堂氣氛反而活潑順暢,有失有得。[27]

本課程原預計邀請出版業(談目前出版業現況、童書市場)、雜誌記者(談由採訪到成稿出版之間的考量與實際操作)、Youtuber(談「概念」與影音的呈現)、桌遊設計、劇本寫作等等業界專業人士蒞臨演講,邀請對象以曾修讀過《左傳》的校友為優先,對目前修課同學更有「有為者亦若是」的激勵作用,並確實搭建「作業變成作品」的最後一里路。但受限於經費與時間,演講項目只好隨之減半,只舉行出版、記者、編輯及桌遊等品項,其中「出版、記者、編輯」項目,幸覓得優秀系友,在天下雜誌機構任職多年,同時兼有三個部門的工作資歷,乃能將「出版、記者、編輯」項目三合一,壓縮為一場演講;計畫原訂的 You tuber 及 Podcast 等新興影音市場與表現場域,只好由授課教師簡略補充,對於多元應用面向的深入連結設計之完成略有缺憾。

期末因疫情慌亂而採遠距教學,對於個別約談學生以推動作業出版成商品的設想也未能完全落實。

## (三)學生學習反饋

在學校官方教學意見調查中,學生寫下:「老師教學舉例活潑生動,雖然教的是文言古書,但老師竭力引導我們『比附』的觀念,讓

---

27 研究統計,即時通訊軟體能增加百分之三十生產力。

The beauty of instant messaging is in the name – it's instant. Colleagues can communicate quickly and seamlessly-sometimes with something as simple as a click of the "thumbs up" button. ... Furthermore, instant messaging flourishes. It should come as nosurprise that Slack has been reported toimprove productivity by 30%. (https://www.pensar.co.uk/blog/when-should-you-use-email-vs-when-you-should-use-instant-messaging)

我們將《左傳》與其他文學作品甚至現實生活建立連結，能更有效的學習、理解《左傳》內容！」「從教授的課程中，可以感受到《左傳》的魅力，受益良多。」於「教師在教學過程中具備高度熱忱」項目甚至給予「5（滿分）」的肯定。教學的用心能被學生看見、學生願意不畏難一起學習古經典而且樂在其中，這就是本教學計畫最大的成果，校方教學意見調查請詳附件三「左傳教學意見調查」。

　　根據本人為課程投出的問卷，課程初始時，針對「你認為中文系上課內容與你未來就業的相關性（10-0）」提問，學生認為極度相關（10、9、8分）的有百分之十七點三（5.77%+0+11.53%），認為課程與未來就業相關度平均分為五點六分。到課程結束最後一堂課的問卷時，相同問題的「就業相關度認知」比例大幅提升，學生認為中文系所學與未來就業極度相關（10、9、8分）的有百分之三十九點四（12.12%+24.24%+3.03%），相關度由極度相關的十分累計到六分，共有百分之九十點九，同學認為課程與未來就業相關度平均分為七點四分。也就是本計畫設定的「通經致用」、「經學不古」核心目標堪稱達成，也建立了學生的「就業自信與競爭力」。針對「作業撰寫能增進我對《左傳》敘事或價值傳遞等的體會」提問，有近百分之九十四的肯定（10分＋9分＋8分＋7分=15.15%+39.4%+33.33%+6.1%），全班平均是八點五二分；針對「本課程的作業設計能增進我對左傳學習的興趣」提問，也有百分之九十四的肯定（10分＋9分＋8分＋7分=21.21%+33.3%+18.18%+6.1%），全班平均為八點三三分。上述問卷統計資料請詳附件四「左傳課程問卷統計圖」。

## 四　結論

　　「經」之所以命名為經，大約等同於「信仰」的神聖高度；即便

放在理性學術思考的脈絡中,「經」就是「重要的民族文明成果」,「文明……差不多就是信仰的行為。」[28]瑪莉・畢爾德(Mary Beard, 1955- )探究文明的產生,主張人們如何透過觀看而形成藝術,又在對藝術的觀看中累積文明:

> (關於我們如何觀看)……太多事情取決於「觀看者是誰」這個問題……同時也有太多事情取決於他們進行觀看的背景脈絡……我不知道我們是否真能完全重現那些最早看見古典藝術的人們的觀點,我也不知道這是否就是我們的理解中最重要的部分(這些事物背觀看的方式在數百年間不斷改變,這也是它們歷史中不可忽視的成分)。[29]

瑪莉要強調的就是文明的核心在於「如何觀看」,這跟教學活動其實極其相似,教師負責帶領學生認識經典(觀看文明),在決定「如何觀看」前,必須先了解學生的學習基礎與環境(「觀看者是誰」)。資訊泛濫又不負責任、處處講究快閃速度的時代,正是現代學生進行觀看時的背景脈絡,此時,社會結構與經典產生的時代已然天差地別,對人倫分際的權衡也古今或異,在這樣時空睽異狀況下,如何將悠緩流淌的《左傳》河匯入新世代急湍駭浪的生活節奏中?如何讓學生體會《左傳》那一字一句斟酌的苦心孤詣?其難度不下於傳教士到言語不通且風俗迥別的異域傳教。

---

28 瑪莉・畢爾德(Mary Beard)著,張毅瑄譯:《人們如何觀看──世界藝術史中的人與神》(*Civilisations: How Do We Look / The Eye of Faith*)(新北市:聯經出版事業公司,2022年),頁195。

29 瑪莉・畢爾德(Mary Beard)著,張毅瑄譯:《人們如何觀看──世界藝術史中的人與神》(*Civilisations: How Do We Look / The Eye of Faith*)(新北市:聯經出版事業公司,2022年),頁197。

　　研究結果顯示，「應用導向」的確能提升教學成效。「應用」包含教學時將《左傳》與今學的連結，比如由新聞倫理、新聞效應或歷史暴力學談《春秋》書法與筆削；由真相錯覺效應（the illusory truth effect）、集體歇斯底里（mass hysteria）等理論談鬼神與災異；由影視蒙太奇談屬辭比事；由語用學與心理學談辭令；由比馬龍（Pygmalion Effect）、瓦倫達（Karl Wallenda Effect）等心理學效應談預言、卜筮、君子曰等評論與其他神異記事；甚至以音樂、繪畫雕塑等說解文本結構。這種演示法，可以讓學生體會到《左傳》不論選材或敘事，都有細膩的用心，也體現《左傳》內容絕非完全與現代學術或生活隔絕，建立了這樣的認知之後，學生反而容易將所學應用到日常生活，不須刻意引導，學生對自身的內省反思反而更多了。這種屬於德行教育的成效，由作業呈現的主題，也可以略窺一二，比如有不少學生改寫的作業中，是將前述解說挪移到現下生活中省思人際相處（比如同儕互動）、社會問題（親子教養）以及自身情緒自我認知等困擾。終歸說來，本教學研究主要目標是打破「經學是古老不適現代社會使用」的錯誤認知，進而探討「教學設計可以提升學生學習興趣、點燃學生自主學習動機、從而提升教學成效」，此兩大計畫目標由校方教學意見回饋與課程前後測，以及課程投放的各式問卷表單，都可以看到教學設計能獲得學生青睞、改變學生的學習認知並提高學習興趣，由其中也能大致呈現教學成效。這之中，作業比附的角度或創新延伸與課堂範例高度相關，可見教學模式對學生的學習觸角影響甚大，此乃本計畫執行後最明顯而值得繼續發揚的成果。

# 附件

## 一 「學生作業企畫動機」舉隅

| 上學期 | ◎〈瑪莎拉蒂惡少事件〉，讓我想起《左傳》裡的州吁之亂的情節。（尤X華） |
| --- | --- |
| | ◎〈燭之武退秦師〉與張獻忠瑪瑙山之戰比附。（王X雯） |
| | ◎當今影視多藉配樂營造氛圍，配合螢幕上之視覺刺激，以求「聲」、「色」上之共同交織與衝擊，給予觀影者偌大的娛樂體驗；而《左傳》所屬年代雖未有「配樂」一詞，然當中不乏以文字音律輔助敘事之現象，可知《左傳》中早已將聲音效果與情節配合，故以此比附。（江X逸） |
| | ◎《郵遞馬車》中的重複旋律，分別是左軍、右軍以及主力軍隊的三次攻擊，小鼓聲是軍隊的步伐、弦樂器是軍隊的前行，鈸聲則是軍隊的全力進攻。其中多利用八分音符與十六分音符讓旋律加快，以高低音變換使情境中有著不同的起伏變換。《左傳》中對「笠澤之戰」越王使用迂迴側擊戰略的緊湊敘述，其內容敘述分次疊加，使情境起伏變換有度，與《郵遞馬車》一曲的節奏旋律、高低音變化相類。（吳X潔） |
| | ◎州吁以及石厚的形象一直與巴堤‧克羅奇父子的身影重疊，有許多相像之處，因此接下來會嘗試與衛莊公與州吁、石碏與石厚、巴堤‧克羅奇一二世做三者的交叉比較。（李X義） |
| | ◎本文以親子天下雜誌〈不要寵壞了孩子，阻礙他長成能對自己負責任的人〉比較《左傳》「鄭伯克段于鄢」，並說明兩者為何相類。（林X嬋） |
| | ◎《左傳》一書敘事技巧精妙，使得其中的文字表現較其他典籍更為生動，尤其在鋪墊一則故事的手法上，常能營造出具體的畫面感，就如劇本一般，描寫人物的動作、想法且安排對話，不禁讓人發想，這不就是現今的電影呈現嗎？因此，本文選擇了一部與 |

| | |
|---|---|
| | 《鄭伯克段于鄢》同樣以兄弟作為主角的電影《晚安媽咪》，從鋪陳手法、劇情和角色等方面去對比異同。（林X雯） |
| | ◎（《與巴席爾跳華爾滋》、鄭伯克段于鄢）兩作品的作者不選擇明說，而是將個人價值評斷藏諸於細節。（張X婷） |
| | ◎《早春圖》與「莊公十四年」兩者： |
| | 1. 重點之處皆看似受「虛」（雲霧、內外蛇的故事）所掩所包覆，然而這正是「實」（主峰、申繻所言）的「欲掩彌彰」的正面體現。 |
| | 2. 前者之實（主峰）結合了上下峰巒，後者之實（申繻所言）為上下文形成了起承。 |
| | 3. 一為成書於春秋（西元前360年左右）的史書，一為北宋（1072）的水墨畫，兩相比附後讓我想到這世間令霍金最為感動的事──「遙遠的相似性」。（陳X羽） |
| 下學期 | **有聲書：** |
| | **動物版秦晉韓原之戰** |
| | https://drive.google.com/file/d/18NeePj8wkUiIaCWduEOwHecjFBFOn_OK/view |
| | ◎現在是電子產品盛行的世代，青少年沉迷於手機或電腦遊戲，沒有耐心閱讀長篇故事，影響其閱讀能力及知識的吸收，藉由自身之經歷，以「聽」的方式，使青少年在無形中熟記學術。而《左傳》長於敘事，富情結和故事性，擅於描寫細節，最為人樂道的是其特別擅長描寫戰爭，且延伸出許多成語，對青少年寫作想必是有一定效果，是以我們選擇以廣播劇的形式，透過歷史背景加深印象，使他們更明白此成語的意義，並期能正確使用。（郭X妤、莊X庭） |
| | ◎現代人多將文言文視為難以理解的洪水猛獸，我們期望通過有趣的遊戲形式，引起人們對其中隱含之《左傳》典故的興趣。因此我們的人物及其技能皆取自於《左傳》，並在規則書外附上典故出處，使遊玩者能通過輕鬆活潑的方式更加了解《左傳》內容， |

進而達到願意主動閱讀原文的效果。（談X昕、張X茗、陸X嘉、林X璿）

◎繼承者們《左傳》篇——孤單又燦爛的荀息

傳統的故事通常會傳遞信守承諾可以導向好的發展並造成好的結果，但是荀息的這個故事卻呈現出信守承諾反而危害到他的人生，結局並不必然是好的一面，這在眾多講述類似道理的兒童讀物當中別出心裁；同時也顛覆一般人對於古書的內容多是八股道理的印象。

音樂：我們參考了老師之前上課播放打架配上悠揚古典樂的充滿反差電影片段，所以選擇在嚴肅的《左傳》場景配上搞笑的迷因音樂，透過產生地獄笑點的效果吸引聽眾注意，同時引起現代身處網路時代當中的小朋友的共鳴（葉X彣、宋X妮、侯X圻）

◎普丁後悔了（比較晉楚邲之戰）（蔡X霖）

◎讀中文系有沒有用，誰說的算？

1. 〈燭之武退秦師〉為高中國文必修內容，我們希望透過這篇大家都很熟悉的文章，讓聽眾思考此文章在國文課以外是否還有能夠探索的議題，進而反思國文課堂中課本或老師所講是否都是正確的。再衍生思考「國文課還有沒有另一種可能？」「大學裡的中文系都在做什麼？讀中文系真的如大人所說的沒用嗎？」等議題。

2. 現今媒體除了競爭閱聽人的眼球，耳朵的市場亦是兵家必爭之地，尤其上班族和學生在通勤時多半會戴耳機聽音樂和廣播來消磨時間，一般大眾在下廚、慢跑時，也會透過聽Podcast的節目達到陪伴的效果。有別於以往只有寥寥可數、無法切換的廣播電臺，Podcast的平臺匯集許多來自各行各業的創作者聊著各式樣不同的主題，除了讓閱聽眾擁有更多的選擇，同時也讓創作者的創意得以發揮到最大。

3. 我們觀察到現在的學生在通勤上下學或補習時，往往會戴著耳機收聽Podcast，而本次的作業受眾是以青少年為主，因此以Podcast為媒介便是很好的切入點。節目由現階段就讀中文系的學生擔任主持人，一起探討國文課本的知識是否必然正確，讓

收聽的學生運用瑣碎的時間收聽與自己切身相關的主題，並提供他們教科書以外的思考方向，希望能為他們開闢新的思辨和批判的途徑。（曾X辰，林X嬋）

◎音樂劇可謂文學與音樂的薈萃，劇情中起承轉合所形成的戲劇張力很吸引人。（這點與《左傳》頗為相似）；然而就我個人經驗而言，在整個青少年時期所讀的教科書中都缺乏這方面的資源提供，如果我沒有因為自己主動探索而產生興趣，可能就會錯失欣賞諸多佳作的機會。基於《左傳》文本多授教於高中，因此這份結合音樂與文學的半互動性創作，將適讀年齡設定在十一至十四歲之間，讓孩子在這段學習新知快速的時期能多認識到一種「藝術形式」，同時也能為未來的「語文學科」提早做準備。（陳X羽）

**桌遊**

◎「改寫歷史」便是基於阿瓦隆的架構下改編而成。楚國如何在弱勢的情況下取得晉楚戰役的勝利，除了要費盡心機隱藏自己的身分之外，更要在遊戲中透過投票票型以邏輯推理出誰有可能是看穿楚人身分之晉王，並成功刺殺。楚國如何在此五場戰役中只贏得一場的劣勢中，奮力一搏，改寫歷史，是本遊戲所欲達成之目的。此遊戲與《左傳》之關聯較淺，是因為桌遊我認為有分易中難三種程度，若要因應廣大玩家的喜好及使遊戲推廣更遠，應選擇由入門款開始桌遊旅程，是故選擇改寫這款阿瓦隆遊戲。（余X嫣）

**歷史博覽會之左傳歷史園區**

◎文本的主要場景設定於「萬國博覽會」的會場，此構想源自於兒童小說《神奇樹屋35：魔法師大對決》；而開頭之場景設計，則意欲營造出電影《侏儸紀世界》中，眾人乘著交通工具，世界的全新一角於眼前開展之感。至於取用之《左傳》故事則分別為〈狄入衛〉、〈齊桓公伐楚・乘舟於囿〉與〈韓原之戰〉三篇。以牽引史事發展之「道具」、「精簡富韻律」之行文風格與強調「前

| | | |
|---|---|---|
| | 因後果」而非戰爭當下的書寫特色作為選擇標的，且亦看中事件背後所寄寓之勸戒省思。（陳X潔） | |

## 二　專題演講學生提問集

| 學期別 | 提問內容 | 備註 |
|---|---|---|
| 上學期 | ◎當夢想與現實發生衝突的時候（例如：求職不順利、和老闆的理念不合⋯⋯），請問您如何調整自己的腳步，面對現實的問題？（陳X櫻）<br><br>◎如果想進入影視編劇等相關行業，應該怎麼入門？（張X婷）<br><br>◎想請教講者報考新聞研究所的動機，因為看到講者也有編劇將相關的實習經驗，想請教在新聞和傳播研究所之間的抉擇。（蔡X霖）<br><br>◎想請問講者在出版業與新聞業職場工作環境狀況，在這領域的主管或資深前輩會用心的提攜後進嗎？還是全憑自己的工作態度與主動學習的習慣？還有不知道會不會常有熬夜加班趕稿的壓力？熬夜加班後是否加薪，還是責任制，不管工時多長？（許X源）<br><br>◎想請教講者進入出版業擔任編輯的動機和編輯的工作內容。（曾X蜜）<br><br>◎想請問講師，中文系和新聞研究二者之間不一樣的特點在哪裡？另外，請問講師在進入職場領域後，您面臨到職場上的哪些外在壓力？之後，您又是如何將這些壓力轉化成幫助自己成長的動力☺（尤X華）<br><br>◎想請問編輯一職的入門，以及在出版業逐漸沒落的時代下，工作內容的轉型及差異。（黃X祺）<br><br>◎由中文跨科讀其他系研究所，如講師跨科讀新聞研究所，會覺得課程上難以銜接嗎？請問講師是如何適應的？（郭X妤） | 左列為同學事前留言於數位教學平臺的提問，現場提問大多數圍繞「薪資」、「工作穩定度」、「需具備或可能可衍生的斜槓能力」等等主題。現場提問因教師兼主持人及攝影者，來不及記錄。 |

| | | |
|---|---|---|
| | ◎想請問講者，會推薦未畢業的學生到出版業去實習嗎？會對未來進入相關產業有幫助嗎？（張X安） | |
| 下學期 | ◎想請問桌遊出版的工作需要具備的能力？身為中文人想投身桌遊產業，應該從哪個部分開始比較好呢？（陳X田）<br><br>◎請問設計桌遊時，何者因素（使用者年齡、桌遊主題是否為當前市場上的主流……）會是優先考量呢？（曾X蜜）<br><br>◎想請問在疫情愈趨嚴重的當下，如何將實體的桌遊轉變為線上的形式？需要考量到哪些因素（例如增加互動性）呢？謝謝！（林X嬋）<br><br>◎請問設計桌遊的時候，哪方面的遊戲性是必須達標的，以及有什麼啟發靈感的方法。（陳X翔）<br><br>◎請問目前市場上最具潛力或受歡迎的桌遊種類（策略、卡牌……）與背景題材？謝謝。（陳X潔）<br><br>◎請問若要設計寓教於樂的桌遊，要怎麼拿捏學習跟玩樂的比例，以及要怎麼避免遊戲太過專業而使遊戲者失去耐心？（郭X妤）<br><br>◎請問桌遊除了以輸贏作為結束遊戲的方式，是否還有其他方式可行？市場上是否有先例？（曾X辰）<br><br>◎遊戲被認為是第九藝術，一款遊戲中會包含美術文案可玩性等等，玩家也會直接體驗這些特質，並將其納入對遊戲的評斷，然而一款遊戲的好壞是相當主觀的感受，請問作為遊戲設計者，會如何看待兩極不同或是紛雜沒有規律的玩家評價？若是玩家給出的意見或是建議與設計的理念相違被，遊戲設計者會如何應對？（葉X彣）<br><br>◎請問關於桌遊相關的道具有什麼推薦的保存方式嗎？（發現有些指示物跟外盒會因為拿取／使用造成摩擦受損的問題）（邱X慈） | 左列為同學事前留言於數位教學平臺的提問，現場提問大多數圍繞「入行方式」、「市場前景」、「需具備或可能可衍生的斜槓能力」等等主題，因教師兼主持人及攝影者，來不及記錄。 |

## 三　學校「左傳課程教學意見調查」

| 評量項目 | 同意程度（滿分5）上學期平均 | 同意程度下學期平均 |
|---|---|---|
| 1.教師於學期初時能清楚說明教學大綱內涵。 | 4.92 | 4.86 |
| 2.教師的表達條理分明、清晰流暢。 | 4.69 | 4.57 |
| 3.教師的教學方式對我的學習有幫助。 | 4.77 | 4.57 |
| 4.課程進度安排適當。 | 4.77 | 4.57 |
| 5.教材內容充實。 | 4.62 | 4.57 |
| 6.教師在教學過程中具備高度熱忱。 | 4.77 | 5 |
| 7.教師樂於協助引導學生解決問題。 | 4.69 | 4.86 |
| 8.教師無缺課，或有缺課已進行補救措施。 | 4.85 | 4.86 |
| 9.課程評量方式能合理反映同學的學習成果。 | 4.31 | 4.14 |
| 10.教師的教學方式對我的學習沒有幫助。（檢核題，不計分） |  |  |
| 11.截至目前為止，教師對學生之成績評量合理。 | 4.08 | 4.29 |
| 12.截至目前為止，教師能適時提供學生個人評量結果。 | 3.85 | 4.14 |
| 13.整體而言，本課程的教學效果良好。 | 4.38 | 4.57 |

# 四 左傳課程問卷統計圖

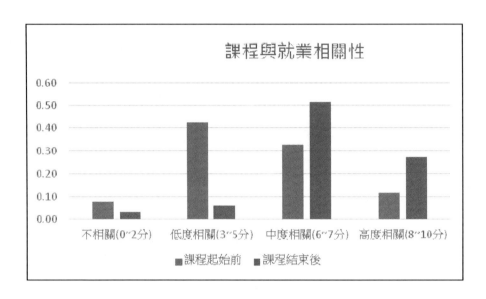

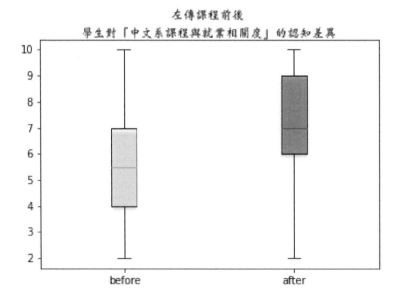

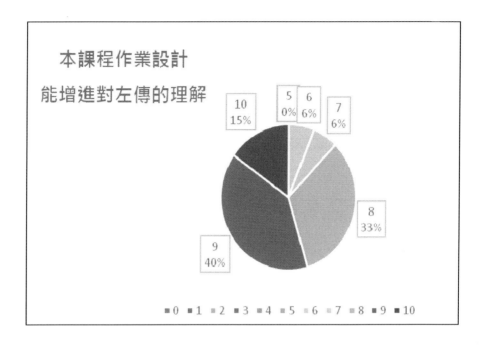

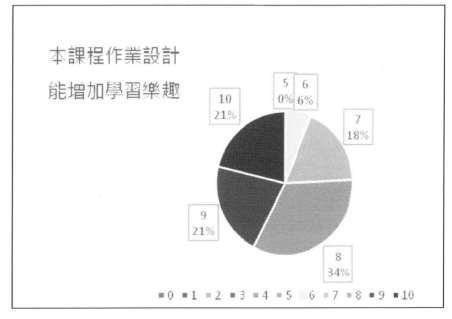

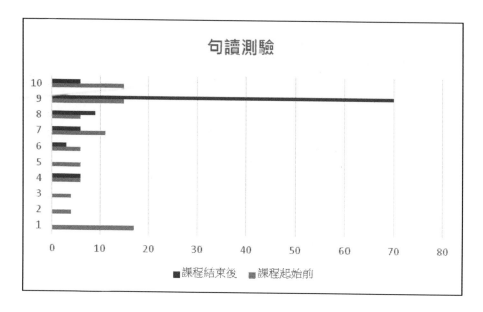

https://www.canva.com/design/DAFSAylOn3o/7x8HJwhRDyqOUs3KPW
xLwA/edit

# 第二屆海峽兩岸《左傳》學
# 高端論壇議程

贊助單位：國家科學及技術委員會

主辦單位：成功大學中國文學系、揚州大學文學院、揚州大學文化傳承與創新研究院

合辦單位：財團法人臺南市至善教育基金會

會議日期：二〇二二年十一月十八日（週五）與十九日（週六）

會議地點：成功大學中國文學系（臺南市東區大學路一號光復校區）

議事規則：每場主持人時間五分鐘，每位發表人宣讀時間十分鐘，其餘時間為綜合討論。綜合討論時間，每人發言以二分鐘為限。發言時間截止前一分鐘響鈴一次提醒，時間到響鈴二次，每逾時一分鐘響鈴一次。

## 二〇二二年十一月十八日（週五）

| 時間 | 場次與主題 | 與會學者 |
|---|---|---|
| 08:10-8:40 | 會議報到 | 成功大學中國文學系 |
| 08:40-9:00 | 開幕式 | 陳玉女（成功大學歷史學系）<br>高實玫（成功大學外國語文學系）<br>林盈利（財團法人臺南市至善教育基金會）<br>郭院林（揚州大學文學院）<br>黃聖松（成功大學中國文學系） |
| 09:00-10:00 | 第一場<br>主題演講 | 主持人：李隆獻（臺灣大學中國文學系）<br>主講人：趙生群（山東大學文學院） |

| 時間 | 場次與主題 | 與會學者 |
|---|---|---|
| | | 講　題：讀懂常用的字詞<br>——第二屆《左傳》學研討會致辭 |
| 10:00-10:15 | 茶　敘 | 成功大學中國文學系 |
| 10:15-11:15 | 第二場<br>主題演講 | 主持人：趙生群（山東大學文學院）<br>主講人：劉文強（中山大學中國文學系）<br>講　題：《左傳》是如何書寫的？ |
| 11:15-11:25 | 休　息 | 成功大學中國文學系 |
| 11:25-12:30 | 《左傳》之<br>文本考證 | 主持人：張高評（成功大學中國文學系）<br>發表人：劉　偉（曲阜師範大學歷史與文化學院）<br>　　　〈西漢政治文化變遷視野中的《左》、《國》分離<br>　　　與經史殊途：劉向、劉歆對《國語》的整理、運<br>　　　用與闡釋〉<br>發表人：劉文強（中山大學中國文學系）<br>　　　〈《孟子》中的《春秋》（一）〉<br>發表人：楊濟襄（中山大學中國文學系）<br>　　　〈《左傳》義法與人物品評<br>　　　——兼論三《傳》異同〉<br>發表人：蔡瑩瑩（臺北市立大學中國文學系）<br>　　　〈割裂傳文或原始要終：再論《左傳》「分年」<br>　　　與杜預「張本」說〉 |
| 12:30-13:20 | 午　餐 | 成功大學中國文學系 |
| 13:20-14:40 | 《左傳》之<br>域外傳播 | 主持人：金培懿（臺灣師範大學國文學系）<br>發表人：張德恒（山東理工大學文學與新聞傳播學院）<br>　　　〈宇士新的《春秋》學<br>　　　——以《辨物子論春秋》、《左傳考》為中心〉<br>發表人：馮曉庭（嘉義大學中國文學系）<br>　　　〈日儒龜井南冥與明朝《左傳》學者〉 |

| 時間 | 場次與主題 | 與會學者 |
|---|---|---|
| | | 發表人：宋惠如（金門大學華語文學系）<br>〈服部南郭《春秋》論述及其經學觀探論〉<br>發表人：劉禹賢（高雄餐旅大學基礎教育中心）<br>〈朝鮮文人《春秋》詩初探〉<br>發表人：林昕嬡（成功大學中國文學系）<br>〈英譯《左傳》釋譯考三則〉 |
| 14:40-14:50 | 休　息 | 成功大學中國文學系 |
| 14:50-15:55 | 《左傳》與春秋歷史 | 主持人：劉　偉（曲阜師範大學歷史與文化學院）<br>發表人：陳炫瑋（臺灣師範大學國文學系）<br>〈春秋地緣戰略位置考察<br>——以《左傳》漢陽諸國與楚國的關係為討論核心〉<br>發表人：徐　鵬（延安大學歷史文化學院）<br>〈《春秋》經傳所見隱公初年魯國的外交方略〉<br>發表人：黃聖松（成功大學中國文學系）<br>〈春秋齊國卿數獻疑〉<br>發表人：王寶妮（復旦大學歷史學系）<br>〈《左傳》亡國土地利用方式考察〉 |
| 15:55-16:10 | 茶　敘 | 成功大學中國文學系 |
| 16:10-17:15 | 《左傳》之詞義考證 | 主持人：劉文強（中山大學中國文學系）<br>發表人：趙生群（山東大學文學院）<br>〈《左傳》校讀札記〉<br>發表人：劉德明（中央大學中國文學系）<br>〈論《左傳》中的「知」及相關問題<br>——以「是以知」的判斷及對「智」的論述為核心〉<br>發表人：魏慈德（東華大學中國文學系） |

| 時間 | 場次與主題 | 與會學者 |
|---|---|---|
| | | 〈《春秋左傳注》對王引之《左傳述聞》中校勘說法的採用與辨證〉<br>發表人：郭　帥（山東大學文學院）<br>〈日藏金澤本《春秋經傳集解》卷旁校記新探〉 |
| 17:15-17:25 | 休　息 | 成功大學中國文學系 |
| 17:25-18:30 | 《左傳》與出土資料 | 主持人：魏慈德（東華大學中國文學系）<br>發表人：甯登國（聊城大學文學院）<br>〈從清華簡《繫年》「二王并立」再論《春秋》「始於隱公」問題〉<br>發表人：簡欣儀（成功大學中國文學系）<br>〈清華六〈子儀〉、〈鄭文公問太伯〉與《左傳》論考〉<br>發表人：張博倫（首都師範大學歷史學院）<br>〈清華簡六《子儀》篇文本釋讀及相關史事再討論〉<br>發表人：周興華（浙江大學藝術與考古學院）<br>〈黃河中上游地區玉石聯環研究<br>——兼論「宣子有環，其一在鄭商」諸問題〉 |
| 18：30 | 晚　宴 | |

# 二〇二二年十一月十九日（週六）

| 時間 | 場次與主題 | 與會學者 |
|---|---|---|
| 08:50-09:20 | 會議報到 | 成功大學中國文學系 |
| 09:20-10:25 | A場地<br>《左傳》與春秋制度 | 主持人：郭院林（揚州大學文學院）<br>發表人：李隆獻（臺灣大學中國文學系）<br>〈二次弭兵的再省察〉 |

| 時間 | 場次與主題 | 與會學者 |
|---|---|---|
| | | 發表人：羅軍鳳（西安交通大學人文學院）<br>〈論晉人受春秋王室饗禮之利〉<br>發表人：朱正源（臺灣師範大學國文學系）<br>〈《春秋》「躋僖公」廟制探義〉<br>發表人：李月亮（聊城大學文學院）<br>〈《左傳・襄公十年》桑林舞「旌夏」考〉 |
| | B場地<br>《左傳》之<br>敘事與詞章 | 主持人：吳智雄（臺灣海洋大學共同教育中心語文教育組）<br>發表人：方　韜（北京師範大學文學院）<br>〈卿大夫當政與《左傳》書寫的新變〉<br>發表人：張高評（成功大學中國文學系）<br>〈秦穆公稱霸西戎與《左傳》比事見義之書法〉〉<br>發表人：陳逢源（政治大學中國文學系）<br>〈人棄與天啟<br>——《左傳》夷吾與重耳敘寫手法分析〉<br>發表人：郭庭芳（成功大學中國文學系）<br>〈天反時為災<br>——論《左傳》災異敘事中蘊含的人文精神〉 |
| 10:25-10:40 | 茶　敘 | 成功大學中國文學系 |
| 10:40-12:00 | A場地<br>《左傳》與<br>典籍互涉 | 主持人：方　韜（北京師範大學文學院）<br>發表人：潘銘基（香港中文大學中國文學系）<br>〈論司馬貞《史記索隱》對《左傳》的採用與<br>補充〉<br>發表人：林盈翔（東吳大學中國文學系）<br>〈《三國志・蜀書》引《左傳》考<br>——陳壽《春秋》學蠡測〉<br>發表人：沈凱文（揚州大學文學院）<br>〈《左傳》所見墨子「明鬼」之底色及其色差〉 |

| 時間 | 場次與主題 | 與會學者 |
|---|---|---|
| | | 發表人：李侑儒（成功大學中國文學系）<br>〈兩漢汔唐正史書志、補志「春秋類」著錄情形探析〉<br>發表人：楊 詰（同濟大學人文學院）<br>〈《漢書·五行志》引劉歆學說考論〉 |
| | B場地<br>《左傳》之<br>文學闡釋 | 主持人：陳逢源（政治大學中國文學系）<br>發表人：郭院林（揚州大學文學院）<br>〈《左傳》引「詩」文章學功能分析〉<br>發表人：蔡妙真（中興大學中國文學系）<br>〈以應用導向提升《左傳》教學成效之研究〉<br>發表人：史繼東（陝西理工大學文學院）<br>〈論魏晉六朝《左傳》性質的轉變與《左傳》的文學闡釋〉<br>發表人：劉成榮（南京審計大學文學院）<br>〈論《新列國志》對《左傳》的接受與傳播<br>——以「鄭伯克段于鄢」為例〉<br>發表人：王怡然（聊城大學文學院）<br>〈《左傳》諫言說理的模式化特徵〉 |
| 12:00-13:30 | 午　餐 | 成功大學中國文學系 |
| 13:30-14:35 | A場地<br>《左傳》之<br>經學史 | 主持人：羅軍鳳（西安交通大學人文學院中國文學系）<br>發表人：吳智雄（臺灣海洋大學共同教育中心語文教育組）<br>〈從《春秋左氏傳章句》輯文管窺劉歆<br>《左氏》學〉<br>發表人：田　訪（湖南大學嶽麓書院歷史學系）<br>〈春秋時期的史官、史法與杜預的史學意識〉 |

| 時間 | 場次與主題 | 與會學者 |
|---|---|---|
| | | 發表人：湯青妹（日本九州大學人文科學府中國哲學史專攻）<br>〈稱國以殺／稱人以殺：論蘇轍《春秋集解》對書「殺」的解釋及其思想意義〉<br>發表人：李宗翰（中央大學中國文學系）<br>〈論蘇轍《春秋集解》對《左傳》的認識兼論蘇轍對《春秋》霸者的評價〉 |
| | B場地<br>《左傳》與<br>先秦文化 | 主持人：張曉生（臺北市立大學中國文學系）<br>發表人：郭院林、馮澄澄（揚州大學文學院）<br>〈季札觀樂《鄭風》之「細」探微〉<br>發表人：呂　芳（揚州大學文學院）<br>〈論《左傳》象徵型自然觀〉<br>發表人：郝梅梅、夏　晨（揚州大學文學院）<br>〈《左傳》酒文化探賾〉<br>發表人：靳薇薇（西安交通大學人文社會科學學院）<br>〈春秋望祭的自然審美意識〉 |
| 14:35-14:45 | 休　息 | 成功大學中國文學系 |
| 14:45-16:20 | 《左傳》之<br>義例與品評 | 主持人：黃聖松（成功大學中國文學系）<br>發表人：徐　淵（同濟大學中國文學系）<br>〈杜預所定魯史舊例與《春秋》變例今說〉<br>發表人：趙友林（聊城大學文學院）<br>〈日月時的詳略與微言大義的申發<br>——論何休的日月時例〉<br>發表人：王亭林（臺灣師範大學國文學系）<br>〈論王源《左傳評》中的「奇正」與「賓主」〉<br>發表人：何松雨（聊城大學文學院）<br>〈春秋《經》、《傳》莊公元年「文姜孫齊」筆法分析〉 |

| 時間 | 場次與主題 | 與會學者 |
|---|---|---|
|  |  | 發表人：莊宜潔（中央大學中國文學系）<br>〈呂祖謙的臣道觀<br>——以其對《左傳》人臣之評價為核心〉<br>發表人：吳俊霖（中山大學中國文學系）<br>〈論《左傳》中的「冉有」〉 |
| 16:20-16:30 | 休　息 | 成功大學中國文學系 |
| 16:30-17:00 | 閉幕式 | 林盈利（財團法人臺南市至善教育基金會）<br>郭院林（揚州大學文學院）<br>黃聖松（成功大學中國文學系） |
| 17:00 | 賦歸 |  |

經學研究叢書·臺灣高等經學研討論集叢刊　0502012

# 大雅當傳———
# 第二屆海峽兩岸《左傳》學高端論壇論文選集

主　　編　黃聖松

責任編輯　陳宛妤

特約校稿　林秋芬

發 行 人　林慶彰

總 經 理　梁錦興

總 編 輯　張晏瑞

編 輯 所　萬卷樓圖書股份有限公司

　　臺北市羅斯福路二段 41 號 6 樓之 3

　　電話 (02)23216565

　　傳真 (02)23218698

發　　行　萬卷樓圖書股份有限公司

　　臺北市羅斯福路二段 41 號 6 樓之 3

　　電話 (02)23216565

　　傳真 (02)23218698

　　電郵 SERVICE@WANJUAN.COM.TW

香港經銷　香港聯合書刊物流有限公司

　　電話 (852)21502100

　　傳真 (852)23560735

ISBN 978-986-478-857-6

2023 年 8 月初版

定價：新臺幣 760 元

如何購買本書：

1. 劃撥購書，請透過以下郵政劃撥帳號：

　　帳號：15624015

　　戶名：萬卷樓圖書股份有限公司

2. 轉帳購書，請透過以下帳戶

　　合作金庫銀行 古亭分行

　　戶名：萬卷樓圖書股份有限公司

　　帳號：0877717092596

3. 網路購書，請透過萬卷樓網站

　　網址 WWW.WANJUAN.COM.TW

大量購書，請直接聯繫我們，將有專人為

您服務。客服：(02)23216565 分機 610

如有缺頁、破損或裝訂錯誤，請寄回更換

版權所有·翻印必究

Copyright©2023 by WanJuanLou Books CO., Ltd.

All Right Reserved　　　　　**Printed in Taiwan**

國家圖書館出版品預行編目資料

大雅當傳：第二屆海峽兩岸<<左傳>>學高端
論壇論文選集 / 黃聖松主編.-- 初版. -- 臺北
市：萬卷樓圖書股份有限公司, 2023.08
　　面 ；　公分. -- (臺灣高等經學研討論集叢
刊 ; 502012)
ISBN 978-986-478-857-6(平裝)
1.CST: 左傳　2.CST: 文集
621.7307　　　　　　　　　112009364